Goldstadt-Wanderführer
La Gomera

Rüdiger Steuer

„El Silbo"-Pfeifer

Bezirksort
Vallehermoso von Süden
(Wandergebiet II)

(Alle Wanderkarten im Maßstab 1: 50000, es entspricht 1 cm = 500 m)

Layout: Günter Schäfer,
Fotos: Thomas K. Müller Seite 31; Rolf Vollmer Seiten 174, 179;
Günter Schäfer Seiten 24, 28, 110, 279; alle weiteren Archiv Steuer.
Kartographie: © Goldstadtverlag GmbH. Die Kartenausschnitte wurden der
Goldstadt-Wanderkarte La Gomera 1: 50 000 entnommen (Entwurf R. Steuer).

© 2000 Goldstadtverlag GmbH, Finkensteinstr. 6, D-75179 Pforzheim
10. überarbeitete Auflage
Nachdruck, Fotokopie, Aufzeichnung und Verarbeitung mittels
elektronischer Systeme, auch auszugsweise, ohne schriftliche
Genehmigung des Verlages nicht gestattet.
Herstellung: Goldstadtdruck GmbH, Pforzheim
Vertrieb: GeoCenter Verlagsvertrieb GmbH, München

Goldstadt-Wanderführer Band 452

La Gomera

**Bergwanderungen
in ursprünglicher Natur
46 Wanderungen und
11 Tourenhinweise**

Rüdiger Steuer

256 Farbfotos
46 Kartenausschnitte
der Wanderrouten
1 Übersichtskarte
der Wandergebiete
2 thematische Kärtchen

Vorwort

Über 14 Jahre liegt die Erstauflage des Wanderbuches zurück, das anfangs 25 Wanderungen beinhaltete.

La Gomera ist inzwischen nicht mehr die unbekannte Kanareninsel, die noch Anfang der 80er Jahre als Geheimtip gehandelt wurde. Langsam, jedoch unaufhaltsam, verändert sich die Infrastruktur, nicht zuletzt mit und durch den wachsenden Touristenstrom.

Über fast zwei Jahrzehnte beobachte ich nun diese Entwicklung voller Sorge, Hoffnung und Optimismus, daß dieses Kleinod der Kanaren möglichst ursprünglich erhalten bleibt. Von dieser gewaltigen Natur lebt die Insel, werden naturverbundene Menschen angezogen, eben diese grandiose Natur beim Durchwandern zu bewundern und zu erleben.

Es ist angenehm, festzustellen, daß die Küstenbereiche noch nicht vom lärmenden Koffertourismus erobert wurden und die Wanderszene noch immer dem Individualtouristen vorbehalten bleibt. Es spricht nur für den Reiz gomerischer Wanderungen, wenn inzwischen die leichter zugänglichen Touren stärker frequentiert werden.

Auf den langen abgelegenen und einsamen Wanderungen durch die wilde Berglandschaft La Gomeras ist man noch heute fast allein. Vielleicht begegnet man auf schmalem Pfad oder den alten grobgepflasterten „Camino reales", den königlichen Wegen, gerademal einem Hirten oder Futterholer, der freundlich lächelnd unseren Gruß erwidert.

Die Insel bietet genußvolle Wanderungen ebenso wie Abenteuertouren inmitten abwechslungsreicher Landschaften. Immer wieder überrascht bei dieser Mini-Insel, welch lange Wege bergauf bergab zu einem scheinbar nahen Ziel gegangen werden müssen. Nicht umsonst hat sich hier deswegen „el silbo", die in der Welt einmalige Pfeifsprache, als Verständigungsmittel der Altkanarier erhalten, die inzwischen zum „Weltkulturgut" erklärt wurde. Und noch ein Novum auf der Insel: hier besteht der größte zusammenhängende Lorbeerwald unserer Erde – 1981 zum Nationalpark und 1985 zum „Erbe der Menschheit" deklariert.

Neben einer generellen Überarbeitung mit detaillierter Beschreibung fast aller Wanderungen werden als Ergänzung Vorschläge für Durchquerungen und einer Inselumrundung gegeben.

Bei der Suche nach einer geeigneten Tour sollte man immer einen Blick in die „Toureneinordnung" (→ Seite 7) werfen, die eine schnelle Einschätzung der Routencharakteristik ermöglicht.

Die Wandermöglichkeiten sind auf La Gomera überaus vielfältig, so daß der vorliegende Führer eine Auswahl klassischer wie auch individueller Routen anbietet und genug Spielraum für Eigeninitiativen läßt.

Der Autor ist aufgeschlossenen Wanderern verbunden, die kreative und nachvollziehbare Korrekturvorschläge dem Verlag zuleiten.

Zuletzt ein besonderer Dank an meine Frau, ohne deren fundamentalem Arbeitsanteil dieser Wanderführer nie zustande gekommen wäre. Dank all meinen Wegbegleitern, insbesondere „amigo" Rolf Vollmer aus Tübingen, die mir wertvolle Unterstützung leisteten. Dank aber auch den liebenswerten und gastfreundlichen „Gomeros", mit denen wir auf unseren Inselstreifzügen immer wieder herzliche Begegnungen hatten.

In dieser Auflage mußten wir Wünsche von Einheimischen und der Nationalparkverwaltung berücksichtigen, die wir bei den entsprechenden Stellen deutlich erkennbar angebracht haben. Eine generelle Änderung kann jedoch erst erfolgen wenn die Neuerungen auch Bestand behalten.

Rüdiger Steuer

Bergwandern bei Hermigua

Zur Einführung
- 4 Vorwort
- 7 Toureneinordnung der Wanderrouten nach Weglänge, Charakteristik und Schwierigkeit
- 8 Wanderwege R1 - R46 auf La Gomera mit Seitenangabe und Toureneinordnungs-Nummern
- 14 Weitere Tourenvorschläge R47 - R57
- 15 Verwendete Abkürzungen sowie geographische und alpine Fachausdrücke
- 16 Übersichtskarte der Insel mit Wandergebieten und Routen-Nummer

Die Insel La Gomera
- 18 Sonneninsel im Atlantik
- 20 Geographie, Geologie
- 22 Geschichtliches
- 24 Wirtschaft
- 26 Pflanzenwelt
- 29 Tierwelt
- 30 Klima

Wandern auf La Gomera
- 32 Erste Anfänge bis heute
- 34 Charakter der Wanderungen
- 34 Tourenschwierigkeiten
- 37 Mehrtagesunternehmungen
- 37 Wanderwegmarkierungen
- 38 Wanderwegveränderungen
- 38 Nationalpark Garajonay
- 39 Umweltschutz/ Umweltschäden
- 41 Ausgangsorte
- 42 Der Verkehr
- 43 Wanderausrüstung
- 44 Reise-/Bergwanderzeit

46 Wanderweg-Beschreibungen
von R1 - R46

272 Inseldurchquerungen/ Inselumrundung

276 Klettertouren auf der Insel

278 Reiseinformationen
- 278 Die Anreise
- 280 Fährverbindungen
- 282 Verkehrsverbindungen auf der Insel
- 283 Bus-Fahrpläne

284 Allgemeines von A-Z
- 284 Anschriften für Auskünfte
- 284 Ausflugsschiffe
- 285 Ärztliche Versorgung
- 285 Banken und Post
- 285 Mietfahrzeuge
- 285 Polizei/ Notrufe
- 286 Statistische Daten
- 287 Tankstellen, Taxis
- 287 Telefongespräche
- 288 Unterkunft
- 289 Wandertouren-Führungen

290 Touristisches
- 290 landschaftlich
- 292 botanisch
- 294 baulich
- 296 handwerklich und kulturell
- 298 Geographische Bezeichnungen auf Spanisch
- 299 Karten und Literatur

300 Stichwortverzeichnis

Toureneinordnung der Wanderrouten

7

Nummern

1 – **46**

Nachstehende Einordnung (Ziffer **1-11**) der Wanderungen soll die schnelle Auswahl der Touren nach Weglänge, Schwierigkeit und Charakteristik ermöglichen sowie Planung und Vorbereitung erleichtern.

Toureneinordnung nach Weglänge und Verlauf

Als Rundtouren wurden solche eingestuft, die auch als Rundtour ausführbar, d.h. verlängerbar sind.

1 = Halbtagestouren
1 • 2 • 5 • 9 • 10 • 14 • 17 • 22 • 23 • 24 • 26 • 43 • 46

2 = Ganztagestouren
3 • 4 • 6 • 7 • 8 • 11 • 12 • 13 • 15 • 16 • 19 • 20 • 21 • 25 • 27 • 28 • 29 • 30 • 31 • 32 • 33 • 34 • 35 • 36 • 37 • 38 • 39 • 40 • 41 • 42 • 44 • 45

3 = Rundtouren
1 • 3 • 4 • 5 • 6 • 7 • 8 • 10 • 11 • 12 • 15 • 17 • 21 • 23 • 24 • 25 • 26 • 29 • 30 • 31 • 32 • 33 • 39 • 43

4 = Stichtouren
2 • 9 • 13 • 14 • 16 • 19 • 20 • 22 • 27 • 28 • 34 • 35 • 36 • 37 • 38 • 40 • 41 • 42 • 44 • 45 • 46.

Toureneinordnung nach der Schwierigkeit

Die Beurteilung der Schwierigkeit ist individuell vom Können und der Erfahrung des Begehers abhängig und daher unterschiedlich. Es wurde versucht, einen allgemeinen, auf alpinen Erfahrungen beruhenden Maßstab, anzusetzen.

5 = Leichte Touren
1 • 9 • 10 • 17 • 23 • 29 • 37 • 43 • 46/1

6 = Mittlere Touren
2 • 3 • 6 • 11 • 12 • 13 • 14 • 19 • 20 • 21 • 22 • 24 • 25 • 26 • 27 • 28 • 30 • 33 • 36 • 39 • 40 • 41 • 42 • 46/2

7 = Schwierige Touren*
4 • 5 • 7 • 8 • 15 • 16 • 31 • 32 • 34 • 35 • 38 • 44 • 45

Toureneinordnung nach charakteristischen Merkmalen

8 = Einsame und lange Touren
6 • 12 • 13 • 16 • 19 • 20 • 28 • 35 • 36 • 37 • 38 • 39 • 40 • 41 • 42

9 = Lorbeerwaldwanderungen
3(teilw.) • 10(teilw.) • 15(teilw.) • 17 • 21 • 22 • 27 • 28 • 29 • 32(teilw.) • 33 • 34(teilw.)

10 = Höhenwanderungen (Panoramawege)
2 • 5 • 6 • 13 • 16 • 20 • 21 • 22 • 36

11 = Felsenwege*
4 • 5 • 6(Abstieg) • 7 • 8 • 15 • 16 • 31 • 32 • 44 • 45

*Wanderungen für erfahrene Berggeher (nur Teilabschnitte schwierig, für die aber Trittsicherheit und Schwindelfreiheit erforderlich sind)

Schwierigkeitsgrade

5 = Leichte Touren

6 = Mittlere Touren

7 = Schwierige Touren* (Felsenwege)

Die Wanderwege

Wandergebiet I

1 Rundwanderung im **Bco. de Arure im Valle Gran Rey** — 47
1 • 3 • 5

2 Auf- und Abwärtswanderungen: **La Calera** — 54
im **Valle Gran Rey** – Hochfläche **Riscos de la Merica** – **Arure** und umgekehrt
1 • 4 • 6 • 10

3 Rundwanderung: Talwanderung **La Calera** – **La Viscaina** — 61
im **Valle Gran Rey** – Aufstieg nach **El Cercado** – ggf. weiter nach **La Laguna Grande** und zurück nach **El Cercado** – Abstieg über die Alm **La Matanza** – „Kirchenpfad" – **La Calera**
2 • 3 • 6 • 9

4 Rundwanderung: Talwanderung **La Calera** – — 71
La Viscaina im **Valle Gran Rey** – Steilaufstieg zur Alm **La Matanza** – **Chipude** – **El Cercado** – Alm **La Matanza** – „Kirchenpfad" – **La Calera**
2 • 3 • 7 • 11

5 **Rundwanderung: La Calera im Valle Gran Rey** – — 74
„Kirchenpfad" – „Rotes Schichtband" – **La Viscaina** – **La Calera** über R7
1 • 3 • 7 • 10 • 11

6 Rundwanderung: **La Calera** – „Kirchenpfad" – — 77
Hochfläche **Las Pilas/Montaña Guerguenche** – **Teguerguenche** – Abstieg wahlweise über „Lechepfad" oder „Kirchenpfad" nach **La Calera**
2 • 3 • 6 • 8 • 10 • 11

7 Rundwanderung: **Lomo del Balo** im oberen **Valle Gran** — 84
Rey – Steilaufstieg nach **Las Hayas** – „Mastenabstieg" – **Los Descansaderos** im oberen **Valle Gran Rey** – Talabstiegswanderung bis **La Calera**
2 • 3 • 7 • 11

8 Rundwanderung: **Vueltas** im **Valle Gran Rey** – — 93
Steilaufstieg über den **Bco. de Argaga** – **Gerián** – „Ermita de Ntra. Sra. de Guadalupe" – „Kirchenpfad" – **La Calera** im **Valle Gran Rey**
2 • 3 • 7 • 11

9 Oberes **Arure** – **Las Hayas** – **El Cercado** — 100
Abstieg ins **Valle Gran Rey: El Cercado** – Alm **La Matanza** – „Kirchenpfad" – **La Calera**
1 • 4 • 5 • (Abstieg 6)

10 Rundwanderung: Unteres **Arure** – — 104
Las Hayas – **Arure**
1 • 3 • 5 • 9

11 Rundwanderung: Unteres **Arure** – **Taguluche** – — 108
ehem. Schiffsanlegestelle – **Arure** – **(La Calera/Valle Gran Rey)**
2 • 3 • 6

12 Rundwanderung: Unteres **Arure** – — 110
Galiónberge – **Taguluche** – **Arure** – **(La Calera/Valle Gran Rey)**
2 • 3 • 6 • 8

Touren-
einordnung
Ziffer **1-11**
→ Seite 7

Valle Gran Rey

9

13	Unteres **Arure** – **Chorros de Epina** – (**Vallehermoso** über R20, R21 oder R22) 2 • 4 • 6 • 8 • 10	*114*
14	Chipude – Alm **La Matanza** – Bco. de Argaga – „Kirchenpfad" – **La Calera** über R7 1 • 4 • 6	*117*
15	Rundwanderung: **Chipude** – Tafelberg **Fortaleza** – **Alto de Garajonay** – Los Manantiales – Chipude 2 • 3 • 7 • 9 • 11	*120*
16	Chipude – Pavón – Fortalezasattel – Erque – Erquito – Arguayoda – La Dama 2 • 4 • 7 • 8 • 10 • 11	*126*
17	Rundwanderung: **La Laguna Grande** – Pinar de Argumame – Alto de Garajonay – Alto de Cantadero – La Laguna Grande 1 • 3 • 5 • 9	*134*
18	Straßenkreuz „**Las Hayas**" – Presa de los Gallos/Forestal de la Meseta – Vallehermoso oder Chorros de Epina Diese Route darf zum Schutze des Waldes nicht mehr begangen werden.	
19	Arure – Alojera – Tazo – Epina – Chorros de Epina 2 • 4 • 6 • 8	*138*

Touren-
einordnung
Ziffer **1-11**
→ Seite 7

Ausgangstal
Valle Gran Rey.
Zum Wandern
und Baden wohl
der idealste
Standort

Wandergebiet II – Vallehermoso

10

Touren-
einordnung
Ziffer **1-11**
→ Seite 7

20	Chorros de Epina – „Ermita Santa Clara" – Montaña de Alcalá/„Buenavista" – Vallehermoso 2 • 4 • 6 • 8 • 10	144
21	Rundwanderung: **Vallehermoso** – Chorros de Epina – Forestal de la Meseta – Banda de las Rosas – Vallehermoso 2 • 3 • 6 • 9 • 10	152
22	Chorros de Epina – Forestal de la Meseta – La Montaña – Vallehermoso 1 • 4 • 6 • 9 • 10	156
23	Rundwanderung: **Vallehermoso** –Embalse de la Encantadero – Höhenzug **Lomo de Pelado** – Vallehermoso 1 • 3 • 5	159
24	Rundwanderung: **Vallehermoso** – Aufstieg nach El Tión – Roque Blanco – Embalse de la Encantadero – Vallehermoso 1 • 3 • 6	161
25	Rundwanderung: **Vallehermoso** – Valle de Garabato – El Tión – Cruz de Tierno – Roque El Cano – Vallehermoso 2 • 3 • 6	163
26	Rundwanderung: **Vallehermoso/Banda de las Rosas** – Presa de Marichal – Los Loros – Garabato 1 • 3 • 6	165

Ausgangsort
Vallehermoso.
Von lieblichen
grünen
Wandertälchen
umgeben

Wandergebiet III – Agulo/Hermigua

Ausgangsort Hermigua. Lange Wanderungen beginnen oder enden in diesem fruchtbaren Tal

27	Höhenstraße/**Alto de Cantadero** – „**Ermita N.S. de Lourdes**" – **El Cedro** – **Hermigua** 2 • 4 • 6 • 9	168
28	Höhenstraße/**Alto de Cantadero** – **El Cedro** – **Los Aceviños** – **Hermigua** 2 • 4 • 6 • 8 • 9	175
29	Rundwanderung: Parkplatz oberhalb der „**Ermita N.S. de Lourdes**" – **Los Aceviños** – **El Cedro** – Parkplatz oberhalb der „**Ermita N.S. de Lourdes**" 2 • 3 • 5 • 9	180
30	Rundwanderung: Oberes **Hermigua/Carretera del Norte** unterhalb des **Embalse de Mulagua** – **Tunel de la Cumbre** – „**Camino Guadalupe**" – Wasserstollen nach **El Cedro** – **Hermigua/San Pedro** 2 • 3 • 6	184
31	Rundwanderung: **Agulo** – **La Palmita** – **Juego de Bolas (Centro de Visitantes)** – Agulo 2 • 3 • 7 • 11	190

Touren-einordnung Ziffer **1-11**
→ Seite 7

12 — Wandergebiet IV - San Sebastián

Touren-
einordnung
Ziffer **1-11**
→ Seite 7

32	Rundwanderung: **Cruce de la Zarcita**/Höhenstraße – „**Mirador del Bailadero**"/„**Bosque de Tejos**" – oberes **La Laja** – **Roque de Agando**/Höhenstraße – **Cruce de la Zarcita**	194 2 • 3 • 7 • 9 • 11
33	Rundwanderung: **Carretera del Sur/Degollada de Peraza** – **La Laja** – **Roque de Agando**/Höhenstraße – **Degollada de Peraza**	198 2 • 3 • 6 • 9
34	**Carretera del Norte**/TF-711 bei km 13 – **Cumbre Carbonera** – **Agua Jilva** – **Lomo Fragoso** (**San Sebastián**)	202 2 • 4 • 7 • 9
35	**Carretera del Norte**/TF-711 bei km 8 – **Casas de Jaragán** – **Cuevas Blancas** („Weiße Höhlen") – **Casas de Jaragán** – **San Sebastián**	207 2 • 4 • 7 • 8
36	**Carretera del Norte**/TF-711 bei km 8 – Kammwanderung zur Inselhauptstadt **San Sebastián**	214 2 • 4 • 6 • 8 • 10
37	**San Sebastián** – **Ayamosna** – **Tagamiche** – **Carretera del Sur/Degollada de Peraza**	220 2 • 4 • 5 • 8 • 10
38	**Carretera del Sur**/TF-713 bei km 14 – **Roque del Sombrero** – **Finca El Cabrito** – **Playa de la Guancha** – **San Sebastián**	224 2 • 4 • 7 • 8
39	Rundwanderung: **Carretera del Sur**/TF-713 bei km 14 – Finca **El Cabrito** – **Seima** – **Degollada de Peraza** – **Carretera del Sur,** diese bis km 14	234 2 • 3 • 6 • 8

Die Hauptstadt San Sebastián de la Gomera, der Eingangsort zur Insel

Wandergebiet V - Santiago/Alajeró

40 Degollada de Peraza – Bco. de Chinguarime –   238
Casas de Contrera – Tecina – Playa de Santiago
     2 • 4 • 6 • 8

41 Roque de Agando/Höhenstraße – **Benchijigua** –   244
Pastrana – **Santiago**
     2 • 4 • 6 • 8

42 **Cumbre de Tajaque**/Höhenstraße – **Imada** –   251
El Azadoe – **Benchijigua** – **Roque de Agando**/Höhenstraße
     2 • 4 • 6 • 8

43 Rundwanderung: **Cumbre de Tajaque**/Höhenstraße –   255
Bco. de Los Jargus – **El Azadoe** – **Imada** –
Cumbre de Tajaque/Höhenstraße   1 • 3 • 5

44 **El Rumbazo/Bco. de Santiago** – **Guarimiar** –   258
Imada – **Alto de Garajonay**
     2 • 4 • 7 • 11

45 **Tajonaje**/Straßenparkplatz oberhalb Imada –   264
Imada – **Guarimiar** – **Targa** – **Antoncojo** – **Santiago**
     2 • 4 • 7 • 11

46 Verbindungswanderung: Besteigung des   270
Calvarienberges bei **Alajeró** und Besichtigung
des Drachenbaumes von **Magaña**   1 • 4 • 5 • 6

Playa de Santiago, der Fischer- und Badeort im wettersicheren sonnigen Süden

Touren-
einordnung
Ziffer **1-11**
→ Seite 7

Weitere Tourenvorschläge

14

Im Buch nicht
beschriebene
Wander-
vorschläge,
→ Goldstadt-
Wanderkarte
La Gomera

47
Anschluß R 5, 6, 8, 14 nach **Gerián** (720 m) – **Bco. de Iguala –
Plantage Hoya del Diablo** – **La Dama** (240 m) *Anschluß R16*
Gehzeit: 3¹/₂ Std. – 10 km lange, gemütliche Pistenwanderung

48
Anschluß R 7, 9, 10 nach **Las Hayas** (1000 m) – **Forestal Jardin de
las Creces**/Höhenstraße (1030 m)
Gehzeit: 1 Std. – Forstwegwanderung durch den Nationalpark

49
Anschluß R 19 nach **„Tazo"** (556 m) – **Arguamul** (450 m) –
„Ermita Santa Clara" (690 m) – *Anschluß R 20*
Gehzeit: 2 Std. – Pistenwanderung, ab Arguamul Pfad zur „Ermita St. Clara"

50
Anschluß R 31 nach **Juego de Bolas/Centro de Visitantes** (750 m) –
Presa de Amalhuigue – El Tion (380 m) – *Anschluß R 24, 25*
Gehzeit: 1¹/₂ Std. – ca. 600 m Straße Richtung Laguna Grande, dann
rechts die Piste – Weg später wechselnd mit Piste

51
Anschluß R 28, 29 nach **Los Aceviños** (880 m) – **La Palmita**
(690 m) *Anschluß R 31*
Gehzeit: 3 Std. Pistenwanderung zum Kamm mit folgendem steilem
Abstieg

52
Carretera del Norte (km 8, 430 m NN) – **Forestal de la Majona –
Casas de Enchereda** (590 m) – **Casas de Juel** (720 m) –
Casas del Palmas – Hermigua (100 m)
Gehzeit: 7-8 Std. – einsame Pistenwanderung

53
San Sebastián (5 m) – **Kamm des Bco. de Avalo** (190 m) – **„Ermita
N.S. de Guadalupe" – Punta Llana** (10 m)
Gehzeit: 2¹/₂ Std. – Straßen-/Pistenwanderung mit Bademöglichkeit

54
Anschluß an R 37 nach **Ayamosna** (680 m) – **Carretera del Sur**
(580 m) – **Verbindungsweg zum Roque del Sombrero** –
Anschluß R 38, 39.
Gehzeit: 1 Std. bei Benutzung des alten Dorfverbindungsweges

55
Anschluß über R 38, 39 bis einschließlich Abstieg in den **Bco. de Juan
Vera** (→ hierzu Bemerkungen von 3 Wandermöglichkeiten bei R 38,
Seite 229, Punkt 1) – **Bergrücken La Fortaleza** (380 m) – *R 39* bis
Seima (540 m) – **Cañada de Sabina Redonda – Bco. del Guincho**
(450 m) – **Casas de Contrera** (400 m) *Anschluß R 40*
Gehzeit: 2¹/₂ Std. – **Achtung:** ca. 10 Min. ab Seima Felsmauer durch-
steigen!

56
Anschluß über R 42, 43 nach **El Azadoe** (820 m) – **Scharte des Bco.s
de Guarimiar/de Benchijigua – El Cabezo** (400 m) – *Anschluß ab
El Rumbazo R 41, 44, 45*
Gehzeit: 1¹/₂ Std. absteigen auf einem Pfad am westl. Hang des Bco.
de Benchijigua

57
La Dama (215 m) – **La Rajita** (10 m) – **Arguayoda** (400 m) –
Bco. de la Negra – Magaña (270 m) – **Alajero** (860 m) –
Anschluß R 46
Gehzeit: 5-6 Std., einsame, genußvolle Barranco-Tour, auch mit Baden

15

Verwendete Abkürzungen

Std.	= Stunde	Bco. (spanisch)	= Barranco (Schlucht, Tal), off. geographischer Begriff
Min.	= Min.	Bco.-Grund	= Barranco-Grund
Hm	= Höhenmeter, relativ (senkrechte Distanz)	Bco.-Bett	= Barranco-Bett
		Nb.-Bco.	= Neben-Barranco
NN	= Normalnull, absolut (auf Meeresspiegel bezogen)	bco.-abwärts	= barranco-abwärts
m	= Längenmeter	VGR	= Valle Gran Rey, im Westen La Gomeras befindliches Tal von touristischer Bedeutung
N, O, S, W	= Himmelsrichtungen		

Verwendete geographische und alpine Fachausdrücke

ausgesetzt/exponiert : Wegstelle nahe einem gefährlichen Abbruch (Abgrund)

Ausläufer : die vom Gebirge zur Ebene hin nur noch schwach ausgeprägten Erhebungen

Camino reales (vorspan.) : ehemalige Königswege (alte Dorfverbindungswege)

Bergrippe : länglicher, vertikal verlaufender Vorsprung an einem Berghang

Bergrücken : Geländebezeichnung für kaum ausgeprägten Grataufschwung

Einschartung : meist größere, scharf begrenzte Öffnung in einem Felskamm

Einschnitt : meist größere Vertiefung/Öffnung in einem Felskamm

Geröll : mehr oder weniger größere und abgerundete Gesteinsbruchstücke

Grus (geologisch) : gleichkörniges Gesteinsmaterial in etwa Haselnußgröße

Gumpe (lokaler Begriff) : bayerischer Sprachgebrauch für kleinere Tümpel/Lachen

heikel (alpinistisch) : Ausdruck für besonders knifflige Kletter- (hier Wander- stelle)

Kamm : breiter, mäßig steiler Bergrücken

Kehren : am steilen Berghang im spitzen Winkel (zick-zack) verlaufender Weg

„Kugellager-Effekt" : Vorgang, bei dem der Wanderschuh durch kleine runde Steine unberechenbar weggleitet (Verletzung der Bänder)

Paß : schmaler Über- oder Durchgang in Einsattelung eines sperrenden Gebirgskammes

Piste : breiter unbefestigter (nicht asphaltierter) Weg, der je nach Oberflächenzustand befahren werden kann

Runse : steile Auswaschungsrinne (Kerbe) an Berghängen

Sattel : flache Einsenkung des Gebirgskammes ähnlich einem Paß

Scharte : scharfe Einkerbung in einem Felskamm

Serpentinen : ähnl. Kehren, nur rundere Bögen

Steinmännchen : ca. 0,30 m hohe, pyramidenförmig aufeinandergetürmte mehr oder weniger große Steine (naturnahe Orientie- rungshilfe)

Terrassen : mehrere, höhenmäßig unterschiedliche (gestufte), flache Geländeflächen

Traverse (französisch) : Querung in seitlicher Richtung (traversieren = queren)

Tuffgestein (geologisch) : zu weicherem, horizontal geschichtetem Gestein verfestigte vulkanische Asche

„Verhauer" (alpinistisch) : Bezeichnung für das Abkommen vom richtigen Kletteraufstieg oder -abstieg (hier: vom richtigen Wanderroutenverlauf)

Die Insel La Gomera

Die Kanarischen Inseln sind ein Begriff für die erholungssuchenden mittel- und nordeuropäischen Urlauber, verbinden sich doch mit den sieben Inseln vor der Nordwestküste Afrikas – Teneriffa, Gran Canaria, Lanzarote, Fuerteventura, La Palma, La Gomera und Hierro – gerade in den kalten Wintermonaten die Vorstellungen von einem Sonnenparadies im Atlantik, von ewigem Frühling, von ganzjährigem Badevergnügen, von sportlichen Aktivitäten oder ganz einfach vom Faulenzen nach harter, oft streßiger Arbeit im Heimatland.

Vielen von ihnen bleibt im Touristenzentrum die Schönheit der Kanarischen Inseln mit einer noch weitgehend unberührten Natur verborgen. Die entdeckungsfreudigen, aktiven Urlauber werden jedoch auf ihren ersten Ausflügen die landschaftliche Vielseitigkeit dieser südlichen Inseln kennenlernen und feststellen, daß sie mehr als nur einen Badeurlaub zu bieten haben.

Jede Insel hat ihren eigenen Charakter, obwohl sie alle vulkanischen Ursprungs sind. Dabei spricht man über **La Gomera** von der wildesten und schluchtenreichsten Insel des Archipels. Was liegt da näher, als hinter dieser Aussage abenteuerliche Wanderungen zu vermuten?

Schroff und unwirtlich, mit farblosen, steil abfallenden Berghängen zeigt sich die zweitkleinste, 373 Quadratkilometer messende, gebirgige Kanareninsel dem mit großen Erwartungen vom Meer her kommenden Besucher.

im Atlantik

Dieser Eindruck täuscht, denn die relativ kleine Insel ist bezüglich ihres Landschaftscharakters so vielseitig, daß selbst der jährlich wiederkehrende Urlauber immer aufs Neue überrascht und begeistert wird.

Die Fülle der Farben jahrmillionenalter Gesteine, einer üppig wuchernden Vegetation, von Meer und Himmel im Wechselspiel des Sonnenlichts beeindrucken den Naturfreund.

Die häufige Frage, was den ständigen Besucher an dieser Mini-Insel so fasziniert, ist nicht so einfach zu beantworten. Es ist wohl das komplexe Zusammenspiel vieler glücklicher Umstände; nicht zuletzt, daß die Insel noch keinen negativ geprägten Tourismus hat und somit einen individuellen Bade- und Wanderurlaub möglich macht. Vielleicht ließe sich noch anführen, daß sie trotz aller Vielfalt in ihrer Größe noch überschaubar und „greifbar" ist und deshalb eine besondere Beziehung wachsen kann.

Gleich den verhüllenden Passatwolken verbirgt die Insel ihre kleinen Geheimnisse, die der Wanderer auf seinen Touren entdecken kann (Blick von der Höhenstraße nach Teneriffa)

Geographie, Geologie

Auf Schritt und Tritt wird man beim Wandern an den vulkanischen Ursprung der Insel erinnert (am Wege von R 17)

Nur 25 km vor der Südwestküste Teneriffas liegt die fast kreisrunde, ca. 22-25 km im Durchmesser betragende Insel, die ringsum mit 98 km Küstenlänge überwiegend steil aus dem Atlantik aufsteigt. So dominiert in dem 1486 m hohen **Alto de Garajonay,** einer runden, kaum als Berg anzusprechenden Kuppe.

Vom Zentralmassiv fast radial angeordnet, graben sich etwa 50 Talschluchten (**Barrancos**) tief in das vulkanische Gestein ein – oft bis hinunter zum Meer. Diese bis zu 800 m tief eingeschnittenen und teilweise mehrere Kilometer langen Barrancos prägen typisch und eindrucksvoll das Landschaftsbild der Insel. Die bis zum Meer abfallenden größten Barrancos bilden mit ihren breiten Ausläufern fruchtbare Taloasen, Siedlungsräume und gleichzeitig meerwärts die einzigen natürlichen Hafenplätze.

Gomera zeigt ein durch **Vulkanismus** und **Erosion** gezeichnetes Gebirgsrelief, das aufgrund größerer Höhenunterschiede durchaus alpine Züge erkennen läßt. Nur im südwestlichen Mittelteil ist ein kleiner Rest des ehemaligen Vulkanschildes als zentrales Hochland übriggeblieben, das als sanfte Hügellandschaft eher liebliche Züge trägt.

Weite Gebiete des zentralen Hochlandes im Inselinneren, der nach Nordosten abfallenden Bergflanken sowie der hochgelegenen seitlichen Kammausläufer nach Norden und Osten sind mit Wald bedeckt, der etwa $1/5$ der Gesamtinseloberfläche ausmacht.

Die kanarische Insel La Gomera entstand vor rund 20 Millionen Jahren durch Vulkanismus. Bei den hierfür typischen Entstehungsvorgängen wurden über größere Zeiträume hinweg in unregelmäßiger Wechselfolge dünnflüssiges Magma (Basalte, Phonolite, Trachyte) und durch Gasdruck emporgeschleuderte Asche (sog. Tuffe) in mächtigen Schichtpaketen abgesetzt. Die hohen Wandfluchten des Valle Gran Rey, von Hermigua

im Atlantik

oder Agulo z.B. zeigen dies eindrucksvoll als sogenannte „geologische Fenster".

Die Millionen von Jahren währende vulkanische Aufbauphase mit äußerst komplexen Vorgängen und die bereits damals in Ruhezeiten einsetzende und bis heute wirkende Erosion sind schwierig nachvollziehbar. Unerbittlich wurden und werden im Kräftespiel der Natur durch Regen, Wind und Meeresbrandung die weichen Gesteinsschichten abgetragen. Somit sind die ehemals steilen Gebirge weitgehend abgebaut, werden aber durch Erosionsvorgänge der sich immer tiefer einschneidenden Barrancos sekundär und relativ wiederaufgebaut.

Besonders auffallende, der Verwitterung widerstehende Relikte jener Zeit sind die über die ganze Insel verteilten, in vielgestaltiger Form sichtbaren „**Roques**" (Felsen). Die bis zu 200 m hohen Felstürme modellierten sich aus dem emporgepreßten, harten Schlot von Vulkankegeln, deren weicher Mantel verwitterte und abgetragen wurde. Oder die eigenartigen, senkrecht aus älteren Gesteinsmassen ragenden, oft kilometerweit die Landschaft durchziehenden schmalen Gesteinsgänge, den „disques", auf Gomera auch „**taparucha**" genannt. Typisch sind auch die Säulen-Wandfluchten, die durch Kontraktionsvorgänge sich schnell abkühlender Gesteinsmassen entstanden (besonders schön hierfür die **Los Organos** = die Orgelpfeifen, → S. 21, 146 und 291).

Sämtliche vulkanische Tätigkeit erlosch auf Gomera bereits in vorgeschichtlicher Zeit. Damit ist sie die einzige Insel der Kanaren, die keinen tätigen Vulkanismus mehr aufweist.

Die Roques von Los Organos. Blick von der Küste bei Arguamul nach Nordosten (rechts vorn die Relikte einer alten Bananenschiff-Anlegebrücke)

Geschichtliches

Über die erste Entdeckung des Kanarischen Archipels ist mindestens ebensoviel geschrieben worden, wie über die eigentliche Herkunft der Urbevölkerung (**Guanchen**, besser **Altkanarier**) spekuliert wurde. Beides liegt noch heute im dunkeln und wird wohl nie ganz geklärt werden können. Forscher vermuten, daß die ersten Menschen um 3000 bis 2500 v. Chr. zu den Inseln kamen.

Die Altkanarier sollen groß, blond und blauäugig gewesen sein und lebten unter steinzeitlichen Lebensformen in Höhlen als primitive Hirten, Jäger und Küstenfischer mit hohem Moralkodex. Es waren auch mutige Krieger, die ihre Stammesfehden ausfochten. Sie kannten weder das Rad noch den Schiffsbau, beherrschten aber die Kunst der Einbalsamierung ihrer Toten, die sie in Höhlen bestatteten.

Vermutlich wurden während des ganzen Altertums die Kanarischen Inseln – einschließlich Gomera – von Schiffen der Ägypter, Phönizier, Karthager und Römer angelaufen (Beweise über Amphorenfunde im Meer).

Ende des 13. Jahrhunderts waren es Sklavenhändler und danach die Portugiesen, Genuesen, Franzosen, Holländer und Kastilier, die jeweils auf den Inseln anlandeten. Erst im 15. Jahrhundert begann die historisch belegte Geschichte Gomeras.

Der französische Adlige **Jean de Béthencourt** versuchte 1404 als Konquistador im Auftrag der spanischen Krone nach Lanzarote und Fuerteventura auch Gomera zu unterwerfen, was ihm nicht gelang. Bei den folgenden jahrzehntelangen, blutigen Eroberungskämpfen um Sklaverei und gewaltsame Christianisierung bewiesen die Ureinwohner ungewöhnlichen Mut und großes kämpferisches Geschick. Mit technischer Überlegenheit, besonders aber mit List und Tücke, wurde, unter dem Preis der fast vollständigen Ausrottung der Urbevölkerung, Gomera um 1490 von Spanien vollkommen unterworfen.

Historisch weltberühmt wurde die Insel kurze Zeit später durch den exzellenten Seefahrer **Christoph Kolumbus** (daher auch der spanische Inselbeinamen „La Isla Colombina"), der am 6. September 1492 vom Hafen San Sebastián de la Gomera mit drei Schiffen aufbrach, um Indien auf dem Seeweg zu errei-

Der „Torre del Conde" in San Sebastián. Um 1447 als massiver Schutz- und Wehrturm der spanischen Konquistadoren gebaut, ist er der einzige Zeuge aus jener Zeit und damit ältestes Bauwerk der Insel

im Atlantik

chen. Stattdessen entdeckte er, die Passatwinde nützend, bereits am 12. Oktober des gleichen Jahres die Bahama-Insel Guanatiani sowie anschließend Kuba und Haiti und damit Amerika.

Die Legende einer Liaison des Kolumbus, der mehrmals Gomera anlief, mit der damaligen Herrin von Gomera, **Doña Beatriz de Bobadilla**, ist unbestätigt, wird aber umso eifriger wachgehalten. Bestätigt hingegen ist die durch Guanchen erfolgte Ermordung des grausamen, trotz königlichen Verbotes Sklavenhandel betreibenden Gemahls von Bobadilla, **Hernán Peraza des Jüngeren**. Er wurde in der Höhle seiner einheimischen Geliebten getötet (→ Seite 199).

La Gomera, respektive San Sebastián, lag für alle europäischen Seefahrer und Eroberer strategisch günstig als letzte Anlaufstation für den langen Seeweg in die Neue Welt. Ob **Cortez** oder **Pizzaro**, **Magellan** oder **Amerigo Vespucci** – alle legten hier an, nahmen Proviant an Bord und ließen ihre Schiffe reparieren. Die Engländer sahen diesen Stützpunkt als so wichtig an, daß sie 1743 Admiral **Charles Windham** mit einer kleinen Flotte zum Angriff und Eroberung San Sebastiáns auf die Kanaren segeln ließen. Dies mißlang, der Angriff wurde abgewehrt (siehe Wandgemälde in der Kirche Iglesia de la Asunción in San Sebastián).

Im Mittelalter waren es besonders **Piraten**, die der durch Handel zu angemessenem Wohlstand gelangten Bevölkerung San Sebastiáns durch Plünderung und Brandschatzung zusetzten oder ankernde Schiffe angriffen.

Im Laufe der Jahrhunderte kam es zu einer Vermischung der eingewanderten Spanier mit der restlich verbliebenen Urbevölkerung. Leider ging dadurch Sprache und Schrift der Altkanarier verloren. Die wenigen gefundenen Felsinschriften konnten bis heute nicht identifiziert werden (z. B. El Julán/Insel El Hierro).

1852 wurde Gomera zum Freihafengebiet erklärt. 1912 wurden auf allen Inseln die „Cabildos insulares" (höchste Selbstverwaltungs-Instanz) eingerichtet. Ihnen untersteht als unterste örtliche Behörde das „**Ayuntamiento**" (Bürgermeisteramt).

Dazu gehören auf Gomera sechs Verwaltungsbezirke: San Sebastián (Hauptstadt), Hermigua, Agulo, Vallehermoso, Alajeró und das Valle Gran Rey.

1927 erfolgte eine Teilung der Kanarischen Inseln in zwei der insgesamt 52 spanischen Provinzen: Teneriffa, La Palma, La Gomera und Hierro bilden die **Provinz Santa Cruz de Tenerife**, die restlichen Inseln Gran Canaria, Fuerteventura und Lanzarote die **Provinz Las Palmas de Gran Canaria**.

Die Verwaltungsbezirke (muncipios)

Wirtschaft

Ab dem 15. Jahrhundert regierten spanische Adlige die Insel. Diese Grafenherrschaft endete mit der ersten demokratischen Verfassung 1812, weitgehend zugunsten einer jetzt bürgerlichen Großgrundbesitzerschicht, deren Konsequenz besonders auf Gomera bis in die Gegenwart hinein zu verfolgen ist. Diese Struktur der Landverteilung gab der Masse der Bevölkerung nur bescheidene Ansätze, zu eigenem wirtschaftlichem Wohlstand zu gelangen.

Es fehlen die äußeren Voraussetzungen auf dem gebirgigen Gomera, da nur ein geringer Anteil (11,21 km² = 3%) der Inselfläche landwirtschaftlich nutzbar ist. Dennoch trotzte gerade hier die ärmere Bevölkerung den steilen Gebirgshängen quadratmeterweise den kargen Boden ab, um ihn zu kultivieren. Jahrhundertelang wurde für Trockenmauern Stein um Stein gesetzt. Dieses gewaltige Terrassierungswerk ist bis in die abgelegensten Inselteile hin zu bewundern.

Nach dem versiegenden Sklavenhandel wurde im 16. Jahrhundert der Anbau von **Zuckerrohr** forciert, der ebenso wie der folgende, sich allerdings länger haltende **Weinanbau** durch die letztlich billigeren Exporte aus anderen Ländern zum Erliegen kam.

Im 19. Jahrhundert gelangte kurzzeitig die Züchtung der **Cochinilla-Laus** (Parasit der Opuntien-Kakteen) als roter Farbstofflieferant für die Kosmetik-Industrie zur kurzen wirtschaftlichen Bedeutung, bis auch dieser Erwerbszweig durch die synthetischen Anilinfarben verdrängt wurde.

Bereits zu Beginn des 15. Jahrhunderts brachten portugiesische Seefahrer **Bananenpflanzen** auf die Insel. Jedoch erst Mitte des 19. Jahrhunderts wurde eine aus Indochina stammende andere kleinwüchsige Bananenstaude eingeführt („Musa cavendishii", ca. 28 kg wiegende Fruchtstaude), die sich besonders den teilweise heftigen Passatwinden anpaßte. Diese kleine süße Banane bekam in den 60er Jahren Konkurrenz durch eine importierte, etwas größere und härtere Frucht („Gros Michelle") aus Mittelamerika, die sich auf La Gomera bis in die Neuzeit hinein zum Hauptanbauprodukt entwickelte. Die übermächtige, preistreibende süd- und mittelamerikanische Exportkonkurrenz bewirkte, daß zur Stützung und Rettung der kanarischen Produkte das spanische Mutterland per Gesetz den Import ausländischer Bananen verbot und sich dafür die außerordentlich wohl-

In windgeschützten Lagen gedeihen die würzigen Kanarenbananen besonders gut

im Atlantik

schmeckenden, aromatischen, wenn auch kleineren kanarischen Bananenfrüchte ins Land holte.

Heute werden zudem in bescheidenem Maße **Tomaten** und **Kartoffeln** exportiert. Zunehmend wird auch mit dem **Anbau verschiedenster** Südfrüchte teils erfolgreich experimentiert.

Durch den wachsenden Tourismus erlebt auch der **Weinanbau** eine Renaissance. Anbau-Zentren sind die geschützten Tallagen um Hermigua, Agulo und Vallehermoso.

Neue Wirtschaftshoffnung – der Tourismus!

Die Armut der Landbevölkerung ohne Perspektive hat in den vergangenen Jahrzehnten zu einer erheblichen **Landflucht** geführt, so daß ganze Dörfer in kargen Gegenden, zumindest aber viele Einzelhäuser, verlassen sind. Venezuela und Kuba nahmen sich besonders der Emigranten an.

Der Wirtschaftsaufschwung durch den devisenträchtigen **Tourismus** auf den kanarischen Hauptinseln war an Gomera mangels äußerer Voraussetzungen (Flugplatz, Hotels, Strände) weitgehend vorbeigegangen.

Die bisher weitgehend auf Landwirtschaft und Fischfang basierende Wirtschaft wurde durch den Ausbau des Straßensystems und insbesondere den 1974 eingerichteten regelmäßigen **Fährdienst nach Teneriffa** wesentlich verbessert. Tauchten bereits Anfang der 70er Jahre die ersten Touristen auf, wurden es zwangsläufig mehr durch die geschaffene Fähranbindung an Teneriffa. Kurz- und Langzeit-Aussteiger, Insider und neue Individualtouristen

waren vor und Anfang der achtziger Jahre weitgehend die Besucher der kleinen Insel, deren Reiz sich durch die zunehmenden Gäste sehr schnell herumsprach.

Bereits 1985 wurde die Schwelle des „Geheimtip"-Individualtourismus überschritten. Sprunghaft steigen seitdem die jährlichen Besucherzahlen, nachdem sich auch die Touristikbranche der Insel „bemächtigte", wenn auch noch in angemessener Weise.

Tourismus als Hoffnung und Einnahmequelle der Zukunft?

Trotz aller Anzeichen, die sich besonders augenscheinlich durch stürmischen **Bauboom** in jeder Richtung und dem Schrei nach dem längst fälligen Flugplatz äußern, bleibt abzuwarten, inwieweit sich die auf dieser kleinen Insel begrenzten natürlichen Gegebenheiten ohne Landschaftszerstörung (für die es schon ernste Anzeichen gibt, (→ S. 40/41) für die Ausweitung zum allgemeinen Tourismus mit all seinen Zerstreuungsspielarten eignen.

Die Fähren (und das Schnellboot) – zur Zeit noch die einzigen Verkehrsverbindungen zwischen Teneriffa und Gomera. Jährlich bringen sie rund 1 Mio. Gäste auf die Insel

Pflanzenwelt

Die subtropische Flora der Kanarischen Inseln ist überaus vielfältig und artenreich an Blumen, Büschen und Bäumen. Das Besondere auf den Kanaren sind eine Vielzahl **endemischer** – hier einzig auf der Welt auftretender – **Arten,** von denen bisher 670 katalogisiert wurden. Sie verdanken ihr Dasein einer Jahrmillionen währenden sogenannten genetischen Isolation (keine Mischungsmöglichkeiten mit Pflanzen von Nachbarkontinenten) und der besonderen Lage im Ozean, durch welche sie vergangene klimatische Katastrophen der Kontinente überleben konnten.

Botaniker aus aller Welt gab dies Anlaß, in dieser einzigartigen Flora zu forschen.

Auf Gomera sind nach Klima und Höhenstufe folgende natürliche Vegetationszonen anzutreffen:

1. Sukkulentenformation der warmen Tiefenstufe (0-400 m):

Typische Vertreter hierfür sind u.a. Tabaiba-Sträucher, Säulen-Euphorbie, Cardon, Kakteen, besonders Opuntien, Agaven, Strauchwacholder sowie an Bäumen Kanarische Tamariske und Kanarische Dattelpalmen.

2. Lorbeerwald (Laurisilva)

Diese Zone beginnt an der unteren Passatnebelschicht bei etwa 600 m. Der fast durchwegs das Inselinnere, genauer den Passat zugewandten NO-Abfall bedeckende, dichte Wald, ist ein millionenjahre altes Relikt aus dem Tertiärzeitalter und wohl einzigartig auf dieser Welt **(Nationalpark Garajonay).** In den feuchten, schattigen Barranco-Gründen sind bis zu 20 m hohe hundertjährige Baumriesen anzutreffen, die mit einem dichten Unterholz aus Sträuchern, übermannshohen Farnen (über 50 Arten), Dickblattgewächsen, Brombeerlianen, Efeu und Blumen eine größtenteils undurchdringliche Wildnis bilden. Lange, grüngraue Flechtenbärte hängen von bizarr gewundenen Ästen herab und verstärken als bekannter Indikator für die Reinheit der Luft den Eindruck eines einmaligen und schützenswerten Waldes. Hauptbaumart ist der Lorbeer mit mehreren Vertretern.

3. Fayal-Brezal-Formation

Sie bildet eine fließende Übergangszone mit dem Lorbeerwald (immergrüner Nebelwald, „monteverde"). Man findet sie in Höhen über 1200 m, an passatabgewandten Lee-Lagen und als Sekundärwald eines ehemaligen, abgeholzten Lorbeerwaldes. Hauptbaumarten sind die bis zu 20 m hohe **Baumheide** (Erica

im Atlantik

arborea, „brezo") und eine gleichhohe **Buchenart** (Myrica faya). Mannshohe Buschformationen verschiedenster Zusammensetzung und Übergänge zeichnen zusätzlich diese Vegetationsstufe.

4. Einzelzonen mit Kanarischen Kiefern und Fremdkiefern

Die majestätischen, langnadligen, seidig glänzenden Kanarenkiefern waren auf Gomera ursprünglich nur untergeordnet an wenigen Stellen anzutreffen. Erst in den zurückliegenden Jahrzehnten – ab 1960 – wurden auf ehemaligen Kahlschlägen und Brandflächen um den Berg Alto de Garajonay Aufforstungen vorgenommen. Große Flächen wurden hierbei auch mit schnellwüchsigen Fremdkiefern belegt. Wie sich bei dem letzten verheerenden Waldbrand von 1984 herausstellte, verbrannten die Fremdkiefern total, während die Kanarenkiefern teilverbrannt überlebten und wieder austreiben konnten. Diese Erfahrungen und auch die sinnvolle ökologische Tendenz, den Nationalpark mit endemischem Baumbestand zu erhalten, war wohl der Grund, große Gebiete damaliger Schnellaufforstungen mit Fremdkiefern bewußt zu vernichten, d.h. auszudürren und in diesen Kahlschlägen der natürlich Flora – ggf. mit Nachhilfe – wieder Ausbreitungsraum zu schaffen.

Die stehengebliebenen, heute stattlichen Kanarischen Kiefernwälder mit fehlendem Unterwuchs direkt am Berg Alto de Garajonay und südöstlich desselben haben parkähnlichen Charakter und stehen durchaus im reizvollen Gegensatz zu dem homogenen Dschungel des Lorbeerwaldes.

Der Lorbeerwald, Millionen Jahre alt, ein Relikt aus dem Tertiär – einmalig auf der Welt

Kastanien- und Eukalyptushaine, die nicht zur natürlichen Flora zählen, bereichern die Waldszene. Gerade aber die Eukalyptushaine werden systematisch unter dem Argument des großen Wasserverzehrers und ihrer den Waldbrand fördernden ätherischen Öle und Harze durch Schälung und Rodung vernichtet. Gezielte Forstwirtschaft könnte ihre ungewollte Verbreitung verhindern und uns diese wenigen Haine duftender Baumriesen erhalten.

Sonneninsel

Steinpilzfund auf La Gomera

Viele kleine und größere Quellen, oft im Wald unter der Vegetation versteckt, versorgen die Insel mit Wasser

Der **gesamte Wald** hat für die Insel aufgrund von Lage und Höhe eine immense Bedeutung als Wasserspeicher; er prädestiniert Gomera neben La Palma zur wasserreichsten des Archipels.

Die ständige Dezimierung des früher sich über die ganze Insel erstreckenden, riesigen Waldgebietes mit zahlreichen Quellen und vielen Bächen reduzierte auch das Oberflächenwasser; neben vielen bestehenden Quellen fließt heute nur noch der Cedro-Bach ganzjährig.

Im Wald gibt es **Quellwasser bester Qualität** und als mögliche Zugabe, je nach Jahreszeit, köstliche Brombeeren, schmackhafte roh eßbare Kastanienkerne sowie im Nadelwald Pilze (u.a. vereinzelt Steinpilze, Pfifferlinge, Champignons).

Tausende, wildwachsende, über die ganze Inselfläche verteilte, besonders aber im Valle Gran Rey konzentrierte **Kanarische Dattelpalmen** sind eine weitere botanische Eigenart Gomeras, die der Insel ihren exotischen Reiz verleiht. Nach einer Zählung von 1985 soll Gomera 106 000 Exemplare dieser herrlichen, jetzt unter Naturschutz stehenden Bäume haben; mehr als alle anderen Kanarischen Inseln zusammen. Seit altersher für die Einheimischen ein wirtschaftlicher Nutzbaum, schätzen die Touristen besonders seinen eingedickten „guarapo"-Saft, den „Miel de Palma" (Palmenhonig), eine Inselspezialität.

Große, teilweise Prachtexemplare **Indischer Lorbeerbäume,** am auffallend hellgrauen, knorrigen Astwerk mit dichtem dunkelgrünen Blätterdach erkennbar, sind als besondere Schattenspender beliebt.

Seltener sind **Königspalmen** mit silbergrauen, marmorierten schlanken Stämmen zu sehen. Mehrere gibt es in Hermigua und eine im Valle Gran Rey (→ am Hauptalwanderweg R3, Seite 64).

Von den eigenartigen, angeblich uralten und besonders von der Insel Teneriffa her bekannten **Drachenbäumen** befindet sich auf Gomera nur ein einziges, dafür aber sehr schönes Exemplar in Nähe des Ortes Magaña bei Alajero (→ Wanderung R46, Seite 271 sowie Seite 292).

An kultivierten Früchten gibt es Äpfel, Ananas, Aprikosen, Avocados, Bananen, Birnen, Feigen, Kaffee, Kartoffeln, Mandeln, Mangos, Nisperos (Mispelfrucht), Orangen, Papayas, Tomaten, Wein und Zitronen. Der experimentelle Anbau importierter neuer Südfruchtsorten zeigt bereits erste Erfolge.

im Atlantik

Tierwelt

Die natürliche Fauna Gomeras ist gegenüber der vielfältigen und artenreichen Flora relativ bescheiden. An größeren Tieren gibt es nur Wildkaninchen („conejo", sie werden gejagt). Umsomehr ist die **Vogel- und Insektenwelt** von Interesse. Ganz besonders beachtenswert für den Wanderer ist die für diesen Breitengrad fast unverständliche Tatsache, daß es keinerlei giftige oder ungiftige Schlangen und Skorpione gibt, ebenso keine Giftspinnen (die oft anzutreffenden, schön gezeichneten Kreuzspinnen sind nicht aggressiv oder bissig).

Die **Singvögel** sind mit zahlreichen Arten vertreten, von denen besonders der unansehnliche, jedoch melodisch pfeifende Kanarengirlitz zu nennen ist. Von den Hühnervögeln sind als endemische Rarität zwei den Lorbeerwald bewohnende Taubenarten (jeweils heller Schwanz und blaugrüner Hals bzw. purpurnes Schillern auf Brust und Nacken) anzuführen. An **Groß- und Greifvögeln** gibt es Silbermöven, Eulen, Turmfalken, Bussarde und an unzugänglichen Steilküsten Fischadler.

Im Laub raschelnde „Wegbegleiter" des Wanderers sind die vielen, sich wegen der fast fehlenden natürlichen Feinde üppig vermehrenden **Eidechsen**. Eine hiervon größere Art sind die 25 cm langen Skinken mit kupfrig schillernden Rücken und die dunklen, nachtjagenden **Geckos**, die mitunter auch ein nützlicher „Gast" (Ungezieferfresser) im Quartier sein können.

Die Insektenbeobachter werden eine Vielzahl bunter Schmetterlinge, Käfer, Libellen, Heuschrecken und Grillen entdecken.

Legionen von **Fröschen** in Süßwasserbecken und Tümpeln quaken in Chören an warmen Abenden von der Dämmerung bis in die Nacht hinein.

Der reiche **Fischbestand** in den dank des Golfstroms gleichmäßig temperierten Küstengewässern, gehört noch heute zu einer der Hauptnahrungsquellen der Inselbewohner. Die köstlich zubereiteten, vielfältigen Fischgerichte sind als besondere Gaumenfreuden von Besuchern geschätzt.

An größeren Meeresbewohnern sind die häufig in Schwärmen auftretenden, springenden **Delphine** zu sehen. Seltener beobachtet man als besonderes Schauspiel die Fontänen der im kühlen Golfstrom zwischen La Gomera und Teneriffa ständig lebenden **Pilotwale**. In abgelegenen Steilküstenbereichen (z.B. Los Organos) sind **Haie** anzutreffen, von denen 15 Arten in den kanarischen Gewässern bekannt sind.

Bergziegen, die Gemsen La Gomeras! Ihr Leben vollzieht sich in den Bergen, wo sie trittsicher schwierigstes Gelände begehen. Frei weidend geben sie durch die Kräuternahrung u.a. qualitativ hochwertige Milch, aus der der berühmte schmackhafte „queso de cabra" (Ziegenkäse) hergestellt wird

Klima

Die Kanarischen Inseln sollen mit einem Temperatur-Jahresmittel von 21° C das beste und ausgeglichenste Klima der Welt haben. Sie liegen im Bereich des Nordostpassats, einer stetigen, frischen Luftströmung in 600 bis 2 000 m Höhe, die als Feuchtigkeitsspender im Verein mit der Sonne jene überwältigende Vegetationsfülle hervorbringt, wie sie nur dort anzutreffen ist. Kein Land ohne Gegensätze, und wie fast auf allen Inseln hat auch Gomera eine dem Passat abgewandte Süd- und Südwestseite, die entsprechend dem subtropischen-ariden Klima heiß, trocken und wenig fruchtbar ist und eine subtropisch-feuchte Region im Norden und Nordosten, wobei die Bergregion als Klimascheide fungiert.

> *"Allein das Klima der Inseln ist ein Luxus"*
> César Manrique

Einen wesentlichen Anteil am Klima hat auch der gleichmäßige temperierte Kanarenstrom, ein Ausläufer des Golfstromes, dessen Temperatur auch im Winter nicht unter 18° C fällt und damit *Badefreuden zu jeder Jahreszeit* ermöglicht. Die alles verbrennende Hitze der Mittelmeerländer und die sommerlichen Kälteeinbrüche nordeuropäischer Länder sind hier so gut wie unbekannt.

Das **Wetter Gomeras** und damit auch die Regenniederschläge werden von zwei Luftdrucksystemen bestimmt, die sich jahreszeitlich unterschiedlich auswirken. Es sind einmal die erwähnten gleichmäßig von **Nordost kommenden Passatwinde**, deren feuchtigkeitsgesättigte Wolken durch Staulage im Kammbereich Nebelkondensation, Regen und empfindliche Kühle mitsichbringen können. Hiervon betroffen und abhängig zugleich sind die Waldmassen der Fayal-Brezal-Zone des Lorbeer- und Kiefernwaldes, besonders in Bereichen der Kammlagen und Nordhänge sowie in Südlagen bis zu 800 m hinunter. Das Sommerwetter wird fast ausschließlich nur von den Nordost-Passatwinden bestimmt.

Im Winterzeitraum beeinflussen von Westen kommende **Tiefdruckgebiete polaren oder tropisch-ozeanischen Ursprungs** zusätzlich das Wettergeschehen. Sie sind besonders für die tieferen Lagen der Insel überlebenswichtig. Sie können mit teilweise verheerenden Niederschlägen kommen, die Barrancos zu Wildflüssen machen und erhebliche Schäden verursachen.

Gelegentlich kommt es zur Entstehung eines „Afrika-Wetters" („levante"), das durch von Südosten einströmende Sahara-Luft gebildet wird und durch völlige Windstille und hohe Temperaturen (Hitzestau) äußerst unverträglich ist. Diese Wetterlage dauert in der Regel zwischen drei Tagen und zwei Wochen.

Besonders angenehm für den Insel-Aufenthalt wird der fast ständig wehende, leichte bis kräftige Passatwind empfunden, der selbst in den heißeren Sommermonaten die intensive Sonneneinstrahlung weniger bemerkbar macht. Dieser Kompensation sollte der Inselbesucher besonders in den ersten Tagen durch Schutzmaßnahmen begegnen.

im Atlantik

Klimaangaben

Jahresdurchschnittswerte auf La Gomera (Celsiusgrade)

	Jan.	Febr.	März	April	Mai	Juni	Juli	Aug.	Sept.	Okt.	Nov.	Dez.
Tagestemperatur	20	20	21	22	23	25	27	29	27	25	23	21
Nachttemperatur	15	14	15	16	17	18	20	22	21	20	17	17
Wassertemperatur	18	18	19	19	20	21	22	23	23	22	22	21
Sonnenstunden/Tag	5	6	7	8	9	10	11	10	8	6	6	5
Regentage/Monat	11	8	6	5	2	1	0	1	2	6	8	8

mittlere Tageslufttemperaturen	im Sommer	im Winter
min./max. an der Nordküste	18/25	13/20
min./max. an der Südküste	19/19	14/21

Passatwolken „fließen" – aufgrund des Temperaturausgleichs zwischen warm und kalt – hiervon lebt der subtropische Lorbeerwald

Erste Anfänge
bis heute

Die Urbevölkerung wird nur zweckgebunden die Insel durchstreift haben: Lebensunterhalt und Tausch dominierten. Die spanischen Konquistadoren werden sich wiederum nur unter entsprechend militärischer Begleitung zu einem Ausflug in das Inselinnere gewagt haben. Die damals dicht bewaldete, unzugängliche Insel bot ihren Bewohnern den notwendigen Schutz, sich vor den spanischen Besetzern zu verstecken oder sich notfalls gegen sie aufzulehnen, wenn diese auf Sklavenfang unterwegs waren.

Die eigentliche **touristische Entwicklung** der Insel La Gomera, die ja bekanntlich, wie die Insel El Hierro, immer abseits im Schatten der Hauptinseln lag, beginnt erst Anfang der 70er Jahre unseres Jahrhunderts.

Aufgrund der verbesserten Lebensbedingungen der Nachkriegszeit und im Sog eines expandierenden Tourismus auf den großen Nachbarinseln, besonders aber begünstigt durch die ab 1974 geschaffene kontinuierliche Fährverbindung mit Teneriffa sowie durch den Ausbau seines Wege- und Straßennetzes wird Gomera als Insel mit unberührter Naturlandschaft „entdeckt"; dort wo man noch alte Lebensgewohnheiten beobachten kann und – als **Wanderinsel.**

Zaghaft und bescheiden entwickelte sich ein Individualtourismus. Natürlich waren Hippies zeitgemäß mit die ersten, die in Gomera anlandeten. Auswanderer und Pensionäre verschiedener Nationalitäten ließen sich in San Sebastián und im Valle Gran Rey nieder. Sie und auch kurzfristige Besucher durchstreiften aus Abenteuerlust und Freude am Wandern die Insel.

Einer dieser war **Rudolf Wild,** ein deutschstämmiger Schweizer, der mit seiner Frau in mühevoller Arbeit sieben sehr schöne Wanderungen im Gelände farbig markierte und erstmals eine einfache Wanderskizze mit Wanderwegkurzbeschreibungen herausbrachte.

Sie bezeichneten ihre Wanderungen nach den von ihnen gewählten Farbmarkierungen, die teils heute noch gut erkennbar sind (Vergleich mit den Wanderrouten des vorliegenden Buches):

1. G**elber Rundweg:** u. a. Teilstrecke von R 28 Ermita N. S. Lourdes – El Cedro und zurück.
2. **Der Blau-weiße Weg:** R 30, 2. und 3. Teilabschnitt und weiter R 27 (Teilabschnitt El Cedro – Hermigua).

3. **Der Rote Weg:** *R33,* Teilstrecke La Laja – Roque de Agando als Abstieg. Weiter wie *Blauer Weg.*
4. **Der Rot-weiße Weg:** Identisch mit R41.
5. **Der Blaue Weg:** R33, Abstieg nach La Laja, weiter über Lome Fragoso nach San Sebastián.
6. **Der Orange Weg:** R34, identisch mit dem 2. Teilstück.
7. **Orange-weißer Weg:** Identisch mit R36.

Erich Reuss, Bergsteiger und Wanderer aus Passion, war von 1973 bis 1990 mit Gomera verbunden und einer der damalig besten Inselkenner. Über ein Jahrzehnt durchstreifte er kreuz und quer Gomera auf der Suche nach neuen Wanderungen. Viele Jahre davon waren wir seine Begleiter und erhielten somit manchen Tip und Hinweis für die Aufnahme schöner Wanderungen in diesem Buch.

Klaus Metzler wanderte 1979 auf Gomera. Er beschrieb zehn Routen (→ Literaturverzeichnis).

In den 80er Jahren machten sich besonders **Ursula** und **Adam Reifenberger** um die kleinen kanarischen Inseln El Hierro, La Gomera und La Palma verdient (→ Literaturverzeichnis). Ihr vielseitiges, umfassendes Wissen über die vorgenannten Inseln macht sie zweifelsohne zu Spezialisten, die dank ihrer guten Spanischkenntnisse und ihres ständigen Gomera-Wohnsitzes viele Details aus Büchern, von Behörden und von der Bevölkerung erfuhren.

Ich bin sicher, es gibt noch eine Vielzahl an unbekannten, wandernden **Gomera-Insidern,** die Jahr für Jahr die Insel aufsuchen und bestens auf interessante Touren spezialisiert sind.

Erich Reuss † und Autor Rüdiger Steuer auf dem höchsten Inselberg. „Erich, hast Du gerade wieder eine neue Wandertour erspäht?"

Wandern auf

Charakter der Wanderungen

Die beschriebenen Touren sind – wie der Buchtitel besagt – **Bergwanderungen,** die je nach Gelände und Länge unterschiedliche konditionelle Anforderungen an die Wanderer stellen. Somit ergeben sich leichte, mittlere und schwierige Touren. Wie überall im alpinen Bereich –mittlere und schwierige Touren zählen in Gomera durchaus dazu – ist es von Vorteil, die Tourenanforderungen zu steigern, um nicht überfordert zu werden. Hinzu kommt, daß ein dadurch geschultes Auge bei orientierungsmäßig schwierigen Wanderwegen den vermeintlichen Wegeverlauf sehr bald erkennen wird, was sich bestimmt als Vorteil erweist.

Die aufgeführten Wanderungen führen fast ausschließlich über Pfade, kleinere Wege und nichtasphaltierte Fahrwege, durch Barrancos, oberhalb der Steilküste entlang, über Hügel und Berge bis hinein in den großartigen, ja märchenhaften Lorbeerwald.

Ich habe mich nicht gescheut, *verschiedentlich Wanderwege zu beschreiben, die abschnittsweise pfadlos sind oder nur gelegentlich Pfadspuren zeigen, die auf Begängnis durch Einheimische hinweisen.* Ihre landschaftliche Schönheit, die großartigen Ausblicke, deren Einsamkeit und auch ein Schuß Abenteuer bewogen mich, diese durch Beschreibung *dem Bergwanderer* zugänglich zu machen.

Toureneinordnung auf Seite 7.
Sie gibt einen schnellen Überblick auf die Bergwanderungen nach Länge und Verlauf, nach Schwierigkeit und Tourencharakter

Tourenschwierigkeiten

Der Aufbau der Insel bringt es mit sich, daß die beschriebenen Touren im Aufstieg und/oder Abstieg – seltener eben – begangen werden, wobei beträchtliche Höhenunterschiede zurückgelegt werden müssen. Von den in der Regel tiefgelegenen, meernahen Ausgangsorten steigt man bis zu 1 000 m und ggf. höher hinauf in die Berge und gelangt damit ab etwa 600 m in die **Nebelzone des Nordostpassats.** Der vom Ausgangsort nicht immer einschätzbare, teilweise auch nicht sichtbare Passat kann mit heftigen, sehr kalten, wenn auch meist nur kurzzeitigen Regenschauern – verbunden mit Wind und Nebel – dem nur leicht bekleideten Wanderer stark zusetzen und ihn unterkühlen. Umgekehrt kann das Ausbleiben der sonst angenehmen, ständig frischen Passatbrise durch afrikanische Heißluftmassen, span. genannt **Levante** („Afrika-Wetter") sowie auch die an Schönwettertagen übliche **Nachmittagsstauhitze** in den tiefergelegenen, meernahen Schluchten extreme Belastungen mitsichbringen.

Bedingt durch üppige Vegetation, bindige Böden und dem glatten oder moosigen Gestein, sollten wegen der Verletzungsgefahr *steilere Auf- und Abstiege während und nach Regenfällen* vermieden werden. Akute, heftige Regenfälle können auch Steinschlag auslösen, dessen Gefährlichkeit in bestimmten Tourenbereichen nicht unterschätzt werden sollte. Diese Regenfälle können sogar Wanderwege vorübergehend unbegehbar machen.

Häufig anzutreffendes, **rolliges Gestein** (Kugellager-Effekt) und die

La Gomera

morgendliche **Taunässe** auf den steileren Abstiegspfaden bedarf besonderer Aufmerksamkeit und Trittsicherheit.

Vermeintliche Abkürzungen und Abstiege *in unübersichtlichem und bezüglich der Schwierigkeiten nicht einschätzbarem Steilgelände* sind wegen möglicher Abbrüche etc. unbedingt zu meiden. Weitergehen kann Lebensgefahr bedeuten, zumindest aber besteht im wilden Gelände durch Abrutschen o.ä. akute Verletzungsgefahr und ein Durchkommen bezüglich des dichten, oft stacheligen Bewuchses (Opuntien) ist mehr als zweifelhaft.

Orientierung in den Wäldern ist durch die vorgeschriebenen Wanderrouten zwangsläufig einfache geworden. Ein Kompaß kann trotzdem gute Dienste leisten (Verirrungen, Nebel). Wenig begangene Pfade wachsen bei der üppigen Flora schnell wieder zu, was die Wegsuche erschwert. Stachlige Gewächse, Brennesseln, besonders aber die *vielerorts anzutreffenden, fingerdicken und meterlangen Brombeerlianen* sind zuweilen äußerst unangenehme Hindernisse.

Schwierige Touren im steilen, ausgesetzten (= mehr oder weniger senkrecht abfallenden) Berggelände erfordern Übersicht, Orientierung, Trittsicherheit und Moral, d.h. ein gewisses Maß an Schwindelfreiheit. Die schwierigen Touren der Kategorie 7, insbesondere aber der Kategorie 11 „Felsenwege", sind keine Klettertouren. Stellenweise müssen aber schon mal *leichte Kletterpassagen* überwunden werden, d.h. diese

Routen sollten dementsprechend wirklich alpin erfahrenen Bergwanderern vorbehalten bleiben. Für diese, aber auch für alle anderen Wanderer, insbesondere für **Erstbesucher der Kanarischen Inseln,** sind die nachstehenden Ausführungen sicher aufschlußreich:

Der vulkanische Inselaufbau zeigt in der Regel eine horizontale Wechselfolge von Lavaschichten (ausgeflossenes, heißes Magma, erstarrt zu harten Felszonen) und Auswurf-Aschen (verfestigte, bröselige Tuffe) mit allen Übergängen. Erdbewegungen (Tektonik) und Abtragungen (Erosion) modellierten die Wandfluchten.

Grundsätzlich mußten die Altkanarier ihren vulkanischen Inselaufbau gut gekannt haben, z.B. auch die Eruptionen des benachbarten Teide auf Teneriffa beobachtet haben. Geschickt verstanden sie es, im Steilgelände ihre Wege horizontal auf die weichen Tuffschichtbänder zu legen, um dann bei einer folgenden Schwachzone der steilen, senkrechten Lavafelsen diese durch angelegte Steine (Treppungen) zu überwinden. Künstliche Treppen, Trittsteine, Kerben und Steinunterbauungen dienten ihnen dabei als Hilfsmittel. So bauten die Altkanarier und so legten auch in den Nachfolgegenerationen die Hirten und „Bergbauern" ihre schmalen Pfade an. Sie bauten aber immer so, daß die Wege und Pfade nach dem Spruch „mit dem Kind an der Hand und dem Käse auf dem Kopf" begehbar sein sollten. Dieser an sich lustige Spruch mit viel Inhaltswahrheit sollte dem schwere Touren gehenden Kanaren-Wanderer zu eigen werden. Denn geklettert sind sie nicht, wenn auch die Hände mal benutzt wurden. Für uns heißt das: wird ein Pfad in unübersichtlichem Steilgelände so schwer begehbar, daß mit „Kind an der Hand und . . ." kein Durchkommen mehr möglich ist, dann sind wir vermutlich falsch gegangen. Dann heißt es, auf gleichem „Verhauer"-Weg zurück um nochmals zu versuchen, den richtigen Durchstieg zu finden.

Im schwierigen Terrain aufmerksam und wachsam das Steilgelände nach einem möglichen Pfadverlauf sondieren, nach Anhaltspunkten – wie oben unter Hilfsmittel aufgeführt – suchen und bereits von einem Standpunkt aus den Weiterweg einprägen.

In solchem Steilgelände jedoch bei aller Wegsuche und phantastischen Ausblicken nie vergessen: *Nicht schauen und gehen, sondern schauen und stehen.* Es könnte sonst der letzte Blick gewesen sein!

Eine angebrachte **Markierung** löst evtl. das Orientierungsproblem, nicht aber die zu bewältigenden Schwierigkeiten, die sich durch schlechte Ausrüstung, plötzliche Regenfälle oder einfallenden Passatnebel um ein mehrfaches erhöhen können.

Wanderzeiten

Die Berücksichtigung der bei der jeweiligen Tour angegebenen *Teilwanderzeiten sind ein wichtiger Fakt für die Routensuche.* Diese Zeitangaben dienen dem Begeher als zusätzliche und wichtige Orientierung zu der eigentlichen Beschreibung. Es ist aufgrund naturbedingter Gegebenheiten (fehlende markante Bezugspunkte) oft unmöglich, eine klare Beschreibung wichtiger Örtlichkeiten (z.B. ein gesuchter Pfadabzweig) schriftlich wiederzugeben. Hier helfen nur Zeitvergleiche und man sollte sich zu eigen machen, *die Wanderung von Anfang an mit der Uhr zu verfolgen.* So lästig das „Uhrgucken" bei Urlaubswanderungen auch sein mag, es erspart in vielen Situationen lästiges Herumirren bei der Suche nach dem Weiterweg.

Die Bevölkerung ist in der Regel freundlich und hilfsbereit. Sie kennt inzwischen die „Trails" und ist meist schon an den diffizilen Örtlichkeiten vorbereitet, dem eventuell etwas unsicher gewordenen Wanderer den rechten Weg zu weisen. Nicht selten führt ein solcher kleiner – mit Mini-Spanisch geführter Plausch – zu einer Einladung in ihre Casa.

Rettungsorganisationen

ähnlich der alpinen Bergwacht gibt es nicht! Hilfe aus der Luft (Hubschrauber) mit ausgebildeten Rettern ist inzwischen möglich. Diese allerdings auf Teneriffa (!) stationierten Hubschrauber müssen über die SOS-Flugrettung (→ Seite 285) angefordert werden. Bis diese informiert ist und ihrerseits den Hubschrauber anfordert und bis dieser dann letztlich kommt und die Gesuchten/Vermißten gefunden hat, kann sehr viel kostbare Zeit vergehen. Besser ist, ein nicht kalkulierbares Risiko zu meiden. In dennoch prikärer Situation: Ruhe bewahren, nicht durchdrehen, versuchen, umsichtig zu handeln, Erste Hilfe leisten, keinen Einzelverletzten allein lassen, auch beim Hilfeholen keine riskanten Abkürzer (Schnellabstiege) gehen.

La Gomera

Mehrtagesunternehmungen

Inseldurchquerungen über 2 bis 3 Tage oder mehr zählen, obgleich anstrengend und lang, sicher zu den Wanderhöhepunkten auf Gomera: ständig wechselnde Landschaftsbilder, der enge Kontakt mit der Bevölkerung, das stille Biwak unter südlichem Sternenhimmel, die vielen kleinen Erlebnisse am Rande. Das intensivste Empfinden liegt in der Gesamtheit der Begegnungen.

Eine Zeltmitnahme ist unbedingt zu empfehlen, da Freilager in der Passatzone (→ Klima sowie Reise- und Bergwanderzeit) stark durch Regen und Nebelkondensation beeinflußt sein können.

Zu beachten ist eine komplette Ausrüstung mit bemessenen Eßvorräten. Es gibt nur in *größeren Orten Einkaufsmöglichkeiten*, Dörfer haben nur einen Krämerladen mit sehr beschränktem Angebot (evtl. ist dieser auch geschlossen!).

Achtung: bei *Wanderungen durch den Nationalpark Bestimmungen berücksichtigen*, besonders kein Feuer, Rauchverbot. Empfindliche Strafen drohen bei Nichtbeachtung! Zeltgenehmigung ist formell einzuholen bei: Cabildo Insular, Patronato del Turismo, San Sebastián, Calle de Medio, Telefon 870103.

Tourenvorschläge → S. 272-274.

Wanderwegmarkierungen

Wie bereits auf Seite 32/33 aufgeführt, wurden vom Ehepaar Wild erstmals sieben längere Wanderungen verschiedenfarbig angelegt.

Das Ehepaar Reifenberger markierte Anfang der 80er Jahre den überwiegenden Teil der inzwischen schon klassischen Wanderwege („caminos reales" = königliche, = d.h. staatliche Wege) auf der ganzen Insel (roter Ring oder roter Strich). Auch der Autor markierte einige schwer auffindbare Pfade.

Alle diese Farbmarkierungen sind inzwischen mehr oder weniger verblaßt, teilweise nur noch in Spuren erkennbar. Unter den gegebenen klimatischen Bedingungen sind solche Wegezeichen nur durch eine Markierungspflege erhaltbar. *Durch Fremde angebrachte Markierungen sind auf der Insel nicht mehr erwünscht, im Nationalpark sogar verboten.* **Wildes Farbmarkieren von Wanderrouten sollte daher unterbleiben.** Einschließlich der Beschilderung ist dies Sache der hierfür zuständigen ICONA (→ Nationalpark Garajonay).

Gute Tourenbeschreibungen und häufige Begängnis der Wanderwege ersetzten weitgehend Markierungen. Im Steilgelände tun es als Pfadführung auch die klassischen *„Steinmännchen"*, ca. 0,30 m hohe pyramidenförmig aufeinandergetürmte mehr oder weniger große Steine. Diese naturnahe Markierung hat sich zur Freude aller Bergwanderer auf Gomera durchgesetzt. Schwierige Stellen mit „Verhauer"-Möglichkeiten sowie ganze Wegverläufe sind inzwischen mit diesen kleinen „Steinmännchen" bestückt.

Es wäre zukünftig sinnvoll, dort abschnittsweise zu markieren, wo Wanderbeschreibungen aufgrund der örtlichen Gegebenheiten nicht ausreichen, sich jeder seinen eigenen Weg sucht und somit wertvolle Vegetation zerstört wird. Diesbezügliche Probleme bringen auch die Durchquerungen von größeren Dörfern oder Streusiedlungen.

Wanderwegveränderungen,

also Abweichungen von den textlichen Beschreibungen, sind für die Wanderbuch-Benutzer aber auch für den Autor ärgerlich. Neben natürlichen Ursachen wie Felsstürze, erosionsbedingte Pfadabbrüche oder Pfadverwachsungen, stehen hierfür besonders die menschlichen Eingriffe des Straßen- und Wegebaues (Straßenverbreiterung, Pistenbau, Anlegen neuer Forstwege u.ä.) sowie Abholzungen, Aufforstungen, besonders aber bauliche Veränderungen (Urbanisation). Mit diesen Entwicklungen einer aufstrebenden Insel müssen wir leben. *Ich ersuche bei solchen Situationen um Verständnis,* da schnelle Veränderungen dem Autor auch nicht sofort bekannt werden bzw. erst in einer Wanderbuch-Neuauflage Berücksichtigung finden.

Nationalpark Garajonay

(„Parque National de Garajonay")

Über das zentrale Bergland der Insel erstreckt sich ein millionjahre altes Waldgebiet, das heute aufgrund seines Alters und der dadurch erhaltenen endemischen Flora ein **einmaliges und einzigartiges Naturdenkmal darstellt** und zugleich die Aufgabe eines für die Insel lebenswichtigen Wasserspeichers erfüllt.

Es ist u.a. der Initiative des deutschen Botanikers G. Kunkel zu verdanken, daß der 3 984 ha große Lorbeerwald Gomeras (mit äußerer Schutzzone zusätzliche 4 526 ha) durch königliches Gesetz am 25. März 1981 als Nationalpark unter Naturschutz gestellt wurde. Eine zusätzliche, bedeutsame Auszeichnung erhielt dieser Wald 1985 von der UNESCO als einzige Naturlandschaft Spaniens mit dem Prädikat „Erbe der Menschheit".

Die gekürzte Definition der Nationalparkgesetze besagt: Die Nutzung oder jede andere Inanspruchnahme zu verhindern oder zu beseitigen und wirksam sicherzustellen, daß die ökologischen, geologischen, morphologischen und ästhetischen Eigenschaften, die zur Ausweisung des Schutzgebietes geführt haben, unangetastet bleiben. Es sollten Pflanzen- und Tierarten, geomorphologische Erscheinungen sowie Biotope von besonderer Bedeutung für Wissenschaft, Bildung und Erholung und die besonders schöne natürliche Landschaft erhalten bleiben (IUCN 1969).

Die Pflege und Überwachung des Nationalparkes obliegen der Forstbehörde sowie der Naturschutzbehörde **ICONA** (Instituto Nacional para la Conservasión de la Naturaleza); die in einem architektonisch gelungenen Neubau in Juego de Bolas oberhalb von Las Rosas ihren Stützpunkt hat. Die ICONA bemüht sich allgemein um den Tourismus, insbesondere aber um die Pflege und Beschilderung der Wanderwege im Nationalpark.

Eine Begehung der von ICONA offiziell genehmigten Wanderwege durch den Nationalpark sollte unter dringlicher Berücksichtigung nachfolgender Gebote und Verbote im Sinne der Deklaration erfolgen:

– strikt auf Wegen/Pfaden bleiben, Abkürzungen unterlassen,
– absolutes Rauchverbot, kein offenes Feuer,
– weder Pflanzen entnehmen noch Kleingetier einfangen,

La Gomera

39

- jegliche bewußte oder unbewußte Beschädigung vermeiden,
- unmittelbar nach starken Regenfällen keine steileren Wege/Pfade auf- oder abwärts begehen,
- jegliche Art von Abfällen einsammeln und wieder mitnehmen,
- keine Markierungen in irgendwelcher Form anbringen,
- keine Musik, keinen Lärm oder sonstige Ruhestörungen,
- keine ungenehmigten Frei- oder Zeltlager durchführen,
- kein Befahren der Forstwege mit motorisierten Fahrzeugen.

Wie die Nationalparkschilder Gomeras besagen: *Jeder Freund Gomeras sollte Respekt vor der großartigen, unwiederbringlichen Natur aufbringen!*

Umweltschutz/ Umweltschäden

Gomera ist gegenüber den Hauptinseln mit den negativen Folgeerscheinungen des Massentourismus eine noch relativ wenig berührte Insel, die es von Anfang an zu schützen gilt. Wir können von der einfachen, einheimischen Bevölkerung kein Umweltschutzdenken erwarten. Umsomehr können wir naturverbundenen Wanderer aufgrund unser Erziehung, Einsicht und Erfahrung dazu beitragen, mit kleinen Gesten und Mühen die Insel sauber zu halten – nicht nur im Gebirge, sondern überall, auch am Strand.

Der Autor ist sich bewußt, daß jede Publikation über die Insel unweigerlich neue Besucher anzieht. Dennoch bin ich optimistisch, daß die gewonnenen Freuden die kleinen Mühen aufwiegen sollten, die das Aufsammeln und Mitnehmen – auch mal fremder – Abfälle mit sich bringen (hierzu gehören u.a. auch Obst- und Gemüseschalen, die obwohl unschädlich, aufgrund der Trockenheit ausdörren und optisch stören sowie auch Zigarettenstummel, Papiertaschentücher oder Kronenkorken). *Nach jeder Rast, nach jeder Übernachtung und entlang der Wanderwege sollte es hinterher so aussehen als wäre man nie dagewesen.* Ein meiner Ansicht nach erfüllbarer Wunsch!

Der bereits bis zu 40% reduzierte ursprüngliche Baumbestand der Insel wurde schon in der Vergangenheit durch Fällungen, gezielte Baumrodungen, Selbstentzündungen oder Leichtsinnsbrände vernichtet. Nach wie vor geht die größte Gefahr vom Menschen aus, der durch Sorglosigkeit und Unachtsamkeit diese Schäden verursacht.

Zwischen dem 10. und 14. September 1984 wütete das bisher letzte Flammen-Inferno in einem der schönsten Waldteile des Nationalparks, im Bereich des Roque de Agando. 783 ha oder 9,2% der Inselwaldfläche (vorwiegend Kanarische Kiefern) verbrannten und 20 (!) Todesopfer und viele Verletzte waren zu beklagen. Die Brandursache bleibt ungeklärt (→ auch Seite 246, Fototext).

Es ist bekannt, daß auch Glasscherben durch Brennglaswirkung Selbstentzündungen hervorrufen können. Es dauert Jahrzehnte – ein ganzes Menschenalter – bis ein Wald wieder aufgeforstet oder nachgewachsen ist (→ auch Nationalpark Garajonay). Daher oberstes Gebot im Waldgebiet: nicht Rauchen, kein offenes Feuer.

Wasser ist auf allen Kanarischen Inseln höchstes Gut der Einwohner. Um Wasserrechte an den Einzugsquellen gab es erbitterte Auseinandersetzungen. Obwohl Gomera durch seine großen Waldgebiete relativ gut versorgt ist, gab es immer wieder Jahre der Dürre durch fehlende Niederschläge. Auch diese werden sich wiederholen. Ein sinnvoller, rationeller Umgang mit Wasser in allen kulturellen Bereichen sollte allen Touristen zu eigen werden, denn es werden ihrer immer mehr. Schutz auch den Quellen und Quellfassungen im Wald. *Vom Wasser lebt die Insel!*

Noch eine Bitte, die ich an die Wanderer richten möchte: Viele der angegebenen Routen führen nahe bebauter Felder und Gärten vorbei, die von den nicht im Wohlstand lebenden Besitzern mit Mühe und Fleiß angelegt wurden. *Widerstehen Sie dem Abpflücken von Obst und Feldfrüchten!* Auch scheinbar wildwachsende, früchtetragende Gewächse haben ihren Eigentümer. Vermeiden Sie bitte auch Wegabkürzungen über bebaute Felder. Vergessen Sie nicht, *daß wir Gäste auf dieser Insel sind* und eine besondere Gastfreundschaft nur dann entsteht, wenn eine gegenseitige Vertrauensbasis geschaffen wird.

Unsere kleinen Sünden beim Wandern sind nichts im Vergleich mit den großen **Umweltsünden**, die auf der Insel bei der „Verbesserung der touristischen Infrastruktur" begangen wurden und werden. Die EG bewilligte – gut gedacht und gemeint – für die strukturschwache Kanareninsel Finanzmittel in Millionenhöhe. Doch mit der EG-Zusage wurden bereits schon die Schubladen-Pläne der Insel-Verwaltung herausgezogen, das „Programa Operativo Integrado" in Gang gesetzt, um die Insel „tourismusgerecht" auszubauen. Es bestünde ja akuter Nachholbedarf. Natur hin oder her, da wurde nicht lange gefackelt, die Bulldozer griffen an.

Beispiel Prestige-Projekt Nr. 1, der **Flughafen** (50 Mio. aus EG- und Inselmitteln) Eröffnung 1999: Bergrücken weggesprengt, Täler zugeschüttet – eine geforderte Umweltverträglichkeits-Studie wurde vorab nicht erstellt. In jetziger Ausbaustufe ein „nationaler Mini-Flugplatz dritten Ranges" (off. Angabe) und damit nur für Turboprop-Maschinen (sog. „Inselhüpfer") anfliegbar. Diese dürfen wiederum wegen Überlastung des Flughafens Teneriffa-Süd nur vom Regionalflughafen Los Rodeos bei La Laguna im Norden Teneriffas (!) starten. Die Genugtuung, nun einen Inselflughafen zu besitzen, wird zweifelsohne auf Seite der Inselverwaltung sein. Nur werden die erwarteten Touristen nicht per Flieger, sondern weiterhin per Schiffstransfer anreisen – denn außer Umsteige- und Zeitverlußte bietet aus jetziger Sicht das zukünftige Flugangebot keinen Vorteil.

Beispiel **Straßenausbau:** Es ist schon angenehm, wenn aus einer Staubpiste eine angemessen breite Asphaltstraße wird. Aber die maßgebenden Planungsherren scheinen auf der kleinen Insel kein Augenmaß zu kennen oder meinen, La Gomera für den Tourismus 2000 ausbauen zu müssen. Maß- und rücksichtslos wird in die Breite gebaut und autobahnähnliche Straßen erstellt. Der Abraum hoher Hanganschnitte oder riesiger

La Gomera

Felsdurchbrüche sowie der Ausbruch von Tunnelstrecken wurde zum überwiegenden Teil rücksichtslos und wie in alten Zeiten in die Barrancos unterhalb der Baustellen abgekippt. Ergebnis: Tiefgreifende Landschaftsschäden mit massiven Verstößen gegen die Arten- und Biotopschutzkonventionen des Europarates! Hierfür stehen Teilstrecken der Carretera del Norte und Carretera del Sur, die Superstraße ins Valle Gran Rey hinab oder die Pracht-Avenuen im Valle Gran Rey zwischen den Orten La Calera und Vueltas und zwischen Vueltas und La Puntilla.

Doch auch unter den Gomeros wächst jetzt der *Widerstand gegen die Inselzerstörung;* schon ist es erste Erfolge für die neugegründete Naturschützer-Bewegung „Guarapo". Noch ist es nicht zu spät für eine Einkehr, für eine Entscheidung zum **sanften Tourismus** – sonst werden auch wir, die echten Naturfreunde und Wanderer, von dieser noch schönen und beschaulichen Insel „hinausmodernisiert".

Ausgangsorte

Mit dem zunehmenden Tourismus auf La Gomera und dem daraus resultierenden Bauboom ist es inzwischen möglich geworden, in allen Inselorten gute Privatquartiere und teilweise schon moderne Appartements in neu erbauten Wohnanlagen zu bekommen. Dieser Entwicklung wurde mit der *Gliederung der Routen nach Wanderbereichen* Rechnung getragen.

Die Frage des Urlaubsortes stellt sich für den wandernden Erstbesucher, falls er sich nicht von der Heimat aus durch Reisebüros vorvermitteln läßt. Der Passateinfluß, der, pauschal gesagt, *die Insel in einen kargen aber sonnigen Süden und fruchtbaren doch relativ regenreichen Norden aufteilt,* weist schon auf den zu erwartenden Landschafts- und Klimacharakter hin. Für den individuellen Wanderer und Naturfreund wären die im Norden gelegenen, landschaftlich reizvoll in Grün eingebetteten Orte **Vallehermoso** und **Hermigua** den östlichen und südlichen Orten **San Sebastián** und **Playa de Santiago** vorzuziehen. Leider haben die zuerst genannten Orte schlechte Bademöglichkeiten (kein Sandstrand, starke Brandung).

Das im Westen Gomeras befindliche **Valle Gran Rey** bietet in der Gesamtheit von Klima, Flora, Aufenthalts- und Wandermöglichkeiten die besten Voraussetzungen für einen empfehlenswerten Stütz- und Ausgangspunkt. Hierzu zählen:

- die klimatisch geschützte Lage gegen den Passat in einem grünen, palmenbestandenen Tal,
- die relative Abgeschiedenheit durch eine steile Bergstraße,.
- einen zum Baden einladender Kiesel-Strand (auch Sandbereiche) mit einer fast ganzjährigen Sonnengarantie,
- gute Restaurants und viele qualitativ unterschiedliche Quartiere (Pensionen, Appartements und Appartementanlagen, 1 Hotel),
- gute Versorgung durch verschiedene Geschäfte,
- vielseitige Wandermöglichkeiten. Nachteil: ganzjährig starke Besucherfrequenz, besonders in den Hauptsaisonzeiten Ostern und Weihnachten.

Abgesehen von etlichen leicht erreichbaren Touren im Talbereich und entlang der Talflanken liegt der vermeintliche Nachteil für den aktiven Wanderer in der ständig wiederkehrenden Überwindung der rd. 1000 Höhenmeter vom Valle Gran Rey bis in die Berge bzw. zu den anderen Inselteilen, um die dortigen Wanderungen zu erreichen. Dafür ist ein Meerbad als Ausgleich unmittelbar nach der Wanderung möglich.

Verkehrsmäßig ist das 21 km Luftlinie und 55 km Straßenlänge von San Sebastián entfernt liegende „Valle" über die Carretera del Sur (Südstraße) und die Höhenstraße mit dem Auto in gut einer Stunde Fahrzeit erreichbar. Mit dem Bus über die Dörfer dauert es etwa zwei Stunden. Eine direkte Schiffs-Anbindung (Schnellboot) von Los Cristianos/Teriffa mit Zwischenstop in San Sebastián wurde 1996 realisiert.

Das reizvolle, ehemals geruhsame Valle Gran Rey expandiert in den letzten Jahren unter dem kaum abreißenden Besucherstrom. Dem will man Rechnung tragen und das schönste Tal Gomeras auch mit dem attraktivsten Badestrand versehen. Immerhin hat das „Valle" den längsten zugänglichen Meeresabschnitt auf der Insel. Neben den bereits gewohnten Lärm der Baumaschinen für den Häuserund Straßenbau wird es wohl bald auch Krach am Strand geben: Wellenbrecher und Betondämme sollen zukünftig den bisweilen stürmischen Atlantik zähmen.

Es wäre für das Tal, für ganz Gomera wünschenswert, wenn die Inselverwaltung aus den touristischen Fehlplanungen der Hauptinseln Konsequenzen ziehen würde.

Der Verkehr

Die Benutzung der öffentlichen, preiswerten **Autobusse** zur erleichternden Durchführung einer entlegenen Wandertour war in der Vergangenheit auf La Gomera problematisch; die Busse wurden zweckgebunden zur Aufrechterhaltung des Ortsverbindungsverkehrs besonders aber als Fährschiff-Zubringer eingesetzt. Sie fuhren u.a. so zeitig am Morgen, daß eine Mitfahrt (in der Winterzeit noch im Dunkeln) nicht sinnvoll war.

Dieser Zustand hat sich 1994, zeitgleich mit Inbetriebstellung neuer moderner Busse, wesentlich verbessert. Die neuen – für Wanderer günstigeren – Abfahrtszeiten hängen primär mit dem jetzt wesentlich höheren Fähraufkommen zwischen La Gomera und Teneriffa (Gesellschaften FERRY GOMERA S.A. und TRASMEDITERRANEA, insgesamt 10 Hin- und Rückfahrten pro Tag) zusammen. Die *morgendlichen „Wander-Busse"* fahren jetzt einheitlich ab Valle Gran Rey, ab Vallehermoso (über Agulo und Hermigua) und ab Playa de Santiago 8 Uhr ab. Von San Sebastián, leider erst viel zu spät, ab 11 Uhr. Hoffentlich bleibt es bei diesen Abfahrtszeiten, die, bis auf San Sebastián, dem Wanderer sehr entgegenkommen. Probleme gibt es noch – beobachtet im Valle Gran Rey in den Hauptsaisonzeiten um Weihnachten/Ostern, da dann überfüllte Busse morgens an den Wartenden der Ortshaltestellen ohne Halt vorbeifahren.

Für die *abendliche Bus-Rückfahrt* nach den Wanderungen sieht es für alle Schwerpunktsorte günstig aus. Ein Zustieg dürfte immer möglich

La Gomera

sein, wenn man seine Wanderung entsprechend „timt". Es wäre daher mangels öffentlich aushängender Busfahrpläne vorteilhaft, die Fahrzeiten der jeweiligen Busstrecke von San Sebastián zum Quartierort (oder von diesem nach San Sebastián) zu kennen, um einen Zustieg zu ermöglichen (→ Fahrpläne aller Buslinien von San Sebastián zu den jeweiligen Bezirksorten und zurück Seite 283).

Das geeignetere, zeitlich unabhängigere, in allen größeren Orten angebotene Verkehrsmittel wären **Taxen.** Diese haben in den letzten Jahren ihre Preise starkt erhöht, sodaß längere Anfahrten zu entlegeneren Wanderungen inzwischen teure Unternehmungen werden.

Äquivalent zu diesen stehen die **Leihwagen,** ebenso überall in den großen Orten problemlos zu bekommen. Es ist eine Frage des *Preisvergleiches zwischen Taxi und Leihwagen* im Hinblick zu den geplanten, abgelegenen Wanderungen, ob man nicht letztlich mit dem wesentlich variableren Leihwagen finanziell besser fährt (bei der Wahl des Leihwagens empfiehlt sich der Abschluß einer Kurzvollkaskoversicherung).

Das Verkehrsaufkommen hält sich noch in Grenzen, obwohl immer mehr Fahrzeuge auf die Insel gelangen. In den großen Orten fahren bereits viele Autos (anteilig zahlreiche Leihwagen) und der dortige Parkplatz wird dadurch immer geringer.

Zum Ärgernis der Wanderer könnten – wie im alpinen Raum – die **Mountain-Biker** werden. Sie wurden schon mehrfach auf schmalen Wanderpfaden gesichtet, wo sie nicht hingehören.

Wanderausrüstung

Neben einer individuell zu wählenden Wanderkleidung empfehle ich unbedingt einen warmen Pullover, leichten Anorak und einen zusätzlichen Regenschutz (Poncho, Perlonanorak, o.ä., wegen der Windverhältnisse keinen Schirm) sowie einen Kopfschutz gegen die intensive Sonnenstrahlung.

Besonders wichtig wegen des scharfen und teilweise rolligen vulkanischen Gesteins sind stabile und dennoch leichte Wanderschuhe mit guter, griffiger Profilgummisohle (keine Turnschuhe!).

Außerdem: Tagesrucksack, Skistöcke, Wasserflasche, Apotheke, Rettungsdecke, Taschenmesser, Sonnenschutzmittel (mit hohem Lichtschutzfaktor für Empfindliche), Verpflegung, Elektrolyt-Getränkepuler (aus der Heimat mitbringen) für mineralreiche Energie-Drinks gegen hohe Schweißverluste.

Für Mehrtagesunternehmungen: Zelt, Rucksack, Schlafsack, Isoliermatte, Biwaksack, Taschenlampe, Mückenschutz (Sommer).

Verpflegung und genügend Trinkvorräte sollten immer mitgeführt werden! In den zu durchwandernden Dörfern gibt es meist nur einen einzigen Dorfkrämerladen, der an verwendbarem Proviant in der Regel nur Kekse, Käse, Obst und Dosengetränke (aber auch Cerveza = Bier) anbietet. Ob er geöffnet hat, ist Glückssache.

Besondere, auf individuelle Bedürfnisse zugeschnittene und bei Wanderungen bewährte Lebensmittel wie geräucherte Wurst- und Fleischwaren, Büchsenwurst, Müsli, Konzentratnahrung u.ä. sollten besser aus der Heimat mitgebracht werden, obwohl das Angebot immer vielseitiger wird.

Für den sonstigen Aufenthalt am Quartierort (südliche Bereiche und Valle Gran Rey) genügt wegen der günstigen klimatischen Bedingungen ein *Minimum an sommerlicher Kleidung.*

Reise- und Bergwanderzeit

Auf den Kanarischen Inseln kann man das ganze Jahr über wandern, wobei die Jahreszeiten – nur ausgeglichener und gemäßigter – mit den mitteleuropäischen vergleichbar sind. Am heißesten ist es auch dort im Sommer (August/September), am angenehmsten zum Wandern in der Herbst- bis Frühlingszeit.

Für uns Mitteleuropäer wäre es also ganz ideal, der heimatlichen Kälteperiode einmal auszuweichen, um rd. 4 000 km südlicher Wanderungen bei Frühlingstemperaturen zu unternehmen. Eine Überlegung ist es wert, den teueren Flügen und überfüllten Quartieren der weihnachtlichen und österlichen Hauptsaison auszuweichen, um zu Nebensaisonflugpreisen anzureisen.

Wie schon unter Kapitel Klima angedeutet, ist die Winterzeit speziell in den Bergen Gomeras unbeständig und wechselhaft, d.h. nicht nur von den relativ gleichmäßigen Passatwinden beeinflußt. Für Bergtagestouren in den Wintermonaten gehört wie in unseren Breiten das Wetterglück dazu, den oder die Traumtage zu erleben. Es ist auch eine Ansichtssache, ob eine Wanderung in der nässelnden Waschküche des Passatnebels noch als erträglich empfunden wird. Nur anhaltend schlecht – wie in unseren Breiten – ist das Wetter selten. Bereits nach einem, spätestens drei Tagen, kann auch in den Bergen die Sonne wieder scheinen, als wäre nichts gewesen. *Man sollte flexibel sein* und sich an Schlechtwettertagen bzw. bei anhaltendem Passatnebel im Zentralteil der Insel kurzfristig für eine Wanderung in Richtung Süden oder für eine unterhalb der Nebelgrenze entscheiden.

Zusammenfassend kann nach unseren Erfahrungen gesagt werden, daß in der Winterzeit, etwa von November bis Februar, die wandermöglichen Tage im Gebirge weitaus überwiegen. Und letztlich freuen sich „Nicht-nur-Wanderer" durchaus über sonnige, erholsame Badetage, denn die gehören auch zum Urlaub.

Die schönste Wanderzeit auf den Kanarischen Inseln ist jedoch ganz sicher der Frühling (März bis Mai). Eine besondere Fülle von Blüten und entsprechender Duft verzaubern den Wanderer, lassen ihn staunen, was die Natur hier hervorzubringen vermag.

Eine weitgehend beständige Wetterlage und langes Tageslicht forcieren in dieser Zeit besonders die großen und längeren Unternehmungen wie z.B. Durchquerungen, die ja mangels Hütten mit Zelt oder Freilager durchgeführt werden müssen.

Zur Zeitdisposition nachstehend die Sonnenuntergänge:

Zur Sommersonnenwende
(21. Juni): 21.15 Uhr
Zur Wintersonnenwende
(21. Dezember): 18.15 Uhr

La Gomera

45

Blick aus einer Lavahöhle in das obere Tal von Hermigua

46

Die Wanderwege

Wichtige Hinweise zur Wanderung

Allgemeine Erklärungen zur Wanderung

Alternativrouten (Abstecher, Varianten u. ä.)

Hinweise zur Einkehr (Restaurant o. ä.)

Die obere Dorfstraße von La Calera.
Zugang zu den Wanderungen R1 und R2:
Der Bildbereich befindet sich nahe dem Beginn der Aufgangstreppe von R2.

Wandergebiet Valle Gran Rey

Rundwanderung im Barranco de Arure im Valle Gran Rey |1|

Die reizvolle Wanderung durch das „Paradies-Tal", einer Seitenschlucht des Hauptales Valle Gran Rey, ist schon ein „Muß" für die Erstbesucher im „Valle" geworden. Die relativ schnell erreichbare und dennoch anspruchsvolle Tour führt abenteuerlich im oder entlang eines subtropischen Barrancos – Endziel ein kleiner Wasserfall.

Gehzeit: Ab Einstieg von der Hauptstraße in El Guro/Casa de la Seda bis zum Wasserfall und zurück auf teilweise anderer Route etwa 2 bis 2 1/2 Stunden

Gefahren-Hinweis: Diese Tour sollte nicht unterschätzt werden, da sie eigentlich wild und nur teilweise auf Pfaden im Bereich eines Bachbettes (Fließgewässer im Bco.-Grund) gegangen wird.

Bitte bleiben Sie auf der beschriebenen Route und gehen Sie keine Abkürzer oder Wege durch bebaute Privatfelder!

Es muß im Auf und Ab gelegentlich über große glatte Steinblöcke, Steinmauern und Felsen – wenn auch leicht – geklettert werden. Auch die üppig wuchernde Vegetation bildet durch Schilfrohr, Bambus, Strauchwerk, Brennesseln und Brombeerlianen Hindernisse, die überwunden werden wollen. Also nichts für Halbschuhtouristen oder wenig sportlich ambitionierte!

Weiterhin sollte die Wanderung nicht während und unmittelbar nach stärkeren und länger anhaltenden Regenfällen durchgeführt werden (hoher Wasserstand im Bachbett sowie Steinschlag aus den angrenzenden Hängen). Durch die feuchtigkeitsbedingte üppige Vegetation können sich abschnittsweise vorübergehende Pfadverlaufs-Änderungen gegenüber der Beschreibung ergeben.

Ausgangspunkt:

3 Möglichkeiten vom Ort La Calera (280 m Höhendifferenz bis zum Endziele)

1. Mit Pkw/Taxi/Bus

Auf der Hauptstraße bis zum Anfang der Ortsteile El Guro/Casa de la Seda. Parken bzw. Bus-Ausstieg nach der ersten großen Linkskurve (grünes Geländer).

2. Zu Fuß entlang von Straßen durch das obere La Calera und dem Ortsteil La Orijamas zu den Dörfern El Guro/Casa de la Seda:

Im unteren Calera (Straßenteilung Puerto/Playa, 60 m NN) befindet sich links in Höhe einer blauen Telefonzelle ein Treppenaufgang zwischen „Bar Parada" („Saftbar") und dem braunbeigen Ayuntamiento (=Bürgermeisteramt) bzw. „Bar Plaza". Diesen 24stufigen Aufgang hoch und *sofort rechts* den nächsten, einen alten Treppenaufgang mit 81 Langstufen hinauf ins obere Calera steigen. Wir erreichen links die „Tienda Victor" und einen wunderschönen violetten buschigen Bougainville-Strauch. Von diesem *rechts weiter* (nicht links aufsteigen!), eben entlang der schmalen Straße mit mehreren Läden bis zu einer Straßenteilung (hier links oben das bemalte Kultur- und Vortragszentrum „La Galeria"). *Links* – bergwärts – weiter die Straße hinauf. Im nächsten Kurvenbereich passieren wir die etwas rechts unterhalb gelegene unauffällige „Ermita Los Santos Reyes". Vorbei am Supermercado „El Chorro" folgt nun ein kurzes idyllisches Straßenstück mit vielen Palmen zur Rechten. Kurz darauf setzt bei einer unauffälligen, als solche kaum erkennbaren Straßenbrücke mit grünem Rohrgeländer die Straße zu einem Rechtsbogen an (rechts schöner kanarischer Hausbalkon, noch weiter rechts hinter dem Haus eine große Beton-Zisterne). 10 Min. ab Wanderbeginn.

> **Achtung: Aufstiegs-Abzweigung links → R2** über einen langen Treppenaufgang unmittelbar parallel einem Haus.

Der Straße weiter aufwärts folgend, erreichen wir 5 Min. später den Ortsteil La Orijamas, wo wir nach einem engen Straßenbogen zur „farmacia" (=Apotheke) und wenig später an einer blauen Telefonzelle zum ebenso wichtigen „Centro de Salud" (Arzt, Krankenstation) gelangen. Unmittelbar darauf mündet unsere obere Dorfstraße in die alte Hauptstraße ein, der wir nun – vorübergehend abwärts – folgen bis zur Einmündung in die neue Hauptstraße. Dieser nun aufwärts bis zum Beginn des Doppeldorfes El Guro/Casa de la Seda (30 Min. ab Wanderbeginn).

3. Zu Fuß durch den Barranco del Valle Gran Rey

→ Wanderbeschreibung R3 (S. 63) bis zur Pistengabelung kurz vor der Ermita de los Reyes, dort

> Fettdruck – Hinweis auf Abzweig **R 1 nach Casa de la Seda.**

Aus Sicht des vom Meer, d.h. von La Calera, herkommenden Wanderers beschreibt die Hauptstraße etwa ab Ortsbeginn von **El Guro/Casa de la Seda** (rechts „Apartamento Nelly", links etwas weiter die Tienda „Viveres Nestor") einen Linksbogen in den Ort hinein (etwa am Beginn des Straßenbogens Schild „Sentuario de los Reyes", Treppenauf- bzw. -abgang mit stabilem Rohrgeländer, hier Einmündung des Querweges → Beschreibung „Ausgangspunkt", 3. Möglichkeit zu Fuß durch den Bco. del VGR).

Karte Seite 47

Von der Treppe 50 m straßenaufwärts links, ist unser Wanderungsbeginn.

Zur weiteren Ortsbeschreibung: Rechts des bewußten Straßenbogens sieht man etwas unterhalb der Straße einen flachen Trafoturm und einen Gittermast. Von diesen straßenaufwärts, etwa 30 m entfernt, befindet sich links ein Haus, an dessen linker Eckkante eine Straßenlampe befestigt ist (der Hauseingang ist hier nischenartig zurückgesetzt im Haus selbst!). An dieser Örtlichkeit ist *der Beginn der eigentlichen Wanderung.*

Hier *links* des Einganges, im spitzen Winkel von der Straße weg, und um das Haus der betonierten Natursteintreppe hinauf folgen. Diesen Dorfweg steigt man ein ganzes Stück zwischen Häusern und bebauten Terrassenfeldern geradewegs nach oben und trifft bald an einem linkerhand stehenden großen Mangobaum sowie einer großen schlanken Palme auf einen Querweg. Da biegt man nach rechts auf den betonierten, etwa in gleicher Höhe verlaufenden, schmalen Weg ab. Es wird ein kleines „Künstlerviertel" (Ausstellungsstücke) passiert, dann gelangt man zu einer Wegverzweigung (rechts oben am Haus ein auffallender Blech-Gecko).

Jetzt aufpassen: 4 m vor dem „Gecko" kurz links und sofort rechts zum Beginn des außerörtlichen Wanderweges (Ortsrand).

Landschaftlich reizvoll wandert man hier auf schmalem Pfad durch Opuntienfelder auf die gut sichtbaren Felswände zu. Rechts unten, im üppigen Palmenhain, der kleine Weiler Casa de la Seda und darüber – in die Hänge geschmiegt – das Kirchlein „Ermita de los Reyes".

El Guro
Bei diesem Gebäude beginnt die eigentliche Wanderung R1 (160 m NN)

In gleicher Höhe gehend, dann abfallend, anschließend parallel einem künstlich angelegten offenen Wassergraben, erreicht man einen gerölligen Einschnitt, quert diesen, steigt kurz ab und geht nun direkt entlang dem erwähnten offenen Wassergraben (mit begleitender, dicker Wasserrohrleitung) bis zu den säuligen Felswänden (→ Foto Seite 50, rechts).

Hier, unter den steilsten Felswänden, an einem kleinen an den Felsen gelehnten Block, *über den Graben zum Fuße der Felsen* (nicht geradeaus rechts und in gleicher Höhe des Grabens den ausgetretenen „Verhauer"-Weg weitergehen!) *und diesen entlang* – vorbei an einer auffallenden Felssäule mit Kopf, dem „Guanchen" – bis vor eine auffallende Trockenmauer. Bei dieser *nicht tiefer absteigen, sondern links aufwärts* in Richtung zweier großer Palmen. Jetzt nur kurz absteigen zu einer Trockenmauer-Einbruchstelle, heikel entlang

Blick von der flachen Anfangsstrecke hinunter in das palmenreiche Casa de la Seda, zur Hauptstraße und hinüber zur Ermita de los Reyes

Die säuligen Felswände im Bereich des „Guanchen" einer auffallenden Felssäule mit Kopf

der schmalen Krone dieser dem Verfall preisgegebenen Trockenmauer und steiler empor zur gesichteten linken Palme (in diesem Bereich schöne Exemplare von Kandelaber-Kakteen). Weiter aufwärts (rechts unten eine größere Zisterne), immer dem Felsabbruch entlang bis man rechts steil zum Bachbett absteigen kann und dort kurz aufwärts zum Auslauf des hier einmündenden sog. **Bco. de Cabra** (Ziegen-Bco.-) gelangt (hierher auch vom Felsabbruch *ohne Rechtsabstieg geradeaus*, unmittelbar oberhalb der Palmenkronen entlang, und abwärts über versteckt gelegenen gestuften Fels zur gleichen Stelle). Im Bco. etwa 5 m über großblockiges Gestein zum offenen Wassergraben absteigen. Talaufwärts direkt am Graben etwa 30 m entlang, bis man rechts in das Bachbett selbst absteigen kann.

Mit dem Wassergraben und dem Bachbett gelangt man in den Bereich einer üppigen Vegetationszone, durch die mit wenigen Unterbrechungen, teilweise beschwerlich (Verwachsungen, Brombeerlianen, Brennesseln, oft nur Wegspuren), immer die besten Möglichkeiten suchend, aber auch abenteuerlich bis zum Endpunkt Wasserfall gewandert wird. Und keine Bange, die Tour hat wohl jedem Begeher bisher Freude gemacht. Je nach Verwachsung und Bachwasserführung kann der Wegverlauf etwas von der Beschreibung abweichen bzw. wurden leider mehrere Varianten „eingelaufen", was sicher den erstmaligen Begeher dieser Route etwas verwirrt.

Das grobblockige Bachbett etwa 10 Min. weglos hinaufwandern bis zu einem wenig auffälligen, mannshohen rötlichen Felsblock (30 Min. ab El Guro, 220 m NN) in Bachbettmitte. Dahinter rechts, unterhalb der dunklen Felswand erkennbar, ein am Fels befestigtes weißes PVC-Rohr und ein gußeisernes Wasserrohr eines sonst gemauerten Wassergrabens.

Karte Seite 47

Achtung: Diesen Ort für den Rückweg einprägen, da ab hier die weitere Rückweg-Wanderung auf anderem Weg verläuft.

Weiter weglos im weitgendend trockenen Bachbett aufwärts – anfangs größtenteils links, wahlweise aber auch im oder wechselseitig des Bachbettes (es besteht in diesem Bereich auch die Möglichkeit nach links über Terrassentrockenmauern vorzeitig dem weiteren Bachbettverlauf auszuweichen). Nach knapp 10 Min. trifft man *rechts* des Bachbettes auf einen großen, dunklen, länglichen Stein. Links befindet sich ein ebenso großer graubrauner Stein, links · oben Trockenmauern. Auch ist hier eine Bachbett-Verengung.

Achtung: Hier **nicht weiter aufwärts im Bachbett,** *diesbezügliche grüne Schriften wurden bewußt irreführend angebracht. An dieser Stelle muß richtigerweise linksseitig 20 m steil aus dem Bachbett aufgestiegen werden.*

An der Bachbettverengung *linkerhand steil (anfangs über schrägen plattigen Stein) und beschwerlich* über Felsblöcke in einer Rechtsschleife zu einer Trockenmauer hinaufsteigen (3 m links ein auffällig kantiger Felsblock) und unter dieser nach *rechts* weiter. Nun linksseitig und parallel oberhalb dem Bco.-Grund gemütlich einem gut sichtbaren Schlängelpfad durch die alten Terrassenfelder folgen. Nach Querung zweier alter ebener Terrassenfelder und eines folgenden kleinen gerölligen Grabens erreicht man auf der linken Seite Felsen, an denen ein erhöht angebrachter roter Markie-rungspunkt den richtigen Wanderweg deklariert.

Den schmalen Pfad entlang der Felsen und zuletzt etwas heikel hinab zum Bachbett. Nun in diesem weiter aufwärts oder dasselbe queren und in einer Rechtsschleife bis zu einer Palmengruppe mit großen Blöcken im Bachbett. Das Bachbett unmittelbar aufwärts ist ab hier fast völlig zugewachsen.

Achtung: Hier **nicht weiter im Bachbett aufwärts!.** *Der Weiterweg wird links über mehrere Terrassenfelder und deren zugehörigen Trockenmauern (von hier links oben sichtbar: 3 hohe, gestufte und jeweils zurückgesetzte Trockenmauerreihen) etwas mühsam aufwärts kletternd verfolgt. Die Kletterei ist jedoch keineswegs schwierig und nur kurz.*

Vor der Palmengruppe *links aus dem Bachbett herausqueren,* über eine Trockenmauer steigen, vorbei an einem Mispelbaum (Nisporos) nach rechts auf die 1. Terrasse. Diese entlang der Trockenmauer und etwas heikel (Kletterstelle) zur 2. Terrasse, dann links zur 3. Terrasse und sofort rechts über eine Kletterstelle zur 4. Terrasse. Von dieser *sofort links kletternd empor* (gomerische Trockenmauertreppe mit aus der Mauer ragenden Trittsteinen) oder etwas leichter vom *Ausstieg zur 4. Terrasse nach rechts* 10 m an der Trockenmauer entlang und von dort über eine leichtere Kletterstelle zur 5. Terrasse.

Von der 5. Terrasse 4 m links aufwärts und rechtshaltend gehen wir auf dem dortigen Pfad – an zwei versetzt stehenden einzelnen Palmen rechter- und linkerhand vorbei – nun oberhalb des Bachbettes entlang.

Wir passieren eine Mangobaumgruppe und machen uns zwangsläufig klein beim Durchlaufen eines längeren, dichten und lästigen Brombeergestrüpps bis wir wieder mehrere lieblichere Terrassen und vorübergehend offenes Terrain erreichen.

In diesem Bereich hat man Wahlmöglichkeiten für den Weiterweg: entweder rechts hinab zum Bachbett und dort weiter oder *vielleicht besser nach links* über mehrere kleine Terrassen zu der *sichtbaren Palme an der Felswand.*

An der Palme vorbei zur nächsten Palme mit tiefhängenden, dürren Wedeln. *Unmittelbar an der zweiten Palme rechts abwärts* über griffigen Fels zum Bach. Unten im Rechts-/Linksbogen auf die rechte Bachbettseite. 5 m aufwärts, dann vorbei an einer schlanken, hohen Palme und einem Mangobaum, zuletzt wieder direkt zum Bachbett hinunter.

Etwas linksseitig geht man jetzt durch dichteste, tunnelartige Vegetation direkt dem felsigen Bachbett aufwärts und über ein flacheres baumbestandenes Stück, bis ein kleiner sperrender Wasserfall uns links heraus über Felsstufen zu einer hier stehenden Palme zwingt. Dort sofort wieder hinunter zum Bach und in diesem rechts den Felswänden entlang zu einem kiesig-gerölligen Bereich im Bachbett (roter Markierungspunkt unmittelbar rechts am Fels und am Block ca. 20 m vor uns).

Wir gehen nun *rechts und etwas oberhalb des Bachbettes den gestuften Felsen entlang* (je nach Wasserstand kann man schon vorher seitlich ausweichen) – am punktmarkierten Block vorbei – und weiter im Bach bis zu einer mehr oder auch weniger gefüllten Gumpe, *hinter der versteckt der Wasserfall liegt.*

Hier – je nach Wasserstand – über Trittsteine, zuletzt über eine Felsstufe,

Im „Paradiestal", Barranco de Arure

Ein kleiner felsumrahmter Kessel mit Wasserfall ist der Zielpunkt unserer Wanderung R1

Karte Seite 47

zu dem kleinen, düsteren von Felswänden umrahmten Kessel, der von
einem etwa 15 m hohen Wasserfall
gespeist wird (ab El Guro 1 1/2 Std.,
340 m NN.).

Leider gibt es in zunehmenden
Maße „Wanderer", die sich gerade
an diesem beschaulichen Ort ver-
ewigen müssen. Innerhalb von wenigen Jahren haben zahreiche
Nachahmer den kleinen romanti-
schen Felskessel – sogar schon mit
Farbe(!) – verschandelt. Im Namen
aller Naturfreunde: Beläßt dieses
schöne Fleckchen Gomera in seiner
ursprünglichen Schönheit!

Rückweg
**(bis Casa de la Seda/
Hauptstraße 45 Min.).**

Beim Rückweg auf *vorerst gleicher
Route* gelangt man wieder zu dem
weißen PVC-Rohr am Fuße der nunmehr *links* befindlichen dunklen
Felswand und zum „mannshohen
rötlichem Felsblock" (ab Wasserfall
(25 Min.).

Der hier beginnende kurze Rückweg auf anderer Route hält sich weitgehend an den Verlauf eines alten
gemauerten Wassergrabens **(somit
immer etwa gleiche Höhenlage)**
bis auf ein letztes Abstiegsstück. Generell verläuft diese Route anfangs
linkshaltend, dann im großen talaus-
laufenden Rechtsbogen, immer
oberhalb des bebauten Talgrundes
und geht erst im erwähnten letzten
Abstiegsstück in den Talgrund.

Links über das Bachbett zu einem
schmalen Pfad längs der ehemalig
gemauerten Wasserleitung. Nun dieser entlang an der Trockenmauer,
vorbei an größeren Blöcken und teilweise über diese steigend, im Linksbogen eine schlanke hohe Palme
passierend, gelangt man zu einem
Rechtsabzweig in den Talgrund (grüner Pfeil). **Hier bitte nicht nach
rechts absteigen** (Weg führt zu
Privatfelder), sondern *dem Wassergraben folgen*. Ohne merkbare
Höhenverluste geht man auf „Orgelpfeifen"-Felsen zu und folgt weiter
durch eine Palmen- Mangobaumgruppe hindurch dem schmalen
Wasserleitungspfad.

Im Bogen mit der alten Wasserleitung, parallel von Trockenmauern zur
Linken und bebauten Terrassen zur
Rechten, folgt ein reizvoller Abschnitt
entlang der hier gut erhaltenen gewundenen Wasserleitung. Etwas
schwieriger 10 m auf schmalen Sims
balancierend – doch mit guten Fest-
haltemöglichkeiten – gelangt man zu
aufgelassenen Terrassenfeldern. *Vor*
diesen links 6 m empor und über den
Terrassen, entlang der Felswände,
wieder der alten Wasserleitung nach.

Wenig später trifft man – nach
Kreuzung der alten Wasserleitung –
links an den Felsen auf drei große
Blöcke; bei diesen **nicht mehr weiter geradeaus**, sondern abwärts auf
den deutlichen Pfad weitergehen.
Dieser führt über knorpeliges Gestein
in kleinen Kehren hinunter bis fast in
den bebauten Terrassengrund. Den
Pfad jedoch *nicht nach rechts bis hinunter zum Grund absteigen*, sondern
nach links –zwischen Grund und Felsen – weiterlaufen. Zuletzt folgt noch
ein kurzer Gegenanstieg, noch eine
Wasserrohrquerung und absteigend
werden letztendlich – angekündigt
durch das schon längst hörbare wilde Gebell einer ganzen Kettenhunde-
Meute – die Häuser von **Casa de la
Seda** und die Hauptstraße erreicht.

Gehzeit: Aufstiegswanderung 3¹/₂ – 4¹/₂ Stunden, Abstiegswanderung 2 – 2¹/₂ Stunden.

2 Auf- und Abwärtswanderung: La Calera (60 m) im Valle Gran Rey – Hochfläche Riscos de la Merica (850 m) – Arure (800 m) und umgekehrt

Den 800 Hm-Treppenaufstieg zur Hochfläche von La Merica sollten Wanderer-Einsteiger weder im Auf- noch im Abstieg unterschätzen. Sozusagen „vor der Haustür" gelegen, reizt der Gang nach oben, wo uns je nach Laufrichtung großartige Einblicke in das „Tal des Großen Königs" und hinab zum Meer gewährt werden und die ganze weitere Tour eine aussichtsreiche Höhenwanderung mit Sicht bis zum höchsten Inselberg, dem Garajonay (1486 m), darstellt.

Anmerkung: Die Tour stellt insbesondere im Aufstieg, aber auch im Abstieg konditionelle Anforderungen. Hinzu kommen bei Wahl als Anfangstour Faktoren klimatischer Umstellung sowie starker Sonneneinstrahlung bei Vormittags-Begehung im Aufstieg (SO-Flanke).

Ausgangspunkt:

Als Aufstiegswanderung: Oberes La Calera, **Zugang → Tour R1** unter Rubrik „Ausgangspunkt" (2. Möglichkeit zu Fuß), bis zum **Fettdruck**-Hinweis „Aufstiegs-Abzweigung links → R2".

Als Abstiegswanderung: Bus/Taxi bis zum südwestlichen Ortseingang von Arure. Beginn vor der großen Rechtskurve der Hauptstraße mit Hinweisschild „Mirador Ermita de Santo".

Tip: Mit dem Nachmittags-Bus von La Calera nach Arure fahren; die Zeit reicht dann noch aus für die Abstiegswanderung.

Aufstiegswanderung von La Calera nach Arure

Wir gehen durch das obere Calera bis zu der Abzweigstelle (Treppen-Aufstiegsbeginn), die oft von den Wanderern verzweifelt gesucht und letztlich doch – nach Irrwegen – gefunden wird (→ Foto nebenstehend).

An dieser Stelle (120 m NN) nicht übersehbar ist ein kleiner, aber sehr schöner kanarischer Balkon zur Rechten an dem Haus, das – etwas um die Ecke sichtbar – an der Außenwand mit vielen kleinen Steinplatten auf hellem Grund belegt ist. Hinter diesem Haus, Richtung Bco. del VGR, befindet sich eine große Zisterne.

Beginn der Wanderung R2 als Aufstiegstour

Unser eigentlicher Steilaufstieg beginnt direkt links (bergwärts) nach der Brücke zwischen Trockenbachbett und einem Haus mit auffallend langem Treppenaufgang davor. Parallel zu diesem Haus gehen wir den langen Treppen-Aufgang bergwärts bis zu einem großen „falschen Pfefferbaum". Dort beginnt der instandgesetzte „camino reales" (aus der Altkanarierzeit: „Königlicher Weg", Hauptverbindungsweg). Er windet sich in zahlreichen kurzen und langen Kehren am kahlen Hang empor; wird nie zu steil und hat auch keine gefährlichen Passagen.

Beim langen Aufstieg ergeben sich immer wieder Seiten- und Rückblicke: Unter uns der große Mirador (= Aussichtspunkt) an der ehemaligen alten Schule. Groß und protzig der Bau des neuen Ayuntamiento, unserem heutigen Ausgangspunkt. Dahinter das delta-ähnliche Schwemmland des Bco. del VGR.

Noch ist es grün von zahlreichen Bananenfeldern, die von Jahr zu Jahr, Zug um Zug durch Bebauungen dezimiert werden. Wie ein schwarzer Wurm windet sich durch das „Grün" die überdimensionierte Straße vom Ortsteil La Calera über Borbalán nach Vueltas zum Hafen. Rechts hinten am Strand der Ortsteil La Puntilla mit dem neuen Hotel. Talauf sieht man den größten Teil von Guardá, wie die obere Hälfte des VGR mit all seinen kleinen Weilern genannt wird.

Nach etwa 45 Min. wird der Sockel des felsigen Aufbaues erreicht. Doch der Schweiß wird weiter tropfen, wenn wir jetzt in kurzen Kehren zu einer Holzstange der ehemaligen Stromleitung hinaufsteigen. Von dieser weiter in Kehren und einer geraden Diagonalstrecke zum nächsten „Orgelpfeifen"-Felsaufbau, der an seiner Schwachstelle durchstiegen wird.

Route 2

Wir erreichen einen Felsgrat (weißes Gestein), den wir überschreiten und dann an seiner linken Flanke aufwärtsgehen. Er wird oben bei weißem Gestein wieder gequert. Schon haben wir mehr als die Hälfte unserer zu bewältigenden Gesamthöhe geschafft! Nun wieder mehr rechtshaltend geht es durch die flacher werdende Hangflanke aufwärts.

✳

Ein „Natur-Mirador": Etwa 500 m stürzt hier unter uns die Felswand fast senkrecht bis zum Meer ab. Im Blickpunkt die Deltamündung des Bco. del VGR. Rechts – senkrecht unter uns – die Playa de Ingles

In diesem Aufstiegsbereich sieht man links – meerwärts – in einiger Entfernung einen buschigen Einzelbaum, der uns als auffälliger Punkt im sonst kahlen, bergigen Gelände einen lohnenden Abstecher verspricht. Etwas unterhalb des Baumes befindet sich nämlich ein **felsiger Aussichtspunkt,** ein „Natur-Mirador", der bei entsprechender Zeitplanung und genügend Kraftreserven mit insgesamt 30 Min. Umweg „mitgenommen" werden kann. Zugang: Etwa in Höhe des Einzelbaumes zweigt vom Hauptweg linker Hand ein Trampelpfad über die Terrassen Richtung Baum ab. In 10 Min. wird zum Baum gegangen und von dort etwas absteigend die 600 m NN hoch gelegene Felskanzel erreicht.

Wer die Variante *nicht* gehen will, steigt den sich immer mehr zurücklegenden Hang weiter hinauf. Mit dem Auftauchen der im Hintergrund sichtbaren Felspartien (der mit dem weißen Gipfelstab ist der Berg La Merica, 850 m), ist das Ende des schweißtreibenden Steilaufstieges und der Beginn der Hochfläche **Risco de la Merica** erreicht (1 $^3/_4$ Std. ohne Variante ab Beginn des Steilaufstieges, 530 Hm, 650 m NN).

Etwa in diesem Bereich mündet auch der „Grabenpfad" des Rückweges vom Aussichtspunkt in den Hauptweg ein.

Den breiten Weg durch die riesige Hochfläche nun verhältnismäßig gemütlich aufwärts durch das gewaltige imponierende Terrassierungswerk ihrer einstmaligen Bewohner, die wohl nur wegen fehlenden oder nur schwer heranbringbaren Wasser die Hochfläche verlassen mußten.

Wir passieren – links – ein dem Verfall preisgegebenes Einzelhaus (→ Foto S. 57, oben) und rechts dessen einen wunderschönen antiken kreisrunden Dreschplatz mit Sternmuster.

Nach 15 Min. Gang über die sanft ansteigende Hochfläche wird die Abbruchkante ins VGR und damit eine größere Fläche weißen Gesteins erreicht.

Imponierende Tiefblicke nach Guardá, uns gegenüber die Haarnadelkurven und der untere Tunnel der teilweise neutrassierten Paßstraße ins „Valle", vor uns, in der nördlichen Ferne, unser Ziel Arure.

Nach weiteren 10 Min. erreichen wir ein Brunnenloch. Darüber, unter den schon gesichteten Felsen, die Ruine eines schönen, solid gebauten

Karte Seite 54

57

Ein verlassenes Wohnhaus auf der <u>Hochfläche Risco de la Merica.</u> Rechts (im Foto nicht sichtbar), weit im Hintergrund, der Calvarienberg (807 m) mit seinem Gipfelpunkt (= Ermita San Isidro), der typische Basalttisch des Fortaleza (1241 m), einem Guanchen-Heiligtum und links die bewaldete unscheinbare Kuppe des höchsten Inselberges Alto de Garajonay (1486 m)

Hauses, das wohl von ehemals besseren (Wasser-)Zeiten erzählen könnte. Heute sind die vielen zottiggehörnten Gesellen mit Glöckchen Bewohner von Haus und Umgebung.

Unser Wanderweg wird entsprechend der Umgebung felsiger. Im leichten Rechtsbogen aufwärts, erreichen wir einen tiefen Einschnitt der ehemals großen Wasserleitung für die damals bewohnte Hochflächte und wieder die Abbruchkante. Hier Blick in den Nb.-Bco. de Cabra (Ziegen-Barranco). Grob gepflastert

Bei der großen Ziegenhöhle

ist jetzt der alte Camino, auf dem wir in nächster Nähe zur Linken an dem runden Gipfelaufbau des **La Merica**-Berges mit trigonometrischen Stabzeichen vorbeigehen; zwei Pfade führen zu seinem Gipfel. Wir erreichen unseren vorerst höchsten Wanderpunkt mit 820 m NN (2 $^1/_2$ Std. ab Steilaufstiegsbeginn).

Eindrucksvoll ist unser nächster Wegabschnitt längs der Abbruchkante zur Rechten und der Felswände zur Linken. Rechts in der Ferne – links mit der Fortelaza beginnend – die drei 1000 m-Orte Chipude, El Cercado und das Palmendorf Las Hayas. Der scharfe Geruch von Ziegen signalisiert ihre Schattenbehausung, eine folgende große Felsenhöhle.

Zwei Kehren bringen uns dann eine Etage tiefer. Vorbei an Kiefernbäumchen laufen wir durch eigenartig rotbraunen Grus, bei dem uns eine senkrechte „taparucha" (→ Seite 21) im roten Tuffmaterial auffällt

An der Wegbiegung mit dem Ziegenhirt-Anwesen und der Kieferngruppe

Route 2

Wieder ansteigend und weiter durch knorpelige Tuff-Felsen und schütteren Kiefernbestand gelangen wir zu einem markanten Fels-Durchlaß mit Zielblick Arure. Hier wechseln wir erstmals und kurzzeitig auf die westliche Gratseite und schauen – in die Barranco-Großmüllkippe des Municipio (= Verwaltungsbezirk) VGR. Gut, daß der Weg schnell wieder nach rechts zur Sonne wechselt!

Entlang von Orgelpfeifen-Felsen erreichen wir bei einer Kieferngruppe ein unter uns liegendes Anwesen (Ziegenhirt). Bei der dortigen Wegbiegung (→ Foto oben) können wir einen Teil unseres vor und hinter uns liegenden Weiterweges überblicken. Nun abwärts, mit Kreuzung der ständig unter unserem bisherigen Wanderweg parallel verlaufenden alten Wasserleitung. Zuletzt steil über eine grob gepflasterte Treppe mit Steinsäumung auf einen Pistenweg (Ziegenhirt-Zuwegung) und über diesen auf eine breite Piste, der Zufahrt zur erwähnten Müllkippe.

Der momentanen Pistenweiterweg – nach rechts und wieder aufwärts – ist weniger aufregend. Man gelangt wieder zur Abbruchkante.

Rechts über dem **Barranco de Arure** die ausgebaute Paßstraße (Ausbau 1993/94/95), der untere Tunnel-Nordausgang, weiter oben das Aussichtsrestaurant „El Palmarejo".

Von der Abbruchkante weiter aufwärts zu den kleinen weißen Bienenhäuschen rechts unter den Felsen. Links die unergründlich dunklen Schlünde tief eingeschnittener Barrancos.

Die Piste führt in großem Rechtsbogen um das Felsmassiv auf die kiefernbestandene Weitseite und eröffnet Tiefblicke nach dem Ort Taguluche und zu den darüberliegenden Galiónsbergen. Die Piste senkt sich danach ab und man erreicht wiederum die Abbruchkante zum Bco. de Arure. Nach einem steilen Linksbogen mündet die Piste auf die breite Straßen-Wendeplatte im unteren **Arure** ($3^{1}/_{2}$ Std. ab Steilaufstieg im oberen La Calera, 780 m NN).

Karte Seite 54

Obligatorisch ist der abschließende Besuch des **„Mirador Ermita de Santo"**. Man geht die Piste aufwärts bis zur 2. Straßenlaterne gegenüber Sperrkette. Hier links den steingetreppten Aufgang in wenigen Minuten zum Mirador mit herrlicher Tiefblick-Aussicht in das Palmental von Taguluche und zum Meer.

Zurrückgehend wieder zur Ausgangspiste und dieser nach links zur Asphaltstraße.

Straßenaufwärts folgend kann man zur Einkehr in wenigen Min. das Restaurante *„Bar Conchita"* in Arure erreichen. Tel. 922 804110

Anschlußwanderungen:

R 9 oberes Arure – Las Hayas
R 10 unteres Arure – Las Hayas
(Waldwanderung).

2 Abstiegswanderung von Arure nach La Calera/VGR

Die gleiche Route wie Aufstiegswanderung nur in umgekehrter Richtung

Unmittelbar *vor* der großen Rechtskurve der Hauptstraße am südwestlichen Ortseingang von **Arure** befindet sich zur Linken ein *holzgeschnitztes Hinweisschild* mit der Aufschrift **„Mirador Ermita de Santo"**. Diesem Wegweiser folgt man auf einem Fahrweg in Richtung *Äquadukt* und biegt *vor diesem* zu den Häusern ab.

Es lohnt sich, wegen der herrlichen Aussicht in das Tal von Taguluche, einen kurzen Abstecher zum Äquadukt und zur **„Ermita de Santo"** zu machen (→ Kasten oben).

Zurückgehend gelangt man wieder zum Fahrweg und geht diesen rechts abwärts zu einer größeren Straßen-Wendeplatte. Dort steil nach rechts und die Piste leicht ansteigend Richtung SW folgend. Generell in weitem Linksbogen wird auf der kiefernbestandenen Westseite – mit Blick auf das grüne Tal von Taguluche, auf die braunen Galiónsberge und zum blaugrünen Atlantik – entlang der Felswände gewandert (→ Einmündung **R11** von Taguluche kommend). Die Piste senkt sich wieder ab und gibt zur Linken den Blick in den **Bco. de Arure** frei, eine weitläufige Seitenschlucht des Hauptbarranco del VGR.

Wir befinden uns hier auf dem „Müll-Entsorgungsweg" des Bezirkes („Municipio") VGR. Dieser Weg führt vor uns in einem Rechtsbogen zu einer Kipp-Rampe, von der die Müllfahrzeuge ihre Ladung mit behördlicher Absegnung in die unergründliche Tiefe eines Barrancos ablassen. Zahlreiche gefräsige Möwen kreisen über dieser Örtlichkeit und ringsum flatterts von Papier- und Plastikresten.

Wir biegen vorher links ab und erreichen kurz darauf eine weitere Wegteilung. Wir gehen rechts die steile, grobgepflasterte und steingesäumte Treppe empor und sind nun endlich auf einem „richtigen" Wanderweg, wo uns keine Autos mehr begegnen können.

Nun ständig aufwärts bis zur Höhe, wo nahe einer Kieferngruppe unter uns ein Anwesen (Ziegenhirt) zu erkennen ist. Ab hier beginnt ein überaus schöner Panoramaweg, den wir nun entlang von Felsen zur Rechten und der aussichtsreichen Abbruchkante zur Linken begehen.

Unterwegs wird in einer Felswand zur Rechten eine große, höhlenartige Ausbuchtung (Unterschlupf für Bergziegen) passiert, deren Bewohner sich schon ein Wegstück vorher durch überaus markanten Geruch ankündigen.

Man erreicht nach $^1/_2$ Std. Gehzeit den höchsten Punkt der Wanderung (820 m NN) und damit den Beginn der weiten Hochfläche des **Risco de la Merica.** Zwei rechts abzweigende Pfade führen zum noch etwas höheren runden Gipfelaufbau des La Merica-Berges (850 m, mit trigonometrischen Stabzeichen), der ggf. noch schnell „mitgenommen" werden kann.

Von diesem Bereich hat man einen herrlichen Weitblick bis zum mächtigen Tafelberg Fortaleza (1241 m) und die um ihn herum verstreut liegenden Dörfer.

Später, nach Passieren der Felsen, kommt man zu einem Brunnenloch und sieht links – etwas versteckt liegend – die Ruine eines Hauses, dessen Bauweise auf ehemals bessere (wasserreichere) Zeiten schließen läßt. Bevölkert wird es trotzdem noch – von zottig- gehörnten Gesellen mit Glöckchen.

Der Weiterweg führt allmählich bergab bis zum Ende der Hochfläche. Unterwegs bei einem dem Verfall preisgegebenen Einzelhaus, ist links ein schöner, runder, antiker Dreschplatz mit Sternmuster zu bewundern.

Bevor der steile, geröllige, die Knie arg beanspruchende Abstiegs-Treppenpfad, der in vielen Kehren ins VGR führt, begangen wird, sollte man sich geruhsam einige Zeit zum Rasten und Genießen gönnen. Hierfür bietet sich ein felsiger Natur-Mirador an, der einen der schönsten Ausblicke auf der Insel bietet und nur eines kurzen harmlosen Abstechers zu seinem Besuch bedarf (10 Min. der Hinweg). Wer dies nicht will, geht den Hauptweg weiter abwärts.

Abstecher zum Natur-Mirador

Kurz vor Ende der Hochfläche, also **vor** Abstiegsbeginn, führt ein wenig auffälliger flacher Graben nach rechts (westlich) vom Weg ab (inzwischen ist im Graben ein Trampelpfad erkennbar), dem man bis zur Abbruchkante folgt. Dieser links abwärts folgen. Ein einziger buschiger Wacholderbaum im Gelände signalisiert unser Ziel, dem dahinter bzw. darunter liegenden Aussichtspunkt, der schnell erreicht ist (→ auch Bild Seite 56).

Leider ermöglicht es der bevorstehende lange Abstieg nicht, von dieser Aussichtswarte den Sonnenuntergang zu erleben. Aber der Abendfrieden in so grandioser Natur ist beschaulich genug.

Der Rückweg führt wieder zum Baum und rechts noch etwas höher, um dann im Rechtsbogen über die verfallenen Terrassen, Pfadspuren folgend, in kurzer Zeit unseren Treppenabstieg ins „Valle" zu erreichen.

Den gut begehbaren, aber noch langen Treppenabstieg nun abwärts ins obere La Calera und über die alte Dorfstraße zur Plaza („Bar Parada").

61

Rundwanderung:
Talwanderung La Calera (60 m) –
La Viscaina (410 m) im Valle Gran Rey –
Aufstieg nach El Cercado (1030 m) **– ggf. weiter nach La Laguna Grande** (1260 m) **und zurück nach El Cercado –**
Abstieg über die Alm La Matanza (810 m) –
„Kirchenpfad" – La Calera

3

Gehzeit:
Ca. 8-9 Std. (2 Std. Talwanderung im VGR, 1½-2 Std. Aufstieg nach El Cercado, 1 Std. 10 Min. Aufstiegswanderung nach La Laguna Grande und 1 Std. Wiederabstieg nach El Cercado, 3 Std. Abstieg nach La Calera)

Eine Wanderung vom Meer in die Berge – ggf. bis zum Nationalpark-Restaurante „La Laguna Grande" – auf einem jahrhundertalten Dorfverbindungsweg, bei der im ersten Teil fast das gesamte Valle Gran Rey durchwandert wird. Wegen seiner angenehmen Steigung ist dies einer der schönsten Aufstiege vom „Valle".

Gefahren-Hinweis: Die Abstiegswanderung von La Matanza zum „Kirchenpfad" ist auf einer etwa 400 m langen Teilstrecke, die einem alten Wasserleitungsgraben (Kastenprofil) folgt, in einem nicht so guten Zustand. Durch den altersbedingten Verfall des gemauerten Wasserkastens (in dem bisher und teilweise jetzt noch gegangen wird), muß man nun links oberhalb oder rechts unterhalb ausweichen. Es ist absehbar, daß durch starke Begängnis sich wieder eine bessere Pfadführung ergibt.

Ausgangspunkt:
La Calera/VGR, gegenüber der roten CEPSA-Tankstelle

Für **gemütliche Wanderer:** Talwanderung und Aufstieg nach El Cercado, Besichtigung der dortigen Töpferei (→ Seite 296) und dortiges Ortes, empfehlenswerte Einkehr im Restaurante „Victoria" oder „Bar Maria", Rückfahrt mit dem Bus (→ Abfahrtszeit Seite 283).

Für **Wanderer schärferer Gangart:** Die Gesamtwanderung unter Einbezug von 2 Std. 10 Min. Gehzeit für den lohnenden Besuch des Nationalparkrestaurantes „La Laguna Grande" (**Montags geschlossen,** Wanderbeschreibung → Seite 67).

Anmerkung: Bei umgekehrter Begehung der R3 mit Abstiegsbeginn in El Cercado: Der dortigen Hauptstraße bis zu einer scharfen Kurve folgen. Hier zwei Restaurantes „Victoria" und „Bar Maria". Vis-à-vis der „Bar Maria" den nach W führenden Pistenweg ins VGR nehmen. Da der umgekehrte Abstieg sehr beliebt ist, wurde auch der **Wanderweg im Talbereich des VGR zwischen La Viscaina und La Calera – also abwärts – beschrieben (→ R7,** Seite 90**).**
Abstiegszeit: El Cercado – La Calera/ VGR etwa 2 Std.

Der **Wanderweg** anfangs im, dann immer rechts dem Bco.-Grund des **Bco. del VGR** durch das ganze urwüchsige, teils auch kultivierte Terrassental, war einst ein wunderschöner Dorfverbindungsweg, der das untere VGR mit **Guardá,** dem oberen VGR, verbindet.

Durch den nicht zuletzt touristischen Aufschwung der vergangenen Jahre wurde durch intensiven Straßenausbau im VGR der Wanderweg im unteren Teil (Staubpiste) und oberen Teil (Asphaltierung) ziemlich degradiert. Der Talweg ist jedoch noch immer gehenswert, da neben den schönen Ausblicken in das überaus grüne und saubere Tal mit seinem reichen Palmenbestand auch das dörfliche Treiben für uns „extranjeros" (= Ausländer) sehr interessant ist. Wir wandern vorbei an steingemauerten Häuschen mit herrlichem Blumenschmuck und subtropischen Büschen und Bäumen, vorbei an fleißigen, ihre Felder bestellenden Dorfbewohner, die freundlich lächelnd unseren Gruß erwidern. Bewässerungsgräben sprudeln ihr lebensbringendes Naß zu den Feldern; oft sieht man Hunde, die uns freudig schwanzwedelnd begrüßen und ein Stück des Weges begleiten.

Es besteht auch Hoffnung, daß dieser Weg nach Abschluß der Bauarbeiten zumindest im unteren Teil wieder schöner wird.

Vom **Ausgangspunkt** Zentrum La Caleras (Kirche, „Bar Parada") teilt sich die Straße meerwärts zur Playa (Strand) und zum Puerto (Hafen).

Wir gehen nur wenige Meter der Straße abwärts Richtung „Puerto" bis zur roten „CEPSA"-Tankstelle. *Dieser gegenüber* gelangt man über eine Treppe in das Bco.-Bett.

Schon anfangs unserer langen Wanderung kann man die kanarische Kunst des Trockenmauerwerks bewundern, rechts ein altes und links – zur Verschönerung des betonierten Straßenunterbaues – ein neueres Trockenmauerwerk. Die querragenden Betonkästen dienen

Karte Seite 61

als "Wellenbrecher", bei den infernalisch heranflutenden Wassermassen der immer wiederkehrenden sintflutartigen Regenfälle. Dazu dienen weiterhin die, die Straße schützenden, großen Steinpackungen linkerseits.

Über uns zur Linken – bei der großen Zisterne – der frequentierte Wander-Aufstieg (→ **R2**) nach Riscos de la Merica bzw. Arure.

Bei einem wieder dichten Palmenhain zur Linken erreichen wir, nach 10 Min. Gehzeit, den auf gleicher Höhe liegenden Ort Las Orijamas. Im Ort befindet sich die Apotheke und das Ambulatorium Centro de Salud.

Im Bco.-Tiefsten weitergehend wird rechts ein Baulagerbereich passiert. Wir steigen zum Baulager auf und erreichen anschließend einen großen weißen Flachbau, der ein abgedecktes Wasserreservoir beinhaltet.

Jetzt, rechts oberhalb dem Bco. weitergehend, sehen wir einen weißen Turm, der einen Teil einer Tiefbrunnen-Anlage darstellt.

Hier wird Trinkwasser gefördert, teilweise nebenan gespeichert und zu einem Brunnenhaus hochgepumpt, von wo es im Freispiegelgefälle zur Verteilerstation und zu den jeweiligen Häusern gelangt.

Bei drei Palmen links erreichen wir den in palmengrün liegenden Doppelort El Guro (links oben) und Casa de la Seda (vor uns). Der Pistenweg wird zusehens angenehmer, grüner, viel Schilf und Bambus um uns (so war der Weg auch früher von Wanderbeginn an!).

Wo die Piste erstmals wieder das Bachbett durchläuft (rechts Holz-Lei-

tungsmast, vor uns seitlich rechts oben ein Gittermast) kann man das letzte Stück zur Ermita de los Reyes wahlweise gehen:

– Richtung Gittermast aufsteigen und auf teilw. schmalem Pfad – aussichtsreich durch die erhöhte Wegführung – bis zu einem Treppenaufgang gehen und über diesen die Ermita erreichen;

– der Piste bequem nachgehen bis zur Gabelung

nach links führt die Piste zum Ort Casa de la Seda → R1)

Wir gehen rechts, tauchen bachbettdurchquerend wieder in Schilfgefilde ein. Entlang der Steilfelsen gehen wir bis zu einem gepflasterten Querweg (nach links gelangt man zur Hauptstraße und zum Ort El Guro). Diesen nach rechts folgen und ein weiteres Mal über das Bachbett querend verlassen wir den Bco.-Grund. Es beginnt ein steiler 20 m-Treppenaufgang mit vier Kehren (in der 4. Kehre mündet der erstbeschriebene Variantenweg ein) - der Büßerweg aller Prozessionen zu der Ermita des los Reyes. Wir erreichen den breiten Kirchplatz mit der **Ermita "La Adoracion" de los Santos Reyes** (180 m NN) nach 45 Min. ab Calera.

Auf dem Kirchplatz findet alljährlich das größte Jahresfest vom VGR am 6. Januar, Heilige-Drei-Könige, mit Musik und öffentlichem Tanz statt (→ Seite 297 oben).

Wir überqueren den Platz und gehen talaufwärts. Kurz darauf, bei einer schlanken Palme (Steilabstieg), gehen wir rechts aufwärts und sind nun mittendrin im schönsten und ursprünglichsten Teil des Talaufstieges.

Wir sehen in einen kleinen Nb.-Bco. hinein. Links *über* den Bco. Blick auf die einzige sehr schöne **Königspalme** des VGR mit schlankem marmorierten Stamm, daneben eine hohe Norfolktanne. Im Linksbogen (rechts betoniertes Wasserschutzwehr) durch den Bco. – vorbei an zwei Prachtexemplaren schattenspendender Indischer Lorbeerbäume und vorbei am folgenden schönen Anwesen mit der vorgenannten Königspalme/Norfolktanne –, durch die folgenden Terrassen und entlang ihrer Trockenmauern. Schaurig rechts oben der Anblick einer Gruppe „enthaupteter" Palmen, sozusagen mit fehlendem „Rasierpinsel".

Wir gelangen zu einem überaus fotogenen dichten Palmenhain, wo der rohe Pflasterweg links einer dunklen Lavawand steiler ansteigt und zu einem weiteren kleinen Nb.-Bco. mit zwei untereinander stehenden Häuschen führt, 50 Min., 230 m NN.

Der Weg durchs <u>obere</u> Valle Gran Rey.

Hier beginnt rechts der sog. **„Kirchenpfad",** über den zahlreiche Routen im Wanderbereich des VGR verlaufen. Abzweig/Einmündung → R3, R4, R5, R6, R8, R9, R14).

Links, etwas versteckt unterhalb des Weges befindet sich eine gefaßte Trinkwasserquelle.

Wir durchqueren diesen Mini-Bco. mit schattigem Mangobaum und müssen nach einem Rechtsbogen wieder kurz – vorbei am Haus rechterhand – steiler ansteigen. Wieder ein Stück eben, dann steiler zu einem markanten, mächtigen, zerfressenen und höhlenbildenden dunklen Lavafelsen.

Es lohnt sich, diese Felsstrukturen etwas genauer anzusehen, um zu erkennen, welche Urkräfte hier am Werke waren. Erkennbar noch Hippi-Höhlen-Wohnungen in und unter den Höhlenfelsen oder wie man heute sagt, Aussteigerquartiere.

Ein Stück danach erreicht man, über Naturstein- und Betontreppenstufen aufwärts, den kleinen Weiler **Casas de Chelé** an der Wendeplatte einer hier endenden Asphaltstraße. (1 Std. ab Calera). Ende des schönsten Talwanderteiles dieser Route.

Aber auch der Weiterweg – nun weitgehend auf der Asphaltstraße – ist interessant, kann man doch das dörfliche Treiben, die Häuschen und Gärten und natürlich das Bco.-Tal selbst genießen.

Die schmale Asphaltstraße entlang schöner Trockenmauern leicht ansteigend durch den kleinen Ort Chelé aufwärts. Nach längerer Zeit folgt links – jenseits über den Bco. – die nächste Ortschaft Los Granados, und danach der Ort Lomo de Morales (der Ort auf den zwei Bergrücken).

Karte Seite 61

Durch kleine Dörfchen wandern wir gemütlich talauf. Ab La Viscaina dann steil hinauf und diagonal durch die wilden Nordabstürze und letztlich wieder gemächlicher nach El Cercado

Das Kirchlein links oben vor uns ist die Ermita San Antonio, darunter die Ortschaft El Retamal und links darüber, hoch oben am Bergkamm, phantasievoll der Berglandschaft angepaßt, das Panorama-Restaurante „El Palmarejo" (Entwurf vom großartigen Cesár Manrique, Künstler und Landschaftsarchitekt aus Lanzarote). Vor uns am Talende links die Orte Lomo de Balo und rechts Los Descansaderos.

Im nächsten Ort **El Hornillo** mündet unsere Asphaltstraße in den Linksbogen der vom Ort Los Granados hochziehenden asphaltierten Straße, der wir nun *rechts aufwärts* folgen. Die Bebauung wird dichter. Im leichten Straßenbogen erreichen wir die Höhe des Bco.-jenseitigen Ortes El Retamal mit der darüberliegenden Ermita.

Mit Quer-Blickrichtung über das Tal sehen wir das lange flache Gebäude der Schule und links dieser die hier steil in Kehren ansetzende Paßstraße nach Arure. Der rötliche Flachbau ist der einzige Talfriedhof.

In Höhe der Schule steigt unsere Straße steiler an und wir sehen vor uns ein großes Haus, das erste vom folgenden Ort **La Viscaina.**

Einkehr in Bar/Restaurante „La Viscaina", Tel. 922 805799. Wer nur eine Talrunde drehen will, kann im vorzüglichen rustikalen Eßlokal mit wunderbarem Talblick einkehren (nur auf der Straße bleiben und aufwärts bis zum nächsten Linksbogen).

Achtung: An diesem Haus beginnt eine, die Straßenschleifen abkürzende Variante, d.h. eigentlich ist es der ehemalige Original-Dorfweg. Hier in dem ersten steilen Straßenrechtsbogen *links* von der Straße ab und rechts des erwähnten Hauses den alten gepflasterten Treppenweg – vorbei an linksstehender Straßenlampe – aufwärts und ein Stück eben entlang einer Trockenmauer. Jetzt eng durch die Häuser Viscainas wieder steiler im Linksbogen, Rechts- und wieder Linksbogen, zuletzt auf betoniertem Natursteintreppenweg im Rechtsbogen wieder zur Asphaltstraße (ca. 1 $^3/_4$ Std. ab Calera, 400 m NN).

Dem Antreffpunkt auf die Asphaltstraße gegenüber befindet sich eine hohe löcherige Betonterrassenmauer, die unmittelbar rechts in eine ebensolche hohe Trockenmauer übergeht, die wiederum im Bogen in einen Nb.-Bco. hineinzieht. Parallel unterhalb dieser ein betonierter Natursteintreppenweg, der mit acht Stufen zur Asphaltstraße führt **(Einmündung → R5 vom „Roten Schichtband")**.

Nach links 60 m auf der Straße weitergehend, steht in einem folgenden leichten Rechtsbogen zur Rechten ein Doppelhaus mit grünen Toren. Vom Ende des Doppelhauses noch 20 m weiter bis genau in Höhe einer links stehenden hohen, schlanken Palme mit rostigem Blechring (zur weiteren örtlichen Identifizierung: voraus auf dem 2. Terrassenfeld befindet sich ein aus rötlichem Gestein gemauerter Stall mit Flachdach, → Foto). Hier *rechts* der Straße ist unser Anstiegsbeginn für 600 Hm nach dem Dorf El Cercado. Bis hierhier ca. 2 Std. von La Calera, 410 m NN.

Steilaufstieg von → R3 ab La Viscaina durch die Nordabstürze des VGR

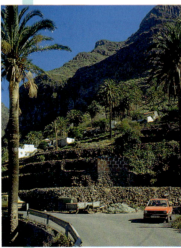

Wir gehen nach rechts, queren einen schmalen Bach-Einschnitt und steigen hier den betonierten Natursteintreppenweg in scharfem Rechtsbogen aufwärts. Nun nicht weiter zwischen die Häuser, sondern im spitzen Winkel den alten, steingepflasterten, getreppten „camino reales" hinauf, vorbei an einem weißen Haus mit drei türkisfarbenen Fensterausschnitten. 30 m danach scharf rechts ab (nicht links den flachen Weg gehen!) und am weißen Haus wieder links hoch.

Nach den letzten Häusern verengt sich der Weg, man erreicht etwa 15 Min. ab der Fahrpiste ein Wasserhaus. Hier entfernt sich der Weg nach links.

Der immer gut erkennbare, breite, holprige Weg zieht sich generell in meist angenehmer Steigung diagonal zu den gewaltigen Bco.-Wänden empor. Etwa 30 Min. ab Fahrpiste wird eine auffallend große, halbrunde Wandeinbuchtung erreicht (erkennbar als solche durch zwei links hoch oben unter den Wänden stehende Palmen), durch die unser Weg fast eben einen weiten Linksbogen beschreibt.

Am Beginn des Linksbogens (605 m) rechts ein Abzweig → **R4 Steilaufstieg über La Matanza nach Chipude (2 Std.).**

Großartige Tiefblicke in das fruchtbare VGR laden zur Rast am Wege ein. Vielleicht hat man das Glück, einem Eseltreiber zu begegnen, der Futter von steilgelegenen Bco.-Hängen holt. Spätestens dann kann man sich in die Zeit zurückversetzen, als dieser Weg einer der wichtigsten Verbindungswege von den Bergdörfern ins VGR und zum Meer war.

Karte Seite 61

67

Aufstieg von La Viscaina/ VGR nach El Cercado

Man geht in etwa gleicher Steigung wie bisher weiter. Um Felsrippen und -wände schlängelt sich der Weg, und man ist oft gehalten zu fragen, wie und wo es eigentlich weitergeht, da von unten kein Weiterweg erkennbar ist.

Dann endlich ist der „Cumbre", der Bergkamm, erreicht. Noch ca. eine Viertelstunde auf geröllig-steinigem Weg, begrenzt von Steinmauern, bis wir den schon vorher sichtbaren Ort **El Cercado** erreichen. Etwa 75 m vor den bekannten **Töpfereien** bzw. gegenüber dem Restaurante „Bar Maria" trifft man auf die Asphaltstraße.

Wer hier die Wanderung beenden will, kann bei zeitigem Wanderungsbeginn den Mittagsbus oder den Abendbus (→ Abfahrtszeiten Seite 283) zur Rückfahrt ins VGR benutzen.

Anschlußwanderung
Von El Cercado zum Nationalpark-Restaurante „La Laguna Grande" (1 Std. 10 Min., 230 Hm).

Bitte beachten Sie die Nationalparkbestimmungen!

Wir gehen *direkt rechts* des Hauses der „Bar Maria" den Ortsweg – entlang der Dorflampen – bis zur **„Ermita Lomo del Pino",** links an dieser vorbei und jenseits zu einer Senke mit Querweg (Straßenlampe/Palme). Hier links den Querweg zum weißen Trafoturm und wenige Meter danach den Pfad *rechts an der Trockenmauer* steiler bergan. Den schmalen Pfad zur Linken der alten gomerischen Steinhäuser von El Cercado verfolgen wir aufwärts; er verläuft später rechts empor – über einen roterdigen Flecken – zum Bergrücken mit großer Zisterne und auf dem Rücken bis zum nahen, weißen Wasserhäuschen (15 Min., 1065 m NN).

Route 3

Am dortigen Pistenbogen gehen wir auf der Piste *links abwärts* und, wo diese links abschwenkt, *geradeaus weiter* auf einer anderen Piste in Richtung einer entfernt befindlichen, weißen Zisterne inmitten eines Palmenhaines. Bei einem neuerlichen Pistenabzweig, vor der Zisterne nach links, gehen wir *gerade weiter,* erreichen den Palmenhain, passieren unweit die Zisterne und erreichen in gleicher Richtung gehend einen alten, gepflegten und typisch steinmauergesäumten „Camino". Diesen aufwärts, bis er in eine Piste einmündet (30 Min.). Links der Piste weiter, ein Pistenrechtsabzweig bleibt unbeachtet. Bei einer Zyklopenmauer sehen wir rechts entfernt schon unseren Pisten-Weiterweg, der in einen abgestorbenen Eukalyptushain führt.

Der bewaldete Berg im Hintergrund ist der zweithöchste Gomeras, der Alto de Cherelepin (1360 m).

Wir gelangen zum Fuße einer Sperrmauer des **Embalse Las Cabecitas** und gehend dort lang bis zum grauen Flachdachhäuschen mit Palme; hier rechts den Pfad empor (Pistenabkürzer). Weiter der Piste aufwärts gehend, laufen wir jetzt seitlich entlang des Embalse. Wie schon auf unserer Wanderung beobachtet, sehen wir auch hier rechts zahlreiche Kriechweinfelder. An der nächsten Pistengabelung halten wir uns an die linke Piste (mit der Wasserrohrleitung) und folgen dieser bis zum Rand des Nationalparks (50 Min., 1150 m NN). Hier erneut Pistengabelung: Wir gehen *links* der Beschilderung „Sendera forestal a Laguna Grande" in den Wald. An der Weganlage mit Steinpflasterung erkennen wir wieder einen alten „Camino", dem wir aufwärts folgen. Schnell ist der bereits von unten gesichtete Eukalyptushain mit zahllosen umgestürzten, teilweise ehemals riesigen Bäumen erreicht, von denen einige Baum-„Leichen" noch gespenstisch in die Luft ragen (→ Ausführungen Seite 27, Foto Seite 68). Zistrosenunterholz, Erika- und Lorbeerbäumchen lassen ihn gewollt zuwachsen, wie wir beim Durchschreiten bemerken. Bei einem zu querenden Bachlauf sind wir schon mittendrin im eigentlichen Lorbeerwald.

Dieser Lorbeerwald auf Gomera ist das größte zusammenhängende Lorbeer-Waldgebiet der Erde.

Ein letzter steiler Anstieg über den jetzt schmalen, grabenartigen Pfad mobilisiert nochmals alle Kräfte, haben wir doch gleich bei der ganzen Tour vom Dorf La Calera im VGR bis La Laguna Grande im Nationalpark rd. 1200 Hm geschafft! Über ein felsigsteiniges Stück gelangen wir zur Dieselstation (Eigenstromerzeugung und danach zum Restaurante mit dem großen Spiel- und Grillplatz (1 Std. 10 Min. ab El Cercado, 1260 m NN).

Der Eukalyptuswald – ehemals wegen seines schnellwüchsigen Holzes angepflanzt, wird bereits seit Jahren als großer Wasserverbraucher dezimiert und „totgelegt".

Abstiegswanderung
Von La Laguna Grande nach El Cercado (1 Std.)

Aus dem Restaurante tretend, gehen wir *links* (südwärts) – vorbei am natursteingemauerten Toilettenbau – auf breitem Weg in den Wald. Hier Weggabelung an der Dieselstation (Eigenstromerzeugung): wir gehen *links* den steinig-felsigen Pfad *abwärts* (Blick auf ein Waldtälchen mit abgestorbenem Eukalyptushain), der hohlwegartig, sich später verbreiternd und teilweise grobsteinig gepflastert, durch den Wald schlängelt.

10 Min. später wird der erwähnte abgestorbene Eukalyptushain erreicht und durchquert. Wüst liegt ein Gewirr von abgesägten, bleichen Stämmen umher, nur wenige nackte Baumriesen ragen noch in den Himmel. Unterholz wuchert schon wieder allerorts. Nach weiteren 10 Min. wird der Waldrand (Nationalparkgrenze) erreicht.

Jetzt der Piste abwärts; parallel der Wasserleitung und dem Wald rechts und offenen Weinfeldern links. Die Piste läuft entlang der rechten Seite des **Embalse las Cabecitas** zur Sperrmauer. 10 m danach *links Pistenabkürzer* zum Fuße der Sperrmauer. Dieser entlang auf einer Piste und ansteigend – parallel einer Zyklopenmauer – zur ersten Kammhöhe (insges. 35 Min. ab Restaurante), an der links eine Piste abzweigt. *Etwa 170 m nach dieser Kammhöhe* zweigt *rechts* im spitzen Winkel von der Piste ein alter, grobgepflasterter „Camino" ab, dem wir nun folgen. Bei einer Palmengruppe (mit großer Zisterne zur Rechten) wird dieser Weg zur Piste. Diese nun linkshaltend in genereller Richtung eines turmartigen weißen Gebäudes mit Stromleitung. Man erreicht davor einen Pistenbogen.

Bei Zeitnot kann man über die rechts abwärtsführende Piste den „rettenden" Rückfahrtbus ins VGR erreichen.

Links weiter der Piste zum gesichteten, weißen Wasserhäuschen und mehreren Zisternen. Von hier links erstmals Sicht auf El Cercado.

Nun auf dem Kamm (Leitungsmasten) bis zur folgenden großen Zisterne. Dort nicht weiter geradeaus, sondern *rechts 15 m über ein kleines rotes Plätzchen abwärts* und weiter auf schmalem Pfad entlang von Trockenmauern zur Linken bis in eine Senke.

Am Trafoturm wieder aufwärts, rechts dem Kamm entlang durch die alten Häuser zur **„Ermita Lomo del Pino"**. An dieser vorbei und abwärts gelangt man unmittelbar links der „Bar Maria" zur Asphaltstraße in El Cercado.

El Cercado
Von diesem Ort wandern wir zum Nationalpark-Restaurante La Laguna Grande und von dort wieder hierher zurück

Abstiegswanderungen Von El Cercado ins Valle Gran Rey

1. Über **R 9** nach Las Hayas (→ R9 „umgekehrte Begehung" und weiter **R7** „Mastenabstieg" (insgesamt mind. 5 Std. bis La Calera)

2. **Unsere Weiterwanderung** von El Cercado – Alm La Matanza – „Kirchenpfad" – La Calera (3 Std.)

> Der *erste Abstiegsteil* umrundet im linksorientierten Halbbogen das Tälchen unterhalb El Cercados und verläuft dann linksseitig desselben abwärts.

Zunächst gegenüber Bar/Restaurante „Victoria" den Betonweg talseitig *direkt unterhalb und parallel der Hauptstraße* Richtung Chipude bis zur breit ausgebauten von links oberhalb kommenden Pflasterstraße gehen. Diese *rechts* kurz abwärts und wieder aufwärts bis sie im Rechtsbogen endet. Weiter den nun schmalen Weg zwischen den Häusern – vorbei an der Zisterne zur Rechten – abwärts.

Nach 10 Min. ab „Victoria" Wegabzweigung (auch Wasserrohrabzweigung), wir gehen hier *geradeaus* weiter. Man gelangt wenig darauf zu einer neuerlichen Weggabelung. Hier gehen wir *rechts abwärts* zum

Abstieg von El Cercado nach La Matanza

Talgrund und eine kurze Strecke in diesem. Dann (bei einer Einzelpalme links) den Pfad rechts ab (an dieser Stelle ein Wechsel zur orographisch rechten Talseite, der wir dann letzlich bis La Matanza folgen).

Unser Pfad hält sich immer etwas oberhalb des Talgrundes. Nach etwa 20 Min. ab „Victoria" beschreibt der trockenmauerbegrenzte alte Weg einen engen, fast rechtwinkeligen Linksbogen und führt direkt 20 m hinab zum Trockenbachgrund.

> *Achtung: Verlaufgefahr, exakt der Beschreibung folgen! Nicht zum Bachgrund gehen, sondern direkt nach dem kurzen Linksbogen sofort rechts ab – über die Trockenmauer – den erdigen Pfad weiter.*

Er verläuft anschließend flach etwa 200 m entlang einer Terrasse (nicht auf den direkt unterhalb der Terrasse verlaufenden alten Weg wechseln!) Dann einen kurzen Links-Rechts-Bogen abwärts und wieder flach weiter. Wir gelangen zu einer Weggabelung mit Wasserrohrleitung; nicht links absteigen, sondern rechts dem Wasserrohr folgen. Der Weg geht ziemlich eben dahin, passiert eine kleine, felsige Kuppe und läuft genau durch zwei Palmen auf zwei weitere direkt beieinander stehende Palmen zu (30 Min. ab „Victoria"). Hier senkt sich der Pfad nach dem flacheren Abschnitt ab, ist nicht mehr zu verfehlen. Immer abwärtshaltend durch die Hänge, zuletzt etwas steiler in Kehren und an den Felsen entlang zur Alm La Matanza (40 Min., 810 m NN).

> Nun ab **La Matanza über R14** (von Chipude kommend über La Matanza), Seite 118, in 2 $^1/_4$ Std. nach La Calera ins VGR absteigen.

71

Rundwanderung: La Calera (60 m) –
La Viscaina (410 m) im Valle Gran Rey –
Steilaufstieg zur Alm La Matanza (810 m) –
Chipude (1080 m) – **El Cercado** (1030 m) –
Alm La Matanza – „Kirchenpfad" – **La Calera**

4

Gehzeit:
7-8 Stunden insgesamt (4 1/4 Std. Aufstieg nach Chipude, 1/2 Std. Übergang nach El Cercado, 3 Std. Abstieg nach La Calera)

Nach einer gemütlichen Talwanderung durchs „Valle" folgt bald darauf ein kühner, teilweise überaus steiler Direktaufstieg („Felsenweg") durch die talbegrenzenden Felsabstürze hinauf zur sanften Alm La Matanza und weniger anstrengend weiter über die Tausendmeter-Dörfer Chipude und El Cercado. Es folgt ein langer Abstieg über 1000 Höhenmeter in das Valle Gran Rey.

Gefahren-Hinweis: Nach den starken Regenfällen vom Dezember 1995 ist die Begehung des steilen Direktaufstieges durch Steinlawinen-Abgang (Lockergestein) *sehr gefährlich* geworden. Bis zu einer evtl. Wiederinstandsetzung kann eine Begehung nur von wirklich erfahrenen alpinen Wanderern unter entsprechenden Vorsichtsmaßnahmen durchgeführt werden. Keinesfalls von oben (von La Matanza) absteigen!

Die Abstiegswanderung von La Matanza zum „Kirchenpfad" (→ R14) ist auf einer etwa 400 m langen Teilstrecke, die einem alten Wasserleitungsgraben (Kastenprofil) folgt, in einem nicht so guten Zustand. Durch den altersbedingten Verfall des gemauerten Wasserkastens (in dem bisher und auch teilweise jetzt noch gegangen wird), muß man nun links oberhalb oder rechts unterhalb ausweichen. Es ist absehbar, daß durch starke Begängnis sich wieder eine bessere Pfadführung ergibt.

Ausgangspunkt (R3):
La Calera/VGR, gegenüber der roten „CEPSA"-Tankstelle

Route 4

Von La Calera über La Viscaina der Beschreibung von R3 (→ Seite 62) in 2 $^1/_2$ Std. bis zum „weiten Linksbogen" und Rechtsabzweig → R4 Steilaufstieg über La Matanza nach Chipude (→ Fettdruck) folgen.

Am Beginn der Einbuchtung (605 m NN) zieht sich rechts eine erdige, agavenbewachsene Rippe empor, über die unser Steilanstieg beginnt. In kurzen Zickzack-Kehren über die Rippe empor, wird bereits nach 5 Min. eine 1. Steilfelszone erreicht, die unser Camino mittels künstlicher Treppung durchsteigt. Kurz darauf wird eine weitere 2. Steilfelszone durchstiegen. Danach zieht der Weg weniger steil weit nach rechts (meerwärts), wird dann wieder steiler, passiert eine feuchte Binsenzone und gelangt unter mächtige Steilabstürze. In einer langen Links-Traverse wird die 3. Steilfelszone erreicht.

Achtung: Die folgende Zone ist auf rd. 50 m durch Verfall gekennzeichnet (Steinlawinenabgang!). **Äußerste Vorsicht** *bei der Begehung wegen des Lockergesteins!*

Luftig geht es den getreppten Aufstieg empor. Locker und lose liegende große „abrufbereite" Felsbrocken behindern ungemein den kühn angelegten Felsdurchstieg. Oberhalb wird der Steig wieder besser begehbar, obwohl ein weiterer Felssturz – jetzt weniger gefährlich – gequert werden muß.

Dann traversiert man auf einem langen, fast in gleicher Höhenlage verlaufendem Band, das in Richtung SW (meerwärts) bis zu einer Scharte führt. Jenseits versteckt, etwas abwärts, liegt eingesenkt die Alm **La Matanza** im **Bco. de Argaga** (1 $^1/_4$ Std. ab La Viscaina, 810 m NN). Sehr interessant ist hier die Beobachtung, daß nur ein relativ geringmächtiges Gesteinspaket an dieser Schwachstelle den Durchbruch des Bco. de Argaga in das VGR, d.h. zum Bco. del VGR, verhindert.

Hier Wegverzweigungs- und Kreuzungsstelle (→ **R3, R4** von El Cercado und → **R14** von Chipude kommend, alle Wege mit Abstieg in das VGR). Im übrigen kann von La

Felsenweg nach Chipude. Ausgesprochen steil und steinig zieht sich in diesem Abschnitt der „Camino Chipude" vom gemütlichen Weg R3 empor. Wanderer mühen sich durch die Steilabbrüche und gelangen in langer Traverse zur Alm „La Matanza"

Karte Seite 71

Matanza das Dorf El Cercado in gut 1 Std. erreicht werden, nach Chipude dauert es etwas länger.

Bei der Rundwanderung mit Abstieg von El Cercado kommen wir ja hier auf La Matanza nochmals vorbei.

Tip: Bei vorangegangenen Regenfällen und animierender Hitze bestehen etwas unterhalb gute Bademöglichkeiten in den dortigen Gumpen.

Bei unserem Weiterweg nach Chipude queren wir den Bachlauf im hier wenig ausgeprägten Bco. de Argaga (nach rechts Abzweig → **R14** ins VGR), steigen ein kurzes Stück bco.-aufwärts (linkerhand Abzweig für den Weg nach El Cercado) und gehen dann den Hang jenseits *(bco.-aufwärts rechts)* steil auf gut sichtbarem alten Weg empor. Immer den steinigen Weg linkshaltend aufwärts (unterwegs im Aufstieg an der *einzigen markanten Abzweigung also links gehen!)* läuft dieser dann flacher auf das Dorf Chipude zu. Vorab noch diagonal eine Piste querend, werden nach gut 1 Std. die Häuser des unteren **Chipude** und die Asphaltstraße erreicht (insgesamt 4 $^1/_4$ Std.).

Anschlußwanderungen von Chipude:

Die Asphaltstraße aufwärts (oder interessanter durch das Hangdorf abkürzend) in das obere Chipude. Von dort über → **R16** nach Pavón und zum Tafelberg Fortaleza.

Unser Weiterweg nach El Cercado führt entlang der Hauptstraße 10 Min. durch das untere Chipude hinunter. Vom letzten linksstehenden Haus (Stromleitungsquerung) über die Straße) gehen wir noch 40 m weiter straßenabwärts. Dort *zweigt links* ein alter Dorfverbindungsweg von der Straße ab. Diesen hinunter in den Talgrund und wieder aufsteigend – die Hauptstraße wird dabei gequert – gelangt man in 15 Min. zu einem Bergzug, von dem man jenseits überraschend den hübschen sauberen Ort El Cercado ausgebreitet liegen sieht. Allgemein bietet sich von diesem Bergrücken eine schöne Rundum-Sicht.

Die andere Hangseite absteigend, wird in Kürze die Hauptstraße erreicht ($^1/_2$ Std. ab dem unteren Chipude).

Wer hier die Wanderung beenden (Busrückfahrt ins VGR) bzw. rasten will, kann rechtsgehend in wenigen Min. der Hauptstraße entlang die nahe beieinander liegenden Restaurantes „Victoria" und „Bar Maria" erreichen sowie auch die bekannten Töpfereien (→ S. 296) besichtigen.

Anschlußwanderung von El Cercado:

→ **R3** nach La Laguna Grande, dem Nationalpark-Restaurante (täglich geöffnet, reine Gehzeit für Auf- und Abstieg 2 $^1/_2$ Std.).

Wer direkt – an El Cercado vorbei – ins VGR absteigen will, quert vom Bergrücken absteigend die Hauptstraße und steigt auf ungepflastertem Weg weiter ab. Bei alten gomerischen Häusern zur Linken trifft man bei einer Straßenlampe auf einen Querweg (5 Min. ab Bergzug, 995 m NN), den wir gemäß → **R3** *links abwärts gehen*.

Abstiegs-/Weiterwanderung ins Valle Gran Rey

von den Restaurantes „Victoria" oder „Bar Maria" in El Cercado → **R3** (Seite 70, Punkt 2).

Bei La Matanza Rechts der Bco. del VGR, links der Bco. de Argaga. Das relativ geringmächtige Gesteinspaket verhinderte einen Durchbruch

Rundwanderung:
La Calera (60 m) im Valle Gran Rey – **„Kirchenpfad" – „Rotes Schichtband"** (700 m) – **La Viscaina** (410 m) – La Calera über R7

5

Gehzeit: 4 Stunden (2 1/2 Std. von La Calera über das „Rote Schichtband" bis La Viscaina, 1 1/2 Std. Talwanderung zurück nach La Calera)

!

Ausgangspunkt: La Calera/VGR, gegenüber der roten „CEPSA"-Tankstelle

Das „Rote Schichtband" zählt mit seinen imposanten Tiefblicken zu einer der schönsten Aussichtsbalkone im „Valle".

Gefahren-Hinweis: Wegen des exponierten, teilweise erdigen Schichtbandpfades keine Begehung während oder unmittelbar nach Regenfällen. Bei Nässe Lebensgefahr durch Abrutschen!

Anmerkung: Bei umgekehrter Begehung von R5 → Abzweig-Hinweis **(Fettdruck)** in der Beschreibung von **R3**. Vor der erwähnten „hohen Trockenmauer" von der Asphaltstraße 8 Stufen hoch und nach rechts den betonierten, fast ebenen, Natursteintreppenweg entlang der Straßenlaternen in einem Rechts-Links-Bogen zum Anstiegsbeginn.

Von La Calera der Beschreibung von R3 (→ **Seite 62**) in 50 Min. **bis zum Abzweig „Kirchenpfad" (→ Fettdruck R3)** folgen.

Der „Kirchenpfad" ist ein alter, getreppter, z.Zt. ziemlich verfallener, oft mit rolligem Gestein übersäter Weg, der uns in etwa 1 1/4 Std. (470 Hm) zur Kammscharte in 700 m Höhe bringt.

Gut 10 Min. nach Anstiegsbeginn ab den beiden „untereinander stehenden Häuschen" wird ein scharfer Rechtsbogen passiert (Sicht auf links unten bebaute Terrassenfelder). Unmittelbar nach diesem Bogen treffen wir rechts auf einen Pfad (**Einmündung R6** → **„Lechepfad",** 350 m

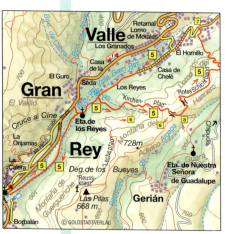

Der Ziegenkral von Ciros Sohn Isidro

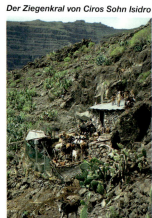

Auf dem "Roten Schichtband". Der luftige Pfad wird talauf in immer gleicher Höhe begangen. 20 Min. zum Schauen und Genießen

NN), der durch die Opuntienfelder führt (ein 30 m höher ebenso rechts einmündender Weg ist ein Teil des sich vor dem „Kirchenpfad" gabelnden „Lechepfades").

Weitere 20 Min. höher wird ein Müllbereich durchwandert, der vom linkerhand sichtbaren Ziegenkral mit wellblechbedeckten Häuschen ausgeht. Von hier aus wacht Ciros Sohn Isidro. über eine stattliche Ziegenherde (→ Foto Seite 74).

Endlich wird die links und rechts von Felsköpfen gekrönte Kammscharte auf 700 m NN erreicht.

Unmittelbar jenseits rechts Abzweig → R6 zur Hochfläche Las Pilas/ Montaña Guerguenche.

Der Weiterweg verläuft *jenseits* der Scharte (Tiefblick in den Oberlauf des wilden Bco. de Argaga) linkshaltend – östlich – vorerst leicht abwärts, dann wieder ansteigend in Richtung der sichtbaren verfallenen Gemäuer.

Von der Kammscharte diesen Weg 130 m verfolgen (am Rechtsabzweig zum Gemäuer vorbei) bis zu *auffallend weißgetupften Gestein* oberhalb der Gemäuer. Hier Abzweig (gerade weiter → Gegenrichtung der Abwärtswanderungen → **R3**, **R4**, **R8**, **R9** und **R14**).

Wir gehen jedoch links – bergwärts – und ständig aufwärts in Richtung der linken, massigen Felsspitze am Gratabbruch. In 10 Min. ab Kammscharte wird eine weitere, kleine Kammscharte am Fuße der Felsspitze erreicht (740 m NN).

Von hier ein grandioser Tiefblick ins VGR: Links unten die Ortschaften El Guro und Casa de la Seda, rechts unten Casas de Chelé, El Hornillo und La Viscaina. Uns gegenüber die begradigte Paßstraße ins VGR mit den zwei neuen Tunnels, deren südliche Mundlöcher sichtbar sind. In gleicher Höhe gegenüber das harmonisch der Gebirgsszenerie angepaßte Aussichtsrestaurante „El Palmarejo".

Route 5 - Karte Seite 74

Das „Rote Schichtband". So schön sich der Pfad hier zeigt, so gefährlich wird er bei Nässe

Von der Scharte nun in Richtung VGR die fünf kurzen, steilen, aber gut ausgebauten Kehren hinunter und ab hier leicht absteigend zu einem Schichtband. Auf diesem, seiner typischen Farbe wegen genannten, **„Roten Schichtband"** führt ein gut ausgeprägter erdiger Pfad, der nur wenig an Höhe verliert, talauf ins obere VGR.

Gemütlich und ohne Eile bummelt man auf dieser prächtigen Aussichtsterrasse hoch über dem Tal dahin. Stundenlang könnte man solch luftige Traumpfade begehen.

Als wir Mitte der achtziger Jahre den versteckt liegenden Pfad „entdeckten", folgten wir ihm voller Begeisterung talein und hofften im Stillen, er möge sich möglichst weit – vielleicht gar bis zum Aufstieg nach El Cercado – dahinziehen. Leider sind es nur 20 Min. bis zum Ende der Traverse!

Ein Schluchteinschnitt wird am Ende des Schichtbandes erreicht, mit Sicht auf mehrere, weiter unten stehende massige Felstürme. Von oben gut einsehbar, zieht der Pfad in diese Schlucht hinein (Achtung: keinesfalls das Schichtband weitergehen, Pfad endet). Nun heißt es, 270 Hm, $^1/_2$ Std., steil absteigen.

Zunächst schlängelt sich der Pfad durch den Hang zu einem Rücken und an diesem angenehm, in gut ausgebauten Kehren, zu seinem unteren Ende. Vom Rücken nach rechts, anfangs noch in Kehren, in die tiefe Schlucht. An ihrer schmalsten Stelle wurde der Weg in der Vergangenheit auf etwa 50 m von einem Bergsturz verschüttet. Über diese kurzzeitig schlechte, unangenehme steile Wegstrecke mit viel blockigem Geröll gelangt man wieder zu gut ausgebauten Kehren mit großblockigen Seitenbegrenzungen. Linksseitig blicken wir in die düsteren, dunklen Steilabstürze der von oben gesichteten massigen Felstürme.

Über viele kurze Kehren erreicht man einen grobgepflasterten von hohen Trockenmauern begrenzten Weg. Als Dorfweg führt er unangenehm steil und pfeilgerade nach unten, wo er bei dem ersten Haus des Ortes **La Viscaina** in einen betonierten Natursteintreppenweg übergeht.

Oberhalb einer Zisterne verläuft der Weg fast eben in Rechts-Links-Bogen zur nahen Asphaltstraße (2$^1/_2$ Std. ab Beginn).

Hier wird die **Wanderung R7,** von Las Hayas kommend („Mastenabstieg"), erreicht (→ Seite 90, ‚Abstiegswanderung durch das gesamte VGR, Einmündung → **R3** vom „Roten Schichtband", → **Fettdruck),** der man talabwärts in 1$^1/_2$ Std. nach La Calera folgt.

77

**Rundwanderung:
La Calera** (60 m) – „Kirchenpfad" –
Hochfläche Las Pilas (667 m)/**Montaña
Guerguenche** – **Teguerguenche** (518 m) –
Abstieg wahlweise über **„Lechepfad"** oder **„Kirchenpfad"**
nach **La Calera**

6

Gehzeit:
6-7 Stunden
(3 Std. Aufstieg
bis Las Pilas,
1 1/2 Std. Panorama-Rundwanderung,
1 1/4 Std. Abstieg
„Lechepfad"
oder „Kirchenpfad",
1/2 Std. Talwanderung im VGR
nach La Calera).

Ausgangspunkt:
La Calera/VGR,
gegenüber der
roten „CEPSA"-
Tankstelle

Langer Aufstieg aus dem Valle Gran Rey zur einstmals besiedelten Hochfläche Las Pilas mit anschließender Panorama-Rundwanderung, die phantastische Tiefblicke auf die meernahen Ortschaften des unteren „Valle" vermittelt. Rückweg wie Aufstieg oder den großartigen, aussichtsreichen, aber exponierten, „Lechepfad" (= Milchweg) durch die wilden Nordabstürze des Valle Gran Rey wählen.

Gefahren-Hinweis: Der nicht ungefährliche Abstieg des „Lechepfades" (insbesondere **Versteigungsgefahr**) entlang von Steilabbrüchen sollte absolut erfahrenen Bergwanderern vorbehalten bleiben. Keinesfalls bei Nässe oder schlechter Sicht durch Passatnebel begehen!

Anmerkung: Bei umgekehrter Begehung des **„Lechepfades"** (→ **Fettdruck** bei **R5**). Der Einstieg zum eigentlichen „Lechepfad" ist in 1 Std. ab La Calera erreichbar.

Gemeinsam mit R3 (→ Seite 62) bis zum Abzweig „Kirchenpfad" (→ **Fettdruck R3**). Dann weiter gemeinsam mit R5 (→ Seite 74) den „Kirchenpfad" empor bis zur Kammscharte auf 700 m NN zum dortigen Rechtsabzweig R6 (→ **Fettdruck R6**). Bis hierher ab La Calera 2 Stunden.

Der Gratzug, der mit dieser Kammscharte erreicht wird, verläuft etwa in NO-SW-Richtung. Er trennt das VGR vom Bco. de Argaga. Der Weiterweg zieht argagaseits immer etwas unterhalb des Höhenzuges nach SW, also Richtung Meer. Wegen der Hangbeweidung ist es möglich, daß Wegsperrungen von den Hirten errichtet wurden, die überstiegen werden müssen.

Zunächst durch die Kammscharte und jenseits nach rechts unterhalb des Kammes in wenigen Min. bis zu einem neuerlichen Kammeinschnitt. Hier wieder links, um einen Felsen herum, auf schmalem Pfad unmittelbar unter den Wänden entlang. Nach ca. 20 Min. ab der ersten Kammscharte wird eine Wegbiegung mit Aussicht auf die Playa des VGR erreicht. Von hier ist auch gut der spätere Aufstieg zur Hochfläche Las Pilas einsehbar.

Der nun abfallende Weg zum Grat und weiter hinab ist *ohne klare Führung,* aber der felsige Hang ist gut zu begehen. Nach $^1/_2$ Std. ab der ersten Kammscharte wird eine weitere mit rotem Grussand bedeckte Scharte erreicht. Hier wenige Meter argagaseits absteigen und den Pfad unterhalb des Kammes weiter meerwärts folgen. In insgesamt einer $^3/_4$ Std. gelangt man zu einem breiten Gratplateau **"Degollada de los Bueyes"** (560 m), dessen Örtlichkeit dadurch leichter bestimmbar ist, da ab hier der Weiterweg zur Aussichtshöhe Las Pilas ansteigt.

Hier beginnt der **Abstieg über den "Lechepfad"** = ggf. Rückweg dieser Wanderung ins VGR. (→ Foto Seite 81 oben)

Zunächst steigen wir jedoch – in Richtung Meer – zur Hochfläche Las Pilas auf. Zur Linken erkennt man jenseits des Bco. de Argaga die regelmäßigen Kehren des Aufstiegsweges nach Gerián (→ **R8**).

Den felsigen Hauptweg 10 Min. empor wird mit Beginn der Hochfläche zur Rechten ein verfallenes Anwesen erreicht (zahlreiche Agaven). Auf Pfadspuren entlang einer Trockenmauer und immer in gleicher Richtung auf der Hochfläche dem entfernten, runden Felsbuckel Las Pilas zustreben (unterwegs ein wenig auffälliger alter Dreschplatz). Über den folgenden, beidseits steingesäumten Weg wird ein erster felsiger Buckel erreicht; hier links und man erreicht den höchsten Punkt **Las Pilas** (667 m, bis hier 3 Std. ab La Calera).

Der mühevolle Aufstieg wird durch eine umfassende Aussich belohnt: im NW die Hochfläche Riscos de la Merica, im N der Ort Las Hayas, im NO die kleine, weiße Ermita de la nuestra Señora de Guadalupe von Guorá und rechts anschließend das Dorf Gerián, im O der Tafelberg Fortaleza (1241 m) und unmittelbar links dessen der kaum ausmachbare höchste Inselberg Alto de Garajonay, im SO der Calvario-Berg (807 m) mit seinem weißen Kirchlein Ermita San Isidro, im SSO der Ort La Dama mit den großflächigen Bananen-Plantagen und meerseits im S die Insel El Hierro.

Die Hochfläche Las Pilas war einstmals bewohnt und bewirtschaftet. Die umliegenden, teilweise verfallenen Anwesen, die anzutreffenden Dreschplätze, die zisternenartigen Wasserlöcher und das gesamte terrassierte Gelände legen hierfür ein beredtes Zeugnis ab.

Bei Nichtbegehung der Panorama-Rundwanderung wird der Aufstiegsweg wieder als Abstieg bis Gratplateau "Degollada de los Bueyes" benutzt.

Karte Seite 77

"Panorama-Rundwanderung" – Links – nicht sichtbar – der Aussichtsberg Teguergenche, von dem man über eine Senke die Abbruchkante erreicht und dieser rechtsläufig folgt. Rechts unten der Ortsteil Vueltas

"Panorama-Rundwanderung"

So bezeichne ich unseren Weiterweg, entsprechend seiner hervorragenden Aussichtsmöglichkeiten. Diese Tour hat eigentlich keinen Weg; es findet sich höchstens ein Pfad oder Spuren davon.

Rechtsläufig umrundet man leicht ansteigend in ca. 1 1/2 Std. das Bergmassiv des **Montaña Guerguenche.**

Von Las Pilas ist südlich, meerwärts (die Richtung über das direkt unterhalb des Pilas-Gipfels gelegene gomerische Steinhaus und dem Dreschplatz anpeilend) der separat gelegene Aussichtsberg **Teguergenche** (518 m) erkennbar, der, *immer etwas linkshaltend*, weglos über die verfallenen Terrassen, zuletzt über eine Senke, in 20 Min. erreicht wird.

Von diesem Berg u.a. Tiefblicke nach S zur Finca de Argaga (Argayall) und nach SO in den wilden Bco. de Argaga (→ R8 nach Gerián).

In nördlicher Richtung nun vom Berg wieder hinab zur Senke und jenseits linkshaltend aufwärts zur Ab-

Tiefblick vom Massiv Montaña Guerguenche: Durch die Bananenplantagen führt die Straße von La Calera zum Ortsteil La Playa und zum Badestrand

Blick auf La Calera. Das Gratkreuz setzte Erich Reuss †, der großen Anteil an der Erschließung der Wanderrouten in diesem Buch hat

bruchkante (gebührenden Abstand halten!). Dieser nun *ständig folgen.* Zuerst empor zum Plateau und dort – auf mehr oder weniger deutlichem Pfad – rechtsläufig gehen, wobei man standortbedingt immer wieder wechselnde Panorama-Blicke bekommt. Nach längerer Zeit wird zur Rechten der hier ca. 150 m entfernte, bereits besuchte kulminierende Punkt Las Pilas passiert und darauf zur Linken ein tieferliegendes Gratkreuz, das der Erschließer E. Reuss zur ständig gegenwärtigen Erinnerung an seine alpine Heimat gesetzt hat. Den bestgangbaren Pfad im Bereich der einzeln stehenden Kiefern suchend, vorbei an einer Ziegenhöhle, erreicht man den höheren Bereich des Ausgangsgratrückens. Ostwärts, Richtung Bco. de Argaga, wird dann nach ca. 100 m Abstieg wieder der breitere Aufstiegsweg nach Las Pilas betreten, der uns rückläufig wieder zum Gratplateau **„Degollada de los Bueyes"** leitet.

Von hier müssen Sie den Abstiegsweg entsprechend Ihrem Können wählen: den begangenen Aufstiegsweg über den **„Kirchenpfad"** oder den hier beginnenden orientierungsmäßig schwierigen **„Lechepfad"** hinunter.

Abstieg auf dem „Lechepfad":

Das relativ breite, unauffällige Gratplateau **„Degollada de los Bueyes"** (560 m) ist – zur Örtlichkeitsdefinition nochmals wiederholt – dadurch kenntlich, da von hier der Weiterweg zur Hochfläche Las Pilas ansteigt. Der hier beginnende Einstieg zum „Lechepfad" ist ggf. schwierig zu finden. Zur Erleichterung der Einstiegssuche wurden zwei große halbmannshohe und nicht übersehbare „Steinmänner" gebaut (→ Foto S. 81).

Gefahren-Hinweis:

Nur für absolut versierte, orientierungssichere Berggeher! Es ist für die Pfadfindung und den -verlauf wichtig zu wissen, daß wir uns beim „Lechepfad" bezüglich seiner generellen Hauptrichtung (von Beginn bis zur sog. „massiven Felsspitze", → Fettdruck) an der im Hintergrund deutlich sichtbaren Paßstraße ins VGR orientieren können. Der Pfad

Karte Seite 77

verläuft diagonal, sich leicht absenkend, durch die zum VGR abfallenden Steilhänge. Bei Nichtfindung oder verlieren des Pfadverlaufes keinesfalls versuchen, direkt abwärts in den Talgrund des VGR abzusteigen (nicht einsehbare Felsabstürze, schon mehrere Rettungsaktionen, Lebensgefahr). Sorgsam auf den Pfadverlauf achten, auf vorgegebene, natürliche Begehungsmöglichkeiten, künstliche Stufen, eingesetzte Steinplatten, Steinanhäufungen („Steinmänner"), Trittspuren und auf mögliche, meist nur kurz verlaufende Abzweigpfade (sog. Verhauer).
Abstiegszeit 1 1/4 Std.

Zur sicheren *Findung des Einstieges* folgender Tip (→ Foto nebenstehend): Man stellt sich zwischen die 1,50 m breit voneinander entfernten – hoffentlich nicht zerstörten – Steinmänner mit Blickrichtung der im Hintergrund deutlich sichtbaren Paßstraße ins VGR. Rechts befindet sich jetzt der tief eingeschnittene Bco. de Argaga, links der mit zahlreichen Kiefern bepflanzte Steilhang ins VGR. Ca. 25 m rechts vor uns im Kammverlauf ist ein größeres, 5 m hohes, massives Felsgebilde (ein Rastplatz der Ziegenhirten) als weitere Orientierung gegeben.

In die angegebene Blickrichtung (zunächst genau nach N) läuft man leicht abwärts – vorbei an einer etwas größeren Kiefer zur Linken – und diagonal in den ins VGR abfallenden Hang hinein. Den schwach erkennbaren Hirtenpfad entlang durch den Steilabfall – unterwegs begeht man nach 5 Min. ein auffallendes, fast ebenes, rötliches Gesteinsband mit großer rötlicher Felsausbuchtung – zu einer großen, rötlichen, kiefernbestandenen Hangmulde. Diese und einen Hangrücken (mit rötlichem Tuffgestein) queren, dann durch eine weitere Mulde mit Kiefern bis zu einem Felsgrat. Auf Fels um diesen herum, danach wieder über rötliches, weiches Gestein und auffallend viel grusigem Sand bis plötzlich rechts große Ziegenhöhlen auftauchen. Durch die folgende Eintiefung und unterhalb der Höhlen nach links (nördlich bzw. quer zum Talverlauf des VGR, → Foto Seite 82) traversieren bis man ca. 20 m nach diesen quer durch das rötliche Gestein luftig nach rechts und hoch empor zu den senkrechten dunklen Abbruchfelsen, zur Aussichtswarte, steigen kann (ab Gratplateau 20 Min.).

„Degollada de los Bueyes"
An dieser Stelle befindet sich der Einstieg zum „Lechepfad" (→ Seite 80/81). Die Wandergruppe beginnt gerade die Abstiegstour. Besondere Einstiegsmarkierung durch die 2 fast mannshohen „Steinmänner" im Vordergrund. Über den Berg im Hintergrund kommt R6 vom „Kirchenpfad".

Hier war viele Jahre das Reich von „Ciro", einem weitbekannten Hirten, dessen Ziegenherde in den steilen Bergflanken graste. Sein täglicher Arbeitsplatz war diese wunderschöne Aussichtswarte. Immer freundlich und hilfsbereit, rettete er mehrere verstiegene Touristen aus Bergnot, bis er 1990 aus ungeklärten Gründen selbst tödlich abstürzte.

Der hier beginnende eigentliche **„Milchweg"** leitet seinen Namen von dem täglichen, mühevollen Arbeitsweg des Hirten ab, der zur damaligen Zeit die schwere Milchkanne – gefüllt mit frischer Ziegenmilch – abends frei auf der Schulter hinunter zu seiner Käserei brachte. Nur ein „Lechepfad"-Begeher kann diese Riesenleistung beurteilen!

Von hier oben – zur besseren Einsicht für den Weiterweg etwas um die Kante Richtung großer Ziegenhöhle gehen – steil links abwärts blickend, erkennt man ca. 100 m tiefer eine auffällig große, violettgraue Tuffgesteins-Einmuldung, die uns als Ausgangsorientierung für den Weiterweg des „Lechepfades" dient (und durch die auch anschließend der Pfad führt).

Vor der größten Ziegenhöhle links steil abwärts zum kaum auffälligen Pfad, der erst durch gelbes Gestein und weiter durch einzelne Kiefernbäumchen zum Fuße der besagten großen violettgrauen Einmuldung und dort über und um eine Felsrippe führt. Von dieser fast horizontal zum nahen Grat traversieren.

Die weitere Wegstrecke bis zu dem links unten schon sichtbaren nächsten Grat ist nochmals wenig markant ausgeprägt, daher gut auf Wegspuren achten! Die Hänge werden Richtung N steil abfallend gequert, wobei eine kurze Strecke unterhalb eines massiven Felsaufbaues gegangen wird. Nach dem Erreichen des besonders links ausgeprägten felsigen Grates – Ausblick auf die Ortsteile El Guro und Casa de la Seda sowie auf das obere VGR.

Auf dem „Lechepfad" zur Aussichtswarte

Karte Seite 77

Nun jenseits ca. 30 m steiler absteigen auf eine von oben anfangs noch nicht sichtbare **massige Felsspitze** zu und vor dieser nach rechts mehr oder weniger steil weiter durch das Halbrund der Bco.-Flanke. An einem Minifelstürmchen zur Linken steigt der Pfad kurz an und folgt dann dem auffallend gelben Schichtband. An dessen breiterem Ende nicht weiter, sondern ca. 4 m abwärts und hier nach Querung einer weiteren schmalen Rinne durch die Bco.-Wände in großem und langem Bogen entlang, bis ein tiefer Einschnitt und darauffolgender Nb.-Bco. mit grauem Gestein erreicht wird (340 m NN).

Aus diesem Richtung Haupttal ansteigen (unterwegs künstliche Treppe) und über einen Felsgrat bis zu einer künstlichen Mauer. Scharf um diese herum und weiter aufwärts bis zu einem Felsgrat, von dem wieder unerwartet das obere VGR sichtbar wird. Ab hier ständig abwärts (links unten ein Minifelstürmchen) bis zu einer steilen Felswand mit auffallendem gelben Horizontalband. Jetzt scharf nach links über einen exponiert schmalen Pfad und wieder rechts aufwärts zum breiten **"Kirchenpfad"** (→ **R5**, 350 m NN), der nach ca. 40 Min. ab Weggang von den Höhlen erreicht wird. Über ihn kann in 10 Min. ins Tal zu **R7** (→ **Fettdruck** bei „Abstiegswanderung durch das gesamte VGR) abgestiegen werden.

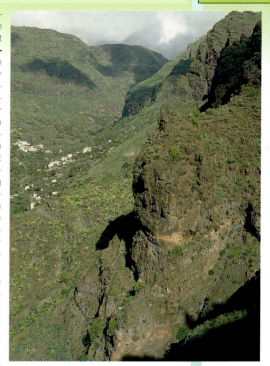

Der „Lechepfad" kurz vor der Einmündung in den „Kirchenpfad". Die Wanderer befinden sich im Abschnitt der „steilen Felswand mit auffallendem gelben Horizontalband"

Wer den Originalpfad weiter begehen will (noch ca. $^1/_4$ Std.), *quert den „Kirchenpfad"* und geht jenseits oberhalb der Terrassenfelder weiter, bis er sich absenkt; dabei wird ein gemauerter Wassergraben überschritten. Man sucht sich den besten Weg über den felsigen Rücken hinunter und hält sich links zum Rand der o. a. Terrassenfelder. Abwärts zu einem Ziegenstall, linkshaltend durch Kakteen zu einem Haus, *dieses rechts umgehen* und weiter zum Talweg und weiter nach La Calera (→ **R7**).

Gehzeit:
Ca. 6 Stunden
insgesamt
(2 Std. Aufstieg
bis Las Hayas,
2 Std. Abstieg
nach Los
Descansaderos,
1 3/4 Std. bis
La Calera).

7 Rundwanderung:
Lomo del Balo (390 m) im oberen VGR
Steilaufstieg nach Las Hayas (1000 m) –
„Mastenabstieg" – Los Descansaderos
(430 m) im oberen VGR
Talabstiegswanderung bis La Calera

Großartiger, kühner und lohnender Gebirgspfad, der teilweise ausgesetzt in steilen Kehren links des Bco. de Las Hayas emporzieht, mit einem herrlichen Rückblick auf Guardá, wie das gesamte obere Valle Gran Rey genannt wird. Der mittlere Teil der Wanderung verläuft weglos in einem meist trockenen Bachbett. Über einen breiten, alten Treppenweg mit ständigem Talblick führt der Abstieg steil zurück nach Guardá und weiter durch das gesamte „Valle" bis nach La Calera.

!

Gefahren-Hinweis: Nur für trittsichere und schwindelfreie Bergwanderer zu empfehlen. Immer am deutlich erkennbaren, weitgehend getreppten Hauptaufstieg bleiben. Abzweigpfade dienen den Einwohnern zur Futterholung (Achtung, bei solch möglichen „Verhauern" zum Hauptaufstieg zurückgehen, nicht „wild durch die Prärie" hocharbeiten, Absturzgefahr!). Der „Mastenabstieg"ist steil aber unschwierig zu begehen; die dortige, separat beschriebene „Abstiegsvariante" hingegen verlangt unbedingt erfahrene Berggeher.

Ausgangspunkt:
Bus/Taxi/Pkw
bis zum Ort El
Retamal im
oberen VGR,
Abzweig nach
Lomo del
Balo/Los Descansaderos.

Die Wanderung läßt sich gut mit einem **gomerischen Essen** in der Bar „La Montaña" (Tel. 922 800802) in Las Hayas verbinden. Wirtin Doña Efigenia serviert eigene Produkte aus Küche, Keller und Garten. Für das jeweils „Frischgemachte" ist ein *Aufenthalt* von mind. 2 Std. einzukalkulieren. → auch **R9**.

Anmerkung

Bei **umgekehrter Begehung von R7** („Mastenaufstieg" ab Los Descansaderos/VGR): Wie bei **R3** in etwa 2 Std. bis nach La Viscaina. Wo die Wanderung **R3** rechts nach El Cercado abzweigt, *der Asphaltstraße weiter folgen*. Im Linksbogen wird eine Grünzone durchquert (Bco. de Aqua, Quellgebiet für Guardá) und der Ort Los Descansaderos bei einer Telefonzelle erreicht (2 $^1/_4$ Std., 430 m NN).

Zum „Mastenaufstieg" gelangt man: 7 m von der Telefonzelle straßenaufwärts und rechts im spitzen Winkel von der Straße weg die Natursteintreppe aufwärts. Bei linksstehendem Stall mit gemauertem roten Gestein (gegenüber Haus mit grüner Tür) rechts und sofort wieder links, dann die betonierte Natursteintreppe hoch. Der Weg trifft bei erhöht stehendem Haus auf eine hohe, schöne Trockenmauer. Hier rechts und am gleichen Haus vorbei den alten „camino reales" steil nach oben weiter.

Im Ort **El Retamal** wurde im Zuge der Straßenausbauarbeiten die dort befindliche Haarnadelkurve besonders breit und mit Insel ausgebaut. In dieser Hauptstraßenkurve zweigt nördlich eine schmalere Asphaltstraße ab, die über eine gut sichtbare alte Torbogen-Brücke zum Ortsteil **Lomo del Balo** führt. Zum Wanderungsbeginn gehen wir diesen *Straßenabzweig über die Brücke* und die schmale Fahrstraße – am weißen Anwesen zur Linken vorbei – etwa 100 m entlang bis zum folgenden scharfen Straßen-Rechtsbogen mit Brücke.

Unmittelbar nach dieser Brücke am Leitplankenende und noch vor den Terrassenmauern beginnt links – bergwärts – unser anfangs wenig markanter Aufstieg (ohne sichtbare Pfad- und Wegespuren). Bei den drei links in senkrechter Linie stehenden Palmen beginnt zwischen Trockenmauern ein 60 m-Aufstieg im Bco.-Bett über großblockige, unregelmäßig liegende Steine.

El Retamal/ VGR
Von der breiten Hauptstraße gehen wir nach rechts über eine alte Torbogenbrücke zum kurz darauf beginnenden Wanderanstieg R7

Im 600 Hm-Steilaufstieg nach Las Hayas. Besonders schön im frühen Morgenlicht, wenn man rückblickend auf das erwachende Tal schaut

Kurz danach bei und vor einer stammgeschwärzten Palme nach links ansteigen – vorbei an Palme mit Blechring –, sofort wieder rechts ca. 20 m steiler empor und durch die wuchtigen Trockenmauern nach links zu einer Palmengruppe. Vor dieser nach rechts und den schmalen Steinweg durch die Terrassen aufsteigen. Wir kreuzen dabei einen betonierten Wassergraben und steigen steil weiter auf. Danach biegen wir auf deutlich sichtbaren Weg *rechtwinklig nach rechts* ab – verlassen also das kleine Bco.-Bett – und queren 7 m bis zu einer linksstehenden schlanken Palme. Dort sofort wieder links bergwärts gehen. Wir steigen jetzt den Bergrücken rechts des kleinen **Bco. de Seco** immer steil – unterbrochen durch kurze Kehren – etwa 60 Hm nach oben bis wir die erste zur Linken stehenden Felsabstürze erreichen (35 Min.).

Der Weiterweg ist großräumig nicht einsehbar; es ist typisch für solche Anstiege, daß man den Weiterweg durch solche ungegliederten, vegetationsüberwucherten Abstürze nur erahnen kann.

Bei weiterem Aufstieg trifft man auf fünf auffallende, rötlichgelbe, in den Fels gehauene Treppenstufen; danach quert der Pfad unter einer Felswand weit nach rechts.

Herrliche Ausblicke eröffnen sich über das obere VGR, in dessen üppigem Grün die Ortschaften wie weiße Spielzeugschachteln auf einer Wiese erscheinen. Ein Teil der kühn gebauten, kurvenreichen Paßstraße ist erkennbar. Über sie wird fast ausschließlich die Versorgung des VGR abgewickelt.

Nach ein paar großen Felsbrocken am Ende der langen Rechtsquerung steigt der Pfad wieder im Zick-Zack aufwärts, bis er durch einen Felssturz im **Bco. de las Hayas** unterbrochen wird. Der Weiterweg über diesen ist jedoch gut sichtbar und begehbar. Bis hier 1 Std. Gehzeit ab dem Ausgangspunkt.

Weiter führt der Pfad in steilen Kehren aufwärts. Ab und zu fliegt aufgeschrecktes Federvieh aus den einsamen Nistplätzen der Bco.-Wände. Auf Schichtbändern, manchmal luftig und schmal, werden in Links- oder Rechtstraversen Steilabbrüche umgangen. Weit oben verläuft der Weg nur noch leicht ansteigend in langer Querung zum deutlich sichtbaren Bco.-Auslauf und damit zur Hochfläche. Kurz vor Erreichen des Bco.-Auslaufes (einen breiteren aufwärts führenden Linksabzweig nicht berücksichtigen) erreicht man zur Linken eine große Höhle.

Solche Höhlen dienten ursprünglich als Stallungen, mußten in der Vergangenheit jedoch schon oft als menschliche Behausung für Hippies, Aussteiger und Individualisten herhalten.

Geht man den Wanderpfad in Richtung O weiter, so erreicht man kurz darauf die Hochfläche (1 1/2 Std. ab Wanderungsbeginn, 800 m über NN).

Ab hier geht es *weglos* weiter ganz leicht ansteigend und immer dem ausgetrockneten Bachbett folgend. Je nach Ambitionen kann man unmittelbar an den Hängen links, rechts, kreuzend oder – etwas mühsam aber abenteuerlich – direkt im grünen, von Büschen und Palmen gesäumten Bachbett wandern. Im teilweise tunnelartig verwachsenen steinig-kiesigen Bachbett läßt es sich inmitten einer prächtigen Vegetation jedenfalls besser gehen, als von außen erkennbar (wenn nur nicht ab und zu diese Brombeerlianen wären...!)

Das sich talaufwärts immer mehr verengende Bachbett und dessen Bereich wird nach gut 20 Min. Gehzeit nach *links* verlassen und am Hang diagonal aufwärts gegangen. Eine Wasserrohrleitung wird überstiegen, und man hält auf die mächtigen Agavenstauden zu. An diesen weiter aufwärts bis zu einem stallartigen Gebäude, das bereits zum Ort **Las Hayas** gehört. Links und sofort wieder rechts um dieses herum, entlang einer alten Wasserrohrleitung, erreicht man nun einen breiten, steinigen Weg. Diesem folgt man bis zur Asphaltstraße; 20 m auf der Straße aufwärts, dann kann man einem breiten, abkürzenden Weg folgen, der uns wieder auf die Straße führt. Hier rechts und der Straße weiter aufwärts in wenigen Min. zur Bar **„La Montaña".**

Eine Einkehr und Bewirtung durch Doña Efigenia sollte man nach langem Aufstieg nutzen.

Nach ausgiebigem Mahl begeben wir uns wieder auf den Wanderweg, der unterhalb des großen, eukalyptusbaumgesäumten Parkplatzes nach *links* – in östlicher Richtung – durch das „Palmendorf" Las Hayas führt.

Im Bachbett zwischen der Hochfläche und Las Hayas. Etwas mühsam aber abenteuerlich kann man direkt im tunnelartig verwachsenen Bachbett wandern

Das Palmendorf Las Hayas (1000 m NN)

Vorerst abwärts und dann hinauf, auf die Häuser der nächsten Anhöhe zu. Hier wieder abwärts, um jenseits den nächsten Kammrücken zu ersteigen. An der nun folgenden Weggabelung (geradeaus → Abzweig **R9** nach El Cercado) führt *rechts* in Richtung SW unser einzuschlagender Weg allmählich abwärts, um neben der Überlandleitung auf die nächste Anhöhe ebenso mäßig erneut anzusteigen.

> Hier Beginn der **Agua-Variante** → **Seite 89).**

Zu dem sich jetzt bietenden Panorama im S mit den Orten El Cercado, Chipude und dem Tafelberg Fortaleza (1241 m) fügt sich hier jäh der steile Absturz in den Bco. del Agua. Nördlich sanfte Hügel ähnlich einer Mittelgebirgslandschaft.

Der Weg steigt in Richtung W sanft den Rücken hinauf bis zum höchsten Punkt (900 m ü. NN) – dem „Aussichtsbalkon" über dem tief unten im Kessel liegenden VGR.

Der „Mastenabstieg"

Unter den warmen Strahlen der Nachmittagssonne beginnt der steile, in Serpentinen verlaufende Abstieg. Die Überlandleitungsmasten dienen als weitere Wegweiser. Viel später und wesentlich tiefer, nach Erreichen des ersten, linker Hand stehenden Stalles, wird eine offene Wasserleitung gequert, danach weiter talwärts in Kehren abgestiegen. An der nun folgenden Weggabelung in Höhe der Felder entscheidet man sich für den linken, staubigen, rolligen Pfad, der kurz darauf nochmals eine Wasserleitung quert und der dann als gepflasterter Weg nach **Los Descansaderos** (430 m NN) auf die Ortsstraße nahe einer Telefonzelle einmündet.

> Von hier aus gibt es mehrere Möglichkeiten nach La Calera:
> – ein Taxi zur Abholung bestellen,
> – der Ortsfahrtstraße nach *rechts (westlich) folgen* und in 15 Min. zur Hauptstraße (ggf. Buszustieg)
> – oder das VGR durchwandern, schön und lang aber lohnend, wie auf Seite 90 beschrieben.

"Agua-Variante" zum "Mastenabstieg"
(oberer Teil)

Durch die südliche Seitenflanke des Bco. del Agua, durchaus lohnend und etwas abenteuerlich, jedoch nur orientierungs- und trittsicheren Wanderern zu empfehlen.

Nach der kleinen Anhöhe mit dem schönen *Panoramablick* besteht die Möglichkeit, ca. 20 m vom Hauptwanderweg entfernt, nach Süden auf einem schmalen Weg in den steil abfallenden Bco. del Agua hinabzusteigen. Der versteckte Variantenbeginn (Abstieg) ist etwas schwierig zu finden, da sich auch von der Beschreibung her nichts Markantes anbietet. Notfalls etwas suchen, der Abstiegstreppenweg ist eindeutig als solcher erkennbar!

Nach ca. 30 Min. Abstieg ist schon von oberhalb eine auffällige, z. T. mit Ginster und anderen Büschen bewachsene Feuchtfläche auszumachen, *durch* die der Pfad weiterführt.

Zunächst die Treppenstufen hinunter bis zu der dichtbewachsenen Feuchtfläche. Die Stufen enden auf einem deutlich ausgeprägten Querband, das bergseitig vom Felsen begrenzt wird. Von der letzten Stufe nach links das Querband etwa 12 m Richtung Bco. del Agua gehen und dort – an der engsten Stelle zwischen Fels und Ginster – sofort rechts **durch** die Ginsterbüsche nur ca. 10 m die Stufen abwärts steigen. Auf schmalem unscheinbarem Band *(keine weiteren Stufen absteigen!)*, immer in gleicher Höhe weiter nach rechts auf die Wandfluchten zu traversieren, bis ein deutlich erkennbarer Felssturz passiert ist.

Bald befindet man sich wieder auf einem sicher erkennbaren Pfad. Der Weg wird zusehends besser, teilweise ist er sogar ausgebaut. Auf diesem schmalen, kühnen Schichtbandpfad mit imponierenden Talblicken quert man durch Kakteenwildnis, vorbei an einzelnen Palmen und immer in gleicher Höhe fast im Rechts-Halbrund um den Berg, bis man dann wieder den Originalweg im Trassenbereich der Überlandleitung erreicht. Diesem Treppenweg folgt man, wie beschrieben, ins Tal.

"Agua-Variante" – auf schmalem, kühnen Schichtbandpfad quert man durch Kakteenwildnis

Gehzeit:
(1 ³/₄ Std.)

7.1 Abstiegswanderung durch das gesamte Valle Gran Rey von Los Descansaderos über La Viscaina – El Hornillo – Casas de Chelé nach La Calera

Diese Abwärtstour, beginnend mit einem Drittel Asphaltstraße und in Folge zwei weiterer Drittel Wanderweg, verläuft grundsätzlich auf der linken – südöstlichen – Talseite. Trotz der anteiligen Asphaltstraße ist die Talbegehung überaus lohnend, da neben abwechslungsreichen Tallandschaftsbildern das noch geruhsam dörfliche Treiben beobachtet werden kann. Eine genauere Beschreibung ist deswegen hilfreich, da aus eigener Beobachtung bei einer Nachmittagsbegehung – von Las Hayas, Cercado oder Chipude kommend – die westlich tief stehende Sonne genau in die Augen blendet und somit die Orientierung erschwert.

Zunächst also vom Telefonhäuschen nach links – östlich – straßenabwärts. Unmittelbar links vorbei an einer zum hübschen Wohnhaus umfunktionierten alten Mühle am **Bco. del Agua** (sein Wasserreichtum versorgt ganz Guardá) und in großem Rechtsbogen durch seinen Schilfgürtel gelangen wir in den hier beginnenden Ort **La Viscaina.**

Vor dem nächsten markanten Straßenbogen (links auf 2. Terrassenmauer flacher roter Stall, rechts hohe Einzelpalme) mündet in der linken Straßenbucht der alte „camino reales" von El Cercado **(→ R3 und R4 im Aufstieg)** bzw. auch von Chipude ein (10 Min.).

Wir gehen unmittelbar danach einen flachen Rechts-Links-Bogen aus und gelangen 90 m danach zu einer links befindlichen, auffallenden 3 m hohen Betonmauer mit Löchern, die in eine ebensolche hohe Trockenmauer übergeht, die wiederum in einem Bogen in den Nb.-Bco. hinläuft. Parallel unterhalb dieser ein betonierter Natursteintreppenweg, der mit acht Stufen zur Asphaltstraße führt **(hier Einmündung → R3 vom „Roten Schichtband").**

Einkehr in Bar/Restaurante „La Viscaina": Die Asphaltstraße geradeaus weiter bis zur nächsten Rechtskehre.

An der jetzigen Stelle kann man die langgezogene Kehre der neuen Asphaltstraße über ein Stück alten Dorfweges wie folgt abkürzen: *Vor der Garage* (rotes Tor nicht sichtbar) *rechts von der Straße* die betonierte Natursteintreppe abwärts und noch 20 m an der Verzweigung (Straßenlampe) links gehen und weiter steil – jetzt auf Natursteintreppe – im Rechts-Links-Rechtsbogen (vorbei an Haus mit zwei grünen Türen) abwärts. Entlang einer Trockenmauer gelangt man bei einem großen Haus wieder zur Asphaltstraße (20 Min.). Hier verlassen wir La Viscaina straßenabwärts.

Gemächlich bummelnd können wir ein wenig Ausschau halten. Rechts sehen wir den weißen Flachbau des Schule, den Kehrenbeginn der Paßstraße nach Arure, die roten Mauern des einzigen Talfriedhofes, die Ermita San Antonio über dem Ort El Retamal und hoch oben am Bergkamm das Aussichtsrestaurante „El Palmarejo".

Wir gelangen zum größten Ortsteil **El Hornillo** mit dichterer Bebauung.

Karte Seite 84

Abstiegswanderung durch das VGR

Überall spürt man die Wandlung von ärmlichen Behausungen zu schmucken oder zumindest einfachen sauberen Häuschen.

Nach etwa 30 Min. verläßt man in einem dortigen Rechtsbogen die abwärtsführende Straße (nächst Garage) und biegt *links* in eine schmalere Asphaltstraße ein. Entlang von Trockenmauern wird durch die terrassierten und bebauten Felder gewandert und erreicht kurz darauf den kleinen Weiler **Casas de Chelé** mit kleinem Parkplatz/Wendeplatz (45 Min.)

Von dieser an den „Casas de Chelé" *rechts* die kurze steile Beton-Natursteintreppe hinauter. Dann gemächlicher abwärts, vorbei an hohen, dunklen, zerfressenen Tuff-Felsen mit auffälligen Höhlenbildungen.

In und unter dem Felsen teilweise noch bewohnte „Aussteiger"-Behausungen.

Das bebaute Gebiet liegt für eine längere Wegstrecke hinter uns. Nun einsamer, zieht der grobblockige Pflasterweg „mas y menos" steil abwärts.

Ein kleiner Nb.-Bco. wird erreicht. Beim schattigen Mangobaum wird ein kleiner Rechtsbogen gegangen (1 Std.).

Bei den zwei linkerhand untereinander stehenden Häuschen befindet sich der Abzweig bzw. die Einmündung des **„Kirchenpfades"** (230 m NN), über den zahlreiche Wanderungen des VGR wie → **R3, R4, R5, R6, R8, R9, R14** verlaufen.

Direkt rechts unterhalb unseres Wanderweges ein Quellenhäuschen (Trinkwasser) für Durstige.

Danach weiter abwärts. Vor einem schönen Palmenhain fällt der Weg steiler ab und durchzieht den Hain. Immer näher gelangt man dem Talgrund. Rechts tauchen die anmutig in Palmengrün gebetteten Weiler Casa de la Seda und El Guro auf.

Route 7.1 - Karte Seite 84

Abstiegswanderung durch das VGR

Auf dem Kirchplatz findet alljährlich das größte Jahresfest vom VGR am 6. Januar, Heilige-Drei-Könige, mit Musik und öffentlichem Tanz statt.

Von hier **drei Wegmöglichkeiten nach La Calera:**

1. vom anschließenden Abstiegstreppenweg sofort in der *ersten* Kehre nach *links* meerwärts auf teilweise schmalem luftigen Weg in 10 Min. in den Bco.-Grund und auf der dortigen Piste in insgesamt 30 Min. ab Ermita nach La Calera;
2. den Treppenweg in fünf Kehren steil und *ganz hinunter zum Bach und Bco.-Grund* und dort dem schattigen Weg durch Schilf und Bambus folgen bis zur kreuzenden Piste im Bco.-Grund. Dieser *links* ab und meerwärts in ebenso 30 Min. ab Ermita nach La Calera.
3. den Treppenweg *abwärts zum Bach und Bco.-Grund*. Den wunderschönen schattigen Querweg durch Schilf und Bambus – die Piste im Grund kreuzend – geradeaus, über einen weiteren Bach und entlang einer Trockenmauer zum jenseitigen breiten, getreppten Aufgang zur Asphaltstraße am Ortsanfang von Casa de la Seda (Schild „Senturio de los Reyes", 1 Std. 10 Min.).

In wenigen Schritten straßenabwärts kann man rechts im kleinen Geschäft von „Maria" („Nestor Viveres") Erfrischungen bekommen und Einkäufe tätigen.

Wieder entlang an Trockenmauern erreicht der Pfad zur Linken ein gepflegtes Anwesen.

Gegenüber zur Rechten eine hohe Norfolktanne und eine superschlanke marmorierte Palme, die einzige *Königspalme* des gesamten VGR.

Direkt im Linksbogen am Anwesen entlang, taucht man in ein wohltuend schattiges Blätterdach zweier mächtiger Indischer Lorbeerbäume und gelangt unmittelbar danach in einen Nb.-Bco. Von hier den kleinen Bco. auslaufend rechts aufwärts und gleich wieder abwärts wird im Linksbogen – vorbei an einem Treppen-Steilabstieg – der breit ausgebaute Kirchplatz mit der **Ermita „La Adoracion" de los Santos Reyes** nach 1 Std. 5 Min. erreicht (180 m NN).

Von hier sind es noch gut 25 Min. auf der Asphaltstraße (bei Straßengabelungen immer rechts halten). Schöner ist der Weg über die obere Dorfstraße – vorbei an der Apotheke – nach La Calera.

Rundwanderung:
Vueltas (20 m) im Valle Gran Rey –
**Steilaufstieg über den Bco. de Argaga –
Gerián** (720 m) –
„Ermita de Ntra. Sra. de Guadalupe" (770 m) –
„Kirchenpfad" – La Calera im Valle Gran Rey

8

Gehzeit:
5-6 Stunden
(3 Std. Aufstieg
bis Gerián,
15 Min. bis zur
Ermita,
2 Std. Abstieg
bis La Calera)

Ausgangspunkt:
Taxi oder zu
Fuß bis zum
Hafen von
Vueltas.

Beeindruckende alpine Bergwanderung über 700 Höhenmeter vom Meer bis zum Bergdorf Gerián mit phantastischen Rückblicken in eine gewaltige Felsszenerie.

Gefahren-Hinweis: *Eine der schwierigsten Bergwanderungen dieses Buches, die nur sicheren und versierten Berggehern vorbehalten sein sollte und ausgeprägten Orientierungssinn verlangt (Versteigungs- und Absturzgefahr!). Beachten Sie die richtungsweisenden „Steinmännchen" (die rote Farbmarkierung wurde widerrechtlich und anonym angebracht).*

Keine Begehungen während oder nach Regenfällen!

Diese Tour keinesfalls umgekehrt begehen, also im Abstieg von Dorf Gerián nach Argayall (Finca de Argaga), da im Aufstieg gelegentlich geklettert werden muß, was sich im Abstieg wesentlich schwieriger auswirkt. Des weiteren im Abstieg sehr schwierige Orientierung, die zu Bergnot führen kann.

Bemerkung: *Diese Tour führt im unteren Teil durch Privatbesitz und wird nach Rücksprache mit dem Eigentümer und dort wohnenden Anliegern nur unter nachstehend zu berücksichtigenden Auflagen für den Durchgang freigegeben:*
- *strikt auf der beschriebenen Wanderroute bleiben*
- *ruhiges Verhalten im Tal*
- *kein Diebstahl von Obst und Feldfrüchten*
- *keine farbigen Wegmarkierungen anbringen.*

Wir appellieren an alle Begeher, diese Auflagen einzuhalten, wegen der sonst drohenden Sperrung dieses wildschönen Barrancos.

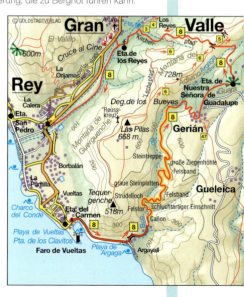

Route 8

Hinten der Hafen Vueltas und vorn die Finca Argayall. Nächst der Finca beginnt der Aufstieg im Bco. de Argaga

Bco. de Argaga Beginn bei Argayall

Vom Hafen in **Vueltas** den Fahrweg am Meer in 15 Min. bis **Argayall,** der Finca an der versteckt gelegenen Ausmündung des **Bco. de Argaga,** genannt „Engländerbarranco", nach dem hier ansässigen Plantagenbesitzer Mr. Sanderson.

Die hier nahe und parallel dem Bco.-Grund aufwärtsführende Piste ist in Privatbesitz und darf – vorbehaltlich Widerrufes – nur zum Wanderungseinstieg benutzt werden.
Bei Wegeverbot bietet sich folgende schwierigere Einstiegsvariante an:
Direkt in den Bco.-Grund einsteigen. Diesen pfadlos aufwärts gehen und nach einem kurzen Rechtsbogen bis zu einem sperrenden senkrechten Abbruch. *Hier links* den Bco.-Grund verlassen und etwas schwierig über Felsen und rolliges Gestein empor zu einer Steinmauer. Dieser nach rechts folgen und über die Begrenzungsmauer zur Fahrpiste, die in dem Bereich eine enge S-Kurve beschreibt.

Die Piste also aufwärts – an Haus vorbei – bis in eine scharfe S-Kurve (Brücke, **Einmündung der Einstiegsvariante).**

Die Piste weiter aufwärts und in etwa 15 Min.– noch vorbei an einem rechts oben liegenden Haus („Tropischer Fruchtgarten Argaga" der Fam. Schrader) – bis zur folgenden Stelle, *wo die Piste den Bco.-Grund kreuzt.* Die Furt nach *rechts verlassen* und im Bco.-Grund pfadlos aufwärts. In Linksschleife ca. 150 m bis zu einem links sichtbaren markanten Betonfundament gehen (Beginn der cañonartigen Verengung des Bco.-Grundes).

Hier die im Bachbett ansetzende, rote, bandartige Rippe links empor zum großblockigen Terrassenunterbau. Etwas heikel an den großen Steinen des Unterbaues herum und auf dem rippenartigen roten Fels entlang bis zu einem weiteren Betonabsatz. Eine kurze Stufe hinab, 5 m weiter und nach rechts über den hier wieder leicht begehbaren Bco.-Grund zur anderen Seite überwechseln. Nun rechts des Cañonverlaufes dem roten Gestein entlang – ein weiterer Betonklotz wird passiert – dann wieder im Bco.-Grund, bis man nach 50 m den Grund in Richtung auf den zur Rechten gut sichtbaren steinuntermauerten Weg verlassen kann. Diesen empor zum felsterähnlichen, schmalen Bco.-Grund mit Zisternenbecken.

Karte Seite 93

Der jetzt folgende kurze Aufstiegsabschnitt zur Höhe der 1. Terrasse wurde von Begehern mangels fehlender Beschreibung oder Bergerfahrung immer wieder falsch ausgegangen, so daß dieser von Haus aus geländesensible Abschnitt einen ziemlichen Verfall aufweist.

Nach der Bco.-Verengung nicht sofort im Schotter rechts hoch, sondern auf den ersten Mauerteil der untersten Terrasse *schräg zugehend Pfadspuren* folgen. Vor dieser im spitzen Winkel nach rechts, entlang der Steinmauer steil empor (Wasserrohr übersteigen) zu den Felsen und wieder nach links auf die 3. Terrasse (ca. 30 m ab Bco.-Grund).

Nun längs über das obere Terrassenfeld auf Pfadspuren bis zu einer auffälligen Palmengruppe. Von dieser zum Bco.-Grund hinab zu einer kleinen Steinmauer. Über diese den Grund queren und links den Pfad weiter bis er sich wieder dem Bco.-Grund nähert. Hier abwärts (rechts tiefes Strudelloch), *über* den welliggrauen Fels des Bco.-Grundes wieder queren, jenseits empor und *rechts* der Terrassenmauer auf die Terrasse. Auf dieser 20 m nach links und *vor* der Steinmauer nach rechts in östlicher Richtung empor zur alten gemauerten Wasserleitung. Diese übersteigen und weiter aufwärts in östliche Richtung in einen schluchtartigen Einschnitt.

Wer bis hier den Wegverlauf nicht einwandfrei findet, sollte unbedingt zurückgehen wegen der Gefahr des Versteigens in schwierigem, unübersichtlichem Felsengelände!

Den ungegliederten, schluchtartigen Einschnitt auf Pfadspuren empor – den besten Weg suchend – bis unter die oberhalb sperrenden Wände (zuletzt künstliche Stufen im rötlichen Gestein). Bis hierher etwa 45 Min. (200 Hm) ab Bco.-Ausmündung am Meer.

Jetzt bco.-aufwärts dem gut sichtbaren Pfad immer etwa in gleicher Höhe auf Schichtbändern folgen. Vom Pfad ergeben sich herrliche Blicke in die wilde Bco.-Landschaft. In Höhe einer unten im Bco. auffällig erkennbaren, halbrunden Wasserfassung unbedingt absteigen und auf die weit sichtbaren „grauen Steinplatten" im Bco.-Grund (Steilstufe) zulaufen (→ Foto).

Ab den sichtbaren „grauen Steinplatten" in Nähe noch bebauter Terrassenfelder bis hinauf über die steilen Wände zu den nächsten bebauten Feldern steigt man weitgehend weglos bzw. auf nur schwach erkennbaren Pfadspuren aufwärts.

Bco. de Argaga
Auf dem Pfad hinab zu den grauen Steinplatten (der Wasserfall läuft nur nach Regenfällen)

Von den „grauen Steinplatten" also weglos im Bco.-Grund im Linksbogen kurzzeitig aufwärts bis man zur Linken ein erhöht stehendes größeres Terrassenfeld erblickt. Vor diesem links aus dem Bco.-Bett heraus auf ein Feld und über dieses und das nächste sowie um den folgenden vorspringenden Felsabsatz betritt man an der kreuzenden, von rechts oben kommenden Wasserrohrleitung wieder den Bco.-Grund. Diagonal über diesen und nach rechts zu den teilweise verfallenen Feldern unter den Wänden. An den Wänden und Feldern aufwärts gehend, stößt man auf eine alte weiße, gemauerte Wasserrinne, der man aufwärts folgt.

Am letzten Terrassenfeld steigt man rechts über die Felsen nach oben in die Bco.-Wände! Gut den Aufstieg verfolgen: außer an den senkrechten Steilabstürzen (durch Einheimische zur Aufstiegserleichterung künstliche Stufen mittels Steinanhäufungen gesetzt) benötigt man nur an steileren Passagen die Hände für den Aufstieg. Wo es schwieriger wird, ist evtl. falsch gegangen worden, dann lieber zurückgehen und nochmals nach Beschreibung beginnen.

Vom Beginn (gelbes Gestein) weiterhin der alten gemauerten Wasserrinne ca. 20 m entlang aufwärts folgen bis ein von links nach rechts aufwärtsziehender Schichthöhlenüberhang sichtbar wird. Empor zum Höhlenüberhang und über künstliche Stufen schräg aufwärts bis *etwa 10 m* vor die bereits unten im Bco.-Bett überstiegene Rohrleitung. Von hier im Linksbogen über eine künstliche Steintreppe und weiter ca. 20 m links queren (immer wieder künstliche Stufen, vorbei an einer kleinen Höhle) hinauf zu schwarzem Gestein. Weiter empor und im Rechtsbogen – jetzt an der Felswand entlang (Foto unten) – in Richtung einer auffallen-

Bco. de Argaga,
*mittlerer
schwieriger Teil*

Karte Seite 93

Bco. de Argaga
Blick aus der großen Ziegenhöhle auf den bereits begangenen Schluchtteil

den schwarzen Höhle. Über graues, plattiges Gestein, durch Binsengestrüpp (feuchte Stellen), über künstliche Stufen und über den Doppelrohrstrang der Wasserleitung immer rechts aufwärts. Weiter rechts aufwärts gehen über mehrere künstliche Steinstufen, an einer Höhle vorbei, bis zu einem Schichtband.

Dieses Band nach rechts in Richtung einer großen, dunklen Höhle an der gegenüberliegenden Bco.-Wand traversieren. Wo das Schichtband abfällt (Höhle an gegenüberliegender Wand gut zu sehen) wieder eine künstliche Treppe empor auf ein weiteres markantes Band unter steilen Felsabbrüchen.

Dieses entlang der steilen Felsabbrüche nach links queren. An großem Steinblock vorbei lange Traverse (phantastische Tiefblicke in den Bco.) auf die wieder sichtbare Doppelrohrwasserleitung zu, diese übersteigen und weiter bis zu einer riesigen schwarzen Schichthöhle (→ Foto oben). 1 $^1/_4$ Std. ab Meer, 320 m NN.

Die Höhle bietet an heißen Tagen den Ziegen Unterschlupf und lädt auch uns zur schattigen Rast ein.

Von der Höhle in gleicher Höhe weiter traversieren und scharf um die folgende Kante, wo eine künstliche Steintreppe nach rechts hinaufführt. Man gelangt zu einem rechteckigen Felsgebilde und unter diesem hinauf bis in Höhe seines „Gipfels". In gleicher Richtung über knorpeliges Gestein weiter und dann unter den Wänden, bco.-aufwärts auf Pfadspuren gehend, immer leicht ansteigen. So gelangt man, vorbei an kleinen Kiefern, wieder in die Nähe des Bco.-Grundes.

*Noch bewohnte Höhlenhäuschen im kargen Weiler Gerián
Der Wanderweg R8 führt hier vorbei zur Eta. de Ntra Sra. de Guadalupe*

Der Bco. beschreibt in diesem Abschnitt – im Sinne des Aufstieges – *einen großen Linksbogen, der auf Pfadspuren ausgelaufen wird.*

Man geht in etwa gleicher Höhe parallel dem Bco. auf eine einzeln stehende Palme zu, wobei eine Höhle passiert wird. Nach dieser überquert man ein Terrassenfeld, wenige Meter ausgesetzt an Felsen entlang und *sofort* (Palme) rechts über eine künstliche Treppe aufwärts.

Den Pfad oberhalb des Bco. weiter links aufwärts (knorpelig aussehendes Gestein) und nach einem Rechtsbogen oberhalb und nahe dem Bco.-Grund auf terrassierte Felder und Palmen zugehen. Zwischen Terrassenfeldern (links) und Felswänden eine gut sichtbare Steintreppe empor.

Etwas oberhalb zweier links entfernt stehender Palmen geht man auf einem Steinplattenpfad (rechts hohe Trockenmauer, links Felder) auf eine einzelne Palme zu und von dieser im *Rechts-Linksbogen* den Weg weiter hinauf.

Es folgt eine lange, leicht ansteigende Traverse bco.-aufwärts, danach folgt man immer dem nach oben führenden Pfad.

Man passiert später eine auffällige Weg-Rechtsschleife (ab der auffälligen Rechtsschleife verläßt man den allgemeinen Bco.-Verlauf und steigt direkt aus diesem zur Hochfläche auf) und steigt nunmehr in direkter Südrichtung in angenehmen Zick-Zack-Kehren auf. Rechts werden kleine Kanarische Kiefern sichtbar, links eine Palmengruppe. An dieser Passage vorbei, immer in gleicher südlicher Anfangsrichtung weiter, bis der Weg im oberen Teil weit nach rechts zum Hochflächen-Aufstieg quert (Wegverlauf schlecht sichtbar).

Karte Seite 93

Hier geht man vorerst in Richtung einer einzeln stehenden Palme (links, ca. 100 m entfernt, befindet sich ein gemauerter Stall), um dann im Linksbogen, zwischen Palme und Stall, den nun wieder gut erkennbaren Weg weiter zu gehen. Zur Rechten passiert man abermals eine kleine Palme, und kurz nach einer Weggabelung wird endlich unser Ziel, der kleine Weiler Gerián sichtbar, auf den der Weg direkt zuhält.

Im Weiler **Gerián** aufwärtsgehend, erblickt man zur Linken Höhlenwohnungen an Felsabstürzen.

Unser Wanderweg führt vorbei an den noch bewohnten Höhlen (→ Foto Seite 98) mit angebauten kleinen Hütten und Ställen. Sicher sind diese Relikte der Vergangenheit noch heute ein Zeichen der Armut seiner Bewohner in diesem abgeschiedenen Ort Gomeras.

Der lohnenswerte Weiterweg längs und hoch über dem Bco. de Argaga führt uns in 20 Min. aufwärts, zuletzt rechtshaltend, zur schon weithin sichtbaren weißen **"Ermita de Nuestra Señora de Guadalupe"** (Foto unten), einem einsamen Aussichtspunkt auf dem Felsen von **Guará.**

Eta. de Ntra Sra. de Guadalupe

Ab hier über Wanderung R14 (von Chipude kommend) über den **"Kirchenpfad"** in 2 Std. Abstieg ins Valle Gran Rey zurückkehren. Im Tal dann **R7.1** (→ **Fettdruck**-Einmündung „Kirchenpfad") nach **La Calera** folgen.

Einsamer Aussichtspunkt: "Eta de Ntra. Sra. de Guadalupe" auf dem Felsen von Guará

9 Oberes Arure (820 m) – Las Hayas (1000 m) – El Cercado (1030 m)
Abstieg ins Valle Gran Rey: El Cercado – Alm La Matanza (810 m) – „Kirchenpfad" – La Calera

Gehzeit:
2¼ Stunden bis El Cercado (+ 3 Stunden Abstieg bis La Calera).

Ausgangspunkt:
Bus/Taxi/Pkw bis Arure zur „Concita" Bar oder gleich bis Höhe der Staumauer im oberen Arure. Ausgangspunkt auch wie bei R10 im unteren Arure möglich.

Gemütliche Wanderung durch Feld und Wald in das „Palmendorf" Las Hayas und weiter über einen alten Dorfverbindungsweg nach El Cercado

Anmerkung:
Bei **umgekehrter Begehung der R9 mit Beginn in El Cercado** der Hauptstraße in Richtung Las Hayas bis zur scharfen Kurve folgen. Hier zur Rechten zwei Restaurants „Victoria" und „Bar Maria". Straßenseite gegenüber von „Bar Maria" Wanderungsbeginn. In Blickrichtung N (Richtung Las Hayas) unmittelbar neben der Straße Abstieg in die sichtbare, tiefe Senke.

Die Wanderung läßt sich bestens mit einem echten Naturkost-Essen á la Gomera verbinden. Empfehlenswert hierfür in Las Hayas Bar „La Montaña" (längeren Aufenthalt von mindestens 2 Std. wegen der frisch zubereiteten Speisen einplanen) oder in El Cercado bei „Victoria".
Tel. 922 804146

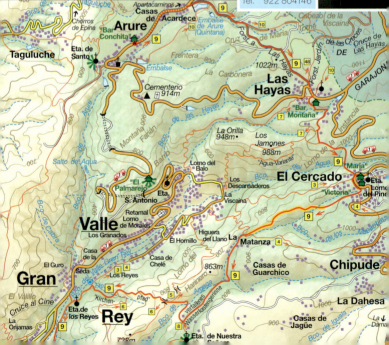

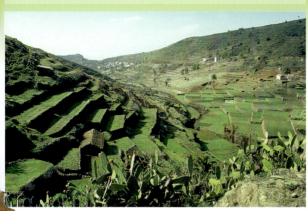

Terrassenfelder bei Arure. Rechts, etwas oberhalb der Senke, verläuft die Carretera (Landstraße).

Vom Restaurante „Bar Conchita" in **Arure** geht man auf der Asphaltstraße 10 Min. aufwärts bis auf Höhe der Staumauer des **Embalse de Arure.** Hier rechts abwärts über einen breiten Fahrweg zum Stausee. Die Piste zieht sich links des Sees in Richtung O bis an dessen Ende. Kurze Zeit später trifft man auf eine Weggabelung mit Beschilderung: „Pista forestal a Arure/Cañada de Jorge/Sendero forestal a Las Hayas." Wir gehen entsprechend der letzten Angabe rechtshaltend Richtung S weiter – vorbei an dickblättrigen Agavenstauden und Weinfeldern; nach links abzweigende Wege bleiben unberücksichtigt. Man gelangt bald zu einem kleinen, trockenen Bachlauf, den man quert. Hier beginnt auf felsigem Weg der steilere Anstieg in Richtung S zum Bergrücken. Rechts und links säumen Erikabüsche und -bäume den Weg.

Oben angelangt, wandert man den Kamm entlang. Dabei hat man einen schönen Ausblick auf die liebliche Landschaft. Der Weg trifft auf eine neu angelegte Forstpiste und führt auf dieser weiter parallel der Telefonleitung. Plötzlich taucht im S der gewaltige Basalttisch des Fortaleza (1241 m) auf und genau in seiner Richtung das Ziel Las Hayas. Über die allmählich abwärts führende Forstpiste erreicht man in wenigen Min. **Las Hayas** mit seinem von Eukalyptusbäumen umsäumten Dorfplatz.

Hier ist eine Einkehr in die Bar „La Montaña" fast schon Pflicht! Die freundliche Wirtin Doña Efigenia bedient in der Regel selbst und bietet auf Wunsch Selbstproduziertes aus Garten und Keller als echte Gomerakost. Ihr Spezialgericht („Especialida escaldon de Gofio y Puchero de berdura") ist ein schmackhafter Gemüseeintopf mit Süßkartoffeln und Gofio; dazu paßt ihr süffig-herber Landwein. Als Abschluß kredenzt sie einen hervorragenden süßaromatischen Orangenlikör. Nur Wanderer, nehmt Euch hierfür Zeit – Ihr seid ja schließlich im Urlaub!
Tel. 922 80 08 02

Route 9

Ortsverbindungsweg Las Hayas – El Cercado

Von Las Hayas nach El Cercado (oberhalb des Bco. del Agua)

Ab dem Parkplatz der Bar läuft unterhalb deren Terrasse nach links – in östlicher Richtung – ein Weg anfangs betonierter Weg hinab. Als späterer Erdweg durchläuft er ein Tälchen und steigt dann, zuletzt steil, zu den Häusern einer Anhöhe auf (schöne Rückblicke auf einen Teil von Las Hayas). Eine Piste wird kreuzend überschritten und jenseits ein anfangs getreppter Weg abgestiegen. An der folgenden Weggabelung (rechts ab → **R7 „Mastenabstieg"** ins VGR, 995 m NN) beginnt *geradeaus* ein sehr schönes Wegstück. Viele Palmen säumen anfangs den schmalen aufwärts führenden Weg, der in 20 Min. Gehzeit ab Bar „La Montaña" zu einer weiteren aussichtsreichen Anhöhe führt (1005 m NN).

Von hier, rechterhand abwärtsgehend, besteht ebenfalls die Möglichkeit, über → **R7 „Mastenabstieg"** ins VGR zu gelangen.

Unmittelbar uns gegenüber liegt jetzt das Dorf El Cercado, unser Ziel. Südöstlich in der Ferne der Alto de Garajonay (1486 m), die höchste Erhebung der Insel La Gomera.

Der alte Dorfverbindungsweg verläuft jetzt, nach einem kurzen ebenen Stück, steil abwärts. In Kehren – linkerhand vorbei an einem Wasserbassin – gelangt man hinab in eine größere Senke mit Wasserlauf. Diese bildet den oberen Bereich eines schon von weitem sichtbaren gewaltigen Abbruches ins VGR.

Der in dieser Senke fast ebene pfadartige Weg führt durch eine kleine, wunderschöne grüne Terrassenlandschaft (Foto links).

Karte Seite 100

103

Recht eröffnet sich der imposante Einblick in die gewaltige Schlucht des Bco. del Agua, der – wie der Name aussagt – besonders wasserreich und damit überaus grün ist. Ein Hauptteil des Wasserbedarfes für Guardá, dem oberen VGR, kommt aus den Quellbereichen dieses Bcos.

Entlang von Terrassenmauern gelangt man zu einem weiteren Wasserlauf. 80 Hm steil ansteigend – vorbei an einer Wasserstelle – erreichen wir in kurzer Zeit das Dorf **El Cercado**. Gegenüber dem Restaurante „Bar Maria" und nahe den bekannten **Töpfereien** (Seite 296) trifft man auf die Asphaltstraße des Dorfes.

„Bar Maria" und das benachbarte Restaurante **„Victoria"** kann zur Einkehr empfohlen werden.

Wer hier die Wanderung beenden will, kann neben den Taximöglichkeiten, den Mittagsbus oder Abendbus (→ Seite 283) zur Rückfahrt ins „Valle" nutzen.

Anschlußwanderungen:
Von El Cercado zum Nationalparkrestaurante nach La Laguna Grande **R3** (Seite 67).

Abstiegswanderung ins Valle Gran Rey:
Entweder über **R3,** → „Anmerkung" (umgekehrte Begehung von R3) oder vielleicht empfehlenswerter:

R3 bis zur Alm La Matanza (→ Seite 70) und weiter **R 14** (→ Seite 118) über den **„Kirchenpfad"** ins Valle Gran Rey, zuletzt **R7.1** (→ Seite 90) nach La Calera.

Zum Abschluß der Wanderung ist das Restaurant „Victoria" in El Cercado die richtige Einkehr. Die Bushaltestelle ist nicht weit entfernt.

Töpferei in El Cercado. Jahrhundertealte Tradition des Töpferhandwerks nach eigener Verfahrenstechnik (→ Seite 296)

104

Gehzeit:
3 Stunden
(1 3/4 Std. bis
Las Hayas,
1 1/4 Std. Las
Hayas – Arure).

Ausgangspunkt:
Bus/Taxi/Pkw
bis zum unteren
Arure, Straßenabzweig nach
Las Hayas

Diese Wanderung läßt sich
bestens mit
einem echten
Naturkost-
Essen á la
Gomera im Ort
**Las Hayas
Bar
„La Montaña"**
verbinden.
(→ Ausführungen bei **R9**)

10 Rundwanderung:
Unteres Arure (800 m) –
Las Hayas (1000 m) – Arure (850 m)

Einsame und genußvolle Bummeltour durch die Fluren um Arure und den zauberhaften Baumheide-Wald um Las Hayas mit kurzem Rückweg nach Arure

Bitte beachten Sie die Nationalparkbestimmungen!

Im **unteren Arure** geht man die Straße *Richtung Las Hayas aufwärts* bis in Höhe der Staumauer des kleinen Embalse. Ein anfangs getreppter Weg führt hinab und quert unterhalb des Stausees das Abflußbett und steigt jenseits wieder an.

Unterhalb der Häuser nach rechts und den Weg parallel dem Stausee (links Steinmauer) bis etwa Ende See bzw. bis zum letzten Haus. Nach diesem *links* aufwärts und anfangs weglos über plattigen Fels bis man auf einen nicht besonders auffälligen Pfad trifft.

Der Weiterweg ist ab hier oft nur eine Trittspur, doch kaum zu verfehlen, wenn man immer auf den sichtbaren Mast der das Tal überspannenden Überlandleitung zuhält.

Den anschließend von Agaven gesäumten Pfad empor mit Orientierungsrichtung zum Mast auf dem Höhenrücken.

Kurz bevor man den Leitungsmast erreicht, wird der Wanderweg ausgeprägter, führt durch Zistrosengruppen hindurch, unterquert dann

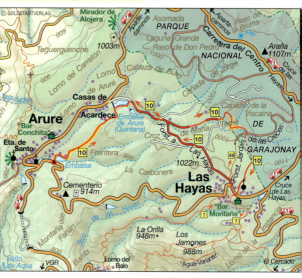

105

die Stromleitung, um letztlich in einen kleinen rötlichen Talgrund hinabzuführen und sich auf einem breiten Weg fortzusetzen. Der nunmehr auffällige rote Weg vis-á-vis dem oberen Arure führt den Wanderer zuletzt in großem Linksbogen und Folge-Rechtsbogen direkt zur Staumauer des großen **Embalse von Arure – Quintana** (30 Min., 870 m NN).

Nun gleich rechts auf neuer Piste den See umgehen oder über die Staumauer auf die linke Seite des Sees wechseln, wo man auf **Tour R9** trifft. Gemeinsam mit dieser dann auf der Piste talwärts zur Weggabelung (850 m NN) mit Beschilderung: *„Pista forestal a Arure/Cañada de Jorge/Sendero forestal a Las Hayas"*. Wir gehen entsprechend der letzten Angabe rechtshaltend Richtung S weiter. Eine links abzweigende Piste wird passiert und am folgenden kleinen Rechtsbogen eine weitere Weggabelung (ortsbestimmend rechts zwei kleine und eine große schlanke Palme) erreicht (geradeaus weiter → R9 nach Las Hayas).

Bis hierher 45 Min., 870 m NN.

Wir folgen der *abzweigenden linken* Piste. Gemütlich bummeln wir auf schmaler werdender Piste durch eine lieblich-anmutige Landschaft.

Große Agavengewächse säumen den Weg; einzelne Erika- und Lorbeerbüsche signalisieren die erforderliche Höhenlage der beginnenden Fayal-Brezal-Formationsstufe und damit den nahen Wald.

Blick auf das obere Arure, Casa de Arcadece, vom Weg zur Staumauer des Embalse Arure-Quintana

In lieblicher Landschaft bei Arure. Hier Abzweigung der Routen → R9 nach links und → R10 nach rechts (Foto rückblickend zur Wanderung)

Im hinteren Teil des kleinen Seitentales werden die Flächen vorübergehend offener. Hier wird fleißig Weinanbau betrieben. Mittendurch geht unser Weg, der zu einer größeren Wendeplatte leitet. Ab hier belaufen wir wieder eine breite Piste, die, an einem links oben einsam stehenden weißen Flachdachhaus mit drei schmalen Türen vorbei, geradewegs zum dichten grünen Waldesdschungel führt, vor dem sie einen engen Rechtsbogen beschreibt (bis zum Waldrand/Nationalparkgrenze 1 Std., 920 m NN).

Von der *Bogenmitte der Piste* zweigen linksseitig 2 Wege ab. Wir nehmen den *ersten linken schmalen Pfad* (davor Schild „→ P.N. Garajonay (Las Creces)"/„←Arure"), der bergwärts ansteigend, zuerst durch Buschwerk und weiter durch den Wald ständig aufwärts führt. Nach links gelangt man in ein kleines, lichtes Seitental, passiert auf abgetretenem Pfad eine felsige Wasserrinne und folgende Felspartien, um dann wieder in dichten Wald zu gelangen.

Die vor uns liegende $^3/_4$-stündige Waldwanderung zählt zu den schönsten Tourenabschnitten rund um Las Hayas.

Stille umfängt uns im grünen Dom, wo nur ab und zu die Sonnenstrahlen durch das dichte Blätterdach die Erde erreichen. Farne wuchern und verdecken fast unseren schmalen aber gut ausgetretenen Pfad (→ Foto Seite 107), dem wir durch diesen herrlichen Baumheidewald folgen.

Ein Trockenbett wird überschritten und eine *Pfadgabelung* erreicht (1 1/4 Std. ab Arure, ein Schild weist auf 2,6 km nach Arure hin).

Wir halten uns hier *scharf nach rechts* (Schild-INFO weist einen Waldlehrpfad aus). Nach 10 Min. ab Pfadgabelung wird ein Wassergraben durchlaufen, jenseits etwas steiler emporgestiegen und ein langes Stück parallel oberhalb eines Grabens gegangen, bis man diesen nach rechts quert und wieder steiler aus ihm aufsteigt.

Wir treffen nach insgesamt 30 Min. ab Waldrand auf eine Piste (980 m NN, Schildhinweis: „0,7 km Las Hayas").

Achtung! Für den weiteren rd. 400m langen, jenseits der Piste sich fortsetzenden Wanderpfadabschnitt der R10 im Nationalparkbereich wurde von der ICONA im August 1999 ein Begehungsverbot ausgesprochen.

Daher bitte nach rechts der Piste **Forestal Jardin de las Creces** nach Las Hayas folgen.

Die Piste wird diagonal überschritten, um jenseits auf gleichem schmalen Waldpfad unsere wunderschöne Wanderung fortzusetzen. Gemütlich weiter aufsteigend wird's zur Rechten lichter und wir erkennen durch die Bäume eine Ortschaft – **Las Hayas.** Wir begehen den Pfad weiter am Waldesrand bis zu seinem Ende am Kirchplatz mit Ermita (40 Min. ab Waldrand, 1030 m NN).

Nach Betreten des Baumheide-Waldes erreicht man bald ein „kleines lichtes Seitental"

Im Baumheide- (Erika-)Wald oberhalb von Arure

Wir bleiben rechts des Kirchplatzes und gehen am Holzmast der Stromleitung und in deren Richtung in den erikabestandenen Hohlweg, der uns pfeilgerade zum Asphaltstraßenbogen und von hier oben bereits sichtbaren Eukalyptus-Hain der **Bar „La Montaña"** bringt (1 $^3/_4$ Std., 1000 m).

Eine Einkehr ist empfehlenswert, ein Zeitbedarf von mind. 2 Std. ist einzukalkulieren. Tel. 922 800802

Anschlußwanderungen von Las Hayas:

R9 weiter nach El Cercado (1 $^1/_4$ Std.) oder Abstieg in das Valle Gran Rey: ein Stück gemeinsam mit **R9** bis zum Abzweig **R7** „Mastenabstieg". Diesen hinunter ins „Valle" (2 Std.) und weitere 1 $^3/_4$ Std. bis nach La Calera.

Nach mehr oder weniger ausgiebiger Rast begeben wir uns wieder auf den **Rückweg nach Arure.**

Vom eukalyptusbaumbegrünten Vorplatz (Parkplatz) sieht man Richtung straßenabwärts – Nordrichtung – im Waldesgrün ein Stück rote Piste im Mittelgrund, die uns die Gehrichtung anzeigen soll.

Vom Vorplatz zunächst die Asphaltstraße an der runden Trockenmauer 70 m abwärts. Dort *rechts* ab auf breitem anfangs asphaltiertem Weg und durch schütteren Wald Richtung N. Die Forstpiste nun im Wald leicht aufwärts zur ersten Anhöhe. Nach einer rechts abgehenden Piste weiter am Kamm ansteigen. An einer Wegverzweigung (Blick rechterhand hinab auf ein Teilstück unserer Tour) gehen wir *rechts* den felsigen Hohlweg hinunter. Unten quert man einen trockenen Bachlauf und gelangt kurz darauf wieder zu unserer Hinweg-Abzweigung, der Wanderkreis ist geschlossen!

Den **Rückweg** entlang dem großen Embalse de Arure kann man anschließend verschieden gehen:

– *über die Staumauer* zurück zum Ausgangspunkt im **unteren Arure** oder

– *der Fahrpiste weiter* zur Asphaltstraße im **oberen Arure** und straßenabwärts in wenigen Min. bis zum Restaurante **„Bar Conchita".**

Gehzeit:
4¹/₂ bis 5 Stunden insgesamt.

Ausgangspunkt:
Bus/Taxi/Pkw bis Ortseingang von Arure/ Abzweig zum „Mirador de Santo".

Anmerkung:
Von Arure kann man über 3 verschiedene Wege absteigen, die alle steil in das Hängetal von Taguluche führen (→ R11, R12).

„*Mirador Ermita de Santo* – 100 m nördlich von hier führt der Weg ins Tal

Rundwanderung:
Unteres Arure (800 m) – **Taguluche** (200 m) – ehemalige Schiffsanlegestelle (10 m) – Arure – (La Calera/Valle Gran Rey)

Nur wenige Minuten sind es von Arure bis zum versteckt gelegenen, berühmten Aussichtsplatz der „Ermita de Santo". Malerisch liegt tief unter uns im satten Talgrün der kleinen Weiler Taguluche, unser Wanderungsziel. Der 800 m-Steilabstieg lohnt sich, um in diesem abgeschiedenen Fleckchen das dörfliche Treiben zu beobachten.

Gefahren-Hinweis: Die Tour ist unschwierig bis auf ein relativ kurzes Wegstück, das gleich nach Passieren der Ermita ab Weggabelung beginnt. Im folgenden Bereich ist über einen felsigen Steilabbruch auf getreppten Pfad mit unangenehm hohen Stufen abzusteigen. Hier besondere Vorsicht für weniger Geübte; danach wird es wieder leichter.

Unmittelbar am südwestlichen Ortseingang des unteren **Arure** steht an der Straße links ein Hinweisschild „*Mirador Ermita de Santo*". Diesem Wegweiser folgend, geht man durch den Äquaduktbogen hindurch und steht auf dem Platz der Ermita, einem prächtigen Aussichtspunkt für den Blick in das Tal von Taguluche.

An der Ermita beginnt die Wanderung auf einem schmalen Weg, der sich etwa 100 m nördlich *nach* dem Kirchlein gabelt: geradeaus → Weiterweg **R12 zu den Galiónbergen, R13 nach Chorros de Epina** und **R19 nach Tazo,** *links* unser steiler, im Verlauf mit vielen und hohen Treppenstufen bestückter Abstieg nach Taguluche. Im Abstieg kann man unseren späteren, an dem linkerhand befindlichen Berghang sich hinaufwindenden Aufstiegsweg gut verfolgen.

Nach ca. 30 Min. Steilabstieg auf unserem Weg passiert man ein altes Haus mit abgedeckter Zisterne, zwei Wasserrohrleitungen und erreicht bald die ersten Häuser des Weilers **Taguluche.** Jetzt folgt man dem palmenbestandenen Bergrücken entlang der Telefonmasten weiter abwärts, bis man bei einer Garage den Fahrweg erreicht; hier wenige Meter

nach rechts, dann links über einen alten Treppenweg in Serpentinen hinab, am *Trafohäuschen* vorbei und über den *palmengesäumten* Pfad (weiße Straßenlaternen) erreicht man wieder die Piste. Die Piste *links* weitergehen bis zu deren Ende (Wendeplatte). Von dort führt ein Weg hinunter zu der alten, verfallenen Anlegestelle von Taguluche (von hier ca. 30 Min. bis zum Meer).

Zurück zur Hochfläche

Von der Playa kommend wird am Übergang der Wendeplatte in die Piste *nach rechts* über die Wasserleitung gestiegen, danach folgt man dem kleinen Weg ca. 50 m bergauf; ein rechts stehendes Gebäude wird passiert und *nach diesem links* in Serpentinen aufwärts gegangen, rechterhand verbleiben bebaute Felder.

Der Weg verläuft steil ansteigend unter einer Bco.-Wand bis hinein in den Bco.-Grund. Im Bco.-Grund nach links queren, danach an der rechten Hangseite eines Nb.-Bco. weiter durch Terrassenfelder aufwärts. Etwa 40 Min. ab Wendeplatte neigt sich der Weg von der Hangseite des Nb.-Bco. ab nach S, steigt weiter steil an und führt dann im Halbrund durch das üppige Grün von Wasserstellen und über ein gelbes Gesteinsband auf die SW-Seite des Talschlusses, um dann in steilen Serpentinen durch den kiefernbestandenen SW-Hang zu einem Felsendurchgang – dem Tor zur Hochfläche – zu kommen (1 $^1/_2$ Std. Aufstieg ab Wendeplatte in Taguluche).

Man quert zur Hochfläche und gelangt nach etwa 500 m auf eine Piste (→ **R2**). Hier muß man sich entscheiden: geht man links weiter, erreicht man in 20. Min. **Arure** (Restaurante „Bar Conchita", Taxi, Bus)

Abstiegswanderung ins VGR
Folgt man dem rechten Weg, wird das **Valle Gran Rey** auf langem, aussichtsreichem Abstiegsweg in 2 $^1/_2$ Std. erreicht. (Abwärtsbeschreibung → **R2,** Seite 59).

Inmitten von Palmenhainen liegt <u>Taguluche.</u> Über den Höhenrücken links der Bildmitte führt unser Abstieg steil hinunter zum Ort und ebenso steil über den rechts im Schatten liegenden SW-Anstieg wieder zur Hochfläche empor

Gehzeit:
4 Stunden als Rundwanderung, mit Besuch der Galiónberge etwa 7 Stunden Wanderzeit.

Ausgangspunkt:
Bus/Taxi/Pkw bis Ortseingang von Arure/Abzweig zum „Mirador de Santo".

12 Rundwanderung:
Unteres Arure (800 m) – Galiónberge (ca. 540 m) – Taguluche (200 m) – Arure – (La Calera/Valle Gran Rey)

Die Wanderung verläuft im 1. Abschnitt gemeinsam mit den Wanderungen R13, R14 und R19, um dann westwärts die abgelegenen, aussichtsreichen Galiónberge aufzusuchen oder ohne deren Besuch über den einsamen Bco. de Guarañet zum Weiler Taguluche abzusteigen und von diesem steil und direkt über 600 Höhenmeter Aufstieg zum Ausgangspunkt zurückzukehren.

Gefahren-Hinweis: Diese Tour sollten erfahrene und ausdauernde Bergwanderer angehen.

Von Taguluche nach Arure führen zwei Direktanstiege. Es ist anzuraten, bei starker Sonneneinstrahlung (in Verbindung mit evtl. körperlicher Überanstrengung) einen Spätnachmittags-Aufstieg über den im *Aufstiegs-Sinne rechts gelegenen SW-Weg* zu wählen, der weitgehend zu dieser Tageszeit im Schatten liegt. Aufstiegsbeschreibung → **R11**, S. 109.

Wie bei R11 (→ S. 108) **zum Aussichtspunkt der „Ermita de Santo"** An der Ermita beginnt die Wanderung auf einem schmalen Weg in nördlicher Richtung. An der – nach etwa 100 m – kurz darauf folgenden Weggabelung (links → **R11** Steilabstieg nach Taguluche) folgt man *geradeaus in gleicher Höhe* dem leicht ansteigenden Pfad unter den Felswänden.

Diesen Weg kann man durchaus als Panoramaweg mit Blick auf den fruchtbaren, tief unten liegenden Weiler Taguluche bezeichnen.

Am Panoramapfad nahe der „Ermita de Santo"

Die Galiónberge von der „Ermita de Santo" bei Arure aus gesehen.
Links unten unser späteres Ziel Taguluche

Nach etwa 10 Min. Gehzeit (rechts eine Tropfquelle) steigt man zunächst leicht und dann in Kehren steiler abwärts. Der Weg quert danach länger unter senkrechten Felswänden mit riesigen Basalt-„Orgeln". Durch Opuntienfelder und vorbei an Kiefern geht es wieder aufwärts und entlang der Basaltwände zu einer Einschartung mit rötlich-gelblichen Gestein (40 Min. ab Ermita, 750 m NN).

Links, in Richtung **Alojerá,** in kurzen, gut ausgebauten Kehren durch schütteren Kiefernwald. Das Wäldchen dann auf einem ebenen Felsband nach links ein kurzes Stück verlassen und weiter – immer am Bergrücken – in Kehren abwärts in Richtung eines unten stehenden Gittermastes und der sich unten schlängelnden Asphaltstraße.

Beim steilen Abstieg eindrucksvolle Blicke auf das überaus grüne fruchtbare Tal von Alojerá.

Dabei wird der Weg nach unten immer weniger ausgeprägt, schlechter und rolliger (Kugellager-Effekt!).

Der unten mehr hügelige Rücken wird zunehmend flacher, der Weg sandiger und damit auch angenehmer zu begehen. Nach Passieren des Gittermastes erreicht man letzlich *rechts des Rückens* die Fahrstraße, **die Taguluche mit der Straße Alojerá – Epina verbindet** (1 Std. ab Ermita, 540 m NN).

Auf der Fahrstraße angekommen (dieser rechts abwärts → **R13** nach Chorros de Epina bzw. diese überquerend → **R19** nach Alojerá – Tazo) gehen wir die asphaltierte Fahrstraße nach SW ca. 50 m aufwärts bis zur großen Linkskurve. *In der Kurve* zweigt nach *rechts* (Richtung W) ein anfangs schwach erkennbarer Pfad ab, der sich an einem mittelgroßen, wacholderähnlichen, immergrünen Strauch vorbei, an der *rechten* (NO-) Flanke des Bergrückens langzieht und 10 Min. später – nach kurzem Anstieg zu einer Scharte, *direkt unter den Felsen* der **Galiónberge** – auf einen Querpfad trifft (480 m NN). Dieser Querpfad wird nach Rückkehr vom evtl. Ausflug in die Galiónberge links (südwestlich) – im Abstiegssinn dann natürlich rechts – abwärts begangen.

> Hier – am Querpfad – gilt es zu entscheiden, ob man den 2 bis 3stündigen **Abstecher** zu den einsamen, abgelegenen Galiónbergen machen möchte.

Zurückgekehrt von den Galiónbergen geht es vom Einmündungspunkt in den Querweg (480 m NN) *rechts* (südwestlich), parallel der Bco.-Wände absteigend, auf die markante Felsrippe zu. Der Pfad führt unter dieser weiter, quert nach *rechts* zu den steilabstürzenden Bco.-wänden (Rippe zieht sich links in den Bco. de Guarañet hinunter). Nun geht man unterhalb der Bco.-wände weiter; ca. 15 Min. ab Querweg geht's in steilen Kehren abwärts zu einer Rippe, die den Haupt-Bco. von einem Nb.-Bco. trennt. An der Rippe, die sich auf einem Rücken befindet, auf *Pfadspuren* 50 m abwärts bis vor eine kleine Felsrippe. Hier links und 50 m unterhalb durchquert man einen Felsen-

Abstecher

Wer also die lohnenden Aussichtspunkte genießen will, wende sich nach *rechts* und gehe den Pfad nach N weiter bis zum Fuße der Felsen, von denen man einen schönen Blick zum Ort Alojerá hat. Von diesem Punkt kann man unterhalb der Felsen einen von Alojerá kommenden, sich zu den Bergen hochziehenden markanten Pfad erkennen, der unseren Weiterweg bestimmt. Er wird durch einen kurzen Abstieg über den vor uns befindlichen Bergrücken und einer folgenden Linkstraverse meerwärts (Pfadspuren) in wenigen Min. erreicht.

Den wegen der Weideplätze von den Einheimischen viel begangenen Pfad steigt man auf und gelangt zu einer auffälligen Einschartung mit einer dahinterliegenden, kleinen Almwiese (ca. 30 Min. ab Querweg, insgesamt 2 Std. Wanderzeit ab Arure, 500 m ü. NN).

Von hier bieten sich durch eine Pfadteilung zwei Wegmöglichkeiten an: Den **rechten Pfad** aufwärts verfolgen bis er sich unterhalb eines auffälligen Felsturmes auf einer Almwiese verliert (→ Foto S. 113). Der oberste Teil der abfallenden Wiese ist ein wunderschöner Aussichtspunkt auf das tief unten gelegene Alojerá und Rastplatz (5 Min. Gehzeit von der Einschartung).

Nach der herrlichen Aussicht verfolgt man den Pfad weiter in Richtung W durch die Felsen hindurch, quert kurz später eine weitere Wiese, um dann den westlichen Wiesenhang steil in eine Scharte aufzusteigen. Achtung: Steilabbruch! (bis hier 15 Min. ab Pfadteilung).

Die zweite Möglichkeit unter Benutzung des **linken Pfades** eröffnet der Eigeninitiative mehrere lohnende Aussichtspunkte, die teilweise pfadlos erreicht werden müssen (längerer Zeitbedarf ist hierfür einzukalkulieren!).

> *Achtung!* Von den **Galiónbergen kein direkter Abstieg nach Taguluche,** der Hinweg muß als Rückweg benutzt werden.

Karte Seite 110

durchlaß (an der gegenüberliegenden Bco.-Seite ist die Fortsetzung der Wanderung gut erkennbar). Etwa 100 m nach dem Felsdurchgang verläuft der Pfad rechts der Felsen, um dann in Serpentinen in den Bco.-Grund des **Bco. de Guarañet** hinunterzuführen (die Felsrippe verbleibt rechts).

Am Zusammenschluß der beiden Nb.-Bco. in den Haupt-Bco. wird der Bco.-Grund gequert und man steigt nun am jenseitigen Hang auf, wobei der Pfad in südwestlicher Richtung in angenehmer Steigung verläuft. Nach Erreichen einer Bergrippe erblickt man die scheinbar einsam stehende „**Ermita San Salvador**", die nach insgesamt 50 Min. Gehzeit ab Weggang vom Querweg (Punkt 480 m NN) erreicht wird.

Unmittelbar östlich dieser leuchten aus dem Grün die weißen Häuschen des kleinen Weilers **Taguluche**, zu dem man bequem auf einem Fahrweg hingeht. Nach wenigen Min. wird ein Bachbett überquert und links dem palmengesäumten Pfad (weiße Straßenlaternen) gefolgt, der nach oben in einen steil ansteigenden, gestuften, steingepflasterten und später betonierten Weg einmündet. Diesem entlang, an einem Trafohaus vorbei und über einen alten Treppenweg in Serpentinen zu einem Fahrweg hinauf (ab Ermita 15 Min. Gehzeit).

Dem Fahrweg wenige Meter nach *rechts* folgen. An einer einzeln stehenden Garage wird er linksabbiegend – bergwärts – verlassen. Unmittelbar links der Garage wenige Meter aufwärts, dann sofort nach links gehen, hinauf zu einer abgedeckten, kleinen Zisterne auf einem Bergrücken.

Der weitere, immer steiler werdende Aufstieg vollzieht sich direkt am palmenbestandenen Bergrücken, entlang der Telefonmasten. Den Rücken bergwärts weitergehen zu den oberen Häusern. In der Nähe einer Straßenlaterne zweigt unser Aufstiegsweg rechts ab, führt an einem alten Dreschplatz vorbei zu den letzten, steingemauerten Häusern des Dorfes und weiter geradewegs aufwärts. Auf dem später links abzweigenden Pfad werden zwei Wasserrohrleitungen überschritten, eine abgedeckte Zisterne und ein altes Haus passiert.

Unangenehm steil, über teilweise hohe Treppenstufen, klettert man den verwachsenen Treppenpfad mühsam empor. Im oberen Teil werden die Steilzonen durch raffinierte Wegführung durchstiegen, bis man etwa 100 m vor der Ermita wieder auf unseren Wanderwegbeginn trifft und über diesen zur „**Ermita de Santo**" und in wenigen Min. nach dem Dorf **Arure** (800 m NN). zurückkehrt (Aufstiegszeit ab Fahrweg von Taguluche etwa 1 1/2 Std.). Einkehrmöglichkeit in das Restaurante „Bar Conchita"

Galiónberge. Lohnend ist ein Abstecher zu diesen abgelegenen Bergen. Die Wanderer gehen den „rechten Pfad" zur Almwiese mit Felsturm und Aussichtspunkt

Anschlußwanderung
Über → **R2** in 2 1/2 Std. ins **Valle Gran Rey** (→ Seite 59).

114

Gehzeit: 3 Stunden (+ 2 Std. bis Vallehermoso)

Ausgangspunkt: Bus/Taxi bis Ortseingang von Arure, Abzweig zum „Mirador de Santo".

13 Unteres Arure (800 m) – Chorros de Epina (800 m) – (Vallehermoso über R20, R21 oder R22)

In Gomeras Nordwesten hoch über den grünen Palmentälern von Taguluche und Alojera zum Aussichtsrestaurante „Chorros de Epina" mit seiner bekannten Quelle. Die Wanderung kann mit einem jenseitigen Abstieg nach Vallehermoso fortgesetzt werden.

Zunächst der Wanderbeschreibung R12 (→ Seite 110) in 1 Std. Gehzeit bis hinunter zur Fahrstraße Taguluche – Alojerá/Epina (→ Fettdruck) nachgehen.

Man folgt nun der Fahrstraße nach rechts abwärts in Richtung O. Leider muß jetzt ein schwaches Stündchen (ca. 4 km) auf der Asphaltstraße gewandert werden.

Die zu durchwandernde grüne Landschaft ist fruchtbar. Hier wird überwiegend Viehzucht und zurücktretend auch etwas Weinbau betrieben. Ziegen- und Schafherden kann man begegnen und ab und zu blökt ganz fürchterlich „burro" – der Esel.

Nach einer ¾ Std. wird die Verbindungsstraße Alojerá - Epina erreicht und nach *rechts* leicht aufwärts in Richtung Epina weiter gegangen

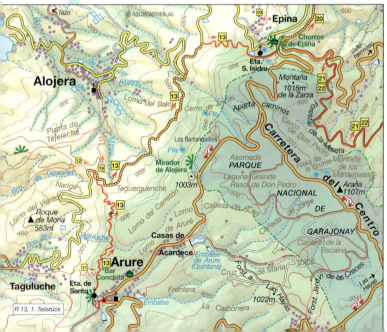

R 13, 1. Teilstück

Blick hinunter nach Alojerá

Nach weiteren 10 Min. ab Einmündung heißt es *aufpassen;* man befindet sich hier im Bereich einer seitlich mit Palmen und Lorbeer bewachsenen Straßeneinsenkung (560 m NN, eine Markierung an einem großen Stein weist auf den Abzweig hin).

Hier wird die *Straße nach rechts – bergwärts – verlassen.* Man begeht aufsteigend einen alten, breiten, wenn auch etwas verwachsenen Dorfverbindungsweg, der sich immer rechts oder links der Telefonleitung in Kehren aufwärts zieht. Später verliert er sich zu einem schmalen Pfad. Dieser führt direkt über eine Anhöhe zu einer dahinterliegenden *Zisterne,* die rechts umgangen wird. Danach trifft man wieder auf einen breiten Weg. Er führt zur **"Ermita San Isidro".** Zeitweilig ist der Weg durch Brombeergestrüpp verengt aber trotzdem gut begehbar. Nach dem Erreichen der Kirche geradewegs aufwärts zur Bar und Restaurante **"Chorros de Epina"** (Paßhöhe). Tel. 922 800030

Ein manchmal recht vom Passatwind oder -sturm gebeutelter Aussichtspunkt mit umfassender Sicht auf den NW-Teil der Insel und bis hinüber zur Insel La Palma, die man an ihren zwei Erhebungen (Buckel) erkennt.

Neben der bekannten Quelle kann hier auch eine botanische Besonderheit, ein Laubbaum angeschaut werden, den Botaniker aus aller Welt bezüglich Art und Herkunft als Rarität bezeichnen. Zu beiden gelangt man, indem von der Bar auf der Straße ca. 30 m nach S (Richtung VGR) gegangen wird. *Vor* dem Wegweiser "Chorros de Epina" *rechts* den Hohlweg ca. 100 m steil abwärts (→ Näheres Seite 292, 293 unter "Chorros de Epina"). In gleicher Richtung weitergehend, gelangt man kurz darauf zu einem Picknickplatz mit der bekannten **Quelle von Epina,** die Wasser allererster Qualität sprudelt. Gomerer und Insider kommen hierher, um mit vielen Behältern das kostbare und hervorragende Naß für Trinkwasserzwecke abzufüllen. Zurück gehen wir den gleichen Weg, da wir ja die Ermita – erreichbar von der Quelle über Treppen – schon kennen.

Die botanische Rarität

Die berühmte Quelle

Route 13 - Karte Seite 114/116

Blick vom Bergmassiv Teselinde nach Südwesten. Ein Teil des Wanderweges führt über den markanten Höhenzug oberhalb des Ortes Epina (im Mittelgrund) und weiter nach links zur „Bar Chorres de Epina" (der helle Fleck links im Wald). Rechts im Hintergrund die Galiónberge

Anschlußwanderungen nach Vallehermos

Über **R20**, **R21** und **R22** möglich. Der (umgekehrte) Abstieg → **R21** über eine Bergrippe ist der kürzeste Abstieg nach Vallehermoso. R21 (→ Seite 154), „Anmerkungen", Punkt 2.

Rückweg nach Arure oder ins Valle Gran Rey

Rückweg zu Fuß in 45 Min. über die **Abkürzerstrecke** bis zum Straßenkreuz „Apartacaminos" von dort weiter mit dem Bus (→ Seite 283) nach Arure oder ins VGR.

Achtung, die ersten großen, weitausholenden Straßenbögen der Asphaltstraße in Richtung „Apartacaminos" kann man vorteilhaft und wesentlich abkürzen:

Vom Restaurante 100 m auf der Asphaltstraße Richtung VGR. Rechts der Straße steht dort das Schild „Parque Nacional Garajonay", dahinter ein Feuerwarnzeichen. Von der Straße rechts weg, vorbei an diesen Schildern und parallel der Felswand geht man den alten verwachsenen Weg (ehemalige Piste) aufwärts, bis zum Wiederauftreffen auf die Asphaltstraße und diese weiter aufwärts zum Straßenkreuz „Apartacaminos" (1020 m NN).

117

Chipude (1080 m) – Alm La Matanza (810 m) – Barranco de Argaga – „Kirchenpfad" – La Calera über R7

14

Gehzeit:
3 Stunden
(+ Variante zur „Ermita de Nuestra Señora de Guadalupe" $1/2$ Stunde).

Ausgangspunkt:
Bus/Taxi bis Chipude (Dorfplatz im oberen Chipude).

Eine landschaftlich schöne Barranco-Abwärtswanderung mit einem im letzten Teil steilen Abstieg ins Valle Gran Rey.

Gefahren-Hinweis: Die Abstiegswanderung von La Matanza zum „Kirchenpfad" ist auf einer etwa 400 m langen Teilstrecke, die einem alten Wasserleitungsgraben (Kastenprofil) folgt, in einem nicht zu guten Zustand. Durch den altersbedingten Verfall des gemauerten Wasserkastens (in dem bisher und teilweise jetzt noch gegangen wird), muß man nun links oberhalb oder rechts unterhalb ausweichen. Es ist absehbar, daß durch starke Begängnis sich wieder eine bessere Pfadführung ergibt.

Vom Dorfplatz im oberen **Chipude** geht man einige Min. die Asphaltstraße *in Richtung El Cercado abwärts*. Nach der großen Rechtskurve der Hauptstraße zweigt kurz nach km 1 *links (bzw. 70 m oberhalb eines Bushaltestellenhäuschens rechts)* ein breiter Weg Richtung SW ab (rechts des Weges weiße Straßenlaternen). *Hier Beginn der eigentlichen Wanderung.*

Der Weg verläuft immer leicht absteigend in westlicher Richtung zwischen Terrassenfelder hindurch. Nach 40 Min. Gehzeit über schlechte, rollige Wegstrecke geht es in Ser-

Die Alm La Matanza. 4 Wanderrouten treffen sich hier. Die Blickrichtung geht zum Pfad der Abwärtswanderung R14. Ggf. hier gute Bademöglichkeit

pentinen (an einem Pfadabzweig *rechts* bleiben) hinunter in einen kleinen Talgrund zur Alm **La Matanza** (→ **R3, R4 Abstieg** ins VGR und **R4 Aufstieg** nach Chipude). Hier mehrere Ziegenställe und eine einsame Palme.

Im Talgrund bleiben wir auf unserer Abstiegsseite (queren also nicht den Bachlauf) und gehen nach *links* – talauswärts – weiter.

Bald schon verengt sich der Weg zu einem Pfad, der jetzt in kaum merklichem Gefälle in und an der aufgelassenen, gemauerten Wasserleitung linksseitig des **Bco. de Argaga** verläuft.

In der Ferne sehen wir das kleine, weiße Kirchlein der „Ermita de Nuestra Señora de Guadalupe" am Felsen Guará, nahe dem versteckt hinter dem Berg liegenden Weiler Gerián.

Der Wasserleitungspfad geht später unterhalb eines einsamen Anwesens vorbei und beschreibt dann im Bereich eines einmündenden Seitentales einen Rechtsbogen.

Immer weiter in oder neben der verfallenden Wasserleitung, bis er in spitzen Winkel auf einen breiten, abwärts führenden Weg trifft (1 $^1/_2$ Std. Gehzeit ab Chipude, 720 m NN, im Kreuzungsbereich mit dem Weg ist der begangene Wassergraben mit Steinplatten abgedeckt).

Wanderweg R14 mit Verlauf in einem alten gemauerten Wasserleitungskasten

Rückblick auf unseren Abstiegsweg, der sich aus dem links im Bild befindlichen Einschnitt kommend etwa in halber Höhe des hinten befindlichen Berges nach rechts zieht

Karte Seite 117   **119**

Variante (Hin- und Rückweg gleich)

Lohnend ist der Abstecher zum kleinen Kirchlein **„Ermita de Nuestra Señora de Guadalupe"** (770 m NN) am Felsen Guará, indem man der Wasserleitung weiter entlanggeht. Ab Weggabelung bis zur Ermita 10 Min. Gehzeit. Aus- und Rundsicht in den Verlauf des einsamen Bco. de Argaga und den angrenzenden Höhenzügen (aus südwestlicher Richtung vom Weiler Gerián Einmündung → **R8**).

Auf dem o.a. breiten, abwärts führenden Weg (von rechts → Wassergrabeneinmündung **R14**) beginnt der Abstieg in den Grund des oberen Bco. de Argaga. Der jenseitige weitere Aufstieg ist von hier gut einzusehen. Bis zur gegenüberliegenden Kammscharte, von der aus der steile Abstieg ins VGR beginnt, benötigt man ab hier $1/2$ Std.

Zunächst den alten, rollig-steinigen Treppenweg abwärts in den Grund des Bco. de Argaga (680 m). Den grobblockigen Grund queren und *jenseits linkshaltend* entlang den hohen Felswänden erst steiler, dann flacher bis zu ihrem Ende.

Hier Weggabelung: wir gehen oberhalb des Bco.-Grundes *geradeaus und weiterhin flach und eben* dahin.

Danach verläuft der Weg rechts ansteigend generell diagonal durch die Hänge. Zuerst ansteigend, dann flacher, wieder steiler und dann wieder flacher bis zur markanten Kammscharte 700 m NN (ca. 130 m vor der Scharte rechts bergwärts Abzweig → **R5** zum „Roten Schichtband").

Beim jenseitigen Abstieg (470 Hm, $1^1/_2$ Std. bis La Calera) über den **„Kirchenpfad"** ins VGR hat man immer die leuchtend weißen Häuser im üppigen Grün des Tales vor den Augen. Die schlechte Wegstrecke mit rolligem Gestein mahnt jedoch zum vorsichtigen Absteigen („Kugellager-Effekt"). Der typische, alte Treppenweg ist nicht zu verfehlen. Er mündet im Tal auf einen querenden Weg (→ Wanderung **R3, R4, R5, R6, R7, R8 und R9,** hier unmittelbar unterhalb des Weges ein Quellhäuschen mit Trinkwasser), dem man links, in Richtung W, gemäß Beschreibung → **R7** (Seite 91, von Las Hayas kommend) nach La Calera folgt.

Vor dem Abstieg ins VGR noch ein erfrischendes Bad in einer Gumpe im Grund des Bco. de Argaga

15 Rundwanderung:
Chipude (1080 m) – Tafelberg Fortaleza (1241m)
Alto de Garajonay (1486 m) –
Los Manantiales (1100 m) – Chipude

Gehzeit:
3 bis 3 1/2 Stunden ab Pavón (*ohne* diverse Gipfelrasten auf Fortaleza u. Garajonay).

Ausgangspunkt:
Mit **Taxi** bis zum Ort Pavón. Mit **Bus** bis Chipude bzw. bis zum Straßenabzweig nach La Dama. Mit **Pkw** (Leihwagen) am besten im oberen Chipude am dortigen Dorfplatz (Wanderungs-Zielpunkt) abstellen.

Eine aussichtsreiche Wanderung, die in einem Rundblick von seltener Pracht von der Fortaleza gipfelt und einen weiteren Höhepunkt in dem überwältigenden Panorama vom Gipfel des höchsten Inselberges, dem Alto de Garajonay, erfährt.

Gefahren-Hinweis: Der unmittelbare Gipfelanstieg zur Fortaleza erfordert einfache Kletterei, d.h. Trittsicherheit und Schwindelfreiheit. Keine Besteigung bei Nässe, Lebensgefahr durch Abrutschen!

Tip: Diese Tour sollte nur bei klarem Wetter angegangen werden, um die großartige Sicht voll genießen zu können.

Bitte beachten Sie die Nationalparkbestimmungen!

Anmerkung:
Bei **umgekehrter Begehung von R15** von Chipude Richtung Los Manantiales: Vom oberen Dorfplatz Chipudes zur Bar „Tita" (links Telefonzelle). Dort 20 m aufwärts und scharf rechts den Pflasterweg hoch bis zum bereits von unten sichtbaren Trafoturm. Etwa 70 m nach diesem geht links – bevor der Dorfweg ansteigt – ein Weg (links Zisterne) in Richtung eines Anwesens mit blauem Tor ab, den wir gehen müssen.

121

Tafelberg Fortaleza vom Alto de Garajonay aus. Weithin sichtbar ist das Guanchen-Heiligtum (Totenkultstätte) der Ureinwohner. Am Horizont links die Insel Hierro

Bus-Anfahrt

Man geht von der *Straßenkreuzung Chipude/La Dama* zu Fuß die Asphaltstraße *Richtung La Dama* etwa 20 Min. weiter bis zum kleinen Weiler **Pavón** (Trafoturm).

Leihwagen-Anfahrt

Zu Fuß geht man ab dem oberen Chipude, 4 Straßenbögen abkürzend, in 15 Min. bis Pavón: Vom oberen Chipude („Bar Tita") die Asphaltstraße 150 m Richtung San Sebastián gehen. Im dortigen Rechtsbogen zweigt *links* eines größeren Hauses ein alter Dorfverbindungsweg ab, den wir aufwärts gehen. Oben kreuzt er die Hauptstraße nach San Sebastián. Die Straße überschreiten und wieder ein Stück alten Weges abwärts bis man wiederum eine Asphaltstraße erreicht; es ist jetzt die nach La Dama. Nur ein kurzes Stück dieser entlang und wieder linkerhand aufwärts zu einem schönen weißen Haus (mit dunklen Steinen) und jenseits hinab zum Ort **El Apartadero** und rechts zur Asphaltstraße. Den letzten Straßenrechtsbogen weiter zum Weiler **Pavón** und auffallendem Trafoturm.

25 m nach der Trafostation zweigt zum Ort Pavón ein anfangs breit gepflasterter Weg mit Straßenlaternen-Säumung ab. Hier beginnt der 160 Hm-Aufstieg über den Fortaleza-Sattel (10 Min.) zum Fortaleza-Gipfel (30 Min.).

Nach etwa 5 Min. Gehzeit ab Verlassen der Straße ist – etwas versteckt liegend auf der linken Seite, bei einer Gruppe von alten Feigenbäumen und innerhalb von Hausgrundmauerrelikten – eine alte, hölzerne Weinpresse sehenswert.

Der Weg verläuft allmählich weiter aufwärts, um im **Fortaleza-Sattel** (1120 m) *scharf rechts* abzubiegen. Den nun steiler ansteigenden Trampelpfad rechts des Felsabbruches bis etwa zur Hälfte zwischen Sattel und Fuß der Fortaleza-Felsen ansteigen; etwa bis dort, wo der Hangbewuchs dichter wird. Hier Pfadgabelung:

Vorteilhafter und bequemer den *rechten Pfad* in Richtung des großen, einzelstehenden und auffälligen Eukalyptusbaumes, durch den Niedrigbewuchs wählen.

Route 15

Rundgang (rechtsläufig) auf dem Fortaleza-Plateau

Im SO und S (links des sichtbaren Felssporns der Fortaleza) tief unter uns die in Palmengrün liegenden Orte Erque und Erquito und weit im Hintergrund der Calvario-Berg (807 m) mit der kleinen Erhebung der Ermita San Isidro; nach SW auf der plateauartigen grünen Fläche über dem Meer der größere Ort La Dama (die weißen Flächen sind überdeckte Südfruchtplantagen); nach W sieht man die paar Häuschen vom ärmlichen Weiler Gerián, in gleicher Richtung, weit dahinter, verbirgt sich das VGR, nach NO unter uns das Örtchen La Dahesa. Unseren Rechtsrundgang am schlanken Gipfelkreuz beendend, sehen wir in den N-Bereich ein: links, das alleinstehende größere Gebäude, ist eine Schule. Weiterhin sichtbar die 1000 m-Orte Las Hayas, El Cercado und der einstige, zur Altkanarierzeit bedeutende, Hauptort Chipude.

Nach rechts, auf dem Rückweg – bei dem sich der Rundgangkreis schließt – sehen wir zum bewaldeten, wenig markanten, Garajonay-Massiv, unserem nächsten Ziel.

<u>Fortaleza-Gipfel 1241 m.</u>
Die Besteigung des Gipfels ist leicht und dennoch nicht zu unterschätzen – umfassende Sicht ist Lohn der Mühe. Links unten, über den Rücken aufwärts, ist der spätere Weiterweg erkennbar

Vom Baum, ganz links erkennbar, spitzt ein Felsen hervor. In Richtung dieser Felsspitze *vom Baum nach links* ca. 30 m leicht ansteigend queren bis man auf eine Steiganlage (Stufen) trifft. Die Stufen empor zur erwähnten Felsspitze, scharf an ihr vorbei und rechtshaltend über gut gestuften Fels, zuletzt etwas steil, aber immer gut mit Tritten in anregender Kletterei zu einem mehrtürmigen Felsgrat nahe dem Gipfelplateau. Diesen Grat, entlang den deutlich sichtbaren Trittspuren, *nach rechts.* Zuletzt über das breite, niedrigstrauchbewachsene Gipfelplateau linkshaltend zum höchsten Punkt 1241 m (45 Min. ab Chipude).

Empfehlenswert wäre eine große Rechtsumrundung der fast tischebenen Gipfelfläche zwecks Panorama-Schau:

Etwas absteigend, erreicht man wieder an den zackigen Felsgrat – rechts blickt man tief hinunter in eine schmale Schlucht, links hinunter zum alten gomerischen Ort Pavón – unserem Ausgangspunkt.

Das *Abklettern* hält uns noch mal in Spannung bis wir wieder erlöst am Fuße der Felsen stehen. Nun, wie

Karte Seite 120

Aufstieg, möglichst nicht zur Abbruchkante, sondern über den Eukalyptusbaum in 15 Min. ab Gipfel hinunter in den Fortaleza-Sattel (rechts → Abzweig/Abstieg **R16** nach Erque).

Für den Anstieg zum höchsten Inselberg sind nun 360 Hm = $1^{1}/_{4}$ Std. ab Fortalezasattel, in allerdings mäßiger Steigung, zu bewältigen.

Man verfolgt den jenseitig ansteigenden alten „Camino" bis zur Fahrpiste (sie führt abwärts in das Dorf Erque). Über diese Piste weiter aufwärts bis zur dörferverbindenden, asphaltierten Carretera; hier rechts und auf der Straße in 10 Min. zum nahen Forsthaus (etwa 25 Min. Wanderzeit ab Fortalezasattel, 1240 m NN).

Vor dem Forsthaus zweigt auf der gegenüberliegenden Seite der **„Camino Forestal las Tajoras"** ab, auf dem wir unsere Wanderung fortsetzen und der unmittelbar in den Nationalpark führt.

Das Grün des Nationalparks umgibt uns nun für längere Zeit. Die roterdige Piste aufwärts (links ein Tälchen mit Rodungsflächen für Weinanbau und über dem kleinen Tälchen zieht sich horizontal nach links – etwa entlang der Waldbewuchsgrenze – unser späterer Rückweg).

Wir gelangen zu einer – für den Rückweg – wichtigen Wegverzweigung: direkt links ab durch den Wald ist der Weg zum Ort Los Manantiales, halb links gelangt man zur Höhenstraße (→ Einmündung **R17** von La Laguna Grande kommend).

Diese Örtlichkeit bitte einprägen, da sich ab hier der spätere Rückweg ändert. Aber auch den Weiterweg programmieren, da dieser zugleich auch der Rückweg ist.

Auf dem Gipfel des <u>Alto de Garajonay</u> 1486 m. Im Hintergrund Teneriffa mit dem Teide 3718 m

*Alto de Garajonay
Ein prächtiger, umfassender Inselrundblick ist Lohn der Aufstiegsmühe! Nur gut, daß meist ein Passatlüftchen weht, das uns die gelegentlichen Diesel- und Benzinauspuffgase der leider noch genehmigten Autoauffahrt zum Berg wegnimmt... Im Hintergrund die Insel La Palma*

Aus unserer Wegerichtung gesehen beginnt nun **rechtshaltend – gemeinsam mit R17** – der letzte lange Anstieg zum Garajonay. Vorbei an einer Sperrkette erreichen wir nun 4 Min. später einen Pisten-Linksabzweig.

Hier beginnt zur Linken der parkähnliche und pilzreiche Hochwald **„Pinar de Argumame"** mit herrlichen Kanarischen Kiefern (→ Seite 27, Punkt 4).

Nach einem Pistenbogen geht es nun wesentlich steiler aufwärts. Ein kurzes Steilstück bringt Höhenmeter, dann wird's wieder angenehmer. Rechts zurückliegend in stattlicher Größe unser bestiegener Tafelberg Fortaleza.

Eine rechts abwärtsführende Piste wird passiert. Unser Pistenwaldweg wird nun wieder zusehends steiler und liegt in diesem Bereich in einem hohlwegartigen Einschnitt. In sanftem Rechtsbogen wird eine querlaufende Piste erreicht (40 Min. ab Forsthaus, 1430 m NN). Rechts Beschilderung *„Pajarito"* (→ Einmündung **R44** von Imada kommend).

Wir gehen flach nach links die Querpiste weiter und kommen nach wenigen Min. zur Sperrkette und nördlichem Hauptauffahrtsweg zum Garajonay.

Zum nahen Ziel rechts den breiten Weg aufwärts, der in ausgeprägtem Linksbogen zum Gipfelhäuschen und Antennen-Anlage sowie Gipfelrundplateau mit geodätischem Zylinderblock des **Alto de Garajonay,** 1486 m, führt (Wanderzeit ab Fortaleza-Sattel 1 $^1/_4$ Std., insg. 2 Std., → auch Ausführungen R17, Seite 137).

Abstiegsrückweg

Auf vorerst gleichem Aufstiegsweg in etwa 45 Min. zur Forstpiste „Forestal las Tajoras", d.h. zur bewußten, eingeprägten Pistengabelung. An dieser Stelle Trennung von Auf- und Abstiegsweg.

Karte Seite 120

125

Auf dem Wanderweg von <u>Los Manantiales</u> (Foto) in Richtung Chipude

Hier, in *Gabelungsmitte in gleicher Abwärtsrichtung von der Piste weg in den Wald* und auf einen Weg in wenigen Min. zu einem größeren Waldplatz. Nach diesem am Waldrand (20 m) nach *links* und *sofort scharf rechts* (W) zum Beginn eines breiten Weges gehen, der uns in 30 Min. hinunter zum Weiler Los Manantiales führt.

Der zu Beginn breitere Weg verengt sich bald, ist mehr oder weniger verwachsen, doch klar im Verlauf. Er zieht sich teilweise sehr geröllig an den Abhängen entlang. Wir erreichen bald bebaute Felder und den ärmlichen Ort **Los Manantiales** bei einem Plätzchen mit Garage (Ende der Fahrpiste von Chipude). Von hier oben ist der Weitergang, jenseits aus dem Bco.-Grund kommend, gut zu verfolgen.

Vom Plätzchen weg nach rechts und über dem Dorf 50 m entlang der Trockenmauer gehen (links Zisterne), dann scharf links zwischen Häusern Treppenstufen abwärts und wieder scharf links einen Querweg (Straßenlampen) Richtung eines Hauses mit blauen Fenstern gehen. *Vor diesem steil und direkt auf Steinpflasterweg hinunter zum Bachbett im Talgrund*.

Den typisch alten Dorfverbindungsweg jenseits in 10 Min. empor zum nächsten Bergkamm mit Sicht auf das obere Chipude (Trafoturm). Jenseits wird noch ein Tälchen durch- und umlaufen und die ersten Häuser von **Chipude** auf gepflastertem Dorfweg erreicht. Den Weg abwärts zum Dorfplatz des oberen Ortsteiles.

Anschlußwanderungen ins Valle Gran Rey
über R14
oder <u>ab Alm La Mantanza</u>
über R4, umgekehrt der Beschreibung
(kürzer als R14 jedoch sehr steil und z.Zt. durch vergangene Felsrutsche passagenweise sehr gefährlich zu begehen).

Gehzeit:
Nicht unter
6 Stunden,
normal 6 1/2 bis
7 Stunden.

**Ausgangs-
punkt:**
→ **R15,** Pkw in
Pavón stehen
lassen.

16 Chipude (1080 m) – **Pavón** (1070 m) – Fortalezasattel (1150 m) – **Erque** (760 m) – Erquito (680 m) – **Arguayoda** (420 m) – La Dama (240 m)

Eine der längsten und auch eine der einsamsten im Buch beschriebenen Bergwanderungen! Nach leichtem Beginn ein steiler, sehr alpiner Abstieg in den wildromantischen Bco. de Erque mit seinem gleichnamigen ursprünglichen Ort. Von hier weiter durch Kammüberschreitung zum nächsten abgelegenen Dorf Erquito. Nach längerem Anstieg dann über einsame südliche Höhenrücken hinunter zum Ort Arguayoda und weiter steil abwärts in den großartigen Bco. de la Rajita. Diesem entlang und zuletzt nochmals hoch hinauf zum Zielort La Dama.

Gefahren-Hinweis: Überaus lange Bergwanderung mit konditionellen Anforderungen. Überwiegender Abstiegsanteil, jedoch durch die Südorientierung im heißen, trockenen Insel-Süden anstrengend. Nur der Abstieg vom Fortaleza-Sattel erfordert stellenweise etwas Kletterei und Umsicht, d. h. Trittsicherheit und Orientierung, die auch sonst auf der Tour nützlich sind.

Siehe Hinweise zum Anstiegsbeginn bei R15, Seite 121 bzw. den beschriebenen Wegverlauf vom Ort Pavón in 10 Min. zum Fortaleza-Sattel (→ Fettdruck)

Im Sinne des bisherigen Aufstieges *rechten Teil des Sattels* beginnt der alpine, teilweise etwas ausgesetzte, 400 Hm-Steilabstieg nach dem Dorf Erque. Er führt jenseits des Sattels durch die stark opuntienbewachsene, ungegliederte und vorab nicht einsehbare, felsige Hangflanke. Rechts des Sattels mit kurzen Kehren beginnend, quert der Pfad später nach links zur Hangmitte und über die dortigen Felspartien in fast direkter Linie abwärts zum Talgrund. Gut auf künstliche Stufen und Treppen achten!

Wir gehen im, oder besser vor dem eigentlichen Sattel, *nach rechts zur Sattelschneide* bis etwa dorthin, wo der steile Aufstiegsrücken zum Fortalezaberg ansetzt. Links unter uns ein altes Steinhaus mit blauer Tür, rechts ein wellblechbedecktes altes Haus mit grüner Tür. *Links des letzteren* zieht der steingesäumte Abstiegsweg, mit Anfangsrichtung zum linken Teil der hinten sichtbaren Steilabbrüche der Fortaleza, diagonal in den Opuntien-Steilhang hinunter. Typisch schmal, rollig, mit künstlichen und natürlichen Stufen zieht der Pfad in Kehren abwärts. Tief rechts unten sichtbar, ein Einzelhaus unseres ersten Zieles, dem Örtchen Erque. Hinter uns und hoch oben die mit zunehmenden Abstiegsmetern immer „kleiner" werdenden Fortalezafelsen.

Nach etwa 10 Min. Abstieg vom Sattel die *schwierigste Stelle:* nach einer etwas längeren „Treppe" scharf rechts abbiegen und unter den Felsen auf schmalem Band 25 m queren; dann bei einem markanten kleinen Felsblock etwa 7 m senkrecht und schwierig über Stufen absteigen. Hierbei sieht man auch schon den Weiterweg, der direkt unter diesem

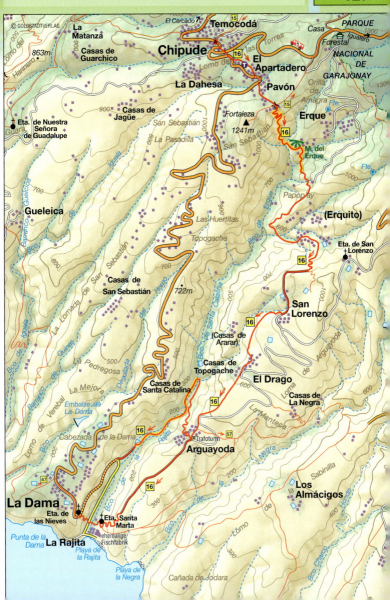

Abstieg steil nach links, bco.- einwärts verläuft.

Auf diesem Horizontalband geht man 60 m bis zum bereits vom Band aus einsehbaren mittleren Rücken, der zum Dorf Erque zeigt und über den unser weiterer Abstieg verläuft (immer am Rücken absteigen, nicht seitlich weggehen!). In kurzen Kehren nun über den felsigen Rücken abwärts, wobei im unteren Teil nochmals ein etwas schwieriger Bereich folgt, wo man etwa 10 m steiler abklettern muß. Zuletzt über den Steilhang hinunter bis oberhalb des Bco.-Grundes. 10 m über den schmalen tiefen Felseinschnitt des hier steil abfallenden Bco.-Baches quert man 12 m nach links und gelangt dort leicht durch einen Einschnitt abwärts zum Bco.-Bett (50 Min. ab Pavón, 750 m NN).

Aus dem Felsbett aussteigen und wenige Meter nach rechts zu Palme und Weiterweg. Gemütlich ein Stück oberhalb des Bachbettes eben dahin laufend, folgt 8 m nach einem kurzen Treppenanstieg eine Weggabelung. Wir gehen *rechts* (geradeaus), queren zwei kurz hintereinander verlaufende Wasserrohrleitungen, überqueren einen schmalen Rücken – darüber ein riesiger Felsaufbau – und überqueren in Folge zwei weitere Felsenrippen, zuletzt entlang einer Steilfelspassage zum ersten, bereits von ganz oben gesichteten Anwesens von **Erque** (1 $^1/_4$ Std. ab Pavón, 740 m NN).

Dieses kleine vorgebaute Anwesen mit traditionellen Orno (= Backofen) thront wie eine kleine Festung inmitten einer grandiosen Bergwelt. Von hier kann man in wenigen Min. zum darüber befindlichen „**Mirador de Erque**", zuletzt über eine Freitreppe (→ Foto Seite 129), aufsteigen.

Unmittelbar am Anwesen vorbei wird im Linksbogen der Bergrücken umgangen. Weiter dem Dorfweg; kurz aufsteigen (rechts unten ein gomerisches Haus mit rotem Satteldach und Wellbleck-Flicken), dann ständig auf dem Dorfweg abwärts. Rechts –

Nach dem Ende des 400-m-Steilabstieges wird ein tiefer Bachbett-Einschnitt gequert und dann gemütlicher durch Palmenhaine auf Erque zugelaufen

Karte Seite 127

Das kleine Dorf Erque.
Blick vom Mirador zur kleinen „Festung" und weiter zum Bco. de Erque.
Die Wanderung verläuft oberhalb des Anwesens, dem Bergrückenauslauf dabei aus dieser Sicht von rechts nach links umquerend

jenseits – des Bco. erkennt man schon unseren Weiterweg parallel unterhalb der langgezogenen mächtigen „taparucha"-Felswand. An einer einzelnen Palme vorbei und scharf um eine steile Felsklippe, bei der man rechts unten 2 Felskeulen sieht. *An dieser Stelle verlassen wir den – hier nach links oben führenden – Dorfweg!*

Wir steigen schräg rechts hinab zu einer dichten Palmengruppe. Direkt an der Trockenmauer 25 m entlang, dann rechtwinkelig abwärts zum Bachgrund (680 m NN) des **Bco. de Erque** und einem Bewässerungskanal. Nach der Bachlaufquerung auf den Bewässerungskanal zugehen, danach *sofort links aufwärts* – zwischen Mandelbaum und Palme hindurch – *25 m* (an einem mächtigen runden Stein vorbei) *aufsteigen* zum anfangs wenig auffälligen nach rechts ziehenden Pfad Richtung Erquito.

Diesen Pfad unterhalb und parallel der erwähnten „taparucha"-Felswand bis zu einer großen Öffnungsstelle (Mastenleitung), durch diese und steiler in Kehren aufwärts zur ersten und zweiten Kronenhöhe dieser Felsmauern. Von der letzten u.a. schöner Rückblick ins stille Erque-Tal bzw. Gesamtrückblick unseres getätigten Abstieges vom Fortaleza-Sattel.

Der ständig ansteigende Weiterweg auf rolligem, manchmal etwas verfallenem Pfad, läuft durch die Steilhänge, jeden Einschnitt und Bergrücken „mitnehmend", bis zur felsigen Rückenhöhe ($^3/_4$ Std. ab Erque, 790 m NN), mit Blick auf das nächste Wanderziel – Erquito.

Unser Weg, den Kammrücken querend, läuft nach links und im Rechtsbogen abwärts zu einer felsigen Rippe. Auf dieser, zuletzt links derer, auf gut ausgebautem Weg in Kehren zu einem kleinen, schmalen, das tief erodierte Bco.-Bachbett überspannenden, betonierten Bogenbrückchens. Über dieses und gemütlich schlendernd über den Wiesenpfad – vorbei an Zisternen rechts unter uns – zum

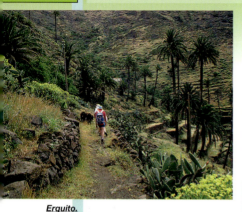

Erquito. Auffallend, schlanke, hohe Palmen zieren den verlassenen Ort

einsamen, fast unbewohnten Ort **Erquito**. Vor den ersten Häusern quert der Pfad einen trockenen Wasserlauf, hiernach ca. 55 m weglos unterhalb des ersten weißen Hauses weiter. Man trifft quer auf einen steinplattigen, abwärtsführenden Dorfweg; hier links 4 m hoch und nach rechts auf wieder guten Weg. Zahlreiche große schlanke Palmen fallen auf (→ Foto oben) beim Durchwandern des Ortes auf ebenem Dorfweg ganz hinunter zum Talschluß, wo ein enger Bco.-Grund erreicht wird (1 $^{1}/_{4}$ Std. ab Erque, insges. 2 $^{1}/_{2}$ Std., 680 m NN).

Diesen kurz im Rechtsbogen queren (rechts unter Mauer Wasserauslauf, Trinkwasser?) bis vor ein Betonhaus. Bei der dortigen Wegteilung beginnt ein längerer 180 Hm-Aufstieg, ein typisch alter Camino mit breiten gepflasterten Steintreppen. Man geht im Linksbogen steil aufwärts mittenhinein und durch das alte Dorf des oberen Erquito und weiter steil bergan durch die folgenden verwilderten Terrassenfelder. Weiter aufsteigend folgt ein Rechtsbogen und wir erreichen über rotgrusiges Hangmaterial ein großes geneigtes rotes Plateau mit geradezu einladenden Aussichts- und Rastfelsen (ca. 3 Std. ab Pavón, 800 m NN).

Vom Plateau den alten Camino weiter aufwärts zu den Steilfelsen und unter diesen auf schönem Aussichtspfad meerwärts laufen. Aber schon beginnt wieder ein in Kehren verlaufender getreppter Aufstieg. Kurz bevor dieser im Rechtsbogen auf eine Piste trifft, zweigt links ein getreppter Steilaufstieg ab (850 m NN).

Steilaufstieg-Variante:
Der Treppenaufstieg geht nach kurzem Verlauf bis zum Höhenrücken-Ausstieg und weiter über die dortigen Terrassen, wo er sich als markanter Weg verliert. Man gelangt jedoch – wild über die Hochplateauterrassen – problemlos wieder zur beschriebenen Wegfortsetzung auf die Piste.

Wir gehen also nicht nach oben, sondern zur Piste und dieser entlang bis zu einem scharfen Linksbogen (3 $^{1}/_{4}$ Std. ab Pavón, 860 m NN). Großartigen Blick über den Restteil unserer Wanderung bis zum Endziel La Dama (→ Foto Seite 131, im Foto ganz rechts oben).

Aus dieser Situation erkennt man gomerische Wanderdimensionen, wenn man rechts der Fortaleza unseren Ausgangssattel sieht und das Verhältnis Luftlinie zu Wanderstrecke nimmt. Und einsam sind wir hier – noch sehr einsam.

Gemächlich nun der Piste nach, wobei wir anfangs links ein gomerisches Steinhaus sehen, später rechts ein weiteres.

Karte Seite 127

Achtung kommender Wanderweg-Abzweig: Nach dem *letzten rechts am Weg gesichteten Steinhaus* durchquert man im Rechtsbogen auf der Piste einen Nb.-Bco. (mit vielen Terrassen). Es folgt ein leicht abfallendes Pistenstück mit schnurgeradem seitlichem Trockenmauer-Unterbau; am Ende ein leichter Linksbogen. Etwa 20 m vom Ende Unterbau bzw. dort wo die nächste schnurgerade Steinuntermauerung beginnt, befindet sich unser unauffälliger *Wanderweg-Abzweig nach rechts* von der Piste weg (10 Min. vom "scharfen Pisten-Linksbogen", 830 m NN).

Der abgehende Pfad, den die Einheimischen als "wegeverbindenden Abkürzer" nehmen, läuft ein Stück parallel der Trockenmauer, dann spitz von dieser abwärts zu einer felsigen Passage, die rechts unterhalb umlaufen wird, wobei unser nächstes Ziel, der Weiler El Drago, vor uns auftaucht. Wir treffen auf einen alten, holprigen, breiten Weg (dem wir letztlich bis zum Ort Arguayoda folgen) im Einschnitt, den wir nach rechts abwärts und direkt durch die Steinwüste zum Ort **El Drago** hinunterstolpern (2 Std. ab Erquito, insges. 4 Std., 670 m NN, der rechts abwärts abzweigende Weg führt in den sichtbaren verfallenen Ort **Arará**).

Wir laufen auf dem felsigen Weg durch den Ort, vorbei an der "Villa Silvespe", schwenken sofort nach diesem Haus rechtwinkelig nach rechts ab (gegenüber grüner Einzäunung mit Haus und Palme), gehen auf einen hinten stehenden, massigen Felsen zu und vor dem blauen Einfriedungs-Tor links parallel des Zaunes dem alten Dorfverbindungsweg weiter. Ein Dreschplatz zur Linken wird passiert, ein Pistenbogen berührt, aber direkt weiter abwärts unserem nächsten sichtbaren Ziel Arguayoda zugegangen (es bestehen immer wieder Möglichkeiten statt zu "holpern", seitlich parallel besser zu laufen). Wir gelangen nahe an die Abstürze (Abbruchkante) in den **Bco. de la Rajita** und wandern dort entlang. Bereits von hier oben sehen wir tief unten im Bco. eine dreieckige helle Zisterne, an der wir viel später noch vorbeikommen werden. Kurz vor unserem

Die kahlen, südlichen Hochflächen, tief eingeschnitten von den Barrancos de la Negra (links) und de la Rajita (rechts). Der Wanderweg führt etwa rechts der Hochfläche nach El Drago (über Bildmitte) und weiter meerwärts nach Arguayoda. Ganz hinten rechts La Dama

Route 16

Arguayoda. Ab Umspannstation (Trafo) gibt es nach La Dama zwei Wegmöglichkeiten. Unser Weg führt steil nach rechts hinunter in den Bco. de la Rajita. Das nebenstehende Bild zeigt den Abstieg in den Bco.

nächsten Ort wird die asphaltierte Zufahrtsstraße tangiert. Wir gehen jedoch in Abstiegsrichtung weiter, an den ersten Häusern vorbei, bis zum Umspannturm (Trafo) in **Arguayoda** (35 Min. von El Drago, insges. 4 1/2 Std., 420 m NN).

Von hier kann man auf **zwei Routen nach La Dama** gehen:
1. Durch den Ort hindurch auf gutem Weg Richtung Meer. Nach etwa 20 Min. erreicht man den nach rechts abzweigenden langen Serpentinenabstieg nach **La Rajita** (ehemalige Fischfabrik). Hinter der Fabrik den Bco. queren und auf der gegenüberliegenden Seite über die Piste oder – abkürzend – den alten Steilaufstieg folgend in insg. ca. 1 1/2 Std. nach La Dama gehen.
2. Die Route gemäß nachfolgender Beschreibung über den Steilabstieg in den **Bco. de Rajita,** diesen abwärts und der „Rajita-Piste" aufwärts in ca. 2 Std. nach La Dama; sollte nur gegangen werden, *wenn noch genug Zeit und konditionelle Reserven vorhanden sind, um die sicher schönere, aber auch anstrengendere Route genießen* zu können.

Wir bevorzugen wegen des abenteuerlich imposanten Steilabstieges in den **Bco. de la Rajita** die letztere Route, bei der man vom Trafohaus 30 m weiter – vor den Häusern – *rechts* abgeht und weiterlaufend genau auf den Gittermast der Überlandleitung trifft. Hier beginnt ein abwechslungsreicher – leider anfangs durch Hausmüll verunreinigter – 210 Hm-Abstieg mit Blick auf das unten gelegene, mit blaugrünem Wasser gefüllte, eigenartige, dreieckige Becken. Das Müll-Wegestück haben wir bald vergessen, denn ein wirklich kühner und mutig angelegter, sehr exponierter Gebirgspfad (→ Foto unten) – vorbei an imposanten schwarzen Felsen mit eigenartig verbackenem vulkanischem Auswurfmaterial – läßt uns staunen, was die Meister gomerischen Trockenmauerwerks hier wieder mal leisteten. Eigenartigerweise läuft unser Steil-Abstiegspfad bco.-einwärts und sogar – man soll es nicht glauben – mit einem Zwi-

schenanstieg. Die Fortaleza schaut wieder von hoch droben auf uns – und wer es nicht bemerkt hat, das schon während der ganzen Tour!

30 Min. später hat man den Grund (210 m NN) des **Bco. de la Rajita** – unten rechtshaltend (einwärts) – erreicht, in dem sich bestellte Felder der Bewohner Aguayodas befinden. Nun am besten sofort den blockigen Bco.-Grund direkt überqueren und rechtsseitig abwärts gehen, wobei eine alte, den Bco.-Grund überquerende, aufgehängte Wasserleitung untergangen werden muß. 20 m nach dieser Wasserleitung an einer Einzelpalme links in den Bco.-Grund absteigen und rechts diesem weitergehen; vorerst noch auf Pfadspuren, verlieren sich diese in felsigem Bereich.

Der Weiterweg im Bco.-Grund ist pfadlos, d.h. wild. Die physische Belastungen dieser langen Tour, wozu auch die momentane Einsamkeit und die Nachmittags-Stauhitze in diesem abgelegenen wildschönen Bco.-Tal zählen, sollte nicht zu Mutlosigkeit oder gar Verzweiflung bezüglich der Wegsuche führen. Der Bco. schlängelt sich in einer langen S-Kurve meerwärts und bietet an Schwierigkeiten lediglich blockiges Gelände, das man möglichst kraftsparend hinter sich bringen muß. *Nicht seitwärts über Pfade ausweichen, diese führen nur zu Feldern (Sackgasse)!*

Nun in Bco.-Grundmitte bis zu dem schönen Trockenmauerwerk zur Rechten gehen; bei diesem zur linken Grundseite wechseln. Unterhalb der dortigen Terrassentrockenmauern am linken Grund laufen. Ab einer aufgehängten querenden Wasserleitung wieder zur rechten Grundseite wechseln. Danach in Grundmitte den folgenden Bco.-Rechtsbogen auslaufen bis zu der rechts befindlichen (bereits von weit oben gesehenen) eigenartig dreieckigen Zisterne (6 Std. ab Pavón, insges. 5 $^3/_4$ Std., 160 m NN).

Direkt an der Zisterne links vorbei, *steigen wir an ihrem Ende zur Mauer hoch und auf deren Krone hinunter zur jenseits beginnenden Piste.* Dieser 5 Min. entlang bis zur tiefsten Stelle (110 m NN). Von hier haben wir noch ganze 130 Hm, etwa 30 Min. bis nach La Dama zu bewältigen. Nach weiteren 5 Min. erreichen wir die Auffahrtspiste La Rajita – La Dama, der wir aufwärts folgen.

Schöne Tiefblicke zur **„Ermita Santa Marta"** und zur ehemaligen Fischfabrik, die aus ökonomischen Gründen aufgelassen wurde.

Nach erlebnisreicher Wanderung gelangen wir letztendlich zum Kirchplatz des in Grün gebetteten Bananenplantagenort **La Dama**.

La Dama, der Kirchplatz (240 m NN). Taxi-Rückfahrmöglichkeiten im Ort erfragen.

134

Gehzeit:
3-3 1/2 Stunden
2 Std. Hinweg zum Garajonay).

Ausgangspunkt:
Pkw/Taxi bis Restaurante/Freizeitpark La Laguna Grande im Inselinneren

Tip:
Die beendete Tour sollte mit einem „comida y bebida" aus der vorzüglich-rustikalen Küche des Nationalpark-Restaurantes „abgerundet" werden (Montag Ruhetag, ab 18.00 Uhr meist keine warme Küche mehr)

17 Rundwanderung:
La Laguna Grande (1260 m) – **Pinar de Argumame – Alto de Garajonay** (1486 m) – **Alto de Cantadero** (1350 m) – La Laguna Grande

Eine längere und dennoch gemütliche Ausflugs-Rundtour durch Nationalpark-Waldgebiet zum höchsten Inselberg. Auf stillen Forstwegen wandern wir ohne besondere Anstrengungen gut 200 Höhenmeter hinauf zum wenig markanten aber umso aussichtsreicheren Garajonay-Gipfel.

Bitte beachten Sie die Nationalparkbestimmungen!

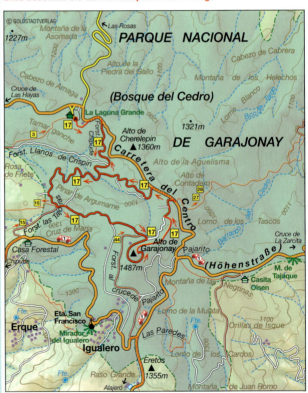

Blick von den Felsklippen des Berges _Cherélepin_ (1360 m) auf den Baumheidewald um La Laguna Grande

Inmitten des waldreichen Gebietes der Insel La Gomera liegt **La Laguna Grande**. Verkehrstechnisch gut angebunden durch die Carretera del Centro (Höhenstraße), befindet sich unser Ausgangspunkt zwischen den Straßenkreuzen „Cruce de la Hayas" im NW und „Pajarito" im NO bzw. nahe der Straßenabzweigung nach Las Rosas.

Neben dem dortigen Restaurante gibt es einen sehr schön angelegten Freizeitpark mit Spiel- und Grillplätzen, auf denen an Sonn- und Feiertagen so manche Familienfiesta stattfindet

Unsere Wanderung beginnt am Restaurante-Parkplatz, von dem wir wenige Schritte geradeaus (in Verlängerung der Haupteinfahrtsrichtung zum Parkplatz) zum Waldrand gehen. _Vor diesem nach links_ und wenige Meter bis zu einem _übermannshohen, stein-_ _gemauerten Backofen._ Hier beginnt _rechts, in den Wald hinein,_ ein die Asphaltstraße abkürzender Pfad neben und parallel einer Wasserrohrleitung. Diesen Pfad entlang bis er, etwas nach links ansteigend, auf die Höhenstraße trifft. In gleicher Gehrichtung auf dieser 5 Min. abwärts (Richtung O) bis zum _rechts_ abzweigenden breiten Forstweg mit der grünen Tafel „Casa Forestal Las Tajoras", wo man einbiegt.

Stille umfängt uns hier sogleich im dichten und duftenden Wald; nur ab und zu registrieren wir noch die entfernt auf der Höhenstraße vorbeifahrenden Autos. Der roterdige Forstweg geht in vielen Windungen durch ein schönes, dem Nationalpark zugehöriges Waldgebiet. Er darf befahren werden und endet am Casa Forestal, dem Forsthaus an der Asphaltstraße zwischen den Orten Chipude und Igualero.

Stille umfängt uns im dichten duftenden Baumheidewald

Nun heißt es für uns *den richtigen Abzweig* auf dem sich immer wieder gabelnden Forstweg *zu finden!*.

Die Forstpiste gehen wir 800 m bis zur steil rechts abzweigenden *„Pista Forestal Llanos de Crispin"*, diese führt abwärts nach El Cercado und bleibt für uns unberücksichtigt. *Wir gehen geradeaus* (Tafel „Alto de Garajonay/Casa Forestal") bis zur kurz darauf folgenden nächsten 2. Gabelung. Hier gehen wir wieder *geradeaus* (rechts) und folgen der Beschilderung Richtung „Garajonay/Casa Forestal". Es folgt nun ein längeres Wegstück (unterwegs Blick auf den entfernt in einer Senke liegenden Embalse Las Cabecitas) mit etlichen Bögen bis zur 3. Gabelung (rechts Abzweigung) ohne Beschilderung. Wir gehen hier *geradeaus* und links leicht abwärts. Bereits 5 Min. danach erreichen wir die 4. Gabelung mit Beschilderung zum Garajonay.

An dieser Kreuzungsörtlichkeit erreichen wir die **R15,** die aus der Gegenrichtung – vom Fortalezaberg kommend – dem „Forestal las Tajoras" bis hier folgt (aus unserer Richtung gesehen rechts abwärts durch den Wald erreicht die **R15** auf dem Rückweg späterhin den Weiler Los Manantiales). **R15 und R17 verlaufen nun gemeinsam bergwärts zum Garajonay!**

Die Hauptpiste verlassend, geht's *links* aufwärts. Schon nach weiteren 30 m – unterwegs eine Sperrkette – wird Gabelung Nr. 5 passiert mit dem Hinweis, *rechterhand* weiter zum Berg zu gehen.

Hier erreichen wir zur Linken den wunderschönen, wahrlich zum Picknick einladenden, hochstämmigen Kiefernwald **„Pinar de Argumame".**

Wir steigen nun steiler an und erreichen mit zunehmender Höhe ein freieres Wegstück (rechts schöne Ausblicke zum dominanten Fortaleza-Berg, 1241 m). In diesem Bereich folgt Gabelung Nr. 6, ein abwärtsführender Rechtsabzweig. Dann wird es wieder steiler, hohlwegartig, bis man im sanften Rechtsbogen zu einer Querpiste, Nr. 7 gelangt (Einmündung → **R44** von Imada kommend, die Piste selbst führt zum Straßenkreuz „Pajarito"). Diese Querpiste *links* flach weiterlaufend – unterwegs eine weitere Sperrkette – erreichen wir endlich unsere letzte Verzweigung Nr. 8, die breite Nordauffahrtspiste von der Höhenstraße zum Garajonay. Auf dieser jetzt *rechts* einbiegen.

Nun noch wenige Min. auf dem Fahrweg aufwärts, bis wir, scharf nach links eindrehend, bei einer Kieferngruppe und einem Funkhäuschen (Waldbrand-Überwachungsstation), noch ein paar Stufen erklimmend, das Gipfel-Rondell des **Alto de Garajonay** mit geodätischem Obelisk betreten.

1486 m NN – höchster, recht unansehnlicher, aber dennoch dominanter Berggipfel La Gomeras, der seinen waldigen Aufbau mit einer gewaltigen und faszinierenden Rundumsicht wettmacht! Bei klarer Sicht sind weite Inselteile einsehbar, einschließlich der Nachbarinseln La Palma (NW), Hierro (SO), Teneriffa (NO) und Gran Canaria (SO). Die südlich nur wenig vom Hauptgipfel entfernt erkennbare große rot-weiße Anlage wird als inselspezifisch wichtige Empfangs-Anlage (Relaisstation) genutzt.

Rückweg
nach La Laguna Grande (1 Std.): Zur Vermeidung des gleichen Rückweges wird folgender Rundweg vorgeschlagen: Vom Gipfel direkt *neben dem ICONA-Schild* den kleinen Pfad nordöstlich abwärts über die Senke und weiter hinunter, bis der Weg sich einer Piste nähert. Dort *links* hinab zum bereits bekannten Fahrweg (nördliche Garajonay-Auffahrt). Diesen *ganz abwärts* laufen bis zur Höhenstraße (gegenüber der Straße Parkplatz **Alto de Contadero** → **R27, R28** nach El Cedro).

Hier *links* die Asphaltstraße etwa 500 m (5 Min.) abwärts zu einer *links von der Straße* beginnenden Piste (grüne Tafel „La Laguna Grande/El Cercado"). Dieser in den Wald abwärts folgen. Wir gehen bei den zwei *folgenden unbeschilderten Gabelungen rechts bzw. geradeaus* bis wir wieder unseren bekannten Hinweg mit Tafel „Alto de Garajonay/Casa Forestal" erreichen – und somit unseren Wanderungskreis schließen. Hier gehen wir ebenfalls *rechts/ geradeaus*, ebenso an der letzten Gabelung.

Über diese Piste links abwärts wäre El Cercado – für einen evtl. **Bus-Zustieg** – erreichbar.

Wer die Rundtour noch um eine **reizvolle Variante** verlängern will – mit nochmaligem Gegenanstieg insgesamt 45 Min. – gehe hier links (Beschilderung „La Laguna Grande/El Cercado") abwärts bis zur Nationalpark-Waldgrenze. Dort im spitzen Winkel rechts ab und wieder aufwärts im schattigen Lorbeerwald nach La Laguna Grande.

Wir gelangen wieder zur Höhenstraße, gehen hier *links* diese 5 Min. leicht aufwärts, bis zur Linken Betonrelikte (ehemalige Zisterne) sichtbar werden. Dort den bekannten Trampelpfad in kurzer Zeit wieder zurück durch den Wald nach **La Laguna Grande.**

Achtung! Für Busanschluß in El Cercado: Von La Laguna Grande bis El Cercado 1 Std. Gehzeit.
→ Wanderungsbeschreibung **R3,** Seite 69 (Abwärtswanderung)
→ Bus-Fahrzeiten Seite 283

Alto de Garajonay (1486 m), höchster Punkt der Insel La Gomera. Als „Berg" recht unansehlich, ermöglicht er bei guten Sichtverhältnissen eine faszinierende Rundsicht bis zu den Inseln Teneriffa, Gran Canaria, El Hierro und La Palma

Gehzeit:
6 bis 6 1/2 Stunden.

19 Arure (800 m) – Alojera (250 m) – Tazo (350 m) – Epina (640 m) – Chorros de Epina (800 m)

Ausgangspunkt: Bus/Taxi/Pkw bis zum südwestlichen Ortseingang Arure (unteres Arure).

Abseits der üblichen Wanderungen liegt der einsame nordwestliche Teil La Gomeras mit den Orten Alojera, Tazo, Arguamul. Dennoch ist auch diese Wanderung interessant, führt sie doch u.a. durch das überaus grüne Palmental von Alojera und weiter in das reizvolle, in Palmenhaine eingebettete Tazo; beide Orte berühmt wegen der Gewinnung der gomerischen Spezialität Miel de Palma (Palmenhonig). Im Bogen geht es zurück auf aussichtsreichem Hangweg in das Dorf Epina und direkt hinauf zur kristallklaren Quelle von Chorros de Epina.

Zunächst der Wanderbeschreibung R12 (Seite 110) in 1 Std. Gehzeit bis hinunter zur Fahrstraße Taguluche-Alojera/Epina (→ Fettdruck) folgen.

Die asphaltierte Fahrstraße *direkt überquerend*, sieht man unter sich einen Hangrücken, über dem sich unser Weiterweg, ein grusig-rolliger und demzufolge etwas unangenehmer Abstieg über 210 Hm nach Alojera, vollzieht.

Anfangs immer direkt auf dem Rücken, später links desselben in Kehren abwärts. Zuletzt wird der Weg markanter durch großblockige Steinbegrenzungen und man gelangt nach 25 Min. in den dicht palmenbestandenen Talgrund von Alojera. Wir gehen rechts, queren anfangs mehrere Trockenbachläufe und sichten nach kurzem Gegenanstieg, jetzt auf breiterem Weg, die ersten Häuser von **Alojera.**

Alojera und der Nordwesten der Insel. Mitten in dem zerfurchten Relief, etwa oberhalb der Bildmitte, unser Zwischenziel: der Palmenort <u>Tazo.</u> Der Höhenzug rechts oben ist das Teselinde-Massiv

Am oberen Umspannturm/Gittermast, die nach insgesamt 1 1/2 Std. Wanderzeit ab Arure erreicht werden, begibt man sich auf die hier beginnende Asphaltstraße. Auf ihr geht man nun abwärts durch den oberen Ortsteil Alojeras, vorbei an mehreren Wasserrückhaltebecken, weiter zum Kirchplatz mit Schule und Bar. Von hier *in gleicher Abwärtsrichtung*, nun nicht mehr auf der Asphaltstraße, sondern den sich in Windungen hinunterziehenden betonierten Ortsweg entlang, zuletzt steiler auf Betontreppen abwärts, bis man an einem Wasserbecken auf die Asphaltstraße Alojera-Epina gelangt (2 Std. ab Arure).

Unumgänglich sind jetzt 10 Min. Wanderung auf asphaltierter Straße. Vorerst hinunter bis zum unteren Umspannturm Alojeras und *vor diesem rechts* weiter bis zum Beginn eines steilen Linksbogens, wo die befestigte Straße in eine Piste übergeht.

Den Bogen auslaufend, verlassen wir den viel verzweigten **Bco. del Mono,** unseren tiefsten Wanderpunkt (150 m NN), und beginnen nach langem Abstieg (2 Std. 10 Min., 650 Hm ab Arure) einen ebenso langen Aufstieg mit rd. 4 Std. und 700 Hm, wobei vorerst 1 Std. auf Piste gegangen werden muß. Der Staubpiste aufwärts, werden die vorletzten Häuser und nach einem Bogen die letzten Häuser des großen Ortes Alojera verlassen.

An einer Pistengabelung gehen wir links an einer einzelnen hohen Palme vorbei, ebenso an einem Wasserbehälter zur Rechten (rechts oben ein Anwesen). Unmittelbar darauf links der Erdpiste weiter. Ein folgender schmaler, palmenbestandener Bco. wird spitz ausgelaufen. Eigenartig, jedoch feuchtigkeitsbedingt zu deuten, daß nur an seinem westlichen Hang die Palmen wachsen. Nach der nächsten Biegung liegt links unter uns der alte Ort Cubaba mit vielen Terrassenfeldern. Man erkennt die typischen alten langen Steinhäuser mit rotem Spitzdach. Vermutlich wird der Ort nur sporadisch zur Felderbestellung bewohnt. Wir passieren den links abwärtsgehenden Ortszugangsweg und gehen in gleicher Höhe weiter. Die nun wieder vorübergehend etwas stärker ansteigende Piste (vor uns hoch oben die Telefon-Umsetzer-Anlage an der Teselinde, Mast mit Empfangsschüsseln) läuft einen weiteren zweiten Nb.-Bco. spitz aus, um sogleich den nächsten dritten Nb.-Bco. zu umrunden. Beim Auslauf des steilen Bco.-Bogens Rückblick auf den palmenbestandenen Ort Cubaba. Vor uns im Mittelgrund jetzt unser Nahziel Tazo mit seinem überaus reichen Palmenbestand. Direkt unter uns eine Wasser-Zisterne.

Tazo

Karte Seite 139

Achtung: Hier beim steilen Bco.-Auslauf heißt es nun aufzupassen, denn wir müssen jetzt für den Weiterweg links von der Piste herunter (3 Std. insges.).

Hier, am steilen Auslauf des Nb.-Bco., auf der Piste noch 20 m weiter. Dann *links* die grasige unscheinbare Piste *abwärts* und diese im Linksbogen insgesamt 100 m ausgehen. Dort im spitzen Winkel rechts einen felsigen, anfangs unscheinbaren Weg aufwärts zu einem kleinen Kamm, dann ein ganzes Stück eben dahin und später wieder kurz absteigen zu den unteren Terrassenfeldern des **Bco. de Tazo.** Im Bco.-Grund *sofort links abwärts* (nicht ansteigen!) den Hohlweg rechts der Felsen, dann den Talgrund queren und auf der Gegenseite in Serpentinen den alten Weg hinaufgehen. Wenige Min. später kommt eine Pistenquerung, danach folgt man einer Palmenallee, quert ein zweites Mal die Piste, setzt seinen Weg durch die Terrassenfelder fort und quert ein drittes Mal die Piste. Hiernach hält man sich ansteigend auf eine dichtere Palmengruppe zur Rechten zu, bis man das links sichtbare erste Anwesen von **Tazo** erkennt und eine Wegteilung erreicht.

Unser Weiterweg läuft geradeaus (rechts) auf dem alten steingepflasterten Weg, der kurz darauf ein weiteres mal die Piste quert und sich insgesamt sehr schön durch einen Dorfteil Tazos schlängelt.

An einem linkerhand befindlichen weißgetünchten Anwesen mit blauen Türen (bis hierher 4 Std., 370 m NN) beginnt der Weg am nebenstehenden Schuppen erdig zu werden (darunter und rechts gomerische Steinhäuser). Er führt sandig-grusig und

Altes Gomera-Haus in <u>Tazo</u>

Palmenhoniggewinnung – Vielleicht hat man das Glück z.Zt. des „Guarapo"-Zapfens (Palmensaftgewinnung) durch Tazo zu wandern, um zu beobachten, wie mühsam und nicht ungefährlich mutige Männer, die „Guaraperos", nach jahrhundertealtem Verfahren aus den ausgeschnittenen Palmenkronen eben den Guarapo-Saft gewinnen, der dann von den Frauen übernommen, in riesigen und rußigen Kesseln verkocht und eingedickt zu „Miel de Palma" wird.

ein Wegestück mit begleitenden Straßenlampen steil durch das obere Tazo. In Höhe eines linkerhand 5 m entfernt liegenden Steinhauses wird ein schmaler Querweg überschritten und auch die folgende Piste. Hier den Pfad *rechts hinauf;* der sandig-grusige Weg passiert linkerhand ein gomerisches Steinhaus mit auffallend rotem Dach und angebauten runden „orno" (Backofen).

Wir erreichen hier oberhalb Tazos ein kleines Plateau. Vor uns ein felsig durchfurchter Rücken mit 3 Holzmasten der Telefonleitung. Wir steigen nach links und diesen Rücken der **Cañada de Tehetas** teilweise hohlwegartig, dann wieder offener, hinauf. Später nach links zur Gittermaststromleitung und im Folgenden über mehrere Bögen rechtshaltend der Überlandstromleitung, vorbei am zweiten, bis etwa 20 m *vor* den dritten Gittermast (4 1/2 Std., 550 m NN).

Hier biegen wir, den Bergrücken verlassend, nach rechts in die zu einer größeren Palmengruppe führende alte Piste ein. Gemächlicher gehen wir nun durch kräftige Agaven-Bestände und im Rechtsbogen (vorbei an der links abzweigenden Piste, rechts die Ruine eines alten Backofens) durch die Palmengruppe, die sich weit den Hang bedeckend, hinunterzieht. Eine Telefonleitung wird unterquert, danach kurz aufgestiegen zu einem grau-grusigen Bergrücken.

Jetzt vor uns, hoch oben inmitten des Waldesgrün, das scheinbar einsame weiße Gebäude unseres Zieles Chorros de Epina. Rechts darunter in der großen Hangmulde das Dorf Epina, ganz rechts die Galiónberge.

Blick von dem Cañada de Tehetas auf Cubaba

In weiterer Folge werden durch die nach W abfallenden, mit Agaven, Sabinas, Palmen u.a. bewachsenen Steilhänge drei kleine Seiten-Bco's. und entsprechend viele Bergrücken in etwa gleicher Höhenlage auf aussichtsreichem Wegepfad gequert.

Jenseits ein längeres Stück absteigen, links um einen weiteren Rücken und hinunter in den schmalen, palmenbestandenen Nb-Bco. Hier nicht gerade aufsteigen, sondern im Rechts-Links-Rechtsbogen durch diesen und weiter oben den schmalen Weg entlang. Bei weißem Gestein scharf links ab, vorbei an einer folgenden knorrigen Sabina, und parallel einem zur Rechten tief eingeschnittenen Nb.-Bco. aufwärts. Weiter oben wird er schlängelnd durchquert und aus diesem steil mit Kehren 60 Hm zum nächsten schmalen Aussichtsrücken aufgestiegen. Jenseits wieder schlängelnd durch die folgende scheinbar exakt mit Agaven in Horizontalreihen „bepflanzte" Hangmulde zum nächsten Rücken und um diesen abwärts in den folgenden schmalen, palmenbestandenen und letzten Nb.-Bco. Hoch oben am Teselinde-Kamm die – immer wieder sichtbaren – am Mast befestigten „Salatschüsseln" der Telefonstation.

Aus diesem aufwärts heraus und durch die folgende Hangmuldung und einem weiteren Rücken flach, dann steiler in ein größeres Tal. Dieses wird durchlaufen und wieder steil in Kehren zu einem markanten Hangrücken aufgestiegen. Der nun breite Weg umquert nach links den Rücken, steigt ab und läuft durch den rechten Seitenabfall des Rückens in das in Palmengrün gebettete, alte Dorf **Epina** (5 1/2 Std., 640 m. NN).

Karte Seite 139

Für die Dorf-Durchquerung umwandern wir generell linksseitig auf etwa immer gleicher Höhe diesen hübschen Weiler.

Ins Dorf kommend, sieht man direkt rechts unterhalb des Weges ein Hausdach, danach ein Rechtsabzweig nach unten. Wir gehen hier geradeaus, bei strittiger Weggabelung nicht rechts zu einem Haus (4 Palmen), sondern wir gehen links über eine kleine Steinmauer weiter; kurz danach bei Gabelung rechts leicht abwärts und gerade weiter. Nun rechts unterhalb steiler Hänge – einen Wassergraben überschreitend – gemütlich durchs geruhsame Dorf. Nach dem wiederum zu querenden Wassergraben wandern wir am abfallenden Abzweig *geradeaus* den Hauptweg weiter. An einem kleinen weißen Häuschen (links) vorbei – wieder einen Wassergraben überquerend –, vorbei an einem bergwärts links abgehenden Abzweig, stößt man nach dem Halbbogen ums Dorf auf einen breiten betonierten Dorf-Treppenweg (5 Std. 40 Min., 660 m NN).

Nun liegen noch 190 Hm relativ steilen Aufstiegs nach Chorros de Epina vor uns, die es nach unserem ungemein langen Wanderweg noch zu bewältigen gilt.

Den Treppenweg *links* steil aufwärts, zuletzt an großer runder Zisterne vorbei, zur Asphaltstraße nach Alojera. Die Straße überqueren und links eines betonierten Wasserhäuschens weiter aufwärts. Art und Ausbau der hier folgenden Wegeanlage weist wieder auf einen alten Camino hin, der angenehm in Kehren nach oben führt und durch den nach oben zunehmenden Waldbewuchs noch

zudem angenehm schattig ist. Links oben, ganz nah, das weiße Aussichtsrestaurante – unser Ziel. Wir treffen auf einen Querweg (über diesen nach rechts, vorbei an einem Treppen-Aufgang, in einer Min. zur berühmten Quelle von Epina). Wir gehen diesen links, vorbei an dem nicht weniger berühmten alten Baum (→ Text Seite 292 und Foto Seite 293) im Steilhang und direkt empor nach **Chorros de Epina** (6 Std., 800 m NN) an der Hauptstraße Valle Gran Rey – Vallerhermoso.

Anschlußwanderung
nach Vallehermoso als kürzester Abstieg über **R21** (→ „Anmerkungen", Pkt. 2, Seite 154) oder über **R22.**

Rückweg
nach Arure oder ins Valle Gran Rey: → **R13**, Seite 116.

Chorros de Epina – Aussichts-Restaurante, das einen weiten Rückblick auf unsere Wanderung im Nordwesten bietet

Wandergebiet Vallehermoso

Gehzeit:
ca. 3 Stunden bis zur Nord- spitze „Buenavista" **20.1** + 1 ¼ Stunden Direkt- abstieg zur Playa-Straße, **20.2** + 2 ¼ Stunden Rück- weg und Ab- stieg über den Bco. de Los Guanches, **20.3** + 2 ½ Stunden Rück- weg und Ab- stieg über den Bco. de la Era Nueva.
Ausgangs- punkt: Taxi/Pkw bis Bar/Rest- aurante „Chor- ros de Epina"

20 Chorros de Epina (800 m) – „Ermita Santa Clara" (690 m) – Montaña de Alcalá/„Buenavista" (520 m) – Vallehermoso (186 m)

Lange und einsame, doch bequeme Wanderung hoch über der Küste bis zur „Ermita Santa Clara" und weiter bis zu Gomeras Nordspitze mit ihrer eindrucksvollen, farbintensiven Mondlandschaft. Vom Aussichtsbalkon „Buenavista" bestehen drei Abstiegsmöglichkeiten nach Vallehermoso:

20.1 Den aussichtsreichen **Direktabstieg** von der „Buenavista" und über die Playa-Straße nach Vallehermoso .

20.2 Wanderung zurückgehen und über den abenteuerlichen, anfangs etwas unwegsamen **Bco. de Los Guanches** absteigen.

20.3 Bis zur Ermita St. Clara zurückwandern und absteigen über den reizvollen **Bco. de la Era Nueva.**

Hinweis: Es besteht aufgrund der separaten Anfangs-/ Einstiegsbe- schreibungen auch die Möglichkeit, den Direktabstieg **20.1** als Aufstieg zu wählen oder die Wanderung auch so zu gehen: Aufstieg Bco. de la Era Nueva **20.3** und Abstieg über Bco. de Los Guanches **20.2**

Die vorgeschlagene Tour beginnt an der nächstfolgenden Kreuzung unter- halb der Bar **„Chorros de Epina".** Hier links die Straße in Richtung Epi- na/Tazo/Arguamul/Alojera nutzen. Kurze Zeit später erreicht man eine weitere Straßenkreuzung. Man schlägt den Weg auf der Piste Rich- tung Tazo/Arguamul/St. Clara ein;

die Piste zieht sich in sanften Kehren leicht hinab. Etwa 40 Min. (2,6 km) ab Verlassen der Straße (in Richtung Epina) wird ein Abzweig (630 m NN) erreicht. Es wird der rechte Weg nach Chigueré/St. Clara gewählt.

Man wandert unterhalb des lang- gezogenen Massivs der **Teselinde** (835 m) entlang, deren steil abfallen- den Basaltwände bizarre Säulenfor- mationen zeigen. Weit unten am Meer liegt die Ortschaft Arguamul mit den ihr vorgelagerten Felsklippen; im Dunst kann man die Höhenzüge der Insel La Palma ausmachen. Nach ei- nem längeren Fußmarsch (weitere 40 Min., 2,4 km; insges. 5 km ab Chor- ros de Epina) steht man vor dem Kirchlein **St. Clara** (690 m NN).

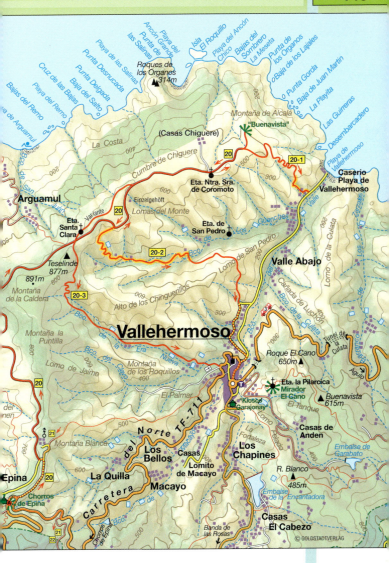

145

Route 20

__Gomeras Norden__ – eine Mondlandschaft. Von eigenartigem, ja faszinierendem Reiz ist die einsame Wanderung von der „Ermita St.Clara" zur „Buenavista". Zwischen diesen steht (→ Foto) die „Ermita Ntra. Sta. de Coromoto"

Von **St. Clara** besteht die Möglichkeit in ca. 25 Min. westwärts über einen schönen aussichtsreichen Pfad (Beginn gegenüber des vom Teselinde-Massiv steil herabziehenden Grates, dort steht auch ein Holzkreuz) nach dem Ort **Arguamul** abzusteigen. Das erste zu erreichende Haus hat einen Laden, in dem man Getränke etc. kaufen kann. Von St. Clara ist auch die Verkürzung der Tour über Abstieg **20.2** oder **20.3** möglich.

Den landschaftlich empfehlenswerten Weiterweg zur Nordspitze Gomeras kann man entweder links (meerseits) der Kirche auf einem reizvollen, schmalen und teilweise verwachsenen Pfad – unterwegs kurzer Blick hinab auf die Felstürme von **Los Organos** – beginnen (er trifft 20 Min. später wieder auf die Piste) oder bequem auf der Piste, an der „Ermita St. Clara" vorbei, weitergehen, leicht abwärts in Richtung NO (Zeit für Hin- und Rückweg knapp 2 Std. ab Ermita).

Die Türme von Los Organos, die man kurz vom schmalen Variantenpfad sieht

Beim Weiterwandern gelangt man in eine Vulkanlandschaft, die wüstenartig wirkt und in ihrer Farbgebung ganz außergewöhnlich ist. Braun, rot, grau, gelb – in allen Schattierungen zeigt sich das Erdreich, von Erosionen zerfurcht, dazwischen das hervorstechende Grün der in dieser karstigen Landschaft noch vegetierenden Pflanzen.

45 Min. ab „Ermita St. Clara" zweigt ein Weg links zu dem verlassenen Weiler **Chigueré** ab. Zur Rechten wurde 1985 ein Kirchlein, die „**Ermita Ntra. Sra. de Coromoto**", gebaut, links, tief unterhalb Chiguerés, liegen jetzt die berühmten **Los Organos**.

Die Los Organos sind eine bis zu 80 m hohe Ansammlung hunderter Basaltsäulen, die in Felsfluchten zum Meer abfallen. Dieses einmalige Naturdenkmal ist nur vom Seeweg her einsehbar (→ Seite 291).

Wir gehen den Weg in Richtung Küste weiter und erreichen nach 15 Min. die **Montaña de Alcalá/ „Buenavista"** und damit den nördlichsten Punkt der Insel. Unter uns

Karte Seite 145

147

Der Blick von der „Buenavista" auf die Nordküste (Richtung O). Nordöstlich vor uns, greifbar nahe, der westliche Teil Teneriffas mit dem imposanten Vulkankegel des Teide (3718 m), der höchsten Erhebung der Kanaren und zugleich ganz Spaniens

iegt die unzugänglich wirkende Küste mit ihrer starken Brandung.

Nach einem geruhsamen Ausblick in dieser Einsamkeit fällt die Entscheidung über den Weiterweg schwer. Alle drei Abstiege haben ihren eigenen Reiz und was man nicht oben zurückgehen will, muß man später unten auf der Asphaltstraße tun.

Abstiegs-Alternativen nach Vallehermoso:

20.1 Direktabstieg von der „Buenavista"

($^3/_4$ Std. bis zur Playastraße, 500 Hm):

In der Senke, unmittelbar vor dem letzten kurzen Anstieg zur „Buenavista", steht ein großer Steinmann. Hier beginnt der Abstiegsweg, der generell über die meerseitige SO-Rippe führt und somit großartige Einblicke auf die N-Küste ermöglicht (→ Foto Seite 147).

Beginn auf der Vallehermoso-Seite mit einer abfallenden Traverse Richtung Meer. In langer Kehre durch den meerseitigen N-Hang auf die eigentliche SO-Rippe. Steil und in kurzen Kehren auf dieser ein langes Stück hinunter. Traverse nach rechts und weiter den Hang abwärts, zuletzt in einen kleinen Nb.-bco.

In seinem Bett ca. 200 m hinunter (Müllablagerungen) und bei den Häusern über eine Betontreppe zur Playa-Straße (20 m NN). Die Straße aufwärts und in gut $^1/_2$ Std. nach Vallehermoso-Plaza.

Bei umgekehrter Begehung als Aufstieg

(gut 1 Std., 500 Hm): 25 m vor km-Stein 3 auf der Straße zur Playa stehen zur Linken erhöht zwei Anwesen. Man nimmt die linke Zugangstreppe, steigt vier Kehren auf, um dann geradeaus – unterhalb des linken Anwesens –vorbei an zwei Palmen, in den kleinen Neben-Bco. hineinzugehen (Müllablagerungen). In seinem Bett – vorbei an 2 Rechtsabzweigen – ca. 200 m auf wenig ausgeprägtem Weg hinauf, dann vorerst nach links und kurz darauf unter der Felsbarriere zur rechten Hangseite wechseln.. Ab hier auf klarem Weg zur „Buenavista".

Roque El Cano (650 m) bei Vallehermoso. Wuchtig reckt sich der etwa 200 m hohe Felsturm in den Himmel (Blick von der Playa Vallehermoso kommend in Richtung Vallehermoso).

Karte Seite 145

20.2 Über den Bco. de Los Guanches
(1 Std., 550 Hm):

Nach 40 Min. Rückweg von der „Buenavista" bemerkt man links unterhalb des Weges in einer Zederngruppe ein Anwesen – das einzige an der Wegstrecke zur „Ermita St. Clara". Von diesem nach weiteren 10 Min. gelangen wir zum gesuchten, wenig auffallenden, breiteren, im spitzen Winkel abfallenden *Linksabzweig* (680 m NN), der unmittelbar vor einem Rechtsbogen des Hauptweges liegt. Der Weg wird hier im Oberteil wenig durch Einheimische begangen, daher sind auch Verfallsmerkmale (Erosionsrinnen, Vegetationsüberwucherungen u.ä.) erkennbar. Bereits von diesem Weg aus ist ein tiefer stehendes Haus mit roten Dachziegeln zu sehen (→ Foto oben), das uns als Orientierung für den späteren Weiterweg nützlich sein wird.

Vor einer Rechtskurve (links eine kleine Palme) zweigt ein steiler, rinnenartig eingemuldeter, in kurzen Serpentinen abwärtsführender Pfad ab. Neben dem Pfad verlassene Ställe und alte Dreschplätze, vor uns das bereits von oben gesichtete Haus, dem man sich zuwendet. *20 m vor dem Haus geht der Pfad nach links* und in weiteren Serpentinen einen Steilhang hinab bis oberhalb des Zusammentreffens zweier, meist ausgetrockneter Bachläufe im Bco.-Grund.

Ab hier bis zum einzigen Anwesen am Wege wurden des öfteren Pfadverlaufsänderungen beobachtet, die mit dem Wechsel der Felderbestellung zusammenhängen könnten.

Meist quert man in den linken Bachlauf und über diesen folgt man einem schmalen Pfad auf der *linken Seite abwärts,* ganz vorsichtig durch terrassierte Weinfelder hindurch.

Nun erreicht man das „Schwalbennest", ein bewohntes Anwesen. Dieses wird *links – bergseitig – umgangen* und unmittelbar jenseits hält man wieder auf das Gehöft zu. Dann auf einem direkt vom Hof wegführenden Weg hinunter zum Bach und über oder ein kurzes Stück in diesem gelangt man zu dem sich auf der rechten Hangseite hinaufschlängelnden Weiterweg. An einem auf der Höhe versteckt liegenden Stall wird der Kamm gequert und dann führt der Weg jenseits in den nächsten kleinen Bco. hinunter. Von hier steigt man wiederum an der rechten Hangseite hinauf. Ab jetzt nur noch bergab (am Abzweig rechts), immer die kühne, mächtige Basaltsäule des Roque El Cano (650 m) hoch über dem Tal im Sichtfeld, bis man die ersten Häuser von **Vallehermoso** erreicht. Auf einer Fahrstraße wandert man noch etwa 15 Min. hinein bis zur Plaza.

Bei umgekehrter Begehung des Bco. de Los Guanches:

ca. 30 m nach der Bar „Los Organos" der Straße Richtung Playa folgen. Hier zweigt links aufwärts eine Ortserschließungsstraße ab, die 1 km weit begangen wird bis zu einem auffallend gepflegtem weißen Haus mit blauen Hausecken. 20 m nach diesem Haus links aufwärts = Beginn des Aufstiegsweges.

Abstiegsweg 20.2 über den Bco. de Los Guanches. Landschaftlich reizvoll und sehr einsam ist diese Abwärtswanderung, zu der im mittleren Abschnitt auch ewas Orientierungsgefühl gehört

Im Bco. de Los Guanches. An der orografisch rechten Bco.-Flanke, hoch über seinem Grund, schlängelt sich der einsame und gemütliche Weg hinaus zum Talkessel von Vallehermoso

20.3 Über den Bco. de la Era Nueva
(1 $^1/_4$ Std., 480 Hm):

Gut 1 Std. benötigen wir von der „Buenavista" zurück zur „**Ermita Santa Clara"** und damit zum Einstieg unserer 3. Abstiegsvariante. Folgender Beginn-Hinweis: Am Ende des felsigen, verlängerten Grates (Nordgrat) des **Teselindemassivs,** sozusagen am anderen Ende des Ermita-Vorplatzes, verläuft im spitzen Winkel zum sich absenkenden Grat (von rechts her – von Chorros de Epina – kommt unser primärer Anmarschweg, der Gratzug teilt also die Wege) unser gesuchter Weg Richtung S.

Den Hohlweg zunächst gemütlich in gleicher Höhe, vorbei an einzelnen Eukalyptusbäumen mit Blick in das weite Rund des Talkessels von Vallehermoso; rechts die dichtbewaldeten Osthänge des Teselindemassivs. Später fällt der Weg leicht ab, man gelangt zu einem Felsgrat, der in einer Rechts/Linkskurve umgangen wird. Nach den *auffallend gelben Sandkuppen* nach rechts und wenig später in vielen steilen Kehren abwärts – zunächst auf ausgewaschenem breiten Weg, danach in grabenartiger Verengung bis zur Einmündung in den **Bco. de la Era Nueva.** Der Pfad führt auf der rechten Bco.-Seite wild sowie auch abwechselnd oberhalb, seitlich und durch bebaute Terrassenfelder hindurch. Nach etwa einer $^3/_4$ Std. Gehzeit ab Ermita erfolgt ein kurzzeitiger Wechsel auf die linke Bco.-Seite. Weiter im Bco.-Grund, einen überwachsenen Dreschplatz querend, bis man zu einer dunkelgrünen Zederngruppe gelangt. An der folgenden Weggabelung (große Steinblöcke, schlanke hohe Palme) gehen wir *nach links* und kurz aufwärts, anschließend wird eine rechts unten liegende große Zisterne passiert. Der jetzt freie Blick geht zum Ro-

Karte Seite 145

151

Vallehermoso mit dem talbeherrschenden Roque El Cano (650 m)

que El Cano, der das nahe Haupttal von Vallehermoso signalisiert.

An den Talflanken wachsen zahlreiche wacholderähnliche Sträucher; Weinfelder an den steilen Hängen künden vom Fleiß und den Mühen der Bevölkerung.

Der Pfad senkt sich dann steiler zu einem sichtbaren Anwesen ab, an dem wir oberhalb vorbeiwandern.

Vor einem Anwesen zur Linken am breiten Talauslauf nochmals ein schöner Blick: gegenüber der wuchtige Roque El Cano, im fruchtbaren Tal unser Ziel **Vallehermoso** – und unter uns der Cementerio, der Friedhof des Ortes, mit seinen wabenähnlichen Grabstätten.

Später direkt durch den kleinen Ortsteil – problemlos durchfindbar – absteigen und über eine Brücke zur Fahrstraße. Den Fahrweg weitergehen bis zur Asphaltstraße (Carretera del Norte), hier links und in 10 Min. hat man die Plaza erreicht.

Bei umgekehrter Begehung des Bco. de la Era Nueva:

Von Vallehermoso-Plaza kommend die Straße Richtung Valle Gran Rey aufwärts bis zum Gebäude der Guarda de Civil. Hier rechts den Fahrweg zum Friedhof, vor diesem rechts hinunter und über die Brücke zu den Häusern aufsteigen. Unterhalb der Zisterne nach links queren – ab hier ist der Weg eindeutig.

Die Plaza von Vallehermoso

152

Gehzeit:
4 Stunden
(2 Std. bis
Chorros de
Epina,
2 Std. Chorros
de Epina bis
Vallehermoso).

Ausgangspunkt:
Plaza von
Vallehermoso

21 Rundwanderung:
Vallehermoso (186 m) –
Chorros de Epina (800 m) –
Forestal de la Meseta (ca. 700 m) –
Banda de las Rosas (520 m) – **Vallehermoso**

Aussichtsreicher, nicht übermäßig steiler Aufstieg zum Teselindemassiv mit Querung nach Chorros de Epina. Danach folgt eine bequeme Abwärtswanderung, anfangs auf der Straße, wenig später auf dem Forstweg am Rande des Nationalparkes.

Bitte beachten Sie die Nationalparkbestimmungen!

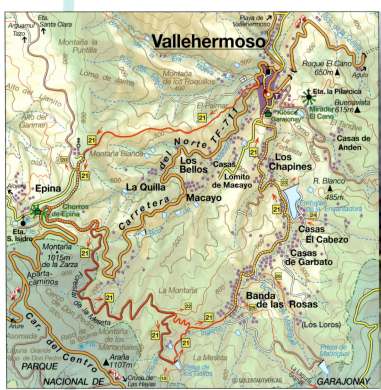

153

Aufstieg von Vallehermoso nach Chorros de Epina. Ein wunderschöner Höhenweg auf dem Kamm einer Rippe führt uns gemächlich über 600 Höhenmeter zum Aussichtsrestaurante

Von der *Plaza* geht man die Hauptstraße Richtung VGR etwa 80 m hinauf, um dann nach links – über Betontreppen aufsteigend – den Straßenverlauf abzukürzen. Nachdem man die Carretera wieder erreicht hat, wird sie gequert, danach steigt man auf der gegenüberliegenden Straßenseite links die Betontreppe weiter bis zum *Anwesen Nr. 46*. Hier verläßt man den Betonweg und geht auf einem alten Weg hinauf auf den Bergrücken.

Zunächst verläuft der Weg auf der dem Bco. de la Era Nueva zugewandten Seite, nach ca. 300 m wechselt der Weg auf die Seite der Hauptstraße, zieht sich an knorrigen alten Wacholderbäumen den Rücken entlang. Nach dem Passieren eines kleinen Felsentores wiederum Wechsel zum Bco. de la Era Nueva – doch nicht lange und der Weg wechselt wieder auf die Straßenseite, um sich jetzt in Serpentinen mit Blick auf die vom Höhenzug Chorros de Epina/Teselinde herunterführende Überlandleitung weiter nach oben zu ziehen. Hierbei werden immer wieder die Bco.-Seiten gewechselt, bis man nach etwa 1 Std. Gehzeit einen schönen Aussichtsfelsen – bestens geeignet zu einer ausgedehnten Rast – erreicht.

Nach der eindrucksvollen Aussicht steigt man weiter. Vor dem letzten Steilaufschwung wird der Weg ein Stück von der Überlandleitung begleitet. Den Steilaufschwung meistert man, indem in Serpentinen gemächlich angestiegen wird; im oberen Teil ist der Weg stark überwachsen, geht dann in einen Hohlweg über, um sich danach wieder zu verbreitern. Genüßlich zieht er sich im letzten Stück am Hang des bewaldeten **Teselindemassivs** entlang, unterquert letztlich die Überlandleitung und trifft unterhalb der Telefon-Umsetzer-Anlage auf den Stumpf einer Piste und 50 m

Route 21

Am Forestal de la Meseta. Der lange, aussichtsreiche Forstweg lädt unterwegs zur Brotzeit ein (Blickrichtung vom Forestal R21, „Haarnadelkurve", in den Abzweig R22 Richtung Kammzug La Montaña).

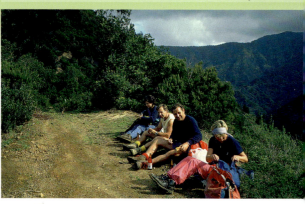

später auf die Asphaltstraße. Hier links abwärts zum Restaurante von **Chorros de Epina**.

Von dieser einsam an der Straße stehenden Aussichtsgaststätte hat man einen eindrucksvollen Blick auf das tief unten liegende Dorf Epina, das Meer und die Insel La Palma sowie rückwärtig bei guter Sicht bis zur Westküste Teneriffas.

Anmerkungen:

1. für das evtl. Weiterwandern über **R 20** nicht bis zum Restaurante gehen, sondern am ersten Abzweig von der Straße nach rechts weg!

2. **bei umgekehrter Begehung der R 21,** d. h. bei direktem Abstieg nach Vallehermoso, geht man von der Hauptstraße die Fahrstraße zur Telefon-Umsetzer-Anlage bis kurz unterhalb der Station. Vor der scharfen Linkskurve (direkt unter der Station) zweigt eine alte Piste rechts ab. Hier Abstiegsbeginn.

Ab **Chorros de Epina** verläuft die Wanderung *Richtung Vallehermoso auf der Landstraße abwärts,* von der auch bald im Blickfeld der die Wanderung begleitende mächtige, das Tal von Vallehermoso beherrschende Felsklotz Roque El Cano zu sehen ist.

Nach 20 Min. begibt man sich von der Straße auf den *rechts abzweigenden breiten Forstweg,* mit der Beschilderung *„Camino Forestal de la Meseta"*

Der nun folgende Panoramaweg führt an den Abhängen des urwaldähnlichen, mit Wasser reich gesegneten Cedrowaldes mit seiner üppigen Vegetation entlang.

Man wandert den Forstweg – ein Teilabschnitt ist Nationalparkgrenze – mit seinen vielen Windungen fast ausschließlich in gleicher Höhe entlang, kommt an einem Felssturz vorbei (nach langanhaltenden Regenfällen verschütten oft Hangrutsche die Piste) und genießt die Stille, die nur ab und zu durch Vogelgezwitscher oder die Schreie eines kreisenden Falken unterbrochen wird.

Karte Seite 152

155

Nach 1¼ Std. Gehzeit ab Chorros de Epina passiert man einen markanten scharfen Rechtsbogen – „Haarnadelkurve" – (in Bogenmitte links Abzweig von → **R22** über La Montaña nach Vallehermoso) und erblickt erstmals die Staumauer eines Wasserspeichers. Etwa 20 Min. später erreicht man den Stausee **Presa de los Gallos** und das 1993 neu erbaute Desposito (Rückhaltebecken).

Hier steigt man vom Forstweg (655 m NN) ca. 20 m ins Bachbett ab, *hält sich links,* um den kleinen Pfad oberhalb der letzten Terrassenfelder zu erreichen. Der Pfad (mit leider zahlreichen lästigen Brombeerlianen) in halber Höhe der linken Talseite quert oberhalb und zwischen den Terrassenfeldern hindurch, wird allmählich breiter und führt problemlos hinab zu den ersten Häusern des fruchtbaren Weilers **Banda de las Rosas** (530 m). Hier beginnt die Asphaltstraße, der man nun 4,5 km folgt (ein Taxi kann im Bedarfsfall vom nächsterreichbaren Telefon organisiert werden; Ruf-Nr. → Seite 286).

Interessant und abwechslungsreich ist diese Straßenabwärtswanderung durch die anmutig und hübsch gelegenen Weiler. Immer wieder bieten sich lohnende Fotomotive.

Nach 1 Std. Wegzeit erreichen wir **Vallehermoso.**

In Vallehermoso wird am **„Kiosco Bar Garajonay"** vorbeigegangen; zum Einkehrschwung auf ein Gläschen vorzüglichen Gomera-Weines aus dem Anbaugebiet Vallehermoso, kann angeraten werden (der Wirt ist auch Taxifahrer – für den Bedarfsfall, Tel. 922 800211).

„Kiosco Bar Garajonay"

✗

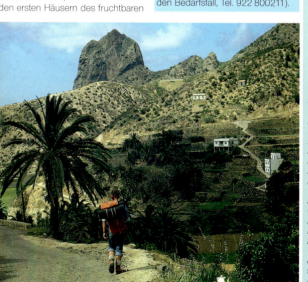

Südlich von Vallehermoso mit Roque El Cano (650 m). Es ist lohnend auf der Asphaltstraße vom Weiler Banda de las Rosas nach Vallehermoso abwärts zu wandern: wechselnde Landschaftsbilder, üppige Vegetation und die Beobachtung des örtlichen Treibens

Gehzeit:
3 Stunden
(als Rundtour
5 Std.).

👉 **Tip:** Diese Wanderung läßt sich ähnlich **R21** als Rundtour ausführen: Wie **R21** in 2 Std. von Vallehermoso nach Chorros de Epina; von dort weiter gemäß Beschreibung **R22**.

Bitte beachten Sie die Nationalparkbestimmungen!

22 Chorros de Epina (800 m) – Forestal de la Meseta (ca. 720 m) – La Montaña – Vallehermoso (186 m)

Auf dieser gemütlichen Abwärtstour wandert man anfangs auf einem breiten Forstweg entlang der Ausläufer des Nationalparkes Garajonay mit seiner interessanten Flora. Dabei genießt man herrliche Rundblicke in das Tal von Vallehermoso mit den gewaltigen Hängen des zentralen Inselteiles. Im 2. Abschnitt führt ein schmaler Pfad durch die bewachsenen Talflanken hinunter in nächste Nähe Vallehermos.

Ausgangspunkt: Pkw/Taxi bis Bar „Chorros de Epina" (lohnenswerte Auffahrt bis zur Bar wegen der dortigen Aussicht und Besichtigung der Quelle, → Ausführungen beim Beginn der Wanderbeschreibung) oder *direkt* bis zu dem von der Carretera – unterhalb von Chorros de Epina – abzweigenden Forestal de la Meseta.

Anmerkung: Bei **umgekehrter Begehung der R22** ab Vallehermos geht man von der Plaza (Zentrum) die in Richtung Banda de las Rosas führende Straße ca. 1,5 km aufwärts bis etwa *100 m vor einem Umspannmast* mit Stützsäulen. Hier in der engen Straßenkurve bei 3 Häusern *rechts ab* die Piste aufsteigen.

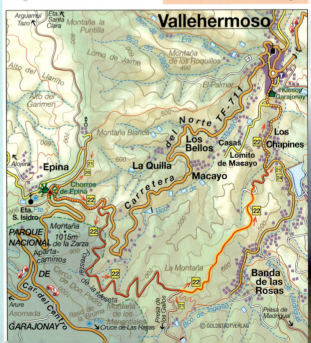

157

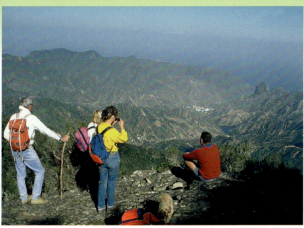

„Rolfs-Platte" Blickrichtung Vallehermoso. Nur Insidern bekannt sind die wunderschönen, felsigen Aussichtskanzeln, die – durch Zufall entdeckt – nur auf verschwiegenen Waldpfaden erreichbar sind. Über den von der linken Bildmitte herabziehenden Höhenrücken verläuft R22.

Die Paßhöhe, mit Bar und Restaurante **„Chorros de Epina",** wird des öfteren von den hier frei durchwehenden Passatwinden „stürmisch beeinflußt". Die Aussicht ist bei entsprechenden Wetterverhältnissen großartig und reicht bis zur Nachbarinsel La Palma. Neben der bekannten Quelle mit besonderer Wasserqualität kann hier eine botanische Rarität bewundert werden (→ Seite 115, 293).

Ab **Chorros de Epina** verläuft die Wanderung auf der Landstraße *Richtung Vallehermoso* abwärts, von der auch bald im Blickfeld der die Wanderung begleitende, mächtige, das Tal von Vallehermoso beherrschende Felsklotz Roque El Cano zu sehen ist (650 m NN).

Nach ca. 20 Min. erreicht man *rechts* auf einen Forstweg (Beschilderung „Forestal de la Meseta"). Es ist ein breiter, gut ausgebauter Forstweg, der von der Carretera abzweigt.

Dieser Panoramaweg **„Forestal de la Meseta"** führt an den Abhängen des mit Wasser reich gesegneten Cedrowaldes mit seiner üppigen Vegetation entlang, und ist teilweise zugleich die Grenze des Nationalparkes.

Man wandert den Weg mit seinen vielen Windungen fast immer in gleicher Höhe entlang, kommt an einem großem Felssturz vorbei (nach langanhaltenden Regenfällen oft Hangrutsche über dem Weg) und genießt die Stille, die nur ab und zu durch Vogelgezwitscher und Schreie kreisender Falken unterbrochen wird.

Nach einer $3/4$ Std. auf dem Forstweg zweigt in einer *Haarnadelkurve* der Piste (Blick nach Vallehermoso) – direkt an einer Ausweichstelle für Fahrzeuge – *linkerhand* und fast rechtwinkelig in Richtung O unser Wanderweg ab (720 m NN).

!Am Beginn des „Forestal de la Meseta"

Im folgenden Abschnitt wandern wir auf einem schmalen Pfad, der abschnittsweise recht verwachsen ist (lange Hosen ratsam), aber landschaftlich sehr schön durch die vegetationsreiche Talflanke des Höhenzuges La Montaña in die nächste Nähe von Vallehermoso hinunter führt.

Wir begehen den *geradeausführenden* (kurz nach dem Abzweig von der Piste geht rechterhand ein unauffälliger Pfad abwärts, über den man abkürzend zum Ort Banda de las Rosas gelangt), anfänglich breiten Weg – vorbei an einem Regenmesser –, der dann als Pfad rechtsseitig des Kammzuges **La Montaña** verläuft.

Blick auf die Felder des oberen Bco. de la Cuesta, an dessen Ende auf die Staumauer des Embalse Presa de Los Gallos und den neuerbauten Desposito (Rückhaltebecken).

Nach 10 Min. Gehzeit ab Forstpiste gelangen wir zu einer scharfen Wegbiegung.

Schräg rechts unter uns sehen wir den Ort Banda de las Rosas. Weit drüben am Hang das Dörfchen Casas de Anden.

Nach wie vor zieht sich der Pfad an der rechten Hangseite entlang. Plötzlich taucht rechts vor uns wieder der talbeherrschende Roque El Cano auf. Durch eine brombeerbewachsene Zone führt der schmale, manchmal arg verwachsene Pfad zu einem gelbsandigen Aussichtsplateau (20 Min. ab Forstpiste, 670 m NN).

Der Weiterweg verläuft etwas links des Plateaus als *Hohlweg steil hinab* in eine Senke des Höhenzuges (615 m NN, links sichtbar der Ort Macayo und die zur Paßhöhe steil hinaufführende Carretera). Nach der Senke kurzer Anstieg, rechts um einen Felskopf herum und rechts unterhalb des Kammes – mit neuerlichem kurzen Anstieg – weiterwandern. Dann kurz auf dem Kamm, Wechsel nach links, nochmals zum Kamm – von hier wiederum schöne Ausblicke nach Vallehermoso und dem bewaldeten Höhenrücken der Teselinde (876 m NN). Die nach einer Felsengruppe folgende Weggabelung ($^1/_2$ Std. ab Forstweg) begeht man nach links; direkt unter uns die Terrassen von Ende der 80er Jahre angelegten Weinfeldern und über dem Ort Vallehermoso der mächtige Roque El Cano. Unmittelbar vor dem sich nun aufbauenden großen, langgestreckten Felsmassiv biegt man in den linken Hohlweg ab. Man quert einen abgedeckten Wassergraben; danach den alten Pfad oder parallel dessen die Piste 100 m abwärts zum Pistenbogen. *Geradewegs über den Pistenbogen* und weiter – generell Richtung El Cano – direkt der gelben Gesteinsrippe abwärts bis wieder die Piste die Rippe schneidet. Erneute Kurvenüberquerung und weiter hinab den unschönen, wenig ausgeprägten Abstieg bis ein 3. Mal die Piste erreicht wird. Nun ab hier *die Piste über 5 Kehren abwärts* zum engen Straßenbogen der Asphaltstraße Banda de las Rosas – Vallehermoso, die bei 3 Häusern erreicht wird (1 Std. 20 Min. ab Forstpiste, 300 m NN). Die Straße nun etwa 25 Min. abwärts bis zur Plaza nach **Vallehermoso.**

Eine Einkehr in dem kleinen „Kiosco Bar Garajonay" (guter einheimischer Wein, kleine Gerichte), am Wanderweg kurz vor der Plaza, kann empfohlen werden.

Rundwanderung:
Vallehermoso (186 m) –
Embalse de la Encantadora (310 m) –
Höhenzug Lomo de Pelado (400 m) –
Vallehermoso

Gehzeit:
3 Stunden.

Ausgangspunkt:
Plaza in Vallehermoso

Anmerkung:
Bei **umgekehrter Begehung der R23:**
die Piste gegenüber Bar „El Zoco" bis an deren Ende aufsteigen, weiter über Betontreppen zu Haus Nr. 15; hier Pfadbeginn

Eine anspruchsvolle Halbtageswanderung, die anfangs auf der Straße entlang führt, doch ab dem Stausee befindet sich der Wanderer wieder abseits auf wenig begangenen Pfaden.

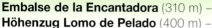

Von der Plaza – Beginn Calle Triana – nimmt man die Straße nach **Banda de las Rosas**. Nach etwa 2 km wird die Staumauer des **Embalse de la Encantadora** bei **El Cabezo** erreicht.

Jetzt von der Hauptstraße *links* den Fahrweg hinunter und über die Staumauer gehen. An deren Ende sofort links über 3 Betonstufen aufwärts. Geradeaus vorbei an plattigem Fels und zuletzt über diesen zu einem dicken Wasserrohr (=WR). Dem Rohr ein Stück entlang aufwärts auf schmalem Pfad, der danach an der grusigen Hangseite oberhalb des Talgrundes entlang führt.

Wo man das WR wieder erreicht, teilt sich das Tälchen. Wir nehmen den linken Ast parallel dem WR, bis dieses nach rechts abbiegt.

Weiter aufsteigend wechseln wir vom linken Talgrund in den verwachsenen Grund selbst (ausgewaschene Rinne) und an einer dichten Palmen-/Schilfrohrgruppe bleiben wir wieder links des Grundes.

Nach der letzten Palme, einem dichten Brombeerfeld ausweichend, wird

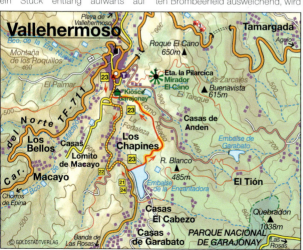

Embalse de la Encantadora mit dem Dorf El Cabezo.
Reizvoll eingebettet trägt dieser künstliche Stausee – ganz abgesehen vom Nutzen – zur Bereicherung der Landschaft bei (Wasserfassung 1 Mio. m³, Fertigstellung 1973)

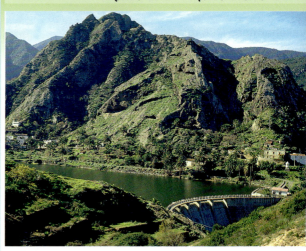

das Tälchen *nach links* verlassen und über die linke Hangflanke, teilweise etwas pfadsuchend, in Bögen aufgestiegen.

Kurz danach steht man an einem größeren Wasserdepot auf dem Höhenrücken **Lomo de Pelado.**

Nach ausgiebiger Rast, bei der das Fotografieren nicht zu kurz kommen sollte, geht man von der Zisterne etwa *50 m wieder zurück* und läuft den rechten Pfad längs einer gelben Gruskuppe weiter. Es ist ein ausgeprägter Weg mit danebenliegender Wasserleitung, der den Wanderer in Richtung Vallehermoso führt.

Man folgt dem Weg abwärts, die Wasserleitung ist längere Zeit Wegbegleiter. In einer augenfälligen Einsattelung mit Blick auf Vallehermoso geht es links des gelben Gesteinskammes weiter hinunter. Kurz darauf quert der Weg die Wasserleitung und führt auf eine weitere Einsattelung hin, von der man in beide Täler, nämlich in das zum Stausee Embalse de Garabato führende Tal und in den Bco. de Ingenio, blickt.

Nur 5 m geht man jetzt rechts des Kammes. Es folgt eine scharfe Kehre und der Pfad zieht sich in Serpentinen, immer links der Hangseite zu Obstfeldern, später zu Weinterrassen hinunter. Oberhalb der letzteren rechts über eine Felsplatte weiter absteigen. Dann setzt sich der Weg weiterhin an der linken Hangseite bis zu dem ersten Haus (Nr. 15) über einen betonierten Weg, später Piste, fort, hinunter durch einen kleinen Ortsteil von **Vallehermoso.** Im Talgrund durchquert die Piste Bananenfelder und erreicht dann den Rand des Ortszentrums.

Beim dortigen **„Kiosco Bar Garajonay"** empfiehlt sich eine Einkehr, um einen guten Gomera-Wein aus dem hiesigem Anbaugebiet zu probieren.

Vom „Kiosco Bar Garajonay" die Straße weiter bis zur Plaza.

161

Rundwanderung:
Vallehermoso (186 m) –
Aufstieg nach El Tión (560 m) –
Roque Blanco (485 m) –
Embalse de la Encantadero (310 m) –
Vallehermoso

24

Gehzeit: etwa 3 Stunden

Ausgangspunkt: Kinderspielplatz unterhalb der Plaza, an der Carretera del Norte

Brotzeit nahe dem Roque Blanco

Kurze stille, abwechslungsreiche Rundwanderung, die uns bis zur Waldgrenze bringt und beim Auf- bzw. später im Abstieg zwei der schönen Täler rund um Vallehermoso berührt.

Von Vallehermoso der Beschreibung von R 25 (Seite 163) **in 1 $^{1}/_{4}$ Std. bis zum ersten Haus vom Weiler El Tión** (→ **Fettdruck**-Hinweis).

Hinter diesem Haus teilen sich die Wanderwege: links führt **R25** weiter über Cruz de Tierno zum Roque El Cano und *nach rechts* zweigt unser Weiterweg zum Roque Blanco ab.

Er verläuft zunächst längs der offenen Wasserleitung, führt dann beschwerlich durch eine größere Feuchtstelle hindurch, wobei hier der Weg auf ca. 25 m ziemlich verwachsen ist. Hat man diese feucht-rutschige Passage überwunden, findet man einen guten Weg vor, der sich auf einen gelben Gesteinsrücken hinaufzieht.

Nach dem Rücken geht man durch dichten Buschwald die nächsten Bco.-Einschnitte aus, um dann letztlich in die Scharte des **Roque Blanco** (460 m NN) anzusteigen. Der Roque selbst ist 485 m NN hoch.

Von der Scharte führt der gut erkennbare Weg in Richtung W abwärts. Er verläuft in Serpentinen über gelbes, rolliges Gestein, teilweise auch über felsige Partien, ist insgesamt verwachsen – jedoch gut begehbar. Man benötigt nur etwa

Route 24 - Karte Seite 161

Das „erste Haus von El Tión". Hinter diesem „Aussichts-Schwalbennest" trennen sich die Wanderwege R24 (nach rechts) und R25 (nach links).

Blick nach El Tión. R25 zieht sich an diesem Ort entlang und aufwärts in den flachen Sattel. Von dort – links abwärts etwa im Bereich des sichtbaren Gebirgsrückens

15 Min. für den Abstieg bis zur Piste. Kurz vor dieser heißt es nochmals gut auf die Wegbeschreibung achten: dort, wo der Weg auf den betonierten Durchfluß der Wasserleitung auftrifft – *15 m nach rechts gehen* und *sofort nach links* abwärts zur Piste absteigen.

Etwa 20 Min. marschiert man auf der Piste, erst dann kann man sie – etwa 25 m vor einem auf Betonpfeilern stehendem Neubau – über die *betonierte Treppe* verlassen. Die Treppe führt durch die Siedlung hinunter zum oberen Ende des **Embalse de la Encantadora.** Jetzt am Stausee längs und man befindet sich bald darauf wieder am Ausgangspunkt der Wanderung.

163

Rundwanderung:
Vallehermoso (186 m) – **Valle de Garabato** –
El Tión (560 m) – **Cruz de Tierno** (720 m) –
Roque El Cano (510 m) – **Vallehermoso**

25

Gehzeit:
etwa 3 1/2
bis 4 Stunden

Ausgangspunkt:
Kinderspielplatz unterhalb der Plaza, an der Carretera del Norte

Auf dieser Tour erlebt man hautnah die landschaftlichen Schönheiten der Täler um Vallehermoso, steigt in Serpentinen hinauf zum Weiler El Tión, um dann nach einer Pistenbegehung auf angenehmem Pfad den Höhenzug zum Roque El Cano entlangzuschlendern. Ein etwas steiler Abstieg nach Vallehermoso beendet letztlich die Wanderung.

Den Fahrweg neben dem Kinderspielplatz steigt man durch die am Hang liegenden Häuser hinauf. Nach dem Verlassen der letzten Häuser von Vallehermoso zieht sich diese Piste noch fast 2,5 km weit ins fruchtbare Tal hinein, dessen Ende der Stausee **Garabato** bildet. Wir gehen bis etwa 300 m vor die Staumauer. Hier zweigt unvermittelt – ca. 50 m *nach* dem auf der linken Seite stehenden Wasserhaus – nach *rechts* unser Aufstiegsweg ab. Es ist ein alter Weg, der sich steil, aber angenehm in Serpentinen, den Rücken hinaufzieht zum ersten Haus des kleinen Weilers **El Tión**; dieses erreicht man 1 1/4 Std. ab Weggang von Vallehermoso. Schöner Aussichtspunkt und Rastplatz.

Linkshaltend wandert man am ersten Haus vorbei (→ **Abzweig R 24**). Der Pfad führt dann durch die fruchtbaren Terrassenfelder hindurch und nach etwa 5 Min. ab dem ersten Haus steigen

Der Ort Casas de Anden mit dem El Cano

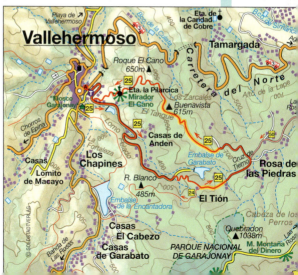

Route 25 - Karte Seite 163

***El Tión –
Rückblick nach
Vallehermoso***

***Der Roque
El Cano (= der
Hund) von
Südosten.
Längs des Gratrückens wandert man zu
seinem Fußpunkt und von
dort links
abwärts nach
Vallehermoso***

wir rechts hinauf zur dort endenden Fahrpiste (Piste von Las Rosas).

Wir folgen jetzt dieser Fahrpiste etwa $^1/_2$ Std., anfangs durch die Siedlung El Tion, später unterhalb eines bewaldeten Berghanges bis in eine *flache Einsattelung mit Pistengabelung.*

In der Einsattelung begehen wir die asphaltierte Straße nach *links* in Richtung auf ein etwa 30 m links neben der Straße stehendes einsames weißes Haus, wobei vorher die Überlandleitung unterquert wird. Vom Zufahrtsweg zu diesem Haus folgt man der Straße noch ca. 200 m, um dann von dieser – vor einer leichten Rechtskurve – nach links abwärts auf einer *anderen Piste* weiterzuwandern.

Wir bleiben etwa 10 Min. auf dieser Piste. Von einer Haarnadelkurve aus hat man wieder einen einzigartigen Ausblick auf den Stausee Garabato, auf El Tión und die rundherum liegenden bewaldeten Höhenzüge. Nur noch 100 m wandern wir auf der Piste, dann – *bevor* die Piste wieder steiler hinunter führt – zweigt *links*, vor einem Gittertor mit Inschrift „Los Zarzales", ein leicht abwärtsführender Pfad auf den dem El Cano zugehenden Höhenzugweg ab. Der Wanderpfad verläuft links des Rückens, ist ziemlich dicht verwachsen, doch gut begehbar. Einige Min. auf diesem Weg und man erblickt zum ersten Mal wieder den mächtigen Roque El Cano. Beim Weiterwandern fällt unser Blick auch hier auf die herrlichen Täler rund um Vallehermoso und auf die Bezirksstadt selbst, bis man letztlich den Wandfuß (510 m NN) des **Roque El Cano** erreicht.

Der El Cano (650 m NN) wurde schon desöfteren bestiegen. Der bisher einzige Anstieg führt im Schwierigkeitsgrad V an der von hier sichtbaren Flanke hinauf zum Gipfel.

Vom *Wandfuß* gehen wir nach *links* mit Blickrichtung zum Ort, den Weg abwärts, der sich später verbreitert und gemächlich in Serpentinen (zur Linken kann man den **„Mirador El Cano"** und die **„Ermita La Pilarcica"** besuchen) bis zum Fahrweg – unserem Wanderungsbeginn – abwärts nach **Vallehermoso** führt.

Rundwanderung:
Vallehermoso/Banda de las Rosas (410 m) – Presa de Marichal (680 m) – Banda de las Rosas (450 m)

26

Gehzeit: 2¼ Stunden ab Banda de las Rosas (+ 1½ Std ab Vallehermoso)

Ausgangspunkt: Vallehermoso bzw. Weiler Banda de las Rosas/Bco. de Ingenio

Die ansprechende Berg-/Tal-Wanderung führt anfangs auf uraltem Weg aufwärts über eine der vielen markanten Bergrippen, die typisch die Talbereiche von Vallehermoso prägen, bis zur Nationalparkgrenze. Weiterhin einer Piste folgend zum 1992 erstellten Stausee wird insgesamt hufeisenförmig durch ein überaus reizvolles, fruchtbares Tal zurück zum Ausgangspunkt gewandert.

Von Vallehermoso/Plaza – Beginn Calle Triana – die kleine Straße nach Banda de las Rosas etwa 3,5 km aufwärts bis zur straßenüberspannenden Überlandleitung. Vom Trafoturm 30 m aufwärts zum Beginn unserer Rundwanderung bei *Haus Nr. 70* im Weiler **Banda de las Rosas**.

Unmittelbar am Haus führen Betonstufen abwärts. Unterhalb des zu umgehenden Hauses sofort rechts in den Talgrund zum dortigen Bach. *Von diesem nach rechts* 18 m im Grund entlang und über das Betonbrückchen zur anderen Seite wechseln. Im Bachgrund wandert man 200 m längs der Terrassenfeldermauern, um dann nach *links aufwärts* einem typischen alten Camino folgend, den Aufstieg durch Felder hindurch zu einer Bergrippe anzugehen.

Der Weg ist breit, anfangs durch Erikabüsche begrenzt. Rechts und links Weinfelder. Diese werden durch einen Eßkastanienwald und dann durch den Übergang in die Fayal-Brezal-Zone abgelöst. Am Weg wechseln Passagen von Steinpflaster, Grus, Erosionsrinnen und Felsplatten. Nach kurzem Anstieg auf der linken Seite des Rückens hat man wieder freien Ausblick nach links in den

Route 26

Beginn des Aufstiegsweges nach La Laguna Grande (Begehungsverbot durch die ICONA)

fruchtbaren Bco. de Madrigal, und man gewinnt eine Übersicht über die Wegführung des Tour-Rückweges.

Etwa 30 Min. ab Wanderbeginn erreicht man eine Senke des Rückens – hier ist der Weg kurzzeitig eben und ermöglicht freie Sicht nach rechts (W) auf das Talende des Bco. de la Cuesta mit Los Loros und weit darüber auf die dichtbewaldeten Abhänge des Nationalparks.

Hiernach wird neuerlich in Serpentinen angestiegen, wobei die Hangseiten des Rückens gewechselt werden. Erst kurz vor dem Erreichen der Piste zum Stausee ist der Weg wieder eben. Die Piste wird nach etwa 50minütiger Gesamtgehzeit in 680 m NN (höchster Punkt der Wanderung) an einem Grillplatz erreicht.

Im bisherigen Aufstiegssinne, die Piste hier querend, die Rippe weiter aufwärts und durch den Nationalparkwald gelangt man auf einem alten Camino über 600 Hm (etwa 2 Std.) nach La Laguna Grande (im obersten Waldteil Verlaufgefahr durch Abzweigpfade, **Begehungsverbot** des Waldaufstieges durch die ICONA).

Nun *links* ca. 700 m die Piste durch Kastanienwald bequem hintergehen bis zu dem 1992 fertiggestellten **Presa de Marichal** im **Bco. de Madrigual.** Die Piste endet hier.

Geradewegs zu einer prächtigen Palme (rechts Betonhäuser, noch weiter rechts die Staumauer). Links auf schmalem Pfad, Richtung einer weiteren Palme, steil abwärts.

Im Bachgrund entlang einer Wasserrohrleitung (9 cm Ø), fortan unser ständiger Begleiter, bis zu einer Palmengruppe (schwarzer verbrannter Stamm), an einer Mauer in kurzem Rechts-Linksbogen und weiter dem Wasserrohr (=WR). Das Gelände wird offener, der Bach ist jetzt links unten. Vor einer Palmengruppe kurze Treppe abwärts und den lieblichen, gut sichtbaren Pfad am rechten Talhang weiter. An 2 hohen Palmen im Talgrund verläßt uns das WR nach links abwärts. Nach einer steilen Zick-Zack-Kehre gelangen wir wieder zu unserem WR-Begleitstrang. Danach geht es hinab in den Talgrund zu einer hohen Palme. Vorbei an dieser geradeaus am rechten Talgrund weiter und immer dem WR entlang.

Wir erreichen nach 30 Minuten ab Pistenende/Stausee alte verfallene Häuser, die jetzt nur noch zweckgenutzt der Felderbestellung dienen. Der Weg steigt nun kurz an. Vor einer

Karte Seite 165

Barranco de Madrigual. Wanderungen in den fruchtbaren lieblichen Seitentälern von Vallehermoso zählen zu den schönsten Touren auf der Insel

Verfallene ehemals schöne Häuser im Bco. de Madrigual. Jede Windung des schmalen Wanderpfades im engen Bco.-Tal eröffnet neue, zauberhafte Landschaftsbilder

dicht stehenden 3er Palmengruppe *verläßt* uns die Wasserrohrleitung entgültig nach links in den Talgrund.
Nach Passieren eines rechts nahe am Weg stehenden Hauses erneuter Anstieg. Hoch über den Talgrund weiter. Erneuter 3. Anstieg, ehe es eben und abwärts zu den Häusern des **Dorfes Garbato** geht.

Ab dem ersten Haus von Garabato benutzt man die *links* abzweigende Betontreppe, die steil abwärts durch den am Hang liegenden Ortsteil führt. Der Weg führt direkt hinüber zur Asphaltstraße Banda de las Rosas – Vallehermoso.

Geht man an der Straße links aufwärts, erreicht man in wenigen Minuten den Ausgangspunkt unserer Wanderung. Nach Vallehermoso sind es von hier noch etwa eine $3/4$ Std. Fußweg.

Wandergebiet Agulo/Hermigua

27 **Höhenstraße/Alto de Contadero** (1350 m) – **„Ermita N. S. de Lourdes"** (970 m) – **El Cedro** (850 m) – **Hermigua** (250 m)

Gehzeit:
ca. 4 Stunden (2 Std. bis El Cedro, 2 Std. bis Hermigua)

Ausgangspunkt:
Taxi/Pkw auf der Höhenstraße bis gegenüber der nördlichen Auffahrtspiste zum Berg Garajonay und dortigen kleinen, roterdigen Parkplatz fahren. Mit **Bus** bis zur Straßenkreuzung „Pajarito". Von dort nach Wegweiser „La Laguna Grande" zu Fuß ca. 20 Min. auf der Höhenstraße in Richtung W. Der Wanderbeginn ist am dortigen kleinen Parkplatz mit Holztafel ausgeschildert

Eine schöne stille Waldwanderung durch den „Bosque del Cedro" im Inselinneren. Bei dieser einsamen Abwärtswanderung auf Pfaden (Waldlehrpfad der ICONA) und Forstwegen im dichten Tertiärwald gelangt man über die „Ermita N. S. de Lourdes" bis ins Dorf El Cedro. Danach Abstieg („Wasserfallweg") über eine beeindruckende Steilstufe und weiter gemütlich hinunter bis in das überaus fruchtbare grüne Tal von Hermigua.

Gefahren-Hinweis:
Wer diese Waldwanderung (bei Auto-Parkung am Ausgangspunkt Alto de Contadero/Höhenstraße) mit alleinigem Zielpunkt des Dorfes El Cedro begeht, sollte bedenken, daß der lange Wiederaufstieg zurück zum Auto über 500 Hm = ca. 2 1/2 Std. angemessene Kondition erfordert.

Der anfängliche Steilabstieg von El Cedro (ab Gittermast) hinunter in das Tal des Bco. de Monteforte verlangt Trittsicherheit und ist teilweise recht exponiert. Äußerste Vorsicht bei Nässe, dann lieber nicht absteigen.

Bitte beachten Sie die Nationalparkbestimmungen!

Anmerkung:
Bei **umgekehrter Begehung der R27** („Wasserfallweg") von Hermigua nach El Cedro: Im Ortsteil **El Colvento**/Hermigua befindet sich – von Richtung Meer kommend – links ein großer Platz, rechts eine große Mauer. Durch die Mauer führen keilförmig zwei Treppen (die rechte führt zu Haus-Nr. 31). Wir gehen die *linke Treppe* aufwärts zu einer oben gelegenen Asphaltstraße. Rechts dieser flach abwärts zu den Casas de San Pedro. Nach Passieren der Roque de San Pedro (Doppelfelsen „Peter und Paul") über eine Brücke und durch Bambuswildnis im Bachbett aufwärts. Rechts zu einem Stall und dort wieder links weiter aufwärts (ehemalige Wegemarkierung blau/ weiß noch schwach sichtbar).

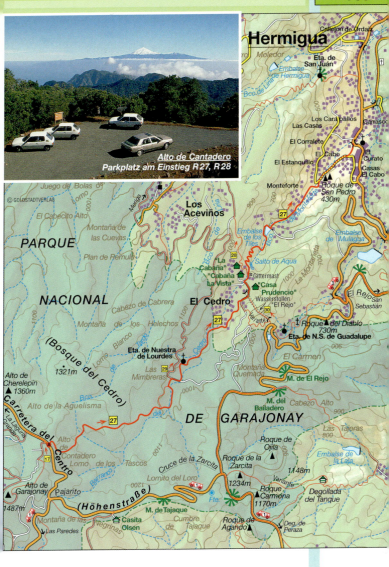

169

Route 27

Im Lorbeerwald <u>Bosque del Cedro</u>

Unmittelbar gegenüber der Zufahrt von N zum Gipfel des Garajonay befindet sich ein angelegter, roterdiger Parkplatz. Hier Einstieg zu dieser Wanderung – beschildert mit Wanderweg „*Itinerario III-A (Ruta a pie) Alto de Contadero – El Cedro (5 km/ 2 Std.)*". Die neben dem Pfad angebrachten Nummern sind Hinweise für den Waldlehrpfad der ICONA.

Vom Parkplatz **Alto de Contadero** am Rand der Höhenstraße führt in NO-Richtung ein anfangs breiter ebener Pfad in den am Parkplatzrand beginnenden Wald. Schon kurz darauf führt er linkshaltend und steiler als Grabenpfad, später mit breiten Stufen, abwärts zu einem breiten, geländergesäumten Plätzchen.

Wegen der Geländesteilheit und dem feucht-nebligen Passat-Einfluß, der den roterdigen Boden äußerst rutschig werden läßt, sowie dem wachsenden starken Begängnis dieses schönen Lorbeerwaldweges, wurden Sicherheits-Geländer angebracht, die zusätzlich eine gewünschte Führung bringen, um den umliegenden Wald zu schonen.

Unser Wanderweg läuft durch den immer dichter werdenden Wald und schlängelt sich durch den schummerig-düsteren, dann wieder dschungelartig überwachsenen Tertiärwald.

Bemooste Bäume mit langen Bartflechten, Relikte umgestürzter Baumriesen und üppig wucherndes Unterholz charakterisieren diesen Wald voller Erikabäume, Kirschlorbeeren, Eßkastanien, riesiger Farne und anderer botanischer Seltenheiten.

Nach etwa $^1/_2$ Std. Gehzeit hört man das Plätschern eines Bachlau-

Karte Seite 169

fes, dem man in geringer Entfernung für kurze Zeit folgt und der uns bald darauf wieder verläßt. Jetzt weiter durch den Wald, in dem sich nur ab und zu noch das Licht bricht.

Nach ca. 1 Std. Gehzeit öffnet sich der dichtbewachsene Wald (Schild „Campamento Antiguo), und man steht auf einem größeren Plätzchen (1035 m NN) mit Schild „Al Alto de Cantadero y de Garajonay". Hier kann man gemütlich rasten und sich der Stille dieses Fleckchens Erde hingeben.

Der Platz wird später gequert und wir gelangen zu einer Verzweigung.

Links wie rechts kommt man zum Ort El Cedro. Rechtsgehend – und damit entlang des Cedro-Baches – wählt man den schöneren Weg.

Somit also rechts hinunter zu einem ehemaligen Grill- und Picknickplatz. Unterhalb dieses Platzes quert man den ganzjährig fließenden **Cedro-Bach,** dessen Plätschern wir bereits schon mal weiter oben vernahmen.

Dem Bach folgend verläuft ab hier der weitere Wanderweg vorerst rechts, dann uferseitig wechselnd, bis hinunter zum Dorfrand El Cedros.

Rechts oberhalb des Baches folgt man diesem und geht dann in einer Rechtsschleife in 10 Min. ab Grillplatz bis zu einer Holzbrücke. Hier den Bach queren und einen breiten Waldweg überschreiten, jenseits 200 m hinab und man trifft auf einen Fahrweg (El Cedro – Los Aceviños, 1000 m NN) mit kleinem Parkplatz.
Ein Wegweiser verweist auf die „Pista forestal a Los Aceviños y Meriga" (→ Beginn **R 29** nach Los Aceviños und weiter nach El Cedro).

Unser Weg geht rechts ein Stück diesen breiten Fahrweg weiter – dabei wiederum den Bach überschreiten – wenige Meter danach gelangt man zu einem neuerlichen Wegweiser „Sendero Forestal al Ermita". Der breite Fahrweg wird gemäß Hinweisschild nach links verlassen und man geht abwärts zum Bach, der über eine weitere Holzbrücke gequert wird. Der Weg zieht sich nun ab dem Bach nach links empor, führt oberhalb desselben an einem Picknickplatz vorbei, bis er sich zu einer erneuten Bachquerung absenkt. Von hier erblickt man durch die Bäume das weiße Kirchlein der **„Ermita Nuestra Señora de Lourdes"** (970 m).

Das Kirchlein wurde von einer Engländerin gestiftet, die früher im Dorf El Cedro ansässig gewesen sein soll. Jeweils am letzten August-Sonntag fand hier immer die größte Inselfiesta (→ Foto Seite 181) statt, zu der die Einwohner Gomeras über teilweise beschwerliche Gebirgspfade kamen und auch Verwandte von anderen Inseln anreisten (wegen der ständig akuten Waldbrandgefahr im nun gegenwärtigen Nationalpark wurde die Fiesta an diesem Ort verboten).

Jenseits wieder den Weg hinab und rechts oberhalb des Baches, bei Weggabelung rechts halten, weiter bis der Weg wieder ansteigt. Unvermutet lichtet sich der Wald, man verläßt ihn und blickt in den Talgrund des versteckt gelegenen Dorfes El Cedro.
Am Wandrand weiter, wo schon nach 100 m das erste Haus sichtbar wird. Nun folgt man durch **El Cedro** einem schmalen Pfad, der an Terrassenfeldern und einzelnen, verlasse-

Im Lorbeerwald das kleine Dorf El Cedro

Zur Einkehr in der „Casa Prudencio"

Hier kann man gemütlich rasten, sich dem Zauber dieses vom dichten Wald umschlossenen einsam gelegenen Berg- und Walddorfes hingeben.

Hier bedient **Don Prudencio,** schon zu Lebzeiten Legende als Gomera-Original. So manchen Silbo-Pfiff dieser einzigartigen Pfeifsprache hörten wir aus seinem Mund. Aber auch Insel-Spezialitäten wie **Arepa** (Maiskolben mit Quark), vorzügliche Suppen oder den süffigen **Montañero** (Kräuterschnaps) aus eigener Herstellung können wir hier genießen.
Tel. 922 880141

Übernachten in der Berghütte „La Cabaña" bei Peter Barth

Gegenüber der Casa Prudencio am Berghang gab's auch einen Wechsel: nach „Hein" folgte Peter. Er, der junge Wirt Peter Barth, versucht mit seiner „La Cabaña" (Berghütte) einen mutigen Start als Restaurations- und Übernachtungshütte (deftige gomerische Hausmannskost), Übernachtungsmöglichkeiten für 12 Personen. Seine kleine Finca, mit Teideblick, in reizvoller Lage, ist sicher ebenfalls ein Besuch wert (→ Seite 183).
Tel. u. Fax 922/80318). Leider ist der Betrieb z.Zt. soviel wie geschlossen, denn man wartet seit geraumer Zeit auf eine Umbaugenehmigung als Bedienung zur Wiedereröffnung.

NEU:
Bar/Restaurante „La Vista"

Überraschend hat sich im kleinen Ort El Cedro eine neue nunmehr 3. Einkehr etabliert! Über Angebot und Sonstiges kann in dieser Auflage noch nichts ausgesagt werden. Aber selbst wenn Speiseangebot und Service gut sind – störend sind die „La Vista"-Reklametafeln, die ringsum an den Wanderwegen nach El Cedro stehen.

Neu auch der kleine anliegende **Campingplatz,** der dem gleichen Besitzer gehört.

Karte Seite 169

173

nen Häusern vorbeiführt, immer in gleicher Höhe. Bei der Weggabelung auf gelbe Markierung achten und dieser folgen. Der Pfad endet an einem breiten Fahrweg, dem man – an einem Trafohaus vorbeigehend – bis zur nächsten Weggabelung folgt. Der linke Fahrweg führt zur Staumauer, unsere Wanderung verläuft jedoch geradewegs und kaum merklich abwärts bis zur Bar **„Casa Prudencio"**, einer einfachen dörflichen Kneipe, die an erhöhter Stelle steht.

Der bekannte **Wasserstollen „El Rejo"** (→ **R30**) befindet sich kurz unterhalb der „Casa Prudencio" (→ Seite 189, links unten).

Der **Weiterweg** von der **Bar „Casa Prudencio"** nach Hermigua (R27 und R30):
Bereits von der Bar sieht man einen auffälligen *Gittermast,* der am Steilabfall des Hochtales von El Cedro steht. Er dient uns als Orientierungshilfe für die Richtung des Weiterweges.

Zunächst von der Bar den schmalen steingetreppten Weg – am eingezäunten Haus mit den scharfen bellenden Hunden vorbei – hinunter zu dem im Talgrund fließenden Cedro-Bach. Im Talgrund gehen wir bis zum neuen Zeltplatz unterhalb der „La Vista". Hier Wegweiser (aufwärts abzweigend → **R28** nach Los Aceviños). Wir wandern geradeaus auf dem Steinweg unterhalb des Zeltplatzes weiter bis zum von oben gesichteten **Gittermast**, den wir nach 10 Min. ab Bar erreichen.

Vom Mast (795 m NN) genießt man einen der eindrucksvollen Insel-Blicke in den steil abfallenden **Bco.**

de Monteforte, in dessen grünes Tal mit den spitzen Felsen ‚Roques de San Pedro' und noch weiter – hinaus bis auf den weiten Atlantik.

Steil führt der Weg an der linken Bco.-Wand in Kehren über viele hundert Treppenstufen hinunter. Bei Nässe sollte dieser alte, teilweise sehr ausgesetzte Treppenweg lieber nicht oder wenn schon, besonders achtsam begangen werden

Im Zuge des Wegverlaufes ist es immer wieder möglich, einen der ehemals größten Insel-Wasserfälle, den etwa 50 m senkrecht abstürzenden **„Salto de Agua"** zu beobachten. Tief grub sich das Wasser in das weiche Gestein.

Durch den bei Wasserknappheit immer wieder notwendigen Aufstau im Dorf El Cedro wird der Bach und damit auch der imposante Wasserfall trockengelegt, so daß dieses Naturschauspiel meist nur noch nach

Abstiegswanderung El Cedro – Hermigua. Der spitze Felsen gehört zu den Doppeltürmen Roques de San Pedro

Route 27 - Karte Seite 169

Roques de San Petro (430 m). "Peter und Paul"-Felsen bei Hermigua. Das fruchtbare Tal von Hermigua eignet sich aufgrund seines Klimas optimal für den Obst- und Fruchtbau. Große Bananenplantagen prägen den Talkessel des Ortes

ergiebigen Regenfällen zu bewundern ist. Als Tourist und inselfremder Wanderer mag man den menschlichen Eingriff bedauern, andererseits Verständnis für die Wasserprobleme der Cedro-Bewohner aufbringen, die nur mit dem wertvollsten Gut Gomeras – dem Wasser – existieren können.

Nach etwa einer $^3/_4$ Std. erreicht man das tief unten liegende Bachbett im Grunde des **Bco. de Monteforte.**

Diesem entlang wandernd ergeben sich immer wieder herrliche Bademöglichkeiten.

Auf dem Pflasterweg gehen wir vorerst am linken Bachufer und am folgenden neu erbauten Stausee **Embalse de los Tiles** ebenfalls links desselben. Erst mit dem Erreichen der Staumauer wechseln wir über diese zum rechten Ufer.

Jetzt im Zickzack zum Bco.-Bett abwärts gehen, man erkennt unten ein weißes Wasserhäuschen. Hier wird zur linken Seite übergewechselt und einer Hauptwasserleitung gefolgt. Nach neuerlichem Seitenwechsel (Wegverlauf parallel der Wasserleitung) erblicken wir die schon nahen steilen Felskegel der Roques de San Pedro (430 m NN, genannt „Peter und Paul"), die nun immer im Blickfeld bleiben.

In halber Höhe geht der Weg talwärts, die ersten Häuser von El Estanquillo, einem höher gelegenen Talort, werden sichtbar. Steil führt der Weg hinunter zu einer großen Zisterne, die rechtsläufig umgangen wird. Nun immer der Wasserrohrleitung und an Trockenmauern entlang durch die fruchtbare Tallandschaft, die – begünstigt durch den niederschlagsreichen Passatwind – zu den ergiebigsten Gomeras zählt. In nächster Nähe der Doppelfelstürme, *unmittelbar bei einem Stall, zweigt der Weg rechts ab* (hier besonders auf die blaue Markierung achten!). Man geht hinunter ins Bco.-Bett, dort durch üppig wucherndes Bambusdickicht direkt auf die beiden Felstürme **Roques de San Pedro** zu. In unmittelbarer Nähe dieser quert man über die Brücke zur Fahrstraße. Hier endet die Wanderung.

Die Straße führt talwärts über den Ortsteil **San Pedro** zu dem oberen Hermigua. Vor dem Museum **„Los Telares"** erreicht man die **Carretera del Norte.**

175

Höhenstraße/Alto de Contadero (1350 m) –
El Cedro (850 m) – **Los Aceviños** (820 m) –
Hermigua (290 m)

28

Gehzeit:
5 bis 5 1/2 Std.
(2 Std. bis
El Cedro,
1 1/4 Std. El
Cedro – Los
Aceviños,
2 Std. Los
Aceviños –
Hermigua)

**Ausgangs-
punkt:** → R 27
(Seite 168)

*Diese stille Lorbeerwaldwanderung durch den Bosque del Cedro beginnt
mit einem schattigen Abstieg entlang des Lehrpfades der ICONA hinter
zum versteckt gelegenen einsamen Dörfchen El Cedro. Der Weiterweg
mit einem kurzen steilen Wiederaufstieg über einen Bergkamm führt hinunter in die Streusiedlung des ebenso einsamen Weilers Los Aceviños.
Noch abgeschiedener ist der dritte Teilabschnitt, bei dem man anfangs
gemütlich dahinwandert, dann aber sehr steil in das lieblich-grüne Tal von
Hermigua absteigen muß.*

Anmerkung: Bei **umgekehr-
ter Begehung der R 28 von
Hermigua** aus geht man in
Hermigua die Carretera del
Norte bis zum Ambulatorium
(Nähe Rathaus). Bei der
Telefonzelle Abzweig eines
breiten Weges; über Treppen
steil aufwärts, der Piste folgen
bis zum 1. Haus nach der
Haarnadelkurve. Hier weiter
über Treppen zur „Ermita San
Juán" und weiter aufwärts.

Gefahren-Hinweis: Vorsicht
beim Steilabstieg nach Hermigua, insbesondere bei Nässe.

**Bitte beachten Sie die Na-
tionalparkbestimmungen!**

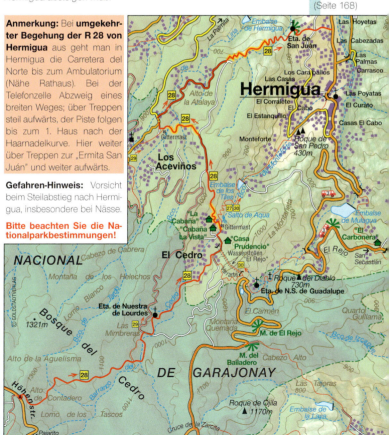

Route 28

Der subtropische Lorbeerwald – Bosque del Cedro: Märchenhaft im Anblick der sich im dichten, grünen Blätterwerk brechenden Sonnenstrahlen

Wir folgen der Wanderbeschreibung R 27 bis hinunter in das Dorf El Cedro zur Bar „Casa Prudencio" und von dort noch ein kurzes Stück Richtung Hermigua (R27→ Seite 173) bis zum Gittermast.

Bereits von der Bar **„Casa Prudencio"** sieht man den auffälligen Gittermast, den wir eigentlich nur wegen der dortigen Aussicht besuchen. Uner späterer Weiterweg zweigt bergwärts am Wegweiser unterhalb des Zeltplatzes ab.

Vom **Gittermast** (795 m NN), an der Abbruchkante des El Cedro-Hochtals haben wir eine großartige Aussicht in den Bco. Monteforte, zu den spitzen Nadeln der Peter und Paul-Felsen (Roques de San Pedro) und weiter zu den Vororten des Municipalortes Hermigua.

In Talblickrichtung beginnt der steile Treppenabstieg → **R27** und **R30** hinab in den Bco. Monteforte und in diesem weiter auf reizvollem Wanderweg nach Hermigua.

Für unseren Weiterwanderweg nach Aceviños müssen wir auf gleichem Weg ein kurzes Stück zurück zum Wegweiser unterhalb des kleinen Campingplatzes.

Hier steigen wir auf betoniertem Weg bergwärts, bis zur neuen (verlängerten) Piste. Auf dieser nun steil aufwärts bis fast zu ihrem Ende. Hier rechts an der Böschung (Steinmann) zweigt unser Wanderweg nach Aceviños ab.

Nahe von hier befindet sich die „La Cabaña" vom jungen Wirt Peter Barth (→ Anmerkungen Seite 172, Foto Seite 183).

Über viele roterdige Stufen weiter aufwärts in den bald beginnenden Wald. Nach einer gemütlichen Traverse steigen wir den alten, hier steingepflasterten, Camino steil in Kehren aufwärts. Ab und zu ergeben sich rechts noch offene Ausblicke in das Bco.-Tal Monteforte/Hermigua. Wir erreichen nach 30 Min. ab Gittermast eine Wegteilung. Wir gehen rechts flach in etwas gleicher Höhenlage weiter und erreichen nach 5 Min. eine Piste (980 m NN).

Karte Seite 175

Der Piste folgen wir nun anschließend insgesamt 15 Min.: Nach Einmündung des alten Camino von El Cedro geradeaus (rechts) ein längeres Stück – vorbei an einem klotzigen betonierten Wasserbehälter zur Linken – abwärts und wieder ein kurzes Stück aufwärts zu einer Pistenverbreiterung (links Häusergruppen, markantes weißes Flachdach, Fernseh-Antenne, Peitschenlampe, 50 Min. ab Gittermast, 925 m NN). Hier sind wir am Rand des Dorfes **Los Aveciños** angelangt.

Hinter dem Flachdachhaus bzw. der Peitschenlampe gehen wir links am Waldrand auf erdigem Pfad abwärts, das ausgewiesene Privatgebäude bleibt links. Bei einem sichtbaren ebenerdigen Ziegeldach zur Linken geht man nach rechts in den Wald und steigt den rinnenartigen schmalen Weg durch den Wald abwärts (unterwegs Kreuzung Wasserrohrleitung und Überschreitung eines roten Plätzchens). Vor einem weiteren rotsandigen Platz geht man links steil abwärts über einen getreppten Hohlweg bis zum Bachbett. Nun entlang von Trockenmauern und Dorfpeitschenlampen – den Bachlauf dabei querend – den Grabenweg weiter. Kurz darauf nicht links den Graben weiter, sondern rechts abwärts den Straßenlampen nach hinab ins nächste felsige Bachbett.

Umschlossen von Lorbeerwald eine größere Rodungsinsel mit dem kleinen Weiler **Los Aceviños**

!

Jenseits am Gittermast der Überlandleitung vorbei kurz aufwärts zur Piste (→ **R29** vom oberen Los Aceviños kommend) und diese nach rechts zur nahen Asphaltstraße (1 1/4 Std. ab El Cedro, insgesamt 3 1/4 Std., 820 m NN).

Wir befinden uns hier am nordöstlichen Rand des Dorfes Los Aceviños und müßten zwecks evtl. Getränkekaufes 12 Min. durchs Dorf die Asphaltstraße aufwärts zum rechtsstehenden Haus-Nr. 9 gehen.

Für die Weiterwanderung folgen wir den Bögen der Asphaltstraße 150 m abwärts (die Straße führt weiter nach Merica und in Folge nach La Palmita).

An der dortigen rechts abgehenden, breiten Asphaltstraße gehen wir steil hinunter zum Pistenweg in der Talsenke und weiter in Anfangsrichtung eines höher oben gelegenen Anwesens. Im ersten Pistenbogen passieren wir rechts einen größeren Orangenhain. Fast eben, generell jedoch leicht ansteigend, bummelt man der sich in vielen Windungen dahinziehenden Piste parallel einem fast vergessenen Bco.-Tälchen entlang. Still und einsam ist's in diesem abgelegenen Inselteil und wir können hier wahre Ruhe genießen. Immer wieder ducken sich ein paar alte, meist auch verfallene Häuschen und Ställe in den Waldhängen längs des Weges.

Nach einem steilen Pistenrechtsbogen wird das Haus-Nr. 7 des scheinbar vergessenen Mini-Weilers **Hoya de Mena** erreicht. Im weitausholenden Linksbogen wird das folgende Tal ausgegangen. Man gelangt zu einer Pistengabelung (35 Min. ab Los Aceviños, 815 m NN).

Hier heißt es, etwas aufzupassen: Wir gehen die Piste *links abwärts,* aber nur 20 m. Im dortigen *Pistenrechtsbogen gehen wir links weg,* also in *Laufrichtung geradeaus.* Wir nutzen hier einen abwärtsgehenden Pisten-Abkürzer, einen Pfad, der bald zum tiefen, felsigen Hohlweg wird.

Von hier oben können wir auch unseren deutlich sichtbaren nächsten Wegeabschnitt einsehen.

Bald wird wieder die von rechts kommende, verwachsene Piste erreicht, der wir abwärts bis zu einem markanten, größeren, rötlichen Einzelfelsen folgen (45 Min. von Los Aceviños, 755 m NN).

Der Piste vom rötlichen Felsen weiter abwärts folgen. Sie ist im Folgeabschnitt stark verwachsen, wobei auch Brombeerlianen vereinzelt peinigen (das ehemalige Pistenprojekt sollte wohl mal eine Verbindung Los Aceviños – Hermigua herstellen, allein die Natur war wieder einmal stärker). Entlang der Felsen zur Linken geht es durch die Verwachsungszone abwärts. Nach einer felsigen Bruchzone – links rötliche Felsen – wird der Hohlweg vorübergehend freier.

Ein kleiner runder *Aussichtsstein rechts bietet einen phantastischen Panorama-Blick auf Hermigua,* unserem Tagesziel, mit dem Bco. de Monteforte und der vielgipfligen Bergkette des Enchereda-Massivs. Unter uns auch das Kirchlein „Ermita San Juán", an dem wir beim folgenden Abstieg vorbei müssen.

Man geht den Trampelpfad noch so weit, bis man zwangsläufig zum *rechts befindlichen richtigem Ab-*

stiegsbeginn gelangt, da ab dort die ehemals weitergehende Piste völlig zugewachsen ist (rd. 1 Std. ab Los Aceviños, 700 m NN).

Der hier beginnende Steilabstieg führt über beachtliche 500 Hm (gut 1 Std.) hinunter in das überaus fruchtbare Tal von Hermigua (bis zum Kirchlein San Juán sind es 35 Min. Abstiegszeit).

5 Min. ab Steilabstiegsbeginn trifft der Pfad auf einen breiten, verwachsenen Weg, der allerdings schon nach 50 m wieder nach rechts verlassen wird. Man passiert eine gefaßte Quelle. Am folgenden Wegabzweig nicht in Richtung der dunklen Bco.-Wand gehen, sondern im spitzen Winkel hinunter durch die Terrassenfelder bis zu der von weit oben bereits gesichteten **„Ermita de San Juán"** (430 m NN).

Am Kirchlein, einem wunderschönen Mirador, können wir nochmal rasten und uns der Ausblicke erfreuen.

Von hier sind es nur noch 10 Min. Abstieg zur Straße im oberen Hermigua, wo sich der Weg auf der gegenüberliegenden Seite mit 15 Min. Gehzeit zunächst in breiten Treppen, danach als breiter Weg bis zur Carretera del Norte fortsetzt.

Hier trifft man zwischen *Haus-Nr. 103 und 105* (am Ambulatorium, 190 m NN), in **Hermigua** ein.

Der Talkessel von <u>Hermigua</u>. Abstiegswanderung von Los Aceviños über die „Ermita de San Juán"

Gehzeit:
4 1/2 Stunden
(1 1/2 Std. bis
Los Aceviños,
1 1/4 Std. Los
Aceviños –
El Cedro).

Ausgangspunkt:
Mit Pkw bis
Waldparkplatz
oberhalb der
„Ermita N.S. de
Lourdes" an
der Pistenstraße El Cedro
– Los Aceviños.

Bitte beachten Sie die Nationalparkbestimmungen!

29 Rundwanderung:
Parkplatz oberhalb der „Ermita Nuestra Señora de Lourdes" (1000 m) – Los Aceviños (880 m) – El Cedro (850 m) – Parkplatz oberhalb der „Ermita N.S. de Lourdes"

Stille Wanderung durch das Herzstück des Nationalparks, dem „Bosque el Cedro" - gerade richtig, um in die kaum berührte Natur des jahrhundertealten Waldes zu lauschen. Wir besuchen auf dieser Tour die beiden einsamen Walddörfer Los Aceviños und El Cedro.

Anfahrt: Von der **Carretera del Centro** (Höhenstraße) über den Abzweig „Cruce de la Zarcita" die Verbindungsstraße Richtung Hermigua 1,5 km bis zum Abzweig nach El Cedro. Dort links ab (Beschilderung *„Monte del Cedro"*) und auf der Piste 1,6 km bis Abzweig zum Dorf El Cedro (Beschilderung *„Aula de la Naturaleza, Caserio - Vivero"*). Wir fahren an diesem Abzweig geradeaus – links – entsprechend der Beschilderung *„Barranco y Ermita"* und gelangen nach 1,8 km auf schlechter Piste zum Ausgangspunkt.

Von der **Carretera del Norte** über den Abzweig „El Rejo" die Verbindungsstraße Richtung „Cruce de la Zarcita"/Carretera del Centro bis zum Rechtsabzweig in das Dorf El Cedro. Weiter siehe oben Anfahrt von der Carretera del Centro.

181

Besuch der Ermita
Will man der Ermita (leider geschlossen) einen Besuch abstatten, so begibt man sich vom Parkplatz in Anfahrtsrichtung und bei der Beschilderung „Sendero Forestal al Ermita" entsprechend dieser links ab in 10 Min. zur Ermita (970 m NN).

Das bekannte Wallfahrtskirchlein „Ermita Nuestra Señora de Lourdes" wurde von einer englischen Einwanderin gestiftet. Die traditionellen alljährlichen Sommerfiestas wurden wegen der dabei möglichen akuten Waldbrandgefahr verboten

Für unsere Wanderung **R 29** gehen wir die Piste vom Parkplatz *(Achtung: Uhrzeitbeginn festhalten!)* entsprechend der Beschilderung „*Pista forestal a Los Aceviños*" in Fortsetzung der Anfahrtsrichtung (nun leider per Pedes!) weiter. Sie zieht sich in vielen, vielen Windungen und Kehren durch den dichten stillen Lorbeerwald, wobei man *keinem der an der Piste beginnenden Rechtsabzweigungen folgt*. Ganze 6 km (etwa 1 1/2 Std.) zieht sich der Forstweg relativ eben bis Los Aceviños hin. Wer den Abzweig/Abkürzer verpaßt, geht nur etwas länger der Piste entlang und gelangt dann ebenso ins Dorf **Los Aceviños.**

Abkürzungs-Alternative
Wir können aber um 1 km unsere Waldwanderung verkürzen, wenn wir aufmerksam das letzte Wanderdrittel beobachten: Nach 4,7 km – etwa gut 1 Std. ab Parkplatz – sieht man erstmals die Häuser vom Weiler Los Aceviños durch den Wald schimmern. *Man achte nun* auf ein im *dichten Wald 5 m rechts unterhalb der Piste* liegendes, im lichtschwachen Waldesdämmern *nicht sehr auffälliges betoniertes Wasserhaus (sichtbares Flachdach mit einem Türmchen)*. Von diesem geht man noch 200 m samt Pistenbogen aus, *danach Rechtsabzweig* (935 m NN).

Wir gehen von der Piste den rechtsabzweigenden Pfad parallel einer Wasserrohrleitung, vorbei an einem trockenen Betonbassin, unterqueren eine kreuzende dicke Wasserrohrleitung, gehen unmittelbar danach eng an einer großen Zisterne vorbei und kommen aus dem Wald mit freier Sicht auf das Urwalddorf **Los Aceviños.** Man geht dem Pfad – von der Piste etwa 8 Min. – bis zum 1. Peitschenlampenmast der Dorfbeleuchtung. Dort am roterdigen Platz (links große Agaven) links abwärts, immer den Beleuchtungslampen nach, zum Bachgrund. In diesem ein kurzes Stück bis zur Piste. Dieser links aufwärts zu einer breiteren Piste. Dort rechts ab in wenigen Min. zur beginnenden Dorf-Asphaltstraße (20 Min. ab Abweig von der Wanderpiste, links Abzweig zu der eigenartigen **bunkerähnlichen Kirche,** (→ Foto Seite 294) die man anschauen sollte).

Auf dem Abkürzungsweg nach Los Aceviños

Route 29

Vom Abzweig (zur „Bunkerkirche") nun die Asphaltstraße abwärts. Man erreicht links das Haus-Nr. 9, wo die Möglichkeit besteht, sich etwas Eßbares zu kaufen, oder – viel wichtiger – seinen Durst zu löschen ($1^1/_2$ Std. ab Ermita-Parkplatz, 880 m NN).

Unser anschließender Weiterweg geht nur 35 m der Asphaltstraße abwärts zur dortigen Peitschenlampe; zur Vermeidung des unangenehmen Straßengehens weichen wir nämlich über eine schöne Parallel-Variante aus. Von der Straße rechts steil – Wasserrohr-Überschreitung – den erdigen Weg abwärts.

Nun wandern wir diesen schönen Innerortsweg immer entlang der Straßenlampen. Nach 3 Min. Wegkreuzung: nicht mehr den Straßenlampen nach rechts folgen (Gittermast), *sondern links weitergehen.* Agaven, alte Kastanienbäume und Palmen säumen den Weg. An einer fotogen gebogenen, in den Weg gewachsenen Palme besteht Gefahr, dagegen zu rennen! An einem betonierten Wasserschacht mündet unser Weg in einen anderen; diesem in gleicher Laufrichtung folgen.

Wir erreichen nach 10 Min. ab Haus-Nr. 9 einen zur Rechten sichtbaren „strategischen" Gittermast; er signalisiert den folgenden Abzweig nach rechts hinab ins felsige Bachbett. Über dieses und *jenseits hinauf entlang der Straßenlampen* den Innerortsweg weiter bis zu einem nächsten Bachbett, das wir linksgehend queren.

! Hier beginnt ein 100 Hm-Aufstieg durch den Wald über einen teilweise felsigen Hohlweg oder grabenartigen Wegepfad.

Bereits nach kurzem Beginn Wegeteilung: nicht mehr rechts den Lampen nach, sondern *geradeaus* aufsteigen. Nach neuerlicher Wegeteilung *gehen wir links!* Ein größerer roterdiger Platz wird *vor diesem nach rechts* passiert. Den Grabenpfad aufwärts, ein weiteres rotes Plätzchen überschreitend, bis zu neuerlicher Wegeteilung. Wir *gehen rechts* – Wasserrohrleitung-Überschreitung – und gelangen dann zum Waldrand bei einem ebenerdigen Ziegeldach (rechts). Von hier nicht weiter zum privaten Anwesen, sondern *vor diesem linksgehend direkt am Waldrand aufwärts* zu einer Piste (35 Min. ab Haus-Nr. 9, 925 m NN) und Anwesen mit Fernsehantenne.

Der Piste nun *rechts* leicht abwärts folgen, über eine flache Senke und wieder – vorbei an zwei weiteren Anwesen – aufwärts bis zu einem rechtsstehenden, klotzigen, betonierten Wasserbehälter. Von hier noch 100 m weiter auf der Piste bis zum links beginnenden Abstiegsabzweig nach El Cedro (45 Min. ab Haus-Nr. 9, 980 m NN).

Zunächst läuft der Wanderweg wellig in etwa gleicher Höhenlage weiter. An der nach 3 Min. später folgenden bergwärts ziehenden Abzweigung hält man sich *geradeaus;* danach beginnt der Abstieg mit steilen Kehren. Am abfallenden Hang wird es lichter und wir haben immer wieder Blickkontakte zum vom Urwald umrahmten Dörfchen El Cedro und seinen zwischen Feldern und Obstbäumen liegenden Häuschen. Es folgt eine lange Traverse und danach ein steilerer, roterdiger Treppenhohlweg, über den man zu einer neu abgeschobenen Piste gelangt (Steinmann).

Hier nahe die Einkehr „La Cabaña", (→ Seite 172 und 183).

Karte Seite 180

Über die Piste nun abwärts bis in den Talgrund und über die dortige Steinbrücke (danach rechts Wasserstollen → Ausmündung **R 30** von Hermigua) und kurzen Anstieg zur Bar **„Casa Prudencio"** (1 $^1/_4$ Std. ab Los Aceviños, 850 m NN, → Ausführungen Seite 172).

Nach mehr oder weniger ausgiebiger Rast müssen wir noch einen 150 Hm-Aufstieg mit ca. $^1/_2$ Std. zum Ausgangspunkt bewältigen. Wir gehen nach links den breiten Fahrweg – vorbei am Abzweig zur Staumauer hinunter – talaufwärts bis zu einem Trafohaus. Unmittelbar nach diesem steigt man *links* den kleinen Pfad hinan. Der Weiterweg zieht sich gemütlich durch den oberen Ortsteil, passiert Felder und erreicht den Waldrand, um uns dann auf bequemen Weg, parallel dem unten fließenden Cedro-Bach, durch den Hochwald hindurch zur **„Ermita N.S. de Lourdes"** und zu unserem Ausgangspunkt zurückzubringen.

183

Von Los Aceviños kommend Blick auf ein Teil des Dorfes <u>El Cedro</u> („Casa Prudencio", darüber das Campamento del Cedro)

<u>El Cedro:</u>
Wandereinkehr bei Peter Barth im „La Cabaña"

Gehzeit:
5 Stunden
(1 Std. bis zum
Tunel de la
Cumbre,
2 Std. bis zum
Dorf El Cedro,
2 Std. Abstieg
nach Hermigua)

**Ausgangs-
punkt:**
zu Fuß oder
mit dem Taxi
bis km 17,5 der
Carretera del
Norte, beim
Stausee Mula-
gua. Der Start-
und Zielort Her-
migua ist
gleich, doch
Ausgangs- und
Endpunkt-Ört-
lichkeiten sind
ziemlich weit
auseinander
gelegen.

30 Rundwanderung:
Oberes Hermigua/Carretera del Norte (340 m)
unterhalb des Embalse de Mulagua –
Tunel de la Cumbre (630 m) –
„Camino Guadalupe" –
Wasserstollen nach El Cedro (850 m) –
Hermigua/San Pedro (250 m)

*Eine besonders abwechslungsreiche und abenteuerliche Wanderung in
4 Teilabschnitten:*

30.1 *reizvoller Anstieg im Blickfeld des wilden Enchereda-Massivs bis zum
Tunel de la Cumbre; von dort schafft die Carretera del Norte die
Abwärtsverbindung für den weiteren Aufstieg,*

30.2 *dem Pilgerpfad „Camino Guadalupe", vorbei an einem Bildstock und
der „Ermita N. S. de Guadalupe" zur Verbindungsstraße Carretera del
Centro – Carretera del Norte und von dieser aufwärts zu einem gewal-
tig aufsteilenden Bergmassiv und dem an seinem Fuße beginnenden*

30.3 *Wasserstollen „El Rejo", den man durch den Berg, 500 m lang und fin-
ster, zum Urwalddorf El Cedro mit Rastplatz Bar „Casa Prudencio"
„durchtastet", von dort die*

30.4 *klassische, steile aber großartige Abwärtswanderung nach Hermigua,
→ R 27.*

Gefahren-Hinweis: Die Begehung
des 3. Teilabschnittes, „Wasserstollen
nach El Cedro", ist bei weitgehend
trockener Stollensohle und mit geeig-
neter Beleuchtung (Taschenlampe,
wegen Zugwind möglichst kein Ker-
zenlicht) ungefährlich. Es bedarf
allerdings schon etwas Mutes, vom
Tageslicht in den 0,5 km langen,
stockfinsteren (Stollenknick, daher
anfangs das Lichtloch des Ausganges nicht sichtbar!) und etwa 1,60 m
hohen (also im Bedarfsfalle Kopf einziehen!), im Lichtraum roh ausgehauenen, Tunnel einzusteigen.

Der 4. Abschnitt, Steilabstieg von
El Cedro (Gittermast) hinunter im Tal
des Bco. de Monteforte, verlangt
Trittsicherheit und ist teilweise recht
exponiert. Äußerste Vorsicht bei
Nässe, dann lieber nicht absteigen!

Anmerkungen: Wichtige Empfeh-
lungen für die Wanderung:
– nach dem **1. Teilabschnitt** auch
Weiterwanderung in Kombination
mit Wanderung → **R34** über den
Aussichtspunkt Cumbre Carbonera möglich, dann Rückweg durch
den Autotunnel oder Abstieg wie
Aufstieg;
– trifft man beim **3. Teilabschnitt**
auf einen starken Wasserdurchlauf
mit einer daraus resultierenden Unbegehbarkeit des Stollens, besteht
die Möglichkeit, auf einem nahe
gelegenen Wanderweg (→ Seite
188) über den Bergzug La Montañeta ebenfalls das Dorf El Cedro
zu erreichen (1. Std.).
– Wegbeginn der Teilabschnitte bei
umgekehrter Begehung ist jeweils an deren Ende beschrieben.

185

Blick auf das Verbindungsstück von 30.1 auf 30.2 und hinein in das Tal des „Camino Guadalupe"

30.1 Oberes Hermigua – Tunel de La Cumbre

Man gelangt über die **Carretera del Norte** hinauf bis etwa zu km 17,5 und steht damit genau unter der wenig auffallenden, schrägen Staumauer des **Embalse de Mulagua** (Mulagua ist übrigens der alte Name von Hermigua). Das Staubecken hat 820 000 m^3 Speichervolumen (Bauende 1981).

Hier in dem zwischen km 17 und 18 liegenden Straßenbogen verläßt man bei einem Häuschen die Asphaltstraße nach *links* (Richtung Staumauer) über eine Piste und geht diese 70 m bis zu dem weißen Wasserhaus. *Unmittelbar vor dem Wasserhaus nach links*. 20 m eben, dann kurz den schmalen Felderpfad – an der Palme und der steil abfallenden Wasserrohrleitung vorbei – nach oben ansteigend bis zu einem linkerhand auffallenden wellblechabgedeckten Schuppen. Der an dieser Stelle *nach rechts abzweigende* Pfad *ist unser Anstiegsbeginn* (von der Straße 290 Hm = 1 Std. bis zum „Tunel de la Cumbre").

Der Pfad führt steil in vielen kurzen Kehren – im unteren Teil wird ein offener Wassergraben gekreuzt – den Rücken links vor der Staumauer empor. Etwa auf ihrer Höhe und *30 m davor* (nicht den Pfad zu ihr hinstreben!), weiter *bergwärts* steigen und zu einem Gratrücken laufen, den man kurz vor einem Gittermast der Überlandleitung erreicht. Nach dem ersten Masten der Überlandleitung ist der Wanderweg von Agaven gesäumt, ab und zu wird er aufgelockert durch fotogene, knorrige Sabinas – windverformte Wacholderbäume.

Wo der Grat felsig wird, geht man rechts dessen parallel der über uns laufenden Stromleitung in einen Nb.-Bco. und läuft diesen fast in gleicher Höhe nach rechts (Achtung, anfangs Wegabbruchstelle, die jedoch gut passierbar ist). Die folgende Felswand wird links (über uns eine fotogen gebogene Palme) umgangen und oberhalb des folgenden Nb.-Bco. ein kurzes Stück exponiert gelaufen. Bei Trockenmauern zur Linken steil aufwärts, erreicht man bei einem verfallenen Haus wieder einen Gratrücken.

Sehr schön nun mitten auf dem Gratrücken, der wiederum von vielen Agaven gesäumt ist. Leider folgt auch ein kurzes Stück durch Brombeer-Wildnis, vorbei an einem rechtsstehenden wellblechgedeckten Schuppen, und weiter auf dem Gratrücken zum 3. Gittermast. Direkt an diesem vorbei und durch dichteres Gebüsch steil empor. Eine kleine freie Hangfläche – Rückblick zur Talsperre – wird nach links diagonal gequert, vor der Telefonleitung wieder rechts gegangen und kurz darauf ein Pistenbogen erreicht. Dieser Piste folgt man letztlich rechts Richtung Telefonholzmast und 4. Gittermast (schöner Indischer Lorbeerbaum) zur **Carretera del Norte**, unmittelbar vor dem **„Tunel de la Cumbre"** (1 Std., 640 m NN).

Für einen evtl. Weiterweg zur **Paßhöhe des Cumbre Carbonera** (→ R34) geht man die Carretera del Norte ca. 250 m abwärts bis Restaurante „El Carbonera". Gegenüber des Anwesens beginnt der Aufstieg.

Anmerkung:
Bei **umgekehrter Begehung vom „Tunel de la Cumbre" abwärts nach Hermigua:**

Nahe dem nordwestlichen Tunnelausgang befindet sich ein Gittermast und ein schöner Indischer Lorbeerbaum. Der dortigen Piste ein Stück abwärts bis zum nächsten Pistenbogen. Den dortig links abzweigenden Pfad abwärts.

Karte Seite 185

30.2 „Camino Guadalupe"

Der Weg zum **„Camino Guadalupe"** verläuft zunächst ca. 2 km auf der **Carretera del Norte** *abwärts*, Richtung Hermigua. Dabei passiert man den Straßenabzweig **„El Rejo"** (Verbindungsstraße zum „Cruce de la Zarcita"/Carretera del Centro – Höhenstraße).

In Höhe Abzweig hat man vom rechten Straßenrand einen guten Orientierungs-Einblick zum Beginn des 2. Wanderabschnitts: Rechts unterhalb des kühnen Roque del Diablo (Teufelsturm) sieht man in der Straßenrechtskurve den Tunnelbogen einer Bach-Unterführung. Im unmittelbar dahinterliegenden Tal verläuft der Anstieg des „Camino-Guadalupe".

Vom anschließenden km-Stein 14 sind es noch etwa 300 m auf der Straße (2 Kurven). Man verläßt die Straße am *Anfang der 2. Kurve – vor der Leitplanke – nach links* (30 Min. vom Tunel de la Cumbre, 520 m NN).

Hier beginnt der **„Camino Guadalupe"**, ehemals ein Teilstück von einer der 7 klassischen Wanderungen (→ Seite 32, teilweise noch verblaßte, blau-weiße Markierung bis Hermigua sichtbar).

Auf schmalem Pfad, in Wanderrichtung *links* des Bachlaufes, 70 m eben dahin bis zu einem Wassergraben, der überschritten wird. Dann steigt der Pfad zu einem Wellblechtor an, schwenkt vor diesem steil nach links ab und umgeht im weiteren rechtsläufig das hinter dem Tor liegenden Anwesen. Weiter parallel des nun tiefer liegenden Baches. Nach einigen Min. ansteigender Wegverlauf oberhalb von Terrassenfeldern, danach wieder eben entlang.

Dann wird rechts zum Bach hintergegangen, dieser bei plattigem Fels *überquert* (Wegumgehung eines kleinen Wasserfalles), und jetzt *rechts des Bachlaufes* zunächst steiler in Kehren aufgestiegen. Wegepflasterungen signalisieren abschnittsweise die Wegeanlage als Camino reales.

Im gemütlichen Anstieg, entlang von Trockenmauern bebauter Felder, vorbei an einem zweiten kleinen Wasserfall und auch mal in direkter Bachberührung, gewinnt man bachbegleitend langsam an Höhe. Hoch über dem „Camino Guadalupe" thront der Felszahn **Roque de Diablo.**

Etwa *20 m vor dem Waldrand* bzw. dem vorgelagerten Bach-Rechtsbogen wird rechterhand ein Treppen-Aufstieg passiert, den man *nicht* aufwärts gehen sollte. Somit gelangen wir geradeaus zu dem markanten *Rechtsbogen des Baches* (Achtung: Verhauermöglichkeit! Hier *nicht* den Bach überschreiten zu einer sichtbaren Wegfortsetzung, 25 Min. ab Carretera, 630 m NN).

Den *Rechtsbogen des Baches –* kurzzeitig weglos *– unmittelbar rechts im Bachbett* (vorbei an einem auffällig großen Felsblock) ca. *30 m aufwärts folgen* zu einem *links im Wald beginnenden breiten, aber versteckt liegenden Pflasterweg.* Diesen alten,

!

Der „Camino Guadalupe", rechts hinten der Roque de Diablo

wunderschön-schattigen Waldweg nun eine geraume Weile aufwärts folgen, sich verengend, gerahmt von hohem dichten Brombeergestrüpp, wird er kurzzeitig zum „Büßerweg", bis kurz darauf ein auf freiem Platz stehender Bildstock unter schattigen Kiefern erreicht wird (30 Min. ab Carretera, 700 m NN). Hier legt man gerne eine längere Rast ein.

Dieses Plätzchen verläßt man im Aufstiegssinn in *spitzem Winkel nach rechts* (d.h. nicht gerade über das Plätzchen weitergehen!). Der jetzt hier durch Kiefernnadeln angenehm zu belaufende Wanderweg führt zu einem Anwesen (rechts wieder unser Teufelsturm) und vor diesem im Linksbogen – vorbei an der oberhalb stehenden **„Ermita Nuestra Señora de Guadalupe"** – weiter aufwärts. Vor mehreren Terrassentrockenmauern rechts ab und entlang weiterer steiler empor. Wieder werden Trockenmauern erreicht. Diesen nun parallel aufwärts zu einem Betonhäuschen und noch etwas aufsteigend zur Asphaltstraße (Verbindungsstraße), die man an einer *runden Zisterne* erreicht . (insges. 2 $^{1}/_{2}$ Std., 770 m NN).

Anmerkung:
Bei **umgekehrter Begehung des „Camino Guadalupe"** von der Verbindungsstraße Carretera del Centro/Höhenstraße zur Carretera del Norte abzweigend und abwärts:
Von der Einmündung des breiten Fußweges (vom Wasserstollen El Cedro kommend) in die Straßenrechtskehre die Verbindungsstraße etwa 80 m abwärts. Unmittelbar nach der dort links befindlichen runden Zisterne beginnt ebenfalls links der Abstieg.

30.3 **Wasserstollen „El Rejo" – El Cedro/ „Casa Prudencio"**

Auf der Straße 80 m aufwärts bis zum folgenden steilen Straßen-Linksbogen. *In der Kurve rechts,* bei der Trockenmauer, über 5 breite Treppenstufen aufwärts und in 3 Min. den breiten Weg im Rechtsbogen zur mächtigen Felswand des **La Montañeta.** Dort, wo von dem Weg ein Mast sichtbar wird, befindet sich der östliche Tunnelmund des gesuchten **Wasserstollens,** genannt **„El Rejo".**

Wanderweg über das La Montañeta – Massiv nach El Cedro (1 Std.)
Bei **Unbegehbarkeit des Stollens** kann man ebenfalls im Auf- und Wiederabstieg über einen alten Camino und durch den schattigen Bosque del Cedro zum Urwalddörfchen gelangen: 50 m von der asphaltierten Verbindungsstraße Richtung Wasserstollen gehen. Dort *linkerhand* Beginn des Aufstiegs (800 m NN). Den gut findbaren Treppenweg – gleich anfangs bei einem betonierten Wasserkasten ein schöner kleiner Aussichtspunkt – in 35 Min. empor zur Haarnadelkurve der El Cedro-Piste (1000 m NN). Nun *nicht zur Kurve,* sondern sofort *rechts* den steilen Waldweg hinunter und über einen freien Platz zur Jugendferienanlage „Campamento del Cedro". *Vor dem untersten Quergebäude nach rechts* (Waschtröge) und sofort *links* über Pfad und Steilstufen zur Betonzufahrtspiste nach El Cedro. Dieser *rechts* abwärts zur „Casa Prudencio".

Vorsorglich mit Taschenlampe/Kerze ausgerüstet (notfalls geht's auch *ohne Licht;* dann möglichst Kopf einziehen und beide Arme ausstrecken,

Karte Seite 185

189

um tastend beidseits Felsführung zu haben. Erst ab der Streckenhälfte/ Stollenknick sieht man als Orientierungspunkt das kleine Lichtloch des Ausganges), steigt man in den nur im Anfangs- und Endbereich betonausgekleideten Wasserkanal (→ Foto rechts) und läuft mutig los. Nach etwa 250 m Durchtasten passiert man die Stollenkrümmung und sieht dann weit vorn als Hoffnungsschimmer das kleine Ausganglichtloch.

Bei 500 m Länge, 3 m Höhendifferenz durchwandert, besser durchtastet, man in etwa 8 Min. den gesamten roh ausgehauenen Stollen, dessen Sohle bei Wasserdurchlaufsperre nur feucht (einzelne Wasserlachen) und relativ eben ist.

Schon sichtlich erleichtert betritt man jenseits das nun besonders hell im Tageslicht wirkende Hochtal des einsam liegenden Urwalddorfes **El Cedro.** Es ist wirklich eine „andere Welt", ein Eintritt in eine andere Umgebung, die aber schnell zu eigen wird, zumal der Gang in die überaus nahe kleine Dorfbar **„Casa Prudencio"** (→ S. 172) Stärkung verspricht und nur wenige Schritte nach rechts oben notwendig macht (20 Min. ab Verbindungsstraße, 850 m NN).

Anmerkung: Bei **umgekehrter Begehung von El Cedro/„Casa Prudencio" durch den Wasserstollen „El Rejo" zur Verbindungsstraße:** Von der kleinen weißen, erhöht stehenden Bar „Casa Prudencio" mit Blickrichtung ins Tal von El Cedro, sieht man ganz links einen breiten Fahrweg von oben auf die Casa zu führen. Vor dieser knickt er nach links unten ab.; da hinunter müssen wir gehen.

Mit Ausrüstung einer Taschenlampe oder mit Notbehelf einer selbstgebastelten „Windlichtkerze" (Wachskerze in leerer, kopfstehender, halbierter Kunststoff-Mineralwasserflasche (Kerze beim Wirt kaufen, hilft auch bei der „Windlicht"-Herstellung) nur wenige Meter und Minuten den nach links abwärts führenden Fahrweg hinunter und nach *links* (nicht über die Brücke!) zum etwas versteckt liegenden Stollenbeginn gehen. Nun nicht in den nach rechts führenden betonierten Stollen, sondern in den *linken (geradeaus) in den Berg führenden Stollen* einsteigen.

30.4 Abwärtswanderung nach Hermigua

Für den 4. und letzten Teilabschnitt, die Abwärtswanderung nach Hermigua über 600 Hm in etwa 2 Std.
→ **R27 ab Bar „Casa Prudencio"** (→ **Fettdruck,** Seite 173).

Die Beschreibung bei **umgekehrter Begehung des 4. Teilabschnittes** von **R30** ab **Hermigua**
→ „Anmerkung" **R27,** Seite 168).

Der östliche Zugang zum Wasserstollen von El Cedro. Durch dieses Stollenloch verläuft die R30.3 Je nach Wasserstand tasten wir uns abenteuerlich durch die dunkle 500 m-Röhre, nach El Cedro

**Anschluß-
wanderungen
ab El Cedro:**

→ **R27**
umgekehrt zur Höhenstraße bzw. zum Garajonay;

→ **R28**
über Los Aceviños nach Hermigua;

→ oder Rundwanderung:
R28 nach Los Aceviños,
R29 zurück von Los Aceviños nach El Cedro.

31 Rundwanderung:
Agulo (200 m) – La Palmita (690 m) – Juego de Bolas (750 m) – Agulo

Gehzeit: 4 Stunden

Ausgangspunkt: Bus/Taxi/Pkw bis Agulo, Carretera del Norte - Aussteigen an der Schule, ggf. hier parken.

Auftakt der Wanderung ist die Durchsteigung der mächtigen roten Steilwand („Bisquite") über Agulo. Dann im Hochtal gemächlicher; vorbei am Stausee von La Palmita zum Dorf La Palmita und weiter aufsteigend zum ICONA-Zentrum Juego de Bolas mit interessanten Ausstellungen. Danach Abstieg in Richtung Agulo: vorerst gemütlich, dann abschnittsweise auch steiler, den gut ausgebauten Camino in den Bco. de las Rosas bis hinunter zur Carretera del Norte und zum Ausgangspunkt zurück.

! Gefahren-Hinweis: Die Durchsteigung der „Roten Wand von Agulo" verlangt Bergerfahrung, d.h. Trittsicherheit und weitgehend Schwindelfreiheit. Der Treppenaufstieg wurde 1994 neu instandgesetzt und ist somit bestens zu begehen.

Die „Rote Wand von Agulo". Alpine Szenerie mit imponierenden Tiefblicken! Man muß sie durchstiegen haben, um die schönsten und großartigsten Wanderwege auf La Gomera zu kennen

191

Aufstiegsbeginn bei der Treppe an der *"Casa Aixa" (Haus Nr. 14)* in **Agulo**. Die Treppe 5 Min. durch die Terrassenfelder empor zur **Carretera del Norte** und diese direkt überqueren. Der Weg verläuft von der gegenüberliegenden Straßenseite (Beschilderung *"La Palmita"*) in einer Art "Direttissima" steil und direkt durch die landwirtschaftlich genutzten Felder bis unter die Felswand.

Die Durchsteigung der **"Roten Wand von Agulo"** gehört inzwischen zu einer überaus reizvollen Pflichtübung eines jeden echten Gomera-Wanderers. Nicht nur wegen des interessanten Aufstieges, sondern auch wegen des prächtigen Tiefblicks hinab auf Agulo, den – wie viele meinen – schönsten Ort La Gomeras.

Von dort geht es in kühnen Serpentinen weiter aufwärts, bis man sich nach kurzer Querung einem Eukalyptusbaum (385 m NN) nähert, um sich wieder nach rechts in steilen Kehren abzuwenden. Alpine Szenerie mit großartigen Tiefblicken!

Die meisterhaft gelegte, geschickt die natürlichen Gegebenheiten ausnutzende Wegführung, zollt Respekt vor der Wegebaukunst der „Altvorderen" (Altkanarier).

Nach Beendigung des Steilaufstieges folgt ein weiteres Band; dann steht man über dem **"Salto de Agua"** (475 m), dem „Wasserfall".

Dieser wurde durch Aufstau zum Plätscher-Rinnsal degradiert (nur bei Starkregen schäumt er in alter Wucht und Größe).

Von hier nochmals einen letzten Blick auf das tief unten liegende Agulo werfend, verläßt man die Steilwand nach 40 Min. Aufstieg.

Man geht *neben* dem Wasserkanal in ein kleines Tälchen und quert am Ende der unteren Terrassenmauer diesen Kanal um über größere Stufen die *rote Rippe* aufzusteigen, über die man zu dem 1994 gut ausgebauten Wanderweg gelangt. Dieser führt hangquerend, oberhalb des **Embalse de la Palmita**, auf die kurz vor den ersten Häusern des Ortes **La Palmita**

ICONA – Informationszentrum Juego de Bolas. (Centro de Visitantes, Tel. 922 800903) nahe dem Ort La Palmita. Nordwestliche Autozufahrt von Las Rosas, südliche von La Laguna Grande. Sehens- und hörenswerte Inselinformationen, Ausstellungen und Filmvorführungen.

befindliche Piste (Natursteinwegweisersäule mit Hinweis nach „La Palmita" bzw. „Agulo", 530 m NN, gefaßte Trinkwasserstelle; Wegzeit bis hier ca. 1 Std. ab Weggang in Agulo).

Nun die Piste ca. 2,5 km talaufwärts (unterwegs, an einem Linksabzweig hinab zu den Häusern, gehen wir *geradeaus;* beim Auftreffen unserer Piste auf eine von rechts kommende, gehen wir geradeaus, d.h. links) begehen; rechts und links an den Bco.-Hängen liegen die Häuser des Ortes weit verstreut - bis die Piste vor *einer scharfen Kurve* unmittelbar an den steilen Berghang heranführt. Hier befindet sich linkerhand eine *kleine unscheinbare Betonbrücke;* das war bis vor 1994 der Weiterweg, da die Piste hier endete. Mit dem Weiterbau der Piste geht man nun auf dieser durch die scharfe Kurve und achtet auf den zweiten rechterhand abzweigenden kleinen Weg, nämlich den alten Weg, der von der neuerstellten Piste abgeschnitten wurde. *Der Weg zweigt etwa 50 m nach der Kurve ab* (großer Stein!) und bringt den Wanderer *direkt* hinauf zu dem von riesigen Natursteinmauern umgebenen Vorplatz der **„Ermita San Isidro"**. Von hier geht man auf der Asphaltstraße nach *rechts* hinauf zum **ICONA-Informationszentrum Juego de Bolas** (Zeit ab Agulo etwa 2 Std.).

Zur Einkehr empfohlen: Bar/Restaurante „El Tambor". Sehr gute kanarische Küche, freundliche Bedienung. Tel. 922 800709

Für den **Weiter- und Rückweg** geht man *zwischen* dem Zentrum und dem Restaurante *zum Parkplatz* hinauf, läßt die Natursteinmauern dieser Anlage hinter sich, um bald darauf auf eine anfangs rotsandige Piste (nicht die Asphaltstraße abwärts) zu treffen, der man folgt. Nach ca. 10 Min. auf dem breiten Pistenweg erreicht man ein *Pinienwäldchen* inmitten dieses durch Erosionsrinnen trostlos zerfurchten Gebietes. Spätestens nach der hier folgenden Weggabelung – *wir gehen links* – ist eine genaue Wegbeschreibung deshalb kaum mehr möglich. Doch Steinmännchen und weißgetünchte Steine erleichtern die Wegfindung. Also an der Weggabelung *links* weggehen in Richtung NO auf den Kamm. Am Kamm hält man sich kurz *rechts* – Richtung Meer – auf den hinter dem Kamm versteckt liegenden, *einsam stehenden Eukalyptusbaum* (690 m NN) zu und steigt

Die Schlüsselstelle der Tour! Die steile Erosionsrinne mit der sich anschließenden Senke mit „dem blaugrauen mürben Gestein". Links lugt der hier einzige versteckt stehende Eukalyptusbaum hervor

von oben (*Schlüsselstelle*: Achtung *schwierige* Orientierung in diesem Bereich, insbesondere bei Nebel) über eine steile Erosionsrinne in die Senke zu dem *blaugrauen, mürben Gestein* hinunter. Spätestens ab hier ist wieder eine eindeutige Wegführung gegeben (45 Min. ab ICONA-Zentrum).

Nun steigt man, teilweise über Stufen, den alten Weg hinunter und hat dabei einen schönen Ausblick in das Tal von Las Rosas mit einer alten Talsperre. Oberhalb eines einzeln stehenden Anwesens befindet sich bei einer Kieferngruppe eine *Weggabelung*: links geht es nach Las Rosas, wir aber gehen *rechts, meerwärts*. Der ehemals stark mit Brombeergeflecht (Passateinfluß!) überwucherte, alte, breitgepflasterte Camino wurde wieder bestens instandgesetzt.

Angenehm, mit nur wenigen Steilstellen und aussichtsreich zum Meer, führt er hangquerend hinab zur Hauptstraße. Ca. 75 m *vor* dem Tunnel von Agulo, unmittelbar über einem unterhalb der Straße befindlichen Anwesens, erreicht man die **Carretera del Norte** (290 m NN).

Jetzt entlang der Straße *50 m in Richtung Tunnel* gehen. Vor diesem, zwischen einer Betonmauer und der Leitplanke, geht nach *links* von der Straße weg unser Weg zum Zielort weiter, vorbei an einer Zisterne und bewirtschafteten Feldern zu einem Felsgeröllduchbruch. Hinter diesem steil absteigen, um einen Felsgrat herum – danach der bekannte Blick auf Agulo mit seiner eigenwilligen Ortsanlage und sehenswerten Kuppelkirche. Direkt unter uns liegt der Friedhof mit Vorplatz. Auf einem betonierten Pflasterweg erreicht man, wieder ansteigend aus einer Senke, in kurzer Zeit den Ort **Agulo.** An der blauspitzigen Telefonzelle kann man geradeaus oder rechts den Gassen entlang zur eigenartigen mehrkuppeligen Kirche gelangen.

Um zum Ausgangspunkt zurückzugelangen, geht man vom Kirchplatz über eine Art Ringstraße, vorbei an Apotheke und Post direkt zur Schule.

Bei der Einkehr in die **Bar „Centro Amistad",** (Tel. 922 146206) Calle del Lugo, sind wir vom Wirt Pepe gut bedient worden.

Agulo wird als schönster Ort auf La Gomera gerühmt

IV Wandergebiet San Sebastián

Gehzeit:
3 1/2 Stunden
(1 1/2 Std.
Abstieg bis
La Laja,
1 1/2 Std.
Aufstieg bis
zum Roque de
Agando,
20 Min. zurück
zum Cruce de
la Zarcita).

32 Rundwanderung:
Cruce de la Zarcita (1080 m)/**Höhenstraße** –
„**Mirador del Bailadero**"/„**Bosque de Tejos**"
(1020 m) – **oberes La Laja** (320 m) –
Roque de Agando/Höhenstraße (1050 m) –
Cruce de la Zarcita

Auf exponiertem Hirtenpfad durch die Südwest-Abstürze des Cabezo Alto hinab ins obere La Laja – ein Gemsenpfad für Bergerfahrene! Ab La Laja dann ein angenehm-schattiger Waldaufstieg zur wilden Felslandschaft um den Roque de Agando, einem Wahrzeichen La Gomeras.

Bitte beachten Sie die Nationalparkbestimmungen!

Ausgangspunkt:
Mit Bus/Pkw bis Cruce de la Zarcita (Abzweig El Cedro/Hermigua von der Höhenstraße, mit Pkw ggf. auch bis zum „Mirador del Bailadero" fahren und dort parken.

! Gefahren-Hinweis: Der erste Tourenabschnitt, der 420 Hm-Abstieg, hat ernsten Charakter, da der Pfad teilweise auf schmalen Trittbändern, quer durch die gestuften, aber steil abfallenden Wände führt. Auf diesem „Felsenweg" sollten nur erfahrene Bergwanderer absteigen! Für die Orientierung gut auf künstliche Trittsteine, angesetzte Steinmäuerchen, Kerben und Stufen achten. Nicht bei Nässe begehen (Lebensgefahr).

Felslandschaft im Herzen La Gomeras

Vom Straßenabzweig **Cruce de la Zarcita** geht man die Straße *Richtung Hermigua* abwärts, passiert nach ca. 15 Min. zur Linken den Straßenabzweig nach El Cedro und erreicht nach weiteren 10 Min. (etwa 2,5 km insgesamt), eine ausgeprägte Straßenlinkskurve. Hier rechts kleiner Parkplatz mit Beschilderung **„Mirador del Bailadero/Bosque de Tejos"**, unser eigentlicher Ausgangspunkt. Die hier beginnende Piste weitet sich am Mirador auf.

Dieser lädt zum Verweilen ein, hat man doch von hier einen überragenden Ausblick auf ein Herzstück La Gomeras mit den Felstürmen Roque de Agando (1250 m), Roque de Ojila (1170 m) und Roque de la Zarcita (1140 m) und auf die tief unten liegenden stillen Waldtäler nahe dem Ort La Laja.

Vom Mirador den Weg weiter bis in eine Senke mit einer linksstehenden kleinen Niederschlagsmeßstation; ca. 45 m nach der Station endet die alte Piste durch starke Verwachsung.

Hier rechts den sandig-erdigen Pfad abzweigen. Anfangs noch bequem abwärts, wird er zunehmend an der zum massigen Roque de Ojila abfallenden Felsseite exponierter. Er erreicht ein gelbliches, nach rechts abfallendes, Plateau. Dieses überqueren und weiter leicht abwärts zur ersten der folgenden Felsrippen (rechts unten ein Felsturm).

Über die Rippe durch einen tiefen Einschnitt und links dessen über zwei kleine Kehren (2 Strauchbäume), zuletzt direkt auf der flachen gelblich-roten Rippe, parallel dem Wald, in Richtung des gesichteten Felsturmes absteigen. Wo die flache Rippe endet, nach links in den Wald hineingehen.

Nun ein längeres Stück den durch hohe Zistrosenbüsche fast zugewachsenen Pfad am Wald und am Berghang entlang abwärts, bis er nach 10 Min. ab Einstieg auf freie rote Felsflächen trifft.

Jetzt wieder exponiert die abfallende Felswand recht leicht abwärts queren (schlechte Pfaderkennung);

an der buckligen scheinbaren „Kante" ein klein wenig absteigen und auf der folgenden rötlichen Felsrippe etwa 10 m steil hinunter gehen.

Nach *links* (in Felsspalt gelegte Trittsteine), weg von der Rippe, steil einen schmalen Einschnitt hinunter klettern und wieder durch Zistrosenbüsche den bald wieder besser sichtbaren Pfad entlanggehen.

Er läuft neuerlich auf eine Rippe zu, überquert sie und geht danach weiter abwärts über eine grusige Buckelfläche und ein gelbes Felsstück (11 eingemeißelte Trittstufen). Der Pfad läuft auf fünf Kanarische Kiefern zu, durch diese hindurch und danach wieder über einen dunklen „steinverbackenen" Felshang in eine Kieferngruppe.

An dieser leicht ansteigend heraus zu einer weiteren grusigen Felsrippe (Achtung, schwierige Wegfindung!). Diese immer nur ganz leicht ansteigend umqueren und direkt über einen jetzt sichtbaren Kessel in gleicher Höhe weiterlaufen (eine anschließend sichtbare kleine Pfaduntermauerung durch Steine signalisiert die Richtigkeit des Pfadverlaufes!).

Den rolligen Pfad am Abhang entlang zu einer weiteren Felsrippe mit zwei Kiefern. An den Kiefern vorbei, die Rippe abwärts, wobei eine weitere 3. Kiefer passiert und zu einer 4. Kiefer gegangen wird. Von ihr im spitzen Winkel nach links und über Fels wenige Meter etwas heikel absteigen. Sofort wieder nach rechts und wieder links hinab zum kiefernbestandenen Waldhang.

Durch Zistrosenbüsche und entlang einer rechts befindlichen Felswand talauswärts, über eine schmale steilstehende Rippe und rechtshaltend wieder zu der von uns verlassenen Rippe.

Einen unangenehm, rollig-grusigen Felshang links der Rippe ein längeres Stück hinab bis zu einer querstehenden, auffälligen „taparucha" (→ Seite 21), die unsere Abstiegsrichtung aufhält. Links diese wenige Meter hinab und sie überschreitend, gelangt man zu einer querenden Wasserrohrleitung.

Links dieser abkletternd von der Rippe weg und nun links der Rippe – an drei Kiefern vorbei –, anfangs etwas unangenehm steil, abwärts. Weiter den felsigen „Hohlweg" und der folgenden flachen „steinverbackenen" Felsrippe abwärts steigen.

Dann etwas bequemer – an der links stehenden Einzelkiefer vorbei – weiter auf der knorpeligen Rippe laufend, in Richtung eines massigen Felsturmes, der unseren Weiterweg sperrt. Im ersten Moment scheint es bei diesem Felsturm keinen Weiterweg zu geben, der tatsächlich sehr versteckt liegt.

Hier nun besondere Achtung: Der massige Turm muß nach rechts – westlich – umgangen werden, wobei man immer unter seinem Steilaufbau klettert! Zunächst rechts leicht absteigen (Block), dann steiler, etwas heikel und exponiert den Turm abwärtssteigend umgehen.

Schwierige Abschlußstelle am Ende des Abstieges: die Rechtsumgehung des „massigen Turmes" (im Hintergrund der Roque de Ojila)

Karte Seite 194

Im Kiefernwald am Ende des Steilabstieges (nahe La Laja). Im Hintergrund der Roque de Ojila

> Nach Umgehung dieses letzten schwierigen Hindernisses kann man genußvoll den unter uns liegenden malerisch im Kiefernwald eingebetteten kleinen Stausee betrachten.

Den folgenden rolligen Rippenhang weiter abwärts zu zwei Kiefern und unter diesen in Links-Rechts-Schleife zum lichten schönen Nadelwald absteigen.

Auf „Nadelteppich" nun den gut sichtbaren Waldweg abwärts, rechts vorbei an zwei kühnen Felsgebilden, und 15 m vor der unten sichtbaren „Felskeule" nach links zum Bachlauf und über diesen zur hier endenden bzw. für uns beginnenden Piste (1 $^1/_4$ Std., 600 m NN).

Dieser nun entlang ein kurzes Stück bis zu der kleinen Tafel rechter Hand mit Beschriftung „*La Laja*", genauer gesagt, ist es das obere **La Laja**. An der Tafel wenden wir uns rechts von der Betonpiste weg *zu einem kleinen Haus mit drei blaugestrichenen Türen*. Am Haus vorbei und hinab – immer der Wegbeleuchtung nach –, dann zuletzt durch die Terrassenfelder hinunter zum großen, den Ort La Laja durchfließenden Bach (1 $^1/_2$ Std. ab Wanderbeginn).

Eine kleine Brücke erleichtert die Bachquerung, dann steigt man den Hang hinauf und trifft bei der *2. Wegabzweigung* auf den breiten Weg der → **R 33,** die unser Weiter- und Rückweg für diese Rundwanderung ist.

In 1 $^1/_2$ Std. Aufstieg, d.h. 700 Hm ab dem Bachlauf, auf angenehmem Treppenweg durch schönes Waldgebiet und vorbei an der einfachen Schutzhütte **Degollada del Tanque,** (853 m NN, → Ausführungen bei **R 33,** Seite 201) erreichen wir die **Höhenstraße** (1050 m NN) fast direkt am wuchtigen Felsturm des **Roque de Agando** (1250 m NN, → Ausführungen Seite 246 und 291). Hier nach rechts die Asphaltstraße aufwärts, erreicht man nach 20 Min. unseren Ausgangspunkt, das Straßenkreuz **Cruce de la Zarcita.**

Gehzeit:
3 1/2 Stunden bis Roque de Agando/Höhenstraße (+ etwa eine 3/4 Std. zurück zum Ausgangspunkt)

Ausgangspunkt:
Bus/Taxi/Pkw bis km 16 an der Carretera del Sur (Abzweig Santiago/Straße Richtung Roque de Agando bzw. weiter ins Valle Gran Rey)

33 Rundwanderung: Carretera del Sur/Degollada de Peraza (940 m) – La Laja (320 m) – Roque de Agando/Höhenstraße (1050 m) – Degollada de Peraza

Bei dieser Wanderung (Ruta IV A der ICONA) mit überwiegendem Waldanteil geht man einen steilen Abstieg nach dem Ort La Laja und einen schattigen, angenehmen Aufstieg zur Schutzhütte Degollada del Tanque mit weiterem reizvollem Aufstieg bis zur Höhenstraße. Der große Waldbrand von 1984 hat dieser Wanderung in ihrem letzten Teil (ab Hütte) einiges ihrer ursprünglichen Schönheit genommen.

Die Höhle „Cueva del Conde"

An der Carretera del Sur, etwa bei km 16, befindet sich eine breit ausgebaute Terrasse, die **Degollada de Peraza**, deren Name historischen Hintergrund hat.

Der Name erinnert an den grausamen, gewalttätigen und sklavenhandeltreibenden damaligen Herrscher von La Gomera, Hernán Peraza d. J. Die Willkürherrschaft des gehaßten Conde führte letzlich zu einer Verschwörung bei den unterdrückten Ureinwohnern. Die Anführer der Aufständischen nützten für ihren Racheakt seine Liebschaft zu einer Einheimischen, um ihn unbewacht beim Rendezvous zu stellen. In einer Höhle, jetzt genannt „Cueva del Conde", südlich unterhalb der jetzigen Degollada de Peraza, → Foto Seite 199) wurde dann Peraza laut Überlieferung durch einen Lanzenstich von Hautacuperche aus dem Bezirk Mulagua (heute Hermigua) durchbohrt und getötet.

Die Höhle ist heute zum Teil vermauert, als Stall noch zugänglich. Eine Gedenktafel weist auf dieses historische Ereignis hin.

199

Von der Terrasse aus hat man einen schönen Ausblick in Teile des fruchtbaren Bco. de la Villa auf der Nordseite und bis nach dem Ort Santiago auf der Südseite der Insel.

Unmittelbar neben der **Degollada de Peraza** beginnt mit breiten Stufen der von dem Schweizer R. Wild (→ Seite 33) mit blauer Farbe gekennzeichnete Wanderweg nach La Laja. Der Weg führt steil bergab. Gegenüber kann man die Carretera del Norte, die sich wie ein schmales Band an den Felswänden entlangzieht, sehen. Tief unten erblickt man Teile des Dorfes La Laja. Nach kurzer Gehzeit erreicht man einen verfallenen Stall, unmittelbar darauf eine Quelle (20 Min. ab Degollada), deren Wasser den Weg eine Zeit lang begleitet und sich vor einer Weggabelung mit einem weiteren Wasserlauf vereinigt. Nach Passieren der Weggabelung (der zweite Weg führt bergwärts) geht man immer im Halbrund mehrere Bco.-Einschnitte aus.

Nach dem Erreichen einer Paßhöhe, die die kleinen vorher durchwanderten Bcos. vom Bco. de la Villa mit seinem Ort La Laja trennt, geht es erneut steil abwärts durch einen Feigenbäumen durchsetzten Palmenhain, linker Hand ein Weinberg, bis zum *ersten Haus* des Dorfes **La Laja.** Hier treffen wir auf eine ausgeschilderte Weggabelung.

Geradeaus ließe sich ein Abstecher ins dorf La Laja machen. Wegen der Schwierigkeiten sich über viele Häuserpfade wieder zum Aufstiegsweg durchzuarbeiten, empfiehlt sich der gemütliche und aussichtsreiche Weg oberhalb des Dorfes.

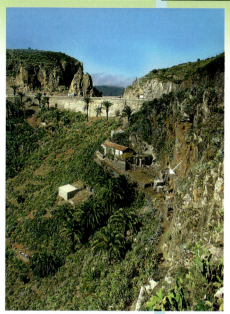

In Richtung späterer Aufstieg zum Roque de Agando *biegen wir links ab*. Der alte Weg windet sich reizvoll durch die Palmenbestände und vereinzelt stehenden alten Steinhäuser hindurch. Dörfliche Idylle mit neugierigen Kindern, gackernden Hühnern, blöckendem Esel, aufgehängter Wäsche, aber auch viel Müll und der ab und zu beißende Geruch aus Schweine und Ziegenställen. Im Tal unter uns die weißen Häuschen im üppigen Grün , bestellte Terrassen, Blumenbeete, fleißig arbeitende Bewohner . . .

Wieder gelangen wir zu einer Wegverzweigung mit Wegweiser, an der wir uns *wieder links halten*. Hier beginnt nun unser langer Aufstieg.

Degollada de Peraza von der „Bar Peraza". Hier an der Höhle (rechts der Bildmitte an der Felswand, weißer Pfeil) wurde der grausame Konquistador Hernan Peraza d.J. bei einem Schäferstündchen mit der Einheimischen Iballa vom Insulaner Hautacuperche mit einer Lanze getötet. Es war das Signal zum Aufstand gegen

Ehemalige Partisanenhöhle am Roque de la Zarcita

Große Kanarische Kiefern säumen jetzt rechts und links den Aufstieg, der sich in steilen Kehren vollzieht. Es beginnt ein schöner, nicht sehr anstrengender Aufstiegsweg mit lohnenden Rückblicken in den Bco. de la Villa. Mehrere ausgetrocknete Bachläufe, die dem Haupt.-Bco. de la Villa zulaufen, werden gequert. Der Weg ist leicht ansteigend und schattig; teilweise führt er über Lavageröll und riesige Wurzeln von Eukalyptusbäumen. Durch einen Wald von Pinien, Lorbeer- und sterbenden Eukalyptusbäumen gelangt man nach 1 $^1/_2$ Std. Aufstieg zu der einsamen Schutzhütte, der **Degollada del Tanque** (835 m, NN, → Foto Seite 201). Hoch über ihr, im W die mächtigen Felstürme des Roque de la Zarcita links und Roque de Ojila rechts.

Den breiten Hauptweg von der Hütte aus weiter aufwärts. In diesem Bereich hat die Naturschutzbehörde nach dem zerstörerischen Waldbrand von 1984 fleißig aufforsten lassen. Schon bald kommt man den großen Felsen der **Roque de la Zarcita** und des **Roque de Ojila** zur Rechten des Aufstiegsweges sowie des unmittelbar vor uns liegenden Roque de Agando näher, wobei man nach etwa 20 Min. Aufstieg ab Hütte die **Höhenstraße** (1050 m NN) am Fuße des **Roque de Agando** (1250 m NN, → Ausführungen Seite 246 und 291) erreicht.

> Die Tour könnte man hier an der Höhenstraße beim Roque de Agando beenden. Es bietet sich jedoch nachstehend eine lohnenswerte Variante an, die über die **Ermita de las Nieves** zurück zum Ausgangspunkt **Degollada de Paraza** führt (ca. 45 Min.). Damit wäre die Rundtour komplett und lästiges Straßenwandern vermeidbar.

Karte Seite 198

201

Degollada del Tanque die einzige sehr einfache und unbewirtschaftete – Schutzhütte der Insel. Im Hintergrund der massige Roque de Ojila (1170 m)

Wir gehen auf der Höhenstraße nur ein kurzes Stück in südöstlicher Richtung (= Richtung San Sebastián) bis zum linksstehenden Ermita-Hinweisschild.

Hier links den breiten Camino aufwärts und durch einen interessanten Hohlweg in 20 Min. zur **Ermita de las Nieves** mit ausgebautem Picknickplatz.

Aussichtspunkt über den südlichen Inselbereich und nach Teneriffa.

Nun müssen wir doch ein Stück auf der asphaltierten Zufahrtsstraße abwärts gehen, wobei wir das Einkehrrestaurante „Bar Peraza" schon im Vorblick sehen.

Nach 10 Min., ein Stück (Steinmann) vor der Straßenrechtskurve über einen Fahrweg weiter. Diesen weitere 10 Min. zu einem eingezäunten Grundstück mit Haus, bei dem sich hier wieder erhaltene alte Camino fortsetzt und bald steil hinunterführt zur Höhenstraße, die an der

Die Schutzhütte
Degollada del Tanque (853 m)

Eine einfache, stallähnliche Hütte – eigentlich mehr Notunterkunft – besteht aus einem mit Piniennadeln ausgelegtem Raum mit biwakähnlicher Übernachtungsmöglichkeit (kein Kochherd). Die Hütte liegt in sehr schöner Lage.

Degollada de Peraza mit zugehörigem Mirador in die Carretera del Sur einmündet.

Geradeaus und wenig ansteigend gelangt man zum empfehlenswerten **Restaurante „Bar Peraza"** mit guter einheimischer Küche. Über die großen Panoramafenster des Restaurants hat man einen grandiosen Blick auf die Berge und Schluchten des Inselsüdteils und auch einen Seitenblick rechts hinab zur Felswand, an deren Basis sich die **Cueva del Conde** (→ Text/Foto Seite 198/199) befindet.

34 — Carretera del Norte/TF-711 bei km 13 (600 m) – Cumbre Carbonera (850 m) – Agua Jilva (600 m) – Lomo Fragoso (320 m) – (San Sebastián)

Gehzeit: 3 Stunden bis Lomo Fragoso, 5 Stunden bis San Sebastián (Zentrum), (1. Teilstück 1½ Std., 2. Teilstück 1½ Std. zuzügl. 1¾ Std. bis San Sebastián

Auf einem „Camino reales" nordseits zum alten Paß-Übergang Cumbre Carbonera, südwestlich des Enchereda-Massivs, und über die wilde Bergkette jenseits hinunter nach Agua Jilva. Danach Fortsetzung als Abstiegstour auf nunmehr klassischem Wanderweg parallel bzw. im Bco. de Agua Jilva zum Ort Lomo Fragoso und ggf. weiter bis nach San Sebastián.

Gefahren-Hinweis:

! Für den 1. Teilabschnitt – Paßübergang Cumbre Carbonera – ist insbesondere für den jenseitigen Südabstieg zur Carretera del Norte Bergerfahrung mit Trittsicherheit und Orientierung erforderlich.

Ausgangspunkt: Bus/Taxi bis km 13 der Carretera del Norte (Bar „El Carbonera", nahe des nordwestlichen Tunnelmundes. Bei Wanderungsbeginn ab 2. Teilstück: Am „Restaurante Cumbres" beginnen, d.h. vor dem südöstlichen Tunnelmund.

34.1 Paßübergangswanderung über den Cumbre Carbonera (Nordaufstieg 45 Min., Südabstieg 30 Min., jeweils 250 Hm)

Die Höhe und Exponiertheit des kammnahen Aufstieges gegenüber den einwirkenden regenschwangeren Passatwolken bewirken eine derart wuchernde Vegetation, die diesen altbegangenen Aufstieg bei wenig Begängnis zu verwachsen bedroht. In seiner Anlage und Ausführung (besonders noch südseitig sichtbar) erkennt man ihn als alten Übergangsweg, der die einzige Verbindung zwischen den damaligen Regionen von Hermigua und San Sebastián herstellte. Mit dem Tunneldurchstich in den dreißiger Jahren begann der Verfall dieses einstmals mühsam angelegten und anstrengend zu begehenden Paßstückes.

Nordaufstieg

Etwa vis-à-vis der Bar **„El Carbonera"** genau gegenüber der Kilometerstein 13 der **Carretera del Norte**, beginnt unser 250 Hm-Aufstieg durch dichten Wald auf mehr oder weniger, meist mehr verwachsenem Pfad.

203

Vom Ausgangspunkt Straße linkshaltend und anfangs steil beginnend – vorbei an mehreren Gebäuden links unten – auf schmalem, sich nach 10 Min. etwas verbreiterndem Pfad – vorbei auch an mehreren Zypressen- und Eukalyptusbäumen – gelangt man in Kehren bis zum Beginn eines in Richtung des Aufstiegsweges hochziehenden geröligen Bachbett-Einschnittes. An dieser Stelle markant ein *auffälliger großer Felsblock!* Bis zu diesem 20 Min. ab Straße (740 m NN).

In diesem Bereich *schwierige Weiterwegfindung* durch Verfall des Weges und durch Verwachsungen. Der Weiterweg liegt versteckt *hinter* dem mächtigen runden Felsblock.

Vom Felsblock *nicht* steil nach links aufwärts (Verhauer!), sondern *linksläufig, direkt den Block umgehen und in gleicher bisheriger Wegrichtung im Bachbett-Einschnitt etwa 50 m durch Geröll und Gestrüpp zuletzt steiler hinaufgehend.*

Dort mühsam aus dem geröligen Bachbett *nach rechts* (kleine unscheinbare Steinmauer) auf den nun wieder gut erkennbaren Pfad. In sanften angenehmen Kehren zieht sich dieser in Teilabschnitten immer wieder verwachsenen Pfad in insgesamt 45 Min. Aufstieg zur Paßhöhe **Cumbre Carbonera** (850 m NN).

Vom Paß, in dessen Einsamkeit nur der dortige Hochspannungsgittermast der Überlandleitung stört, genießt man den sich bietenden Fernblick: ins gebirgige Inselinnere im W und SW, nach S u.a. zur Degollada de Peraza (der scharfe, eckige Einschnitt mit der kleinen Spitze) und links anschließend zum Berg Tagamiche (979 m, mit dem Gittermast); insbesondere nach SO in die Gegend der Inselhauptstadt, unserem heutigen Endziel. Besonders bewundernd ruht der Blick auf die Bergflanken schneidende alte Carretera del Norte („Carretera de antico"), einem Meisterwerk älterer Straßenbaukunst, das hier noch erhalten blieb.

Blick vom Südabstieg hinunter zur (alten) Carretera del Norte und „Restaurante Cumbre" bei Agua Jilva. Im Bereich des oberen linken Quadranten geht R 34.2 in den Bco. de Agua Jilva und im weiteren Verlauf nach Lomo Fragoso

Südabstieg

Mit Umsicht und Aufmerksamkeit kann der rechts beginnende 30-minütige Abstieg, der im mittleren Abschnitt mehrmals durch erosionsbedingte Wegabbrüche verfallen ist, durchaus begangen werden.

Immer exakt rechts haltend den alten breiten, teilweise verfallenen Pflasterweg entlang absteigen.

In diesem oberen Abschnitt stören besonders die durch wenig Begängnis wuchernden Agaven mit ihren scharfen dornigen Blattenden, an denen man sich vorbeidrücken muß

Nach drei Kehren beginnt der mittlere Abschnitt.

Hier folgt man nun einer langen Links-Traverse, (mit den o.a. Wegabbrüchen, die jedoch gut zu bewältigen sind), die auf einen markanten Gittermast der über die Paßhöhe verlaufenden Überlandleitung zuhält. Oberhalb des Mastes vorbei auf teilweise exponiertem, mehr oder weniger verwachsenem Weg parallel der in kurzer Entfernung verlaufenden Überland-Stromleitung, dann weiter dem hier eigenartig hohlwegähnlich eingemuldetem Weg in Kehren am Grat abwärts. Im spitzen Winkel wird der Grat rechts verlassen; nach einer weiteren Spitzkehre passiert man einen kleinen Felssturz und erreicht kurz darauf eine kleine Fernsehantenne.

Oberhalb dieser nach links und im größeren Rechtsbogen über ein kurzes Stück des schon oben begangenen Gratrückens, dann in Rechts-Links-Schleife weiter abwärts am Grat über knorpeliges Gestein in Richtung eines weiteren 3. Gittermastes am Grat. Vor diesem nach rechts und auf breiter staubiger Piste zuletzt steil hinunter zur **Carretera del Norte** (südlich des Tunnels), die man bei einer einzeln stehenden Kanarischen Kiefer erreicht (600 m NN).

Auf der Carretera nun südöstlich ca. 115 m Richtung San Sebastián abwärts gehen. In der großen, felsdurchbrochenen Linkskurve bemerkt man rechts eine alte Piste, *die zum Anfang unserer **R34.2**-Wanderung gehört.*

Bei umgekehrter Begehung über den Cumbre Carbonera von Süden nach Norden

Ca. 150 m vor dem südöstlichen Tunnelmund Richtung San Sebastián Einstieg bei einer einzeln stehenden Kanarischen Kiefer. Die steile Piste aufwärts in Richtung des Gittermastes. Linkshaltend weiter zu einer kleinen Fernsehantenne und am Bergrücken weiter aufwärts.

Eine Einkehr in das ca. 180 m straßenabwärts in Richtung San Sebastián gelegene Straßenlokal „Restaurante Cumbre" (Agua Jilva) ist zu empfehlen, da es für seine Gomera-Spezialitäten bekannt ist.

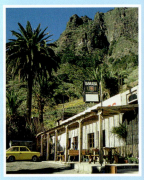

Karte Seite 202/203

205

34.2 Abstiegswanderung: Vom „Restaurante Cumbre" nach Lomo Fragoso evtl. weiter bis San Sebastián

Vom „Restaurante Cumbre" bis Lomo Fragoso 1 $^1/_2$ Std., bis San Sebastián insgesamt 3 $^1/_4$ Std.).

Der ursprüngliche Beginn des orange markierten Abstieges (gelegentlich noch sichtbar, die Route gehörte zu den 7 ersten farbig gekennzeichneten Wanderwegen, → Seite 33) wurde durch die begradigte Straßenführung der Carretera stark verändert. Man erreicht jetzt die Route wie folgt:

Straßenaufwärts, etwa 180 m oberhalb des **„Restaurante Cumbre"** Richtung Tunnel, zweigt in der großen Rechtskurve *links eine breite Piste* ab, die durch seitliche Leitplanken abgesperrt wurde. Vom Ende der Leitplanke ca. 25 m die Piste aufwärts; linkerhand sechs Kanarische Kiefern. *Bei den letzten drei Kiefern über Geröll und Blöcke 10 m abwärts* zum einigermaßen identifizierbaren Wanderpfad. Diesen vorerst anfangs etwas schwierig auszumachenden Pfad ständig abwärts und linkshaltend, in genereller Richtung eines gegenüberliegenden weißen Hauses von Agua Jilva und eines dort befindlichen Autofriedhofes, gehen.

In Kehren hinab in den Bco.-Grund des **Bco. de Agua Jilva** (10 Min. ab Piste). Ein Stück im Bco.-Grund abwärts, dann rechts parallel etwas oberhalb diesem entlang. Auf dem sanft herabziehenden, deutlich ausgeprägten Pflasterweg passiert man links fünf Orangenbäume und gelangt in einem Links-Rechts-Bogen hinab zu einem wellblechgedeckten Feldhaus. *An diesem direkt vorbei* (vorher nach

rechts Verhauer!), *hinab zum Bachbett* (25 Min. ab Piste) *und über dieses zur linken Bachseite wechseln.* Jetzt also linksseitig abwärts wandern.

Es folgt ein Pfadverlauf durch üppigste Vegetation, vorbei an wunderschönen Palmen; von oberhalb hört man gelegentlich ein Motorengeräusch der nahen Carretera

Zwei voneinander entfernte Linksabzweigungen werden passiert, unsere Hauptrichtung ist jedoch bco.-abwärts. So gelangt man zu einer rechts sichtbaren Häusergruppe von **Agua Jilva**, auf die nach einer steilen Rechtskurve zugegangen wird (35 Min. ab Piste).

Am dortigen wellblechgedeckten Schuppen sofort wieder links halten. Jetzt über freieres grasiges Gelände mit vereinzelten Palmen, Büschen und hohen Agaven kontinuierlich abwärts; zweimal wird ein Trockenbachlauf gequert. Man läuft vorbei an einzelnen Palmen und felsigen Passagen, unterquert später eine Telefonleitung und geht danach auf gepflastertem Weg direkt auf den Bachgrund zu.

Ein Bade-Abstecher zum nahen Bach hinunter bietet angenehme Erfrischung, → Foto Seite 206.

Der Weg, jetzt oberhalb des Bco.-Grundes, wird markanter, ausgeprägt und palmengesäumt. Zwei weitere Trockenbäche werden überschritten, danach die erwähnte Telefonleitung ein weiteres Mal unterquert. Parallel dieser folgt man dem Weg in den immer enger werdenden, fast schluchtartigen Bco.-Grund – letztmalige Unterquerung der Telefonleitung –, der etwas oberhalb an einer Felswand erreicht wird. Der Weg schlängelt sich nahe dem murmelnden Bach im Grund und erreicht einen kleinen Stausee (gut 1 Std. ab Piste).

Bade-Rast im Bco. de Agua Jilva.
Ein kurzer Abstecher vom Wanderweg hinab zum Bach eröffnet erfrischende Bademöglichkeiten

Nach jüngsten INFOS von Wanderern wurde das letzte Teilstück des Wanderpfades nach Lomo Fragoso als Pflasterweg(!) ausgebaut.

Links an diesem entlang und über eine Treppe hinab zum grobblockigen Bco.-Grund, wo sich der sonst klar erkennbare Weg vorübergehend verliert. Am besten Pfadspuren im Bco.-Bett parallel einem dicken Wasserrohr folgen, dieses an der rechten Bco.-Grundseite überschreiten und vom Grund aufsteigen in Richtung eines höher sichtbaren Wasserstollenloches. Am Ziegenstall (rechts oberhalb) und Palme vorbei wieder abwärts und durch ein Bambusdickicht. Danach Überschreitung der bereits von oberhalb bekannten Wasserrohrleitung, weiter den gepflasterten Weg abwärts zum Bco.-Grund und rechts dessen zur nahen Piste folgen.

Der Talpiste weiter, die kurz darauf ein Asphaltstraße übergeht. Diese in wenigen Min. bis zur auffälligen hohen Brücke in **Lomo Fragoso** folgen ($1^{1}/_{2}$ Std., 210 m NN).

Für den etwa $6^{1}/_{2}$ km langen **Weiterweg nach San Sebastián** (Zentrum/Hafen) entlang der Fahrstraße benötigt man noch etwa $1^{3}/_{4}$ Std. – etwas für Konditionsstarke. Oder man versuchts per Auto-Stop; ein Taxi ist selbstverständlich auch herbeiholbar. (→ Seite 286).

Bei umgekehrter Begehung von Lomo Fragoso nach Agua Jilva

Von San Sebastián kommend rechts über die Brücke die Asphaltstraße aufwärts, dann weiter die Piste talaufwärts. Den ausgeprägten, gepflasterten Weg links, immer nahe dem Bachbett des Bco.-Grundes, bis zum kleinen Stausee.

207

35

Carretera del Norte/TF-711 bei km 8 (430 m) –
Casas de Jaragán (700 m) –
Cuevas Blancas/„Weiße Höhlen" (500 m) –
Casas de Jaragán – San Sebastián (5 m)

Abgeschiedene, sehr lange Wanderung im Ostteil La Gomeras, die u.a. nach dem steilen felsigen Jaragán-Aufstieg die legendenhaft umwobenen „Weißen Höhlen" zum Ziel hat. Nach Umwanderung des „Höhlenberges" geht es zurück zu den Casas de Jaragán und wieder steil hinab zu den „Weißen Schichtbänken". Nun gemeinsam mit **R36** die sich anschließende lange, aussichtsreiche Kammwanderung zur Inselhauptstadt San Sebastián.

Gefahren-Hinweis: Die sehr lange Tour sollten *erfahrene* Wanderer angehen, die tritt- und orientierungssicher sind. Steil und felsig und damit etwas schwieriger sind der sog. „Basura"-Aufstieg zur Jaragán-Höhe samt gleichem Rückweg-Abstieg und die Umquerung des „Weißen-Höhlen"-Berges (die Umquerung muß man aber nicht machen).

Besonders schmal, äußerst exponiert und damit schwierig ist der sog. **„Stangenpfad"**, ein Abkürzungspfad (etwa 1/2 Std. Zeitersparnis) zu den „Weißen Höhlen", der *nur versierten* Wanderern vorbehalten sein sollte.

Gehzeit:
6 bis 6 1/2 Stunden; (1 3/4 Std. bis zur Jaragán-Höhe (Casas de Jaragán), 3/4 Std. bis zu den Höhlen, 1 Std. Rückweg bis zu den „Weißen Schichtbänken", 2 1/2 Std. bis San Sebastián).

Ausgangspunkt:
Bus/Taxi bis etwa km 8 der Carretera del Norte, Beginn an der dort bergwärts abzweigenden Piste „Camino Forestal de Majona"

Anmerkung:
Bei **umgekehrter Begehung von R35 ab San Sebastián** – Einstiegsbeschreibung → **R36**, Seite 218.

Der **Wanderungsbeginn** ist durch die Straßenbegradigung der Carretera del Norte Anfang der Neunziger Jahre verändert worden. Der Pistenabzweig lag damals direkt an der alten Carretera. Man findet den jetzigen Einstieg durch folgende Information: Zufahrt – zur Sucherleichterung – *möglichst* von San Sebastián aus bis etwa km 8. In diesem Bereich achte man bei der Anfahrt auf zwei Flachdach-Häuser (eines davon natursteingemauert, das andere weiß) zur Rechten (östlich), die in einer Einbuchtung der alten Straße liegen und somit jetzt zurückgesetzt von der neuen Straße erst unmittelbar beim Vorbeifahren erkennbar sind. Darüber ist die Trockenmauerunterfangung der gesuchten Piste erkennbar. *Ca. 100 m weiter straßenaufwärts* von diesen Häusern befindet sich *in der nächsten Einbuchtung rechts* der wenig auffällige Beginn des Forstfahrweges **„Camino Forestal de Majona"** (430 m, → **Beginn R35** zu den „Weißen Höhlen" und → **Beginn R36** direkt nach San Sebastián). An dieser Stelle erkennt man noch rechts unten einen (Brücken-)Teil der alten Straßenführung.

Zunächst geht man die Piste knapp 100 m aufwärts. Noch *vor* der sichtbaren Linkskurve ist linkerhand – bergseits – eine *auffällige Steinmauer* zu sehen: das ist unser Camino-Einstieg.

Unser gewählter Weg – in Folge **R 36** nach San Sebastián – ist einer der klassischen sieben Gomera-Wanderungen (→ Seite 33) und noch allenthalben erkennbar mit orange/weißer Markierung.

Der alte steingepflasterte und getreppte Weg führt 220 Hm relativ steil, aber dennoch angenehm begehbar, in Kehren empor. Begrenzende Trockenmauern erleichtern die Orientierung.

Aufwärtsgehend ist später zur Rechten, über einen kleinen Bco. hinweg, eine Palmengruppe zu sehen und darüber am Grat ein Felsturm. Im mittleren Aufstiegsteil geht es in Serpentinen steil zu den schon von unten sichtbaren Felsen hinauf.

Immer wieder ergeben sich schöne Aus- und Rückblicke ins Inselinnere, zu den steilen Felsen des Roque Agando und Roque Ojila, hinunter in das Tal von La Laja mit dem Bco. de la Villa und letztlich bis nach San Sebastián mit seiner Hafenanlage.

Nach etwa einer $^3/_4$ Std. Aufstieg erreicht man den Kamm (655 m NN) und eine Weggabelung (linker Pfad führt zu den Casas de Enchereda); wir folgen dem *rechten* Pfad (→ **R 35/R 36**) ostwärts.

Ein kleines Stück gehen wir noch auf dem Kamm entlang, weichen aber dann bei dem beginnenden Felsen nach rechts (straßenseitig) aus. Der Pfad verläuft – teilweise stark überwachsen, aber sichtbar – auf einem Schichtband *in fast immer gleicher Höhe* am SW-Hang unterhalb des Felsgrates (am Grat selbst löcherige Felsgebilde und -höhlen, längs des Weges rötliches Gestein) entlang.

Um eine Wegbiegung gelangt man zu einer Hochfläche, die meist rechts des Gratrückens und weitgehend flach abwärts auf Pfadspuren gequert wird – dabei hält man auf einen größeren, vielbuckligen, rotgrauen Felsen zu. Unterhalb dieses Felsens quert der Pfad weiter abwärts und

Karte Seite 207

führt auf schlechter Wegstrecke rechtsseitig unterhalb der Felsen des Grates entlang. Der am Wanderungsbeginn kurz begangene Forstweg ist hier unter uns wieder zu sehen. Später jedoch immer am flachen, rundbuckligen Grat bleiben, wobei der Pfad allmählich abwärts – in kontinuierlicher Richtung des gegenüberliegenden Felsberges **Jaragán** (in seinem Steilabsturz befindet sich eine auffällige dunkle Höhle!) – führt.

Vom Grat kann man den gegenüberliegenden Weiterweg ein großes Stück verfolgen. Unterhalb der weithin sichtbaren Höhle sieht man weiße Schichtbänke, die sich in gleicher Höhe hinziehen. Sie vermitteln den Weiterweg.

Direkt abwärts gelangt man zum *Gratabbruch,* vor dem man am besten *rechtshaltend* an einer einzelnen Palme vorbei, zuletzt ein wenig kletternd, zum Forstweg absteigt. Diesen etwa 100 m aufwärts gehen. In der großen, aussichtsreichen Haarnadel-Linkskurve der Piste (→ **R 52,** die insgesamt überaus lange, nicht durchwegs befahrbare Piste führt nach Casas de Encherada und weiter bis Hermigua) zweigt im Sinne des Pistenaufwärtsgehens rechts (östlich) unser Weiterweg ab (1 Std. ab Carretera, 590 m NN).

Die vor uns sichtbare gelbe, bucklig-höckrige Bergkante wird auf gut erkennbarem Pfad anfangs nach links (östlich) ausweichend umgangen (eindrucksvolle Tiefblicke in den Bco. de Majona) und in Folge im Rechtsbogen (links, östlich Abzweig **„Stangenpfad",** Abkürzungspfad zu den „Weißen Höhlen", vom Hauptwanderweg nicht einsehbar) zur Bergkante aufgestiegen.

„Stangenpfad"
Abkürzungspfad zu den „Weissen Höhlen" unter Umgehung des Aufstieges zum Jaragán (20 Min. Gehzeit). Sehr schmaler, äußerst exponierter, nur mit einfachem Stangengeländer abgesicherter Pfad, der die senkrechten Steilabstürze in den Bco. de Majona traversiert. Nur für Könner, nicht bei Regen, Nebel, Nässe begehen – Lebensgefahr!

Im „Rechtsbogen" von **R 35** (585 m NN) achte man links in den begrenzenden Felsen nach der Kieferngruppe auf einen schmalen Durchlaß (gelbes Gestein links, abgeflachter Fels rechts) mit einigen wenigen Gesteinskerben als künstlichen Stufen. Über diese auf den schmalen, ausgesetzten Stangenpfad und diesen entlang bis zum Kiefernwald. Durch den Wald nun leichter, mit mehreren Treppenstufen-Passagen, zum Grataustieg (605 m NN). Am Grat nach links und 30 m an diesem zu einem alten unbewohnten Steinhaus (hier ggf. Nächtigungsmöglichkeit) mit angebautem „orno" (= Backofen) unter einer steilen Felsgratmauer. 15 m weiter nach dem Haus befindet sich der kurze Abstieg zum von rechts – vom Jaragán-Berg – kommenden Originalweg, der bei einer Palmengruppe nahe dem „Dreschplatz" erreicht wird.

„Stangenpfad" durch die senkrechten Steilabstürze des Bco. de Majona

Jetzt am Grat über gestuften Fels aufwärts, in Richtung der erwähnten „dunklen Höhle" bis zu einem im Unterbau gelblich geschichteten Felsen, an *dessen Fuß rechts* die lange Traverse auf den sog. „Weißen Schichtbänken" beginnt. Sie vermitteln – an der Flanke des Bergrückens weithin sichtbar – den Weiterweg nach SO, d.h. in Richtung San Sebastián.

Achtung: Unweit von der hier beschriebenen Örtlichkeit – gut 5 Min. Gehzeit – befindet sich unser Abzweig/Direktaufstieg über die Casas de Jaragán und in Fortsetzung zu den „Weißen Höhlen".

Wir beginnen also die Traverse der **„Weißen Schichtbänke",** passieren nach ca. 50 m die besagte hoch über uns liegende „dunkle Höhle" und erreichen nach kurzer Gehzeit einen durch *Müll- und Schuttabwurf verunreinigten Bereich* (1 Std. 20 Min. ab Carretera, 640 m NN, geradeaus weiter → **R36** nach San Sebastián und auch unser späterer Weiterweg **R35** nach Rückkehr von den „Weißen Höhlen"). *Hier beginnt unser Steilaufstieg* **R35** – **„Basura"-Aufstieg** – nach links oben.

Zur klareren Lokalisierung der Örtlichkeit: in direkter senkrechter Linie steht tief rechts unten eine einzelne Palme, steil links oben am Berg sind Trockenmauerwerk und Sonnenreflektoren sichtbar.

Der „Basura"(Müll)-Aufstieg ist nicht besonders deutlich ausgeprägt. Bei Anstiegsbeginn vom Schichtband erkennt man 5 m höher eine flache Höhlung. Zu dieser steigt man an, rechts derselben vorbei, in kurzen Kehren etwas rechtshaltend nach oben und über grobe Stufen durch die Felsen zu einem hellen Schichtband. An diesem 5 m nach rechts und wieder ansteigend in zwei kurzen Kehren bis zu dem Steilfels. Unterhalb und rechts des Felsens wird im Linksbogen auf seine Höhe gegangen. In etwa $^3/_4$ Gesamtanstiegshöhe trifft man auf ein halbrundes rötliches, 1 m starkes Tuffband (rechts); ein Zeichen für den richtigen Weg.

Es folgt längs der gelblichen Bänderung eine ca. 150 m lange Querung nach links (NW) in Richtung einer gut erkennbaren Palme links, rechts ein Agavenstock (Ziegenstall).

Bei der leicht ansteigenden Traverse unterquert man die Trockenmauern von drei mit Sonnenreflektoren bestückten Häusern. Zwischen Ziegenstall links und Agave rechts im Rechtsbogen und über eine kurze Treppe in Höhe der Anwesen **Casas de Jaragán** hochsteigen. Hier wenige Meter nach links und dann rechts über eine weitere Treppe zur langgestreckten Hochfläche des **Jaragán-Berges** aussteigen (1 Std. 40 Min. ab Carretera, 680 m NN).

Diese nur im linken Teil überqueren und jenseits abwärts in NNO-Richtung gehen. Man erkennt vom Rand des felsigen Gipfelabbruches tieferliegend eine größere Palmengruppe mit zwei Stallungen (Häuser mit roten Dächern). Zu den Stallungen wird abgestiegen. Der anfängliche Abstieg ist nicht ausgeprägt; Pfadabzweigungen irritieren. Unser Weg führt in Kehren *zum unteren Haus und direkt oberhalb dessen vorbei.*

Der steinmauern- und palmengesäumte, eingesenkte, teilweise schlecht begehbare rollige Weg (parallel bieten sich bessere Gehvarianten an) führt am Hang in Blick-

Karte Seite 207

Rückweg von den Cuevas Blancas zu den Casas de Jaragán (Blickrichtung etwa gegen Westen). Dominierend von vielen Seiten, der Roque Agando, rechts Zarcita und Ojila. Typisch die faltige, zerklüftete und erodierte Insel-Morphologie

richtung auf den Teide (→ Foto Seite 212), durch eine weitere kleine Palmengruppe (hier oberhalb Einmündung **"Stangenpfad"**). Er quert später eine typischen runden Dreschplatz und gelangt zu einem aussichtsreichen Sattel im Gratstück.

Bei **umgekehrter Begehung des "Stangenpfades"** als Rückweg: Kurz nach dem „Dreschplatz" bei der Palmengruppe *rechten Abzweig hinaufsteigen* zu einem Steinhaus. Ca. 30 m danach vom Grat *rechts über Treppen* zum Beginn absteigen.

Vom Sattel imposante Tiefblicke in den **Bco. de Majona:** links unten am Talende die Casas de Enchereda, rechts die spitzen Felsen der Roques de la Campana und de Aluce, der Bco. de Avalo, der Leuchtturm San Cristobál und das obere San Sebastián. Die flechtenbewachsenen Felsen weisen auf die ständige NO-Passatfeuchtigkeit hin.

Weiter in vorheriger Laufrichtung rechts des Gratstückes zu einer auffälligen weißen, ausgekolkten Rinne; dieser folgen bis zu einer Weggabelung (ca. 130 m vom vorherigen Sattel entfernt). *Hier links ab und aufsteigen zur Hochfläche* mit zwei bereits von weitem gesichteten großen Steinmännern.

Der gut verfolgbare Pfad führt an drei weiteren mannshohen Steinmännern zur Rechten vorbei (links ebenfalls viele Steinmänner). Jetzt ein langes Stück über die karge Hochfläche in Richtung einer weithin sichtbaren flachen Bergkuppe, die unterhalb ihrer Spitze eine auffallende gelbliche Horizontalschichtung (an der rechten oberen Schichtung umquert man später – auf dem Rückweg – den Berg) aufweist. Weit hinter und unterhalb der Bergkuppe sind die „Weißen Höhlen" verborgen! Der Pfad steuert durch die alten verfallenen Hochflächenterrassen auf die linke Bergkuppenseite zu.

Wieder vorbei an einer grandiosen Steilabbrucheinsicht in den Bco. de

Im vegetations-armen NO-Teil der Insel. Der „heiße Weg" zu den versteckt gelegenen Cuevas Blancas. Am Horizont die Insel Teneriffa mit dem Teide (3718 m)

Majona, führt uns der Pfad an die linke Seite der erwähnten gelbgebänderten Bergkuppe, wobei beim Näherkommen zahlreiche gelbe Minihöhlen im weichen zerfressenen Felsen erkennbar werden. Auf dem gelben Band führt der Pfad zwischen Höhlungen und Steilabbruch abenteuerlich abwärts. Später läuft der den Berg nördlich und rechts umrundende Pfad wieder vom Abbruch weg. Über eine leicht abfallende kahle Fläche mit wenig ausgeprägtem Pfad gelangt man – nach dem Passieren einer letzten kleinen Felsklippe – unerwartet und direkt zu den versteckt liegenden und nur sporadisch bewohnten **Casas de Cueva Blancas** (2^1/$_2$ Std. ab Carretera, 530 m NN). Ebenso versteckt rechts um die Ecke, seitlich unterhalb der Casas und von diesen nicht einsehbar, liegen die Höhlen.

Man erreicht die Höhlen, indem man die Häusergruppe *weglos nach rechts umquert,* auf eine Palmengruppe zuhält, dann direkt *unterhalb der untersten Häuser* über das Pflaster abwärts geht und der jetzt sichtbaren, auffälligen und sich mehrenden, schräg rechts abfallenden, gelbweißen Bänderung folgt. Hier findet man die größeren, sich im weißen, weichen Tuffgestein befindlichen, sog. **„Weißen Höhlen"** (etwa 500 m NN), die heute teilweise als Ställe genutzt werden.

Endlich kann man im Schatten der Höhlen eine ausgiebige, wohlverdienende Rast einlegen und auch schon einmal den gut einsehbaren Weiterweg studieren.

Achtung: Nicht so versierte Wanderer sollten ab hier auf gleichem Herweg über die Casas de Cuevas Blancas und die Casas de Jaragán zu den „Weißen Schichtbänken" zurückkehren. Tritt- und orientierungssichere Wanderer können hingegen die lohnende Bergumrundung gemäß Beschreibung fortsetzen.

Ab dem letzten Höhlenstall läuft man *oberhalb* den mächtigen, rot und weiß gebänderten Schichten

Karte Seite 207

213

Cuevas Blancas, die „Weißen Höhlen". Natürliche Hohlräume im weichen Tuffgestein wurden künstlich vertieft und erweitert – heute genutzt als Ställe oder Lagerräume

nach bis dorthin, wo diese auf eine zweite, steil nach links oben verlaufende Schichtenfolge trifft (Trockenmauerwerk sichtbar).

Hier gut orientieren für den Weiterweg! Generell führt der Weiterweg aus dem 1. Drittel dieser steilen zweiten Schichtenfolge nach links heraus.

Man sieht rechts vorn Trockenmauern. *15 m vor diesen nach links* ein Stück abwärts durch rötliches Gestein und entlang der Trockenmauer zur Rechten. Dort, wo die Schichten links steil aufwärts ziehen, wenige Meter über diese; der Pfad verläßt das Schichtpaket an dem weißen Teil, steigt an (schöner Rückblick zu den Höhlen) und läuft als kühner Gebirgspfad mit grandiosen Tiefblicken abenteuerlich und exponiert in leichter Steigung durch die steilen Felswände. Hierbei werden zwei Felsrippen bei der Fast-Bergumrundung gequert. Man gelangt zu einem rötlichen, mit Flechten bewachsenen, felsbuckligen, knorpeligen Sattel; hier endet der bisherige markante Weg (10 Min. ab „Weiße Höhlen", 485 m NN).

Um nicht den gleichen Weg zurückzugehen, steigen wir im Sinne der bisherigen Wegrichtung aus dem Sattel *nach rechts, weglos, steil – aber unschwierig – den Gratrücken* hinauf.

Mit ein wenige Gespür für den leichtesten Aufstieg (nicht zu weit links an die Abbrüche queren), gelangt man ohne Probleme zur bereits beim Hinweg beobachteten, bergumläufigen, auffallend gelblich-rötlichen Horizontalschichtung. Dieser Schichtung jetzt auf Pfadspuren links aufwärts folgen – dabei wird eine kurze schmale Felsrippe überschritten – und weiter direkt oberhalb der Abbrüche gelangt man nach der fast vollständigen Bergumrundung wieder auf den Hinweg. Auf diesem nach links und auf bekanntem Weg über die **Casas de Jaragán** und den **„Basura"-Abstieg** wieder zu den **„Weißen Schichtbänken"** (1 Std. ab „Weiße Höhlen").

An diesem Punkt wenden wir uns im Sinne des Abstieges nach links und **wandern gemäß Beschreibung → R36** (Seite 214) **in 2 bis 3 Std. nach San Sebastián.**

Gehzeit:
4 1/2 bis 4 3/4 Stunden

Ausgangspunkt:
Bus/Taxi bis km 8 der Carretera del Norte bis zum Beginn der dort bergwärts abzweigenden Piste „Camino Forestal de Majona"

36 Carretera del Norte/TF - 711 bei km 8 (430 m)
Kammwanderung zur Inselhauptstadt
San Sebastián (5 m)

Lange, aussichtsreiche Kammwanderung im kargen östlichen Teil der Insel, parallel und hoch über der „Landstraße des Nordens".

Gemeinsam mit → R35 den dort beschriebenen Wegverlauf in 1 3/4 Std. bis zum Abzweig/Steilaufstieg, dem sog. „Basura"-Aufstieg (→ Fettdruck Seite 210) von R35.

Hier folgen wir *geradeaus* dem Pfad auf den **„Weißen Schichtbänken"** weiter, immer etwa in gleicher Höhenlage, zuletzt etwas ansteigend. Man verläßt die Felsflanke des Berges **Jaragán** und damit die lange Traverse mit der letzten weißen Bankung zur Linken und gelangt zu einem hochflächenartigen Sattel. Etwa 100 m nach dem Schichtbandende erreicht man im Satteltiefsten einen auffallenden, etwa 7 m durchmessenden, runden und steinumrandeten Platz (2 Std. ab Carretera, 630 m NN).

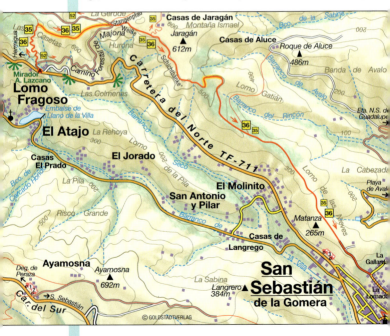

Wanderpause auf den „Weißen Schichtbänken" unterhalb des Jaragán

Achtung:
Hier **„Verhauer"**-Möglichkeiten! Zahlreiche falsche Pfade führen geradeaus weiter über die Hochfläche in unwegsames steileres Gelände.
Generell werden jetzt hier am Sattel die Gehseiten gewechselt: gingen wir bis hierher südlich (rechts) des Kammes bzw. längs der Felsflanken Richtung O, wird nun parallelversetzt weitgehend nördlich (links) der folgenden felsigen Kämme, aber weiterhin Richtung O und SO gegangen. Für den vorgenannten Seitenwechsel muß zuerst vom Sattel nach links (nördlich) gegangen und insgesamt 120 Hm abgestiegen werden. Durch das homogene Gelände bieten sich keine markanten Einzelheiten zur Beschreibung an. Zahlreiche gesetzte „Steinmänner" erleichtern aber die Wegfindung, deshalb gut auf Wegspuren achten!

Für den Weiterweg vom Sattel am einfachsten folgendes tun (bei Nebel trotzdem problematisch):

In bisheriger Laufrichtung *bis 6 m vor den Steinkreis gehen* (entspricht 6 m zurückgehen) Hier *rechtwinklig nach links*, ca. 80 Laufmeter in Richtung des im Hintergrund sichtbaren Felsturmes **Roque de Aluce** bzw. des Meeres sanft über die geröllige Fläche absteigen; dann *kurz rechts ab* (in Richtung der Felsspitze mit Palme). In weiteren zahlreichen Kehren geht es den gerölligen Weg durch Wasserrinnen wieder Richtung Roque de Aluce und den davor stehenden Häusern abwärts. Bereits von hier oben sieht man unten rechts unseren späteren Weiterweg, der sich entlang der gelblichen Schichtbänke schlängelt. Gut $^1/_2$ Std. später erfolgt in einer Rechtsschleife eine Richtungsänderung nach SO, unsere Hauptwanderrichtung. Wo es felsiger und steiler wird, kommen geröllige Kehren mit seitlicher Steinsäumung, die wieder eine bessere Wegführung versprechen. Wir erreichen dann eine gelblich-weiße Schichtbänderung, der wir nach rechts folgen; da-

Nahe dem Sattel, der nach der „Weißen Schichtbänke"- Traverse erreicht wird

mit ist der *oben beschriebene Seitenwechsel vollzogen*.

Im Folgenden wird der kleine Bco.-Grund querend umlaufen (rötliches Gestein), wobei nur zwei Aufstiegskehren den gegenwärtigen gemütlichen Abstieg unterbrechen. Wir umgehen das folgende Felsmassiv in Rechtsbogen, bis San Sebastián wieder im Blickfeld auftaucht. Schöner Ausblick zur Playa Zomora und der „Ermita N.S. de Guadalupe".

Von hier ist dann unser noch sehr langer Weiterweg ein großes Stück einsehbar: er führt rechtshaltend zu dem flach nach links abfallenden Gratrücken, den er unterhalb der ersten Senke erreicht. Über den Grat geht es linksseitig immer den Kamm entlang in SO-Richtung.

Schöne Wolfsmilchgewächse, Tabaibas, Agaven und die allgegenwärtigen Opuntien begleiten als typische Vegetationspflanzen des kargen Ostens unseren holprigen Pfad.

Kurz unterhalb der 1. Senke trifft der hier breitere Weg auf dem vorab gesichteten, links abfallenden Gratrücken, wechselt nach rechts, zieht bis zur folgenden Senke auf dieser Seite (2 Std. 50 Min. ab Carretera, 410 m NN) und wechselt dann nach links. Nun wieder linksseitig auf breitem Weg dahin, unseren weiteren Weg voraussehend. Entlang mächtiger flechten- und moosbewachsener Felsen, die damit die Richtung des Passat-Einflußes anzeigen. Nach den Felsen wird (rechts) ein Gemäuer passiert und weiter gemächlich links abgestiegen. Kurzzeitig verengt sich der breite Weg zu einem Pfad, der bei rotem Gestein auf eine Einschartung trifft (rechts Hirtensitz mit Trockenmauer). Hier heißt es ein Stück ansteigen. Man erreicht über rötliches Gestein in einer Links-Rechts-Links-Schleife eine „Freitreppe" (Großsteinpflaster), die uns 20 m höher bringt.

Auf dem folgenden Rücken gehen wir in Richtung der massigen Spitze,

Karte Seite 214

217

Gratwanderung nach San Sebastián. Einsam, lang und trotz der kargen Umgebung durchaus eindrucksvoll. Lohnende Fernsicht

die rechts umgangen wird. Man erreicht danach einen Aussichtspunkt (Hirtensitz mit rundem Steingemäuer, 3 Std. 25 Min., 360 m NN). Rechts unten liegt der Ort Lomo Fragoso.

Ab hier geht es nur noch abwärts! Ein schmaler, rolliger Weg führt über diesen letzten kahlen Bergrücken – vorbei an einem weiteren Trockenmäuerchen – hinunter.

Der obere Teil unseres nahen Zieles – San Sebastián – ist schon einsehbar: der militärische Bereich mit seinen Kasernen, der Leuchtturm, ein Teil des Hafens, ganz rechts die Bergkuppe mit der Christus-Statue (Mirador El Santo) und ein entfernt stehendes, einsames weißes Wasserhaus – unser nächstes Ziel.

Bei folgenden Wegabzweigungen heißt es noch einmal aufzupassen! Am *ersten Rechtsabzweig geradeaus vorbei, am später folgenden Rechtsabzweig wiederum geradeaus.* Danach kurz absteigen, ein längeres Stück längs einer rechterhand stehenden Trockenmauer, ein dickes, braunes Wasserrohr ist zu übersteigen, dann trifft man auf eine staubige Piste. Diese nun abwärts; sie mündet am oben erwähnten Wasserhäuschen (links) in eine breitere Piste (von dieser großartige Tiefblicke auf die Stadt), die zu den ersten Häusern von **San Sebastián** und zur Asphaltstraße *Calle de la Orilla del Llano/ Ortsteil La Callarda* führt (3 $^1/_4$ Std., 190 m NN).

> **Alternative:**
> Hat man genügend Zeit (und Kondition), dann sei ein Abstecher zum nahen, im oberen Teil von San Sebastián stehenden, sehenswerten **Parador de Nacional** empfohlen, einem der schönsten staatlichen Hotels von Spanien mit gehobenen Preisen.
> Die vor uns liegende Calle de la Orilla del Llano gänzlich hinuntergehen; sie mündet in die Pista de la Callarda ein. Auf dieser dann geradewegs bis zum Parador.

Zum schnelleren Durchfinden – Abstiegsbeschreibung zum Stadtkern/Hafenbereich:
Von den erwähnten ersten Häusern auf der geraden, abwärtsführenden Straße *Calle del la Orilla del Llano* 10 Min. hinunter bis zur links stehenden Bar „Orilla de Llano" mit blauer Löwenbräu-Reklame. Kurz darauf ein blaues Haus mit abgerundeter Ecke. 30 m danach rechts ein gelber Briefkasten. Hier *rechts der Straße die Treppenstufen hinunter* zur Haarnadelkurve der Straße. Rechts dieser weitere Treppen abwärts zur Straße, dieser 60 m rechts abwärts folgen und an der links, etwas versteckt stehenden Telefonzelle den Treppenweg weiter hinunter. Der Treppenweg fächert auf, wir gehen links und dann den mittleren Weg zum gepflasterten Vorplatz der **Kolumbuskirche „Nuestra Señora de la Asunción"** an der Calle de Medio (Gesamtwanderzeit 4 $^1/_2$ Std., 30 m NN).

> **Bei umgekehrter Begehung der R36 ab San Sebastian**
> Am Ende der aufwärtsziehenden schnurgeraden Asphaltstraße *Calle de la Orilla del Llano* im *Ortsteil La Callarda* befinden sich oberhalb der hier rechtwinklig nach rechts abbiegenden Straße zwei untereinander stehende Häuser. *Links* dieser gehen wir der hier von der Straße abzweigenden breiten Piste geradewegs und am Steilabfall längs aufwärts. Vor dem rechts oben allein stehenden weißen Wasserhaus zweigt in der breiten Rechtskurve der zum Wasserhaus führenden Piste links eine schmalere Piste ab, der man nun folgt. Von gleicher Höhe mit dem Wasserhaus sind noch weitere 300 m pistenaufwärts, Richtung Antennenanlage, zu gehen. Dort, *vor der folgenden Pisten-S-Kurve,* befindet sich ein deutlich rot/weiß markierter Rechtsabzweig, der hohlwegartig und mit Steinen gesäumt den eigentlichen Wanderbeginn darstellt.

Karte Seite 214 **219**

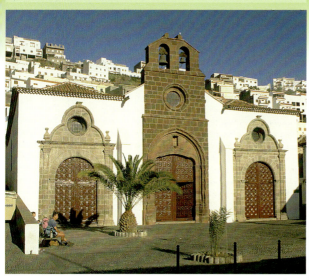

San Sebastián
An der Betkirche „Nuestra Señora de la Asunción" von Christoph Columbus endet die Wanderung R 36 im Stadtzentrum

Marienaltar in der Kirche

San Sebastián
Blick vom „Parador de Nacional" auf Strandbereich und Uferpromenade

Gehzeit: 3 1/2 Stunden

Ausgangspunkt: San Sebastián – Zentrum

37 San Sebastián (5 m) Ayamosna (680 m) – Tagamiche (979 m) – Carretera del Sur/Degollada de Peraza

Ein Aufstieg mit fast 1000 Höhenmetern von der Inselhauptstadt über das einsame Felsennest Ayamosna bis zum Aussichtsberg Tagamiche. Der lange Aufstieg durch karge Landschaft wird mit einer umfassenden Rundumsicht auf den zentralen Inselteil und die Hauptstadt belohnt.

Von **San Sebastián** aus bis zum Beginn der Wanderung ab einem Wasserhaus geht man wie folgt:

Zunächst in *Richtung* der Ausfallstraße *Carretera del Sur* gehen. Nach dem Zentrum weiter über die Brücke des **Bco. de la Villa,** dort Dreiteilung der Straße (links Carretera del Sur, mittig die Straße nach El Calvario und rechts eine Anliegerstraße). Man benutzt die mittlere Straße, die *Calle de las Nieves,* die steil hinaus in den Ortsteil **El Calvario** führt, bis an deren Ende. Bei der ehemaligen Kaserne *links* und gleich am Mauerende rechts den Kasernenbereich umgehen. Anschließend trifft man auf eine Asphaltstraße – 50 m auf dieser, dann gabelt sich die Straße. Hier *weiter aufwärts* bis zum Straßenende, dort Übergang in eine Piste und dieser entlang zu dem o.a. *Wasserhaus.* (30 Min. ab San Sebastián).

Es eröffnet sich wieder einer der alten, grobgepflasterten Verbindungswege, der die höher gelegenen Gebirgsdörfer mit der Inselhauptstadt und dem Meer verband. Nach 50 m auf dem alten Weg läßt man den folgenden Abzweig unbeachtet und steigt stetig an der rechten Seite des Felskammes aufwärts. Ca. 25 Min. ab dem Wasserhaus wechselt der Weg auf die linke Kammseite und führt späterhin in kurzen Serpentinen auf den Kammrücken zu den bereits von weit unten gesichteten weißen Häusern, die scheinbar einsam und verlassen in der kargen Steinwüste stehen (1 1/4 Std. ab San Sebastián).

Von hier oben – wie auch von den Abschnitten des zurückgelegten Weges – hat man immer wieder schöne Rückblicke auf den östlichen Inselteil.

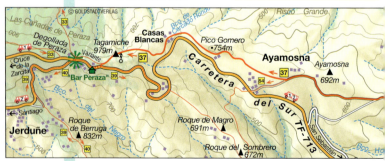

221

Der Weg trifft auf eine Piste, der man nach *links* folgt, vorbei an drei alten, als Stallungen genutzen Häusern. Die Piste zieht sich etwa 20 Min. sanft hinauf bis ein einzeln stehendes, steingemauertes Haus erreicht wird. Hier auf dem aussichtsreichen Bergrücken läuft man etwa 8 Min. auf der Piste; dann heißt es Obacht zu geben auf einen nicht sehr ausgeprägten Abzweig *(Stein-männer!)*, der nach *rechts* in einen schönen alten Weg übergeht. Links oben erblickt man ein 1993 erbautes Sprengstoffarsenal, welches man nach weiteren 10 Gehminuten erreicht. Der Weg setzt sich *rechts* des eingezäunten Geländes fort bis hinauf zu dem Kamm. Nach weiteren 6 Min. ist der Kamm erreicht und man blickt schon greifbar nahe auf den rot/weißen Mast des Tagamiche.

Ayamosna
Nicht weit von der Carretera del Sur und dennoch unbeachtet und einsam leben hier noch eine Handvoll Gomeros, die hilfsbereit und gastfreundlich sind und sich über Abwechslung bringende Besucher freuen. Interessant zur Sichtung alter Lebensformen

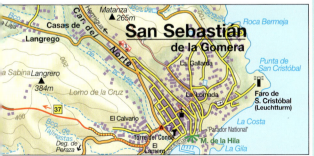

Nach Passieren der Ausläufer des Berges **Ayamosna** wird der Weg vorübergehend ausgeprägter und führt zu dem abgeschiedenen, unter Felsen gelegenen Weiler **Ayamosna**. Der eigentliche *Wanderweg verläuft* – hier wieder weniger kenntlich – *unterhalb der beiden Häusergruppierungen des Ortes* weiter.

Abstecher
Ein Abstecher zum Weiler ist zu empfehlen; alte Lebensgewohnheiten sind hier noch erkennbar. Die wenigen Bewohner sind freundlich und hilfsbereit gegenüber Fremden und freuen sich offensichtlich über jedes Kommen, das Abwechslung in ihr vielleicht etwas einseitiges Leben bringt. Direkt oberhalb des Ortes kann man von einer luftigen Aussichtskanzel tief hinunter nach San Antonio y Pilar und in den **Bco. de la Villa** blicken oder in wenigen Min. den Gipfel des Berges **Ayamosna** (692 m) besteigen.

Vom Ort aus bzw. vom Wanderweg unterhalb des Ortes orientiert man sich auf das vor uns liegende ländliche Anwesen (Ziegenzucht) und auf die sichtbaren Palmen. Unser Pfad mündet in die Ortszufahrtspiste. Diese unmittelbar zum Pistenbogen des Weges, der hinauf zum Anwesen führt und den wir nun begehen. Der alte Camino wurde durch die neue Piste zweitrangig, er läuft verwachsen links derselben.

Wir passieren noch das Anwesen und verlassen danach beim Pistenrechtsbogen *nach links* die Piste und wechseln hier wieder zurück auf den deutlich erkennbaren alten Weg.

Landschaftlich gesehen ist der folgende Abschnitt besonders schön: vor uns das Ziel – der Tagamiche mit seinem technisch notwendigen, aber nicht gerade zur Zierde gereichenden modernen Gittermast, links das Tal und jenseits von diesem, auf einem Bergrücken, die markanten Felsen des Roque de Magro und Roque del Sombrero; unter uns die jetzt näher herangekommene Carretera del Sur.

Wir erreichen ein eingefallenes Gebäude, hier abwärts, beim folgenden Linksabzweig geradeaus weiter, dann oberhalb der Straße über rotes Gestein ansteigen bis zu einem Kammeinschnitt.

Auf dem Weg von Ayamosna zum Berg Tagamiche. Rückblickend hinten der Roque del Sombrero und unmittelbar rechts davon der Roque El Magro

Karte Seite 220/221   223

Vorbei an dem rechts stehenden, unansehnlichen und kaum als Berg auszumachenden **Pico Gomero** (754 m) erfolgt anschließend der etwas steilere Aufstieg zum Tagamiche. Dabei verliert sich der Weg des öfteren. Nach 3 $^{1}/_{2}$ Std. gemütlichen Wanderns wird der **Tagamiche**-Gipfel (979 m) betreten.

Der Abstieg verläuft westseits zur **Degollada de Peraza.**

Trotz des landschaftlich störenden Gittermastens lohnte der Aufstieg zu dem dominanten Berg wegen seines herrlichen Ausblickes in den Zentralteil der Insel, in den tiefen Bco. de la Laja mit dem Ort La Laja und südostwärts-rückblickend auf unsere absolvierte Tour.

Zur **Rückkehr nach San Sebastián** können die Nachmittagsbusse von Santiago bzw. Valle Gran Rey nach San Sebastián genutzt werden. Durchfahrzeiten → Seite 283.

Anschlußwanderungen:

R33 nach **La Laja** ab Degollada de Peraza. Abstieg auf der Westseite zur Carretera del Sur und über diese in wenigen Min. zur Degollada oder aber abenteuerlich und ausgesetzt ebenfalls auf der Westseite absteigen: an der Straßenausweitung führt eine „Abkürzung" direkt unter den Felswänden hinüber zum Weg der **R33** nach La Laja *(nur für trittsichere und schwindelfreie Wanderer geeignet).*

Für konditionell starke Geher ist bei entsprechender Vorbereitung und Planung auch die Verbindung mit **R38** über die Finca **El Cabrito** (man kann El Cabrito zeitsparend umgehen, → **R38**, „Direktweg über den Paß", Seite 230) zur Rückkehr nach San Sebastián machbar. Hierfür direkter Abstieg vom Tagamiche zur Carretera del Sur und per Autostop oder zu Fuß auf ihr hinuntergehen bis km 14. Dort Beginn **R38**.

Der Gipfel des Tagamiche (979 m). Rechts unten das Tal von La Laja, das Massiv des Alto de Garajonay ist in Passatwolken gehüllt.

224

38 **Carretera del Sur/TF - 713 bei km 14** (820 m) –
Roque del Sombrero (630 m) –
Finca El Cabrito (20 m) –
Playa de la Guancha (3 m) – **San Sebastián** (5 m)

Gehzeit: 6 – 6 1/2 Stunden (gerechnet mit kurzen Aufenthalten und Badepause). Von der Carretera bis zur Finca El Cabrito etwa 3 1/4 Std.

Eine lange, anspruchsvolle Wanderung im Südosten Gomeras mit wahrlich wenig schattigen Passagen, darin – gleichsam einer Oase in der Wüste – die Finca El Cabrito. Für die Mühen eines heißen Tages in der südlichen Berglandschaft Gomeras belohnt ein erfrischendes Bad an der einsam gelegenen Playa de la Guancha. Doch der Weiterweg bis zur Inselhauptstadt ist noch lang...

Ausgangspunkt: Bus/Taxi bis zu einem einsamen Anwesen bei km 14 an der Carretera del Sur

Gefahren-Hinweis: Die lange Tour – meist abwärts, zwei Gegenanstiege – stellt erhebliche konditionelle Anforderungen; dies ist besonders spürbar in der Nachmittagsstauhitze der Barrancos. Im 1. Tourenabschnitt folgt nach der südlichen Umquerung eines markanten aber unbenannten Felsmassives (549 m NN) bis zur sogenannten „Steinernen Hand" ein sehr alpiner, teilweise ausgesetzter Wegteil, der Trittsicherheit, wenig Schwindelanfälligkeit und Orientierungssinn – eben Bergerfahrung – verlangt.

Achtung! Die R 38 sollte im Einstiegsbereich bis zum Roque Sombrero hinunter nicht mehr begangen werden. Der direkt genüber dem Leitplankeneinstieg (Km 14) wohnende Besitzer det neuerdings für dieses Gebiet, einschließlich dem Seiteneins R54 Privatrechte (Viehweidung) an und verhindert mit lautem schrei, aber auch mit gewaltsamen Mitteln(!) – Steinwürfen, D gebärden mit Knüppeln, Stangen u.ä. – die Wanderer erst garn einsteigen zu lassen. *Ausweichroute nach El Cabrito wäre R39 Abstieg.*
Zur eigenen Sicherheit R38 und R54 vorerst meiden! Vielle bestehen Verhandlungsmöglichkeiten.

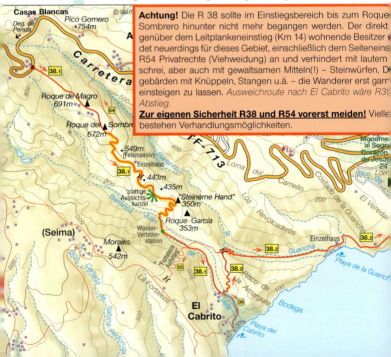

225

Bei umgekehrter Begehung der R 38 ab San Sebastián:

Die Ausfallstraße Richtung Valle Gran Rey bis zur ICONA-Dienststelle. Vis-à-vis die einmündende Straße zum Industriegelände bei Haus-Nr. 6 abwärts, vorbei einem Autofriedhof, bis zum UNELCO-Dieselkraftwerk (oder die Strandpromenade bis etwas vor ihrem westliches Ende, dort rechts die Piste entlang bis zum UNELCO-Werk. Hier an dem größten Umspannmasten (2 Palmen) beginnt der Aufstiegsweg unmittelbar rechts und parallel des Werkabgrenzungszaunes.

Anmerkung: Die **Finca El Cabrito** ist Privatgelände, daher ist in diesem Bereich rücksichtsvolles Verhalten angebracht. Wanderer sind willkommen, kein Restaurationsbetrieb, nur Trinkwasser-Abgabe, Meerwasserbaden. *Bei Notfällen* besteht die Möglichkeit (bis spätestens 18 Uhr) per Schiff von der Finca (Tel. 922 871233 nach San Sebastián mitgenommen zu werden.

38.1 Carretera del Sur – Finca El Cabrito

Unser 1. Tourenabschnitt beginnt mit einem sehr langen Abstieg über 800 Hm bis zum Bco. Juan de Vera, wobei am Weg stehende Roques (Felstürme) oder Felsmassive jeweils *rechts* umwandert werden.

Man verläßt die Carretera bei km 14 an der offenen Leitplanke in unmittelbarer Nähe des einsamen Anwesens nach links abwärts – vorbei an eingezäunten Weideflächen – und geht anfangs fast weglos, kurz danach auf ausgeprägtem, jedoch knorpeligem, geröllkigem und damit schlecht zu begehendem Pfad, direkt auf den Felsklotz **Roque El Magro** (679 m NN) zu. Den Roque (span. „der Magere", kann man unschwierig besteigen), umgeht man rechts und begibt sich zu den Häusern einer verlassenen alten Siedlung; dort u.a. auffallend ein Haus aus Tuffblöcken sowie Wasch- und Tränksteine, Schweinekoben und ein ehemals noch gut erhaltener Backofen, mittlerweile teilzerstört (?).

In der verlassenen alten Siedlung zwischen Roque El Magro und Roque del Sombrero

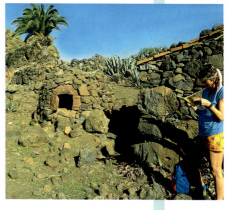

Grüne Terrassenlandschaft um den Roque del Sombrero (672 m NN). Ein besonderes Ereignis im kargen sonnigen Süden, das sich nach seltenen, aber umso heftigeren Winter-Regenfällen kurzzeitig darbietet

Nach dem Verlassen der Siedlung geht man unterhalb eines Dreschplatzes weiter in den Sattel des **Roque del Sombrero** (30 Min.).

Die von weitem sichtbaren scharfen Spitzen auf seinem Gipfel sind gesetzte Steinmännchen; der Roque kann nur durch schwierigeres Klettern bestiegen werden (→ S. 277).

Der Sombrero bleibt links des Weges beim folgenden Abwärtsgang. Der schmale, rollige Pfad läuft dann steingesäumt durch die alten Terrassen, später kurzzeitig über felsigen Boden – schwer erkennbar – auf **Pkt. 549 m NN,** einem markanten aber unbenannten Felsmassiv, zu. Kurz vor dem Einsattelungstiefsten führt der anschließend *wenig ausgeprägte Weg* in Kehren rechts hinunter. Auf reizvollem, ringsum mit lichtgrünen Palmengruppierungen bestandenen Weg, werden die langgestreckten und mit vielen Höhlen durchsetzten Steilabstürze des hellen Phonolith-Massives somit rechtsläufig umgangen. Nach den Felsen wird eine weitere Einsattelung mit terassierter Weidefläche und einem alten Haus erreicht (1 Std. 10 Min.).

Achtung: Ab hier etwas schwierige Wegfindung! Man orientiert sich folgendermaßen: In gleicher Abstiegsrichtung erstreckt sich unterhalb der Hütte eine größere Fläche mit zahlreichen Terrassenmauern. Der generelle Weiterweg verläuft südlich über diese Fläche auf den links deutlich hervorspitzenden Felsturm zu.

Zunächst unterhalb des Hauses *links* auf dem schwach ausgeprägten Kamm direkt auf die Senke zu. *Hier links* den Pfadspuren folgen, empor zu einem noch versteckt dahinterliegenden Kamm-Einschnitt rechts des nächsten flachspitzigen Felsen (der *vor* dem spitzen Felsen liegt!) gehen (P. 430 m NN, Tiefblick in den **Bco. de la Guancha).**

Spätestens ab hier befinden wir uns in einer wilden imposanten Gebirgslandschaft.

Karte Seite 224/225   **227**

Pkt. 549 m NN, **einem Felsmassiv, das mit steilen glatten Wänden nach Süden, zu unserem Wanderweg, abfällt. Der kleine spitze Zahn (rechts der Bildmitte im Hintergrund) ist ein wichtiger Orientierungspunkt**

Die „plattige Aussichtskanzel" – *ein natürlicher Super-Mirador*

Über den felsigen Paß, diesen durchqueren und *rechts* wenige Meter hinab auf ein großes Schichtband. Dieses nach *links* ca. 200 m lang im Halbrund (in der 2. Hälfte mit kurzem Ab- und Aufstieg) traversieren bis zu einer schon von weitem sichtbaren plattigen Aussichtskanzel (400 m NN, ca. 1$^1/_2$ Std. ab Carretera). Von diesem natürlichen Super-Mirador hat man phantastische Tiefblicke in den **Bco. Juan de Vera!**

An der Aussichtskanzel unterhalb des Felskammes nach links das gleiche Schichtband 150 m weiter queren, dann steiler um eine Felsbiegung und wieder linkshaltend abwärts und weiter linkshaltend in kleinen Kehren

Route 38

Die „Steinerne Hand". Am Ende eines exponierten Wanderabschnittes steht man vor diesem eigenwilligen Felsgebilde

Im Gratverlauf, etwa 20 m nach der „Steinernen Hand", zieht der Pfad vom Grat nach *rechts abwärts* in die große Geröllflanke, die sich 200 Hm bis tief hinunter in das Bett des Bco. Juan de Vera erstreckt.

In Zick-Zack-Kehren geht es auf mehr oder weniger gut erkennbarem rollig-grusigen Weg hinunter. Im mittleren und unteren Hangteil läuft man meist nahe der rechtsbegleitenden gerölligen Steilrinne in kurzen Kehren. Kurz vor dem Bco.-Grund geht der Pfad in die Steilrinne; dort abwärts, dann links aus dieser zum Grund hinunter. Unten quert man den in diesem Bereich sich vorübergehend verengenden Bco.-Grund und geht dann jenseits dem Wasserleitungspfad parallel dem großen von rechts aus der Schlucht kommenden Wasserrohres bis zur von oben gesichteten auffälligen **„Knickstelle des Wasserrohres"** (Verteilerstation).
2 Std. ab Carretera, 120 m NN.

hinunter, zuletzt direkt zu einer schon von weit oben gesichteten markanten Felshand, der sog. **„Steinernen Hand"** am wieder deutlich ausgeprägten Kamm (1 $^1/_4$ Std., 340 m NN). Von hier sieht man rechts – weit unten im **Bco. Juan de Vera** – unser nächstes Ziel, den (selbstverständlich auch nach Belieben) zu wählenden Rastplatz an der Stelle, wo die sichtbare Wasserrohrleitung am rechten Bco.-Rand parallel versetzt abknickt.

Hier legt man gerne eine Pause ein, sucht sich einen der spärlichen Schattenplätze und genießt die Stille und Einsamkeit.

An normalen schönen Tagen im sonnigen Süden wird zu einem spätestens bei der Rast bewußt, wie heiß die Sonne – im Gegensatz zum Wanderbeginn gut 800 Hm weiter oben – hier unten im Bco.-Grund am Nachmittag brennt. Da greift man gerne zur Wasserflasche – soweit man hat! Viele Steine, spärliches Gras und ringsum wilde Felsszenerie mit Schluchten und Bergen erinnern an Karl-May-Erzählungen...

Karte Seite 224/225

229

Von diesem Abschnitt des **Bco. Juan de Vera** bestehen 3 Möglichkeiten eines Weiterweges, je nach vorhandener Zeit und dem geplanten Vorhaben:

1. für Konditionsstarke der **„Fortaleza-Aufstieg" (R 55)** zum Bergrücken La Fortaleza, Weiterweg in Richtung der unbewohnten Seima und Casas de Contrera. Bei letzterem Anschluß an **R 40** (→ Aufstieg zur Carretera del Sur, → Abstieg nach Santiago).
2. der **„Direktweg über den Paß"** in den Bco. de la Guancha als Abkürzer der **R 38** (ohne Berührung der Finca del Cabrito).
3. mit Besuch der Finca El Cabrito gemäß der **Hauptwanderbeschreibung R 38**

Die 3 Weiterwege vom Rastplatz „Knickstelle des Wasserrohres" führen zunächst noch gemeinsam bco.-abwärts entlang dem Wasserleitungspfad und parallel des Rohres am rechten Bco.-Grund, wobei eine entferntere einzelne Palme im Bco.-Bett passiert wird. Kurz nach dieser Palme sieht man links vorn den Beginn des unter 2. genannten **„Direktweges über den Paß"** (→ Seite 230/231).

Das „Rote Gespenst" vom <u>Bco Juan de Vera</u> ist kein Ortsmerkmal zur Wanderung, sondern ein Novum bei Südwanderungen: ein Wanderer unterm Biwaksack bei Starkregen!

Bco. Juan de Vera
Rast an der Verteilerstation („Knickstelle des Wasserrohres"). Über den rechten Hang zieht R 55, der „Fortaleza-Aufstieg" empor. Am Gegenhang läuft diagonal nach rechts, zur deutlich erkennbaren Senke, der „Direktweg über den Paß". Er trifft sich am Paß mit dem im Hintergrund von rechts kommenden Pfad von El Cabrito

Wegebeginnbeschreibung vom „Fortaleza-Aufstieg" (→ R 55)

Nach insgesamt 8 Min. ab „Knickstelle des Wasserrohres" heißt es auf irgendeinen Hinweis am Wegesrand (in der Regel Steinmann oder andere Auffälligkeit) zu achten. Dies ist das einzige Indiz (eine nähere Beschreibung ist wegen des eintönigen Geländes schwer möglich), daß hier (110 m NN) in Richtung W (bergwärts) der „**Fortaleza-Aufstieg**" (Wandermöglichkeit **1**, Anfang **R 55**) beginnt; das Geröll und der Bewuchs des Aufstiegshanges reichen hier am tiefsten in den Bco.-Grund hinein. Der alte klassische Aufstiegsweg mit anfangs schmalem Pfad, führt in Kehren und angenehmer Steigung 250 Hm hinauf zur Abbruchkante La Fortaleza. Weiter in einer ³/₄ Std. zum unbewohnten Ort Seima und einer weiteren ³/₄ Std. zum ebenfalls unbewohnten Casas de Contrera. Anschlußwanderung **R 40** aufwärts zur Carretera del Sur oder abwärts nach Santiago.

Bei **Begehung R 55 von der Finca El Cabrito kommend** und auf dem Wasserleitungsweg gehend – also *bco.-aufwärts und links des Grundes* – trifft man im kritischen Wegteilungsbereich (ca. 30 Min. ab Cabrito) auf eine markante, senkrecht in Richtung Bco.-Grund ragende Felsrippe/-nase zur Linken. Hier steht links an dieser Rippe ein betonierter kleiner weißer Markierungspflock mit CP-Buchstaben beschriftet; ca. 10 m rechts von diesem steht ein ebensolcher Pflock. Von diesem Betonpflöcken sind es noch ca. 200 m bco.-aufwärts bis zum links beginnenden „**Fortaleza-Aufstieg**" zum Fortaleza-Rücken bzw. weiter nach Seima.

Diese unauffällige Wegkreuzung war früher Bindeglied des „Camino reales" zwischen Santiago – Seima – San Sebastián und umgekehrt. Daher ist auch die Fortsetzung des „**Fortaleza-Aufstieges/-Abstieges**" am Gegenhang des Bco. Juan de Vera, der „**Direktweg über den Paß**" (Wandermöglichkeit **2**) von hier zu beschreiben.

Wanderbeginnbeschreibung vom „Direktweg über den Paß"

Man sieht links, jenseits über den Bco.-Grund, ein natürliches, helles, großes Felsdreieck an den Bco.-Wänden und eine auffallend *großen roten Felsblock* am Fuße der Bco.-Begrenzungswand. Dieses sind Orientierungspunkte für den Aufstiegsbeginn. Am besten noch ein Stück den Wasserleitungspfad abwärts, dann links den gerölligen Grund weglos zum bewußten großen, roten Felsblock queren und damit zum

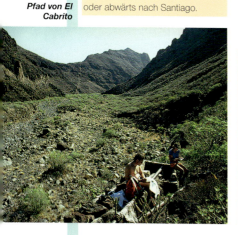

Karte Seite 224/225

Anstiegsbeginn. Diagonal von links unten nach rechts oben zieht sich der Pfad durch die Wände zum bco.-trennenden Bergrücken und Paß (20 Min., 160 m NN), wo man wieder auf die nachfolgend beschriebene Originalroute, von El Cabrito kommend, trifft.

Die „Cabrito-Besucher" folgen jedoch ab der *erwähnten Palme* bco.-abwärts unmittelbar dem Wasserleitungsweg, der zuletzt in eine Piste übergeht. Etwa 30 Min. ab „Knickstelle des Wasserrohres", immer rechts des Bco.-Grundes haltend, wird die oasenähnliche **Finca El Cabrito** erreicht (3 $^1/_4$ Std.).

Hier in El Cabrito kann sich jeder seinen Besichtigungsgang selbst wählen. Nach dortiger Auskunft gibt es für die Wanderer z.Zt. nur Trinkwasser, aber vielleicht werden im Laufe der Zeit auch Obst, Getränke o.ä. geboten (lt. Auskunft keine Verkaufs-Konzession). Bademöglichkeiten!

Die Finca El Cabrito, am Meer zwischen Santiago und San Sebastián gelegen, ist eine oasenähnliche Plantage (12 ha bewirtschaftet), die verkehrlich nur per Boot oder zu Fuß (sehr beschwerlich) über die Berge erreicht werden kann. Bis zum Zweiten Weltkrieg bedeutendes Anbaugebiet tropischer Früchte. Nach dem Krieg durch fehlende Absatzmärkte Rückgang und Verfall. 1987 Übernahme durch Kommune Friedrichshof: Wiederaufbau und Renovierung im gomerischen Stil sowie Modernisierung für autarke Versorgung. Mittels eigener Bewässerung biologischer Anbau von Gemüse und verschiedenster subtropischer Früchte. Gleichzeitig eine unselige Zeit des Kommune-Treibens mit sexuellen Ausschweifungen und Exzessen, die die Gerichtsbarkeit einschreiten ließ.

Nach der Kommunen-Auflösung wird die Finca eine Genossenschaft mit privaten Anteilen. Diese und ein privater Veranstalter ermöglichen heute neben einer modernen Bewirtschaftung die Öffnung El Cabritos als individuelles Reiseziel und bieten zusätzlich Kunstinteressierten ein ansprechendes Programm.

Bei El Cabrito
→ R38.2
Entlang der „mauerbegrenzten Piste, die sich schnurgerade an der rechten (östl.) Bco.-Seite aufwärtszieht"

Route 38

38.2 Finca El Cabrito – San Sebastián de la Gomera

Für den *Rück- bzw. Weiterweg* begibt man sich nach der auffallenden Palmen-Allee zur mauerbegrenzenden Piste, die sich schnurgerade an der rechten (östlichen) Bco.-Seite aufwärts zieht. Wo diese einen *leichten Linksbogen* beschreibt bis *zum letzten* größeren *rechtsstehenden Pfefferbaum* laufen. Dort *rechts über die Mauer* und durch das Bco.-Bett *zur einzelnen Palme* am begrenzenden Hang.

Den Pfad am Bco.-Hang aufwärts, an einer weiteren Palme vorbei, bis *kurz vor die Überlandleitung*. Dort *rechts* den nicht immer ausgeprägten Weg empor, zunächst steil in Serpentinen, später fast eben am Hang taleinwärts bis zu einem kleinen Paß (30 Min. ab El Cabrito, 200 m NN, von links → Einmündung des o.a. **„Direktweges über den Paß"**). Jenseits in steilen Kehren gut 100 Hm abwärts in den ebenso einsamen Grund des **Bco. de la Guancha**.

Diagonal über eine längere Strecke von der rechten auf die linke Bco.-Bettseite wechseln und den Pfad entlang zur Bucht mit einem (noch) einsamen Häuschen (1 Std. ab El Cabrito, insges. 4 $^{1}/_{4}$ Std).

Lohnender Abstecher
zur nahen **Playa de la Guancha**, wo ein erfrischendes Bad fällig ist. Von der Playa aus kann man schon mal ein Auge auf den Weiterweg werfen, der durch den großen Steilabsturz gut sichtbar als Strich von links unten nach rechts oben auszumachen ist.

Der Weiterweg vom Häuschen in gleicher vorheriger Wanderrichtung geht den dunklen Felswänden entlang und nach links um die Felsen in den Seiten-Bco. hinein und dort empor. Im Linksbogen hinauf bis der Pfad das blockige Bco.-Bett berührt. Im Bett aufwärts , bis man in scharfen Rechtsbogen und anschließenden Kehren, nun steil bergwärts, zu einer großen Seitenrunse gelangt.

Playa de la Guancha
Bergauf, begab geht der lange Wanderweg bis zu dieser idyllischen Meeresbucht, die zu einem erfrischenden Bad animiert. Durch den hohen Steilabbruch im Hintergrund verläuft diagnal – als dünne Linie sichtbar – unser Weiterweg

Karte Seite 224/225

233

Die hier ansetzende – von der Playa bereits gesichtete – lange Traverse zieht sich anfangs gemächlich aufwärts durch die Schutthänge.

Rechts, tief unten, gleißt und funkelt die Nachmittagssonne im Wasser der Playa, das uns gerade erst noch Erfrischung bot, während inzwischen schon wieder der Aufstiegsschweiß zu rinnen beginnt.

Im letzten Aufstiegsteil steigt man steiler und etwas exponierter durch die Felsen (Achtung: eine links abgehende kurze Variante ist noch steiler!) zur Hochfläche **El Veredal** (30 Min. ab dem Häuschen, 200 m NN).

Auf der Hochfläche (bei Sicht den Vulkanberg Teide/Teneriffa vor den Augen) den grusigen rotbraunen Pfad in gleicher Höhe parallel und hoch über der Steilküste entlang. Bereits 10 Min. später taucht der Leuchtturm und ein Teil der Inselhauptstadt San Sebastián mit Hafen, unser inzwischen heiß ersehntes Ziel auf. Links oben die **Cristobal-Statue.** Doch wir müssen noch ein hübsches Stück, nämlich 45 Min. bis zum Ziel bewältigen!

Von der Hochfläche geht es schräg hinab in einen Nb.-Bco. Beim Abstieg sehen wir jenseits über den Bco. den Weiterweg diagonal unter dem Cristobal hochziehen. Man gelangt zu einer Piste, die überquert wird.

Achtung: Wer vorzeitig zur Carretera del Sur aufsteigen möchte, kann über die hier erreichte, vor dem Bco.-Grund abzweigende und bco.-aufwärts führende Piste Richtung des gut sichtbaren massigen Felsklotzes zur Straße gehen (ca. 30 Min.).

Vom Grund wieder Gegenanstieg und Linksbogen in einen Einschnitt, aus diesem rechts heraus und sanft zur nächsten Anhöhe (rechts verfallenes Haus). Auf der nun erreichten Hochfläche **Lomo del Hilgueral** (links oben wieder die Statue) jetzt leicht abwärts und wieder in Blickrichtung San Sebastián weiter.

Plötzlich nach der nächsten größeren Wegbiegung liegt wie ein Teppich **San Sebastián** 100 m unter uns.

Man geht hier links den felsigen Weg diagonal am Hang abwärts auf das UNELCO-Dieselkraftwerk (mit Diesel läuft die Stromerzeugung für die gesamte Insel La Gomera) zu und am Werkszaun entlang. Bei 2 Palmen erreicht man die Asphaltstraße (1 $^{1}/_{4}$ Std. ab dem Häuschen an der Playa de la Guancha).

Nun rechts der Straße in 10 Min. zwischen einem Autofriedhof und dem UNELCO-Werk zur Hafen-Avenue und dieser entlang zum Zentrum.

San Sebastián Hafenanlage (von der Hochfläche El Veredal aufgenommen)

234

Gehzeit: 6 1/2 bis 7 Stunden

39 Rundwanderung:
Carretera del Sur/TF - 713 bei km 14 (820 m) –
Finca El Cabrito (20 m) – **Seima** (540 m) –
Degollada de Peraza (940 m) –
Carretera del Sur (600 m), **diese bis km 14**

Ausgangspunkt:
Bus/Taxi/Pkw bis zu einem einsamen Anwesen bei km 14 an der Carretera del Sur

Einsame, lange und dennoch ansprechende Rundwanderung in ständigem Auf und Ab durch Gomeras kargen Südosten. Ein Meeresbad in El Cabrito erfrischt für den langen, fast 1000 m-Aufstieg hinauf nach dem verlassenen Ort Seima und weiter zur Degollada de Peraza.

Anmerkung: Bei **umgekehrter Begehung der R39** mit Beginn an der Degollada de Peraza → **R40**.

Zunächst verläuft die Wanderung wie R 38 in ca. 3 1/4 Std. bis zur Finca El Cabrito.

Achtung! Siehe Anmerkung bei Tour 38, Seite 224

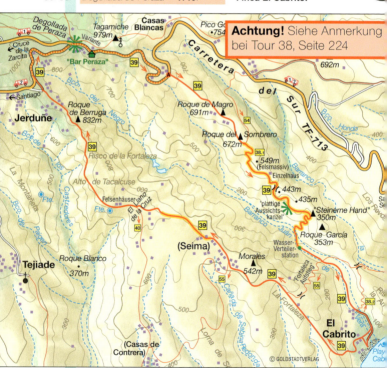

Das Anwesen El Cabrito ist Privatgelände. Eine Durchquerung wurde bisher erlaubt, dementsprechend sollte rücksichtsvolles Verhalten selbstverständlich sein.
→ **R38**, Seite 231

Man durchquert die **Finca El Cabrito** nach Belieben bis zum Strand, geht an diesem bis zum letzten Haus, um hier – direkt unter der Felswand auf einem *rechts* abgehenden schönen Pfad – auf die Reihenhäuser der Siedlung zuzugehen. *Vor den Häusern* zweigt der Aufstiegsweg nach *Seima* ab.

Ein gut erhaltener, alter Weg führt den Wanderer in 30 Min. hinauf zu einem Paß (200 m NN). Vom Paß weiter aufwärts über ein rotes Felsplateau bis zur folgenden Felsrippe. Ein kurzer Treppenweg führt über diese hinweg zum nächsten roten Plateau. Der Weiterweg unterläuft dann die Starkstromleitung und geht hinauf zu aufgelassenen Terrassenfeldern. Dabei führt uns der Weg schon ziemlich weit oben in eine Wasserrinne hinein. Sie wird nach ca. 50 m wieder nach links verlassen; danach oberhalb dieser Rinne noch etwa 100 m weiter. Hier verläuft sich letztlich die Rinne.

Nun über Pfadspuren weiter über das Hochplateau, den weiteren Anstieg dabei im Visier.

Bevor man den nächsten Hang auf dessen Südseite quert, sollte man schnell noch einen kurzen Abstecher nach rechts zum Bergrücken **La Fortaleza** (P. 403 m NN) machen (hier Beginn des **„Fortaleza-Auf-/ Abstiegs"** vom bzw. in den Bco. Juan de Vera, einem Teilstück

El Cabrito

Das Dorf Seima
Einsam und verlassen wie fast alle armseligen Dörfer dieser Gegend. Der Wanderweg **R39** führt über den Hang in Bildmitte aufwärts und zwischen der markanten „Felskrone" und den weißen Häusern hindurch nach rechts aufwärts

der alten *Direktverbindung zwischen San Sebastián und Santiago),* um den grandiosen Einblick in den *Bco. Juan de Vera* mit dem gesamten Abstiegsweg unseres ersten Wegdrittels nach El Cabrito nicht zu verpassen.

Am Ende der Hangquerung erreicht man neben einem überdimensionalen Steinmann den aufgelassenen Ort **Seima** (ab Finca El Cabrito etwa 1 1/2 Std., 540 m NN).

Nach der ersten Häusergruppe Weggabelung **(links Weiterweg nach Casas de Contrera R 55),** unser Weg verläuft *geradeaus* weiter zu einem kleinen Paß – im Blickfeld weit oben die steile Felsnase mit Holzmasten, unser in der nächsten 1/2 Stunde zu erreichendes Ziel.

Nach der Paßquerung Anstieg unter dem Felsband, links ein verfallenes Gebäude. Danach in steilen Serpentinen zu den oberen Häusern des Ortes. Hier folgt der Weg der Wasserrohrleitung zwischen der „Felskrone" und dem bäuerlichen Anwesen, zieht sich links vorbei an einer betonierten, abgedeckten Zisterne zu dem letzten Haus des Ortes. Jetzt 20 m steil aufsteigen (links vom Weg großer Felsturm) zum alten Verbindungsweg, der direkt zur großen Felsnase führt (wegbegleitend eine alte Stromleitung). Man geht *links* um die Felsnase, steigt dann über den Nasenrückenverlauf auf gutem Weg zum nächsten Kammeinschnitt. Zwischen zwei Häusern hindurch quert man einen weiteren Hang links eines Felsenkammes und gelangt etwa 200 m nach dem letzten Kammeinschnitt (P. 700 m NN) zu einer Weggabelung (links → **R 40** nach Casas de Contrera).

Karte Seite 234

Wir halten uns *geradeaus*, gehen jetzt im Bereich des **Bco. de Chinguarime** abwärts. Nach etwa 300 m eine weitere Weggabelung (gelbe Grusrinne); wir gehen *rechts* und machen einen kleinen Abstecher zu den oberhalb liegenden Felsenhäusern (→ Seite 241 unten). Hiernach steigt man über einen Felssturz (ca. 5 m unterhalb des Weges eine gefaßte Quelle) und 15 m über eine Felsplatte, um den Weiterweg bco.-einwärts in angenehmen Auf und Ab, später nur noch Auf, fortzusetzen.

Kurz unterhalb der Carretera erreicht man einen Paß und einige unbewohnte Häuser; hier rechts zwischen Häusern und Felskopf bis zu einem Berggrat aufsteigen, wo man ein altes totgelegtes Straßenstück erreicht (ab Seima 2¹/₄ Std., 840 m NN).

Hier rechtshaltend auf der Straße in wenigen Min. zur neutrassierten Carretera del Sur.

Um zum Ausgangspunkt zurückzukehren, müssen wir leider aufwärts – etwa 3 km – auf der **Carretera del Sur** marschieren. Wir schaffen es in 30 Min. bis zur **Degollada de Peraza** (gute Einkehrmöglichkeit im Aussichtsrestaurante **„Bar Peraza"**) Tel. 922 870390 und in weiteren 20 Min. auf der Carretera Richtung San Sebastián, vor der letzten großen Kurve *links* Abkürzungsmöglichkeit, zurück bis zum Ausgangspunkt bei km 14.

Busrückfahrt von der Carretera del Sur oder „Bar Peraza" (→ Seite 283).

Wanderpause an einem verfallenen Haus in *Seima*

V

Wandergebiet Santiago/Alajeró

Gehzeit:
4 1/2 Stunden
bis Tecina
(+ 20 Minuten
bis Santiago)

**Ausgangs-
punkt:**
Bus/Taxi/Pkw
bis Degollada
de Peraza (am
Abzweig der
Höhenstraße
von der Carre-
tera del Sur)

40 Degollada de Peraza (940 m) –Bco. de Chinguarime – Casas de Contrera (400 m) – Tecina (100 m) – Playa de Santiago

Eine einsame Abwärtswanderung. Sie verläuft anfangs oberhalb, danach längs des Bco. de Chinguarime zur Hochfläche oberhalb von Casas de Contrera. Nach dem Ort weiter über die Hochfläche abwärts, um dann nach Querung dreier Barrancos in Tecina oder Santiago-Playa zu enden.

Anmerkung: Am Wanderende in Santiago bestehen bei ensprechen-dem Timing Busanschlüsse (→ Seite 283) zu jedem der sechs Insel-bezirksorte.

Die **Carretera del Sur** in *Richtung Santiago* ca. 1,5 km (20 Min.) ab-wärts. Beim Hinuntergehen- (oder -fahren) kann man schon weithin ei-nen ersten markanten und sperren-den Höhenzug ausmachen, der bei der Neutrassierung (Straßenbegradi-gung 1993/94) mit einer tief ein-geschnittenen Rechtskurve durch-brochen wurde. Links dieser Kurve befindet sich das jetzt höher gele-gene enge Bogenstück („Totstück") der alten Asphaltstraße, in dessen Bereich sich unser Wanderungsbe-ginn befindet. Dorthin gelangt man vom Bogenanfang der steil durchbro-chenen Rechtskurve durch kurzen pistenartigen Linksanstieg zur alten Asphaltstraße und in wenigen Min. zu deren scharfer Haarnadelkurve (840 m NN).

In Bogenmitte beginnt links auf dem Berggrat unsere eigentliche Wande-rung. 40 m diesem entlang, dann senkt sich der alte Camino sanft nach rechts ab. Der alte Weg führt uns hin-ab in einen Sattel, der den Bco. Juan de Vera von dem Bco. de Chingua-rime trennt.

Blickt man nach links oben, so sieht man den Berg Tagamiche, links da-von die Degollada de Peraza, den Ausgangspunkt unserer Wande-rung.

Der weitere Wegverlauf führt – an-fangs noch flach – über rotes Gestein auf der linken Seite des **Bco. de los Castredores** südwärts mit Rück-blicken auf die Dörfer Jerduñe und Vegaipala.

Etwa eine 3/4 Std. ab der Degolla-da trifft man auf eine an den Felsen (im unteren Teil löcherig) befindliche Sickerwasserstelle. Danach beginnt ein serpentinenartiger Aufstieg, der sich noch zweimal wiederholen wird. Auf längere Zeit sind die Masten einer Stromleitung Wegbegleiter. Nach

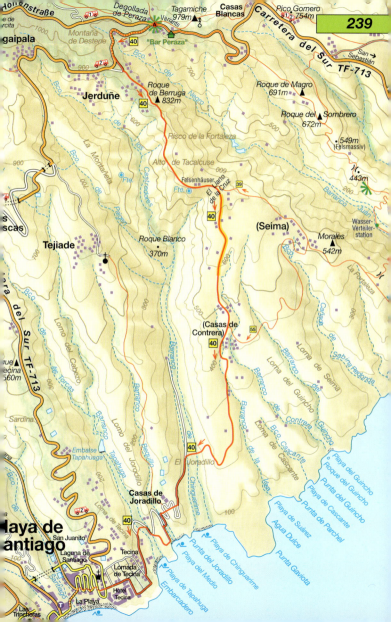

Auf dem Weg nach Casas de Contrera. Im Sattel, der den Bco. Juan de Vera von dem Bco. de Chinguarime trennt. Im Hintergrund der Roque de Berruga (832 m)

dem dritten Serpentinenaufstieg quert man um die Felsen des Höhenrückens herum und bekommt einen schönen Ausblick auf den Süden der Insel. Weiter abwärts gehend erreicht man ein geneigtes plattiges Schichtband und einen Felssturz, der den ehemaligen Weg verschüttet hat.

Unterhalb dieser Stelle befindet sich eine in Beton gefaßte Wasserstelle (ca. 5 m unterhalb des Weges).

Gleich nach dem Felssturz erblickt man vom Wanderweg links oben einige Häuser, teilweise in Felshöhlen eingebaut, mit Relikten aus vergangener Zeit (→ Foto Seite 241 unten).

Unser Weiterweg führt durch den folgenden Taleinschnitt und erreicht eine Paßhöhe (1 $1/4$ Std., 650 m NN, Einmündung **R39** von El Cabrito kommend), an der man *scharf rechts* über die Hochfläche weitergeht.

Etwa 250 m nach der Wegkreuzung am Paß gelangt man zu einer links des Weges befindlichen abgedeckten Zisterne.

Ab hier beginnt ein holpriger, großblockiger, alter „Camino" mit einer etwas unübersichtlichen Wegführung. Man hält in *Generalrichtung auf das entfernt unten und einsam stehende Haus zu.*

Nach Passieren einer links liegenden, von oben nicht sichtbaren Häusergruppe, wird der Weg wieder besser erkennbar. Weiter in Generalrichtung wird am „Zielhaus" ca. 30 m rechts vorbeigegangen und kurz darauf ein weiteres typisches Natursteinhaus erreicht.

Die hier zu fast jedem ehemals bewohnten Anwesen gehörenden, eigenen Dreschplätze zeugen davon, daß auf der besagten Hochfläche früher Getreideanbau betrieben wurde. Das scheint uns heute kaum noch vorstellbar.

Jetzt steiler abwärts – vorbei an einem weiteren Anwesen – und man erreicht den Weiler **Casas de Contrera** nach 2 Std. Wanderzeit.

Karte Seite 239

Oberhalb des Bco. de Chinguarime

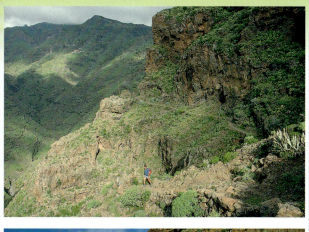

Felsenhäuser am Weg nach Casas de Contrera. In nächster Nähe unterhalb des Weges ist eine in Beton gefaßte Wasserentnahmestelle

Auffällig und etwas ungewöhnlich – wohl aus besseren Zeiten stammend – ist hier ein Haus mit altem, verfallenen Holzbalkon. Der Ort wird heute nicht mehr bewohnt und nur noch als Stützpunkt (Alm), seine Umgebung für Schaf- und Ziegenweidung genutzt.

Unser Wanderweg – vorbei am Steinsockel des ehemaligen Holzkreuzes → Foto Seite 242 oben – verläuft weiter südwärts und rechtshaltend die kleine Flanke des felsigen Rückens abwärts.

Nach Querung des Talgrundes **(Bco. de la Vasa)** ca. 30 m rechts

Casas de Contrera (400 m). Ganz eigenartig, fast ein Novum in dieser kargen Gegend mit seinen homogenen Natursteinhäusern, ist das weit und breit einzige verputzte zweistöckige Haus – und das noch mit Balkon. Leider ist das chlichte und dennoch markante Holzkreuz (im Foto rechts) irgendwie im Jahr 1999 verschwunden. Traditionell wäre es schön, wenn es die sporadisch anwesenden Ziegentürken wieder aufrichten würden.

des Grundes bis zu einer Felsabgrenzung weiter – hier Gabelung: man geht nach links wieder über den Grund, bleibt dort und läuft parallel der linksseitigen Trockenmauer. Etwa 100 m geht man nun auf der Hochfläche mit Blick auf die greifbar nahe gelegenen landwirtschaftlichen Gebäude, dann richtet man wieder seine Schritte zum Talgrund hinab und passiert eine Häusergruppe – rechter Hand eine betonierte, abgedeckte Zisterne. Der Wegverlauf ist jetzt links des Talgrundes (nicht den auffälligen, links aufwärts führenden, getreppten Wegabzweig folgen!). Bei zwei kleinen „Steinmännern" quert man wieder auf die rechte Seite hinüber. Jetzt senkt sich der Bco. de la Vasa ab; unser Wanderweg verbleibt direkt oberhalb und führt an drei einzeln stehenden Häusern vorbei. Etwa 50 m nach dem dritten Haus ist rechts wiederum ein Dreschplatz – *hier scharf rechts halten* (Steinmann).

Der Weg führt nach einem ebenen Stück in südlicher Richtung abwärts, unterquert die Überlandleitung und führt zu einem weiteren Haus hinauf.

Der Weiterweg nach dem Haus führt rechtshaltend über die Hochfläche, von der man geradeaus hinüberblickt zu der großen Hotelanlage Tecina bei Santiago. Weiter dem Weg zum Abhang des Bco. de Chinguarime. Man schaut dabei hinunter auf die jenseits hinaufziehende Piste – unseren Weiterweg.

Nach dem Abstieg in den **Bco. de Chinguarime** quert man weglos auf Höhe des Bewässerungshauses für die hier angelegte Plantage den Bco. und geht auf der nun ansetzenden Piste hinauf. Vom nächsten Höhenrücken beginnt ein neuerlicher Abstieg in den Grund des **Bco. Biquillo** (4 Std. Wanderzeit).

Vom **Bco-Grund** erreicht man in 5 Min. pistenabwärts zum Meer die schöne Badebucht **Playa del Medio,** wo man auch am versteckt gelegenen Kiosk eine vorgezogene, wohlverdiente (Bade-) Rast einlegen kann.

Karte Seite 239

So gestärkt entweder die Piste aufwärts oder besser abkürzend den „Badepfad" der Tecina-Gäste links durch den Abhang hinauf zur Piste. Jenseits über Piste oder Abkürzer hinunter zum dritten Bco., dem **Bco. Tapahuga** und die folgende Piste wieder hinauf. Sie führt (insgesamt $^1/_2$ Std. ab Badebucht Playa del Medio) direkt zur **Hotelanlage Tecina.**

Die Besichtigung dieser architektonisch wirklich gelungenen, d. h. harmonisch in die Landschaft eingefügten, **Hotelanlage Tecina** ist zu empfehlen und man sollte sich dafür etwas Zeit nehmen: erste Bungalow-Hotelanlage La Gomeras (4 Sterne), 1987 fertiggestellt, 800 Betten, gepflegte Anlage mit subtropischer Blumenpracht, Swimmingpool, Tennisplätze, Liftanlage zum Meeresstrand, großes Freizeitangebot, u. a. geführte Bergwandertouren.

Von Tecina findet man leicht nach **Playa de Santiago,** hinunter. Die langgezogenen Straßenkehren sind durch Treppenwege abkürzbar.

Playa de Santiago

Viel Sonne, Kiesstrand und Gemütlichkeit, sowie als Fischereihafen auch dementsprechende Restaurante-Angebote, erwarten uns in diesem Ort.

Das sonnige Santiago ist neben der Hauptstadt San Sebastián und dem subtropischen VGR schon heute drittwichtigster touristischer Stützpunkt der Insel. Das hoch oben über dem Meeressteilabfall gelegene Hotel Tecina bringt zusätzlich Einkaufstouristen in den Ort und die für 1996/97 (?) fest geplante Eröffnung des neuen Flughafens in nächster Nähe wird Playa de Santiago noch einen weiteren, hoffentlich auch positiven touristischen Schub bringen.

Hotel-Appartment-Anlage „Tecina". Seit 1987 mit 800 Betten die schönste und größte Bungalow-Siedlung (4 Sterne) Gomeras

41 Roque de Agando/Höhenstraße (1050 m) – Benchijigua (580 m) Pastrana (240 m) – Santiago (5 m)

Gehzeit: ca. 4 Stunden bis Pastrana (+ 1 1/2 Std. bis Santiago)

Ausgangspunkt: Taxi/Bus bis zum Roque de Agando (Waldbranddenkmal)

Der Roque de Agando (1250 m NN). Unmittelbar neben der „Traumstraße Gomeras" (Höhenstraße) erhebt sich wuchtig der 200 m hohe Felsturm

Eine der großen klassischen Insel-Wanderungen, die über 1000 Hm Abstieg in gewaltiger, beeindruckender Gebirgslandschaft einem der längsten Barrancos folgt. Durch ihre Länge und Südorientierung wird auch als Abwärtstour einiges gefordert.

Gefahren-Hinweis: Diese Abwärtstour wird oft unterschätzt. Routenlänge und insbesondere die Südlage fordern diesbezüglich einen konditionell starken Bergwanderer. Bei der Tour werden erst gegen Mittag/Nachmittag zwangsläufig die tieferliegenden Bco.-Bereiche erreicht, in denen der Hitzestau ein Nachlassen der Kräfte zusätzlich beschleunigt. Daher ist ein zeitiger Aufbruch und ausreichend bemessener Trinkwasservorrat anzuraten.

Nordwestlich des markanten Turmes **Roque de Agando** wurde Ende 1985 zum Gedenken der Opfer des Waldbrandes von 1984 ein großes pittoreskes Monument errichtet (→ Ausführungen bei Foto Seite 246).

Man geht direkt *unterhalb der Denkmals-Terrassenmauer* den gepflasterten Weg bis an die Felsen hin und steigt dann den instandgesetzten Treppenweg in Kehren abwärts. Dieser zieht sich anfangs überaus steil, später weiterhin steil talwärts nach SW. Nahe den gewaltigen Westabstürzen des Agando verläuft der Weg durch kanarischen Kiefernwald (der ehemals stattliche Kiefernwald wurde durch den verheerenden Waldbrand von 1986 stark beeinträchtigt), der später auf längere Strecke von Zistrosenbuschwald abgelöst wird.

Der schwierig zu besteigende Roque de Agando wurde in den letzten Jahren öfters erklettert. Es gibt verschiedene Aufstiege, der leichteste (Normalaufstieg) in der SO-Flanke mit Schwierigkeitsgrad IV. Der Abstieg ist nur mittels Abseilen möglich (→ Seite 276).

1986 wurden auf seinem Gipfel vom Autor prähistorische Gefäße (Schalen) gefunden (→ Seite 291).

Nach etwa 1/2 Std. lichtet sich der dichte Wald und man hat den freien

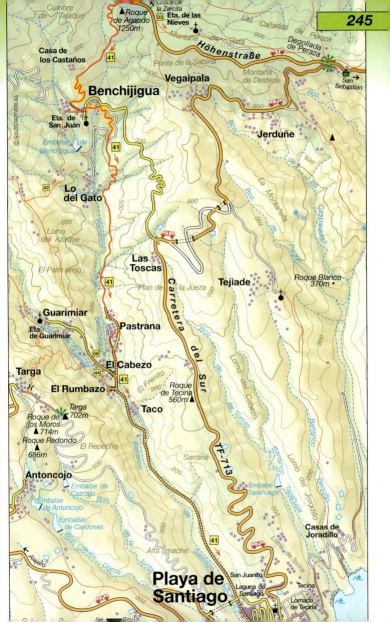

Blick vom Gipfel des Roque de Agando (1250 m) nach Norden. Links der Roque Zarcita, recht Roque Ojila. Am 10.9.84 wütet ein Waldbrand in der Gegend um La Laja. Der Zivilgouverneur von Teneriffa besichtigt mit Gefolge einen Tag später die Schäden des scheinbar unter Kontrolle gebrachten Feuers. Der Wind schlägt um, entfacht das Feuer erneut, schießt nun durch die Lücke zwischen Zarcita und Ojila und springt über die Straße. In dem sich schnell entwickelten Flammeninferno sterben der Gouverneur und 19 seiner Gefolgsleute. An der Straße (unterer Bildrand) das Denkmal für die Brandopfer von 1984

Blick in einen Ausläufer des nun beginnenden **Bco. de Benchijigua**. Hier erreicht man eine auffällige, alte, betonierte und abgedeckte Wasserleitung, die überschritten wird. Jenseits weiter abwärts, wird kurz darauf ein Bachbett gequert. Dann geht es an der rechten Bco.-Seite den agavengesäumten breiten Weg gemütlich abwärts.

Links unten sieht man die Häuser des Weilers Benchijigua und die „Ermita de San Juán" liegen. Weiterhin ist auch ein Großteil unserer gesamten Bco.-Wanderung einsehbar.

Immer wieder gehen unsere Blicke zum dominierenden, talbeherrschenden Felsturm des Roque de Agando zurück, der über vielen Palmen thront und damit überaus lohnende Fotomotive bietet. Er „bewacht" ja von oben unsere lange Bco.-Wanderung!

Vor dem Ort zuletzt steiler und unebener an einem Bergrücken absteigend (Achtung: Vor der 1. Verteilerstation auf Pfad nicht scharf nach links einwärts in ein Tälchen gehen, Verhauer!) gelangt man zu einer Wasser-Verteilerstation vor einem Kiefernwäldchen. An der Station links weg zum Kiefernwäldchen bei dem sich eine weitere Verteilerstation befindet.

Links der Verteilerstation gehen steile Abkürzerpfade zum Ort hinunter. Wir gehen aber lieben angenehmer in einer großen Linksschleife zum Ort hinunter.

D.h. *stark nach rechts und unmittelbar oberhalb des Kiefernwäldchens* (rechts ein verfallenes Haus) etwa 60 m östlich leicht abwärts, dann *scharf nach links* und gelangen so nach 100 m direkt zum Caserio **Benchijigua** mit Ortsplatz und Bar (1 1/4 Std., 580 m NN).

Mächtige Kanarische Kiefern- und Eukalyptusbäume stehen am Platz. Hier, im einsamen Weiler ganz unvermutet, erkennen wir an den Dorfbeleuchtunglampen Sonnenkollektoren.

Von der Bar Richtung Ermita 15 m die Piste gehend, zweigt rechts (beim großen Eukalyptusbaum) der Wanderweg → **R42** (umgekehrt der Beschreibung) über El Azadoe nach Imada ab.

Nach dieser kurzen Rast geht man den Fahrweg weiter nach *links, etwa 70 m.* Hier zweigt bei alten Eukalyptusbäumen nach *rechts* unser Weiterweg als Pfad ab. Zunächst 50 m den Pfad begehen, danach etwa 15 m im Bachbett absteigen und *sofort links* entlang einer Terrassenmauer bis in Höhe eines etwas oberhalb stehenden hübschen weißen Hauses laufen. Nun wieder etwa 40 m an Nisperosbäumchen entlang abwärts, den nächsten Bachlauf queren, dann wieder aufwärts und entlang von Trockenmauern talaus gehen.

Gegenüber – jenseits des Tälchens – liegt jetzt die Bar. Das große Felsmassiv links derselben zeigt zahlreiche Löcher (Höhlen), die teilweise als Ziegenställe genutzt werden.

Man gelangt in eine stark verwilderte Opuntienzone. Eine erste Wegabzweigung nach links wird ignoriert, der nach 15 m folgende *Linksabzweig* hingegen wird eingeschlagen.

Rechts alte Ställe, ca. 25 m weiter unten steht ein Haus mit auffallender Fernsehantenne am angrenzenden Felsen – nicht zu diesem laufen!)

Anfangs noch durch das Opuntienfeld und danach im Rechtshalbrund entlang zahlreicher Eukalyptusbäume, ein Trockenbachbett querend, abwärts über 2 lange Kehren zu einem weiteren Bachbett. Über dieses und jenseits durch Zistrosenbüsche und Palmen zur Piste (die rechts abwärts zum Ort Lo del Gato führt). Wir erreichen die Piste an einem betonierten Wasserdurchlaß. Dieser folgt man eine kurze Strecke aufwärts bis zu einer Haarnadel-Linkskurve (die Piste mündet oben in die Straße Benchijigua-Carretera del Sur).

In der Linkskurve biegt man *rechtsabzweigend* zum Weiterweg in Richtung des Dorfes Pastrana ab

(30 Min. von der Bar, 2 Std. insgesamt, 515 m NN)

Oberhalb von Benchijigua: Immer wieder faszinierende Rückblicke auf den Roque de Agando

Blick zum Ort Benchijigua und in den gleichnamigen Bco. Etwa Bildmitte links: Die „Ermita de San Juán"

Ab hier beginnt nach der Strecke Agando-Benchijigua und der leicht abfallenden Ortsdurchquerung das langgezogene über 270 Hm generell immer linksseitig des Bco.-Abhanges verlaufende Mittelstück der Gesamtwanderung. Der Pfad, teilweise auch in Wegbreite – mal uneben rumpelig über Felsen und Gesteinsbrocken, mal sandig und glatt, erosionsrinnendurchfurcht oder neu instandgesetzt gepflastert – windet sich in vielen Bögen, jedes Seitentälchen „mitnehmend", „mas y menos" steil, d.h. flacher oder steiler durch eine grandiose ursprüngliche Landschaft. Zahlreiche vereinzelt stehende, schlanke oder auch buschige Palmen beleben die sonst karge südliche Vegetation, aus der sich weiterhin Agaven, Opuntien und Tabaibabäumchen hervorheben.

Auf dem Weiterweg schöne Rückblicke auf das wild in die Felsenlandschaft eingebettete Benchijigua mit seinem hohen (Trocken-)Wasserfall; jenseits gegenüber die schon einmal gesichtete Embalse mit hoher Staumauer. Vor uns, rechts unten, der kleine Ort **Lo del Gato** (= Katzenrücken), dessen Höhe wir bald erreichen. Wir unterqueren eine Überlandstromleitung; rechts unterhalb begleitet diese einen Teil unserer Wanderung. Am Ende der gegenüberliegenden letzten Terrassenfelder von Lo del Gato gelangen wir zu einem Rechtsabzweig ($2^1/_2$ Std. insg., 395 m NN), der zum Ort führt.

Wir gehen *geradeaus* weiter. Der Wanderweg wird bald durch Steilwände exponierter. Von hier wieder schöne Rückblicke auf den Agando und eine – rückblickend – rechts hoch oben an den Felsen äußerst ex-

Karte Seite 245

poniert angebrachte, abgestützte alte Wasserleitung (natürlich jetzt verfallen), läßt uns staunen.

Langsam beginnt sich das vorher weiträumige Bco.-Tal zu verengen und mit jedem Höhenmeter-Verlußt wird es wärmer. Wehe, wer zu spät den Abstieg angegangen ist; die Nachmittagshitze ist hier unten schier unerträglich!

Bei der jetzt engen S-Kurve des Bco. (rechts vorn ein Gittermast) passieren wir wohltuend eine Schattenwand, ehe es am Gittermast weiter sonnigheiß abwärts geht – Richtung nächstem Gittermast. Ab dem Bereich der dortigen steilen Linkskurve wurde der Weg neu instandgesetzt; er senkt sich nun vollends zum Bco.-Bett ab, wobei auf dieser Abwärtsstrecke an zwei rechts befindlichen Rundzisternen vorbeigegangen wird. In den Bco.-Grund gelangen wir nach insgesamt gut 3$^{1}/_{4}$ Std., 250 m NN.

Unsere Tour setzt sich ein Stück im Bco.-Bett fort. Vor dem gomerischen Natursteinhaus wechseln wir zum rechten Rand, bleiben rechts bis wir vor uns eine links oben abgehängte, größere und blaue Wasserrohrleitung sehen. Hier queren wir diagonal nach links das Bachbett und steigen nach links steiler den alten Camino empor, um auf flacherer Wegstrecke (anfangs rechts ein Anwesen) gemütlich durch Palmen weiterzulaufen.

Bebaute Terrassen mit Bananenstauden, Avocado-, Papaya-, Feigen- und Nisperosbäumen signalisieren einen nahen Ort, dessen Häuser wir nach einer kleinen Steigung vor uns sehen.

Bei El Cabezo (am Berg liegend) vereinigen sich die mächtigen Bco.-Täler von de Guarimiar und de Benchijigua zum Bco. de Santiago (links vorn El Rumbazo)

Schon gleich erreichen wir, links oben, das erste Haus von **Pastrana.** Über 8 Stufen wird nach $3^1/_2$ Std. das Endstück der asphaltierten Straße Santiago-Pastrana erreicht (240 m NN).

Wer hier die Wanderung beenden will, kann von Pastrana per Telefon (→ Seite 287) ein Taxi bestellen.

Die nach **Santiago** weiterwandern wollen ($1^1/_2$ Std.) gehen auf der Asphaltstraße weiter.

*Schöner für die Weiterwanderung – insbesondere wichtig für die Anschlußwanderung → **R44** El Rumbazo – Imada – folgende Empfehlung:*

Etwa 80 m auf der Asphaltstraße weitergehen (bis zur 3. Straßenlampe rechts, unten im Bco.-Grund ein Trafoturm erkennbar). *Vor* der auffälligen, diagonal über die Asphaltstraße abfallenden Wasserrohrleitung *rechts* 6 Betonstufen abwärts und weiter dem alten Steinweg folgen – am Gittermast vorbei – hinunter zum Bachbett und zum Beginn einer Piste. Der breiten rohrschilf- und palmengesäumten Piste parallel dem Bachbett (rechts oben die Häuser von **El Cabezo**) zur ersten Brücke rechts und weiter zur zweiten Brücke rechts (20 Min. von Pastrana, 175 m NN), von der man rechts oben die Häuser des kleinen Ortes **El Rumbazo** sieht.

In diesem Bereich verbinden sich die tiefen Bco.-Täler des **Bco. de Guarimiar** mit unseren durchwanderten genau Nord-Süd verlaufenden **Bco. de Benchijigua** und bilden nun gemeinsam den **Bco. de Santiago.**

Man geht nun auf der Asphaltstraße, sie verbindet sich kurz darauf mit der von links einmündenden Pastrana-Straße, in gut 1 Std. zum Badeort Playa de Santiago.

Anschlußwanderung R 44

Aufwärtswanderung El Rumbazo – Imada – Garajonay: An der 2. Brücke nach *rechts und über diese* die Asphaltstraße steil empor zum Ort **El Rumbazo.** Am großen weißen Haus (links in diesem eine Tienda/ Einkaufsmöglichkeit) nach rechts zu einem Telefonholzmast und weiter aufwärts (ggf. nach dem **„Camino Imada"** fragen).

Bei umgekehrter Begehung der R41 Pastrana – Roque de Agando

Die Asphaltstraße bis an deren Ende links und unterhalb von **Pastrana** gehen bzw. fahren. Hier *nicht* zum Umspannturm, sondern geradeaus auf der folgenden Piste im Barranco hinaufgehen. Etwa 100 m vor einer auffallenden Pumpstation zweigt rechts ein steiler alter Weg – an einem Gittermast – zum Ort Pastrana ab, der auf die dortige asphaltierte Ortsfahrbahn trifft. Dieser links etwa 80 m folgen. An ihrem Ende links (bei Straßenlampe) 8 Stufen abwärts und weiter den gut erkennbaren Camino aufwärts wandern.

Man kann auch auf der Asphaltstraße von Santiago direkt bis zum Straßenende in **Pastrana** fahren, dort parken und dann die Aufwärtswanderung beginnen (ca. 6 Std. bis zum Roque de Agando/Höhenstraße).

251

Cumbre de Tajaque/Höhenstraße (1310 m) – Imada (870 m) – El Azadoe (820 m) – Benchijigua (580 m) – Roque de Agando/Höhenstraße (1050 m)

42

Gehzeit: 4 Stunden

Ausgangspunkt: Bus/Taxi/Pkw bis 1 km östlich (Richtung San Sebastián) des Straßenkreuzes „Pajarito" an der Höhenstraße; nahe der Straße steht rechts oberhalb ein kleines weißes Häuschen („Casa Olce" = Olsen-Haus, ehemalige Jagdhütte) mit auffallend hoher Antenne.

Eine reizvolle Südwanderung in abwechslungsreicher Gebirgslandschaft: zuerst abwärts ins Bergdörfchen Imada, dann hinüber zum verfallenen, aber aussichtsreichen Weiler El Azadoe, wieder abwärts in den gewaltigen Kessel des oberen Bco. de Benchijigua und über seinen namensgebenden Ort immer steiler aufwärts zur Höhenstraße. Fast auf der ganzen Tour wacht über uns der talbeherrschende Roque de Agando, ein Wahrzeichen La Gomeras.

! Gefahren-Hinweis:
Zeitiger Aufbruch sei angeraten, da sonst der lange anstrengende Aufstieg von unterhalb El Azadoe bis zur Höhenstraße (ca. 400 Hm) in die heißen Spätnachmittagsstunden fällt.

Blick vom Cumbre de Tajaque auf den in Passatwolken gehüllten Roque de Agando

Unterhalb des Olsen-Häuschens (nicht zum Häuschen gehen!) zweigt, von der Straße gesehen nach *rechts*, eine Fahrpiste ab (→ **R42** und **R43**), der man leicht abwärts folgt.

Sie führt anfangs durch ein schönes, danach durch einen Teil des 1984 abgebrannten – sich aber bereits gut erholten – Waldgebietes, das letztlich durch einen rechts der Piste gelegenen abgestorbenen Eukalyptuswald abgelöst wird.

Bei diesem Fußmarsch sollte man den linksseitigen großartigen Ausblick auf den *Roque de Agando* mit seinem Steilabfall nach Benchijigua nicht übersehen.

Man wandert immer der Hauptpiste in genereller S-Richtung abwärts, läßt sich durch Links- oder Rechtsabzweige nicht irritieren. Nach etwa $^{1}/_{2}$ Std. wird eine steile, rechtsläufige Pistenkehre erreicht. *Inmitten der Kehre zweigt in gleicher bisheriger Gehrichtung ein Weg ab,* auf den man sich jetzt begibt. Der südorientierte Weg verschmälert sich kurz darauf zu einem Pfad, der nun steiler und in Kehren in den Talgrund hinab zu den obersten Ausläufern des **Bco. de Los Jargus,** einem Nb.-Bco. des großen Bco. de Guarimiar führt.

Unmittelbar vor dem Steilabfall des Bco.-Ausläufers ($^{3}/_{4}$ Std. ab Olsenhütte, 1070 m NN) ergibt sich eine **Wegeteilung:** links → **R43** Rundwanderung über El Azadoe – Imada und im Weiteren zurück an diese Stelle. Rechts → **R42,** unser *Weiterweg* nach Imada.

Wir gehen also vor dem Steilabfall nach rechts, queren den felsigen Bco.-Grund, folgen oberhalb und längs dem Abbruch leicht ansteigend zu einem Felsgrat und gehen um diesen herum. Von hier erblickt man das erste Wanderziel – das Bergdörfchen Imada. In vielen Kehren führt der Treppenweg abwärts, zuletzt eine Seitenschlucht querend und vorbei an 2 Zisternen, bis zum ersten Haus von **Imada.**

Links Treppe hinab zum neuen Wendeplatz der Asphaltstraße. Diese

Karte Seite 251

im Linksbogen dann hinunter zum ehemaligen Aspaltstraßenende (Wendestelle) mit Schule, Telefonzelle und Kramerladen mit Kneipenfunktion (1¹/₄ Std., 870 m NN).

Hier in **Imada** treffen und teilen sich mehrere Wanderrouten:
- →**R43** vom alten verfallenen Weiler El Azadoe kommend und auf gleicher Route von **R42** zurück zum Olsenhäuschen/Höhenstraße;
- →**R44** von El Rumbazo kommend und weiter hinauf über den „Camino Garajonay" zum höchsten Inselberg Alto de Garajonay;
- →**R45** von der Straße oberhalb Imadas kommend, dann abwärts nach Guarimiar und weiter über Targa, Antoncojo nach Santiago.

Nach einer Rast begeben wir uns zur Schule. Dort zweigt von unserem betonierten Herweg (Dorfweg) nach rechts – talwärts – unser Weiterweg nach Benchijigua ab. Er bringt den Wanderer – parallel einer Wasserrohrleitung – durch die bewirtschafteten Felder hindurch in einen kleinen Bco., um auf der gegenüberliegenden Seite bis zum letzten Haus Imadas steil aufzusteigen. Von hier geht man – in gleicher Höhe bleibend – in ein Seitental mit Ausblick bis hinunter nach Santiago. Danach folgt man *kurz dem gelben Gesteinsband*; Imada verschwindet aus dem Blickfeld und *man steigt in Kehren in den* **Bco. de Los Jargus** *ab*. Den in gleicher Höhe nach links weiterlaufenden Abzweig (→ **R43** aufwärts zur Olsenhütte/Höhenstraße) läßt man unbeachtet, und *wir laufen jetzt auf die verlassenen Häuser des Weilers* **El Azadoe** zu und von da zur Scharte (820 m NN, 45 Min. ab Imada).

Etwas oberhalb steht ein pilzförmiger Felsen, von dem man eine prächtige Aussicht auf den weiten Talgrund des Bco. de Benchijigua und bis hinauf zum Roque de Agando hat und somit fast unseren gesamten Weiterweg überblicken kann.

Das in einem Bergkessel liegende Dörfchen Imada (links oben der Roque Imada)

Blick in den Talkessel um Benchijigua (etwa in der Bildmitte liegt Benchijigua). Von dort führt der mühsame Aufstieg durch die Steilmulde links des Roque Agando zur Höhenstraße

Von der Scharte geht *jenseits rechts* in steilen Kehren der Weg weiter, ein ausgesetzter Abstieg, rechts und links Mandelbäume, Palmen. Unten angekommen, am Felswandende – Übergang in einen ebenen Pfad, der taleinwärts auf ein einsames, helles Gebäude zuführt. *An diesem links – oberhalb eines Stausees – vorbei*, durch Terrassenfelder hindurch. Hier verzweigen sich die Pfade; *wir versuchen auf die beiden, etwas oberhalb von* **Benchijigua** *liegenden, langgestreckten Häuser zuzuhalten. Kurz vor* diesen beiden Häusern trifft man auf eine *Piste*, von der – 50 m rechts an einem *Stromleitungsmasten* – der Weiterweg aufsteigt (hier Abzweig → **R41** nach Pastrana und weiter nach Santiago). Von Imada bis Benchijigua 1 $^1/_2$ Std. Gehzeit.

Um zum Roque de Agando aufzusteigen, geht man *vom Stromleitungsmasten 10 m links aufwärts*, dann *sofort rechts* den Weg an den jungen Eukalyptusbäumen weiter. *Vor* einem umgestürzten Eukalyptusbaum *links* und an einem Pinienwäldchen steigt man steil zur Wasserleitung auf. Nach Querung der Wasserleitung auf eine Felsrippe mit Felspyramide zuhalten, diese *rechts umgehen*, danach beginnt sich ein breiter Weg in Richtung Agando fortzusetzen. Einige Zeit später erreicht man eine betonierte, abgedeckte Wasserleitung. Diese überschreiten: ab hier wird unser weiterer Aufstiegsweg zunehmend steiler. Neben uns die Westabstürze des Felsmassivs des **Roque de Agando** (→ Ausführungen Seite 276 und 291).

Der zuletzt sehr steile Treppenweg endet auf einen gepflasterten Weg, der nach rechts direkt unterhalb und parallel dem Waldbrand-Denkmal (→ Fototext Seite 246) in die Höhenstraße neben dem Denkmal einmündet (1 $^1/_4$ Std. von Benchijigua, 1050 m NN).

Tip: Ab hier Busanschluß (→ Seite 283) oder ggf. zum Ausgangspunkt zurücktrampen.

255

Rundwanderung:
Cumbre de Tajaque/Höhenstraße (1310 m) – Bco. de Los Jargus (1070 m) – El Azadoe (820 m) – Imada (870 m) – Cumbre de Tajaque/Höhenstraße

43

Gehzeit: etwa 3 1/2 – 4 Stunden.

Ausgangspunkt: → R42

Zauberhafte Wanderung in der Frühlingsblüte, aber auch in der übrigen Zeit ansprechend.

Zunächst der Wanderbeschreibung R43 in 45 Min. bis hinunter zu den obersten Ausläufern des Bco. de Los Jargus und einer dortigen Wegeteilung (→ Fettdruck) gehen.

Die Routen → **R 42/R 43** teilen sich vor dem Talgrund des Bco. de Los Jargus (der hiernach in den großen Bco. de Guarimiar einmündet); unser Wanderweg trifft aber beim Rückweg von Imada an gleicher Stelle wieder auf diese Abzweigung.

Von der *Wegeteilung folgen wir links* dem kleinen Pfad in SO-Richtung oberhalb des Bco.-Abbruches, später dem breiten, alten Weg. Nach einer Palmengruppe Serpentinenabstieg in den **Bco. de Los Jargus.**

Dieser Bco. befindet sich in geschützter, wasserreicher Lage und zeigt damit eine üppige Vegetationsfülle u.a. Feigen-, Pfirsich- und Mandelbäume. Am Bco.-Auslauf liegen fruchtbare Terrassenfelder.

Der Weg quert eine markante feuchte Stelle, rechts unten im Bco.-Grund steht eine Zisterne. Kurz darauf traversiert man auf einem ebenen Felsband durch die Bco.-Wand und hat jetzt einen schönen Ausblick auf unser 1. Teilziel, der Übergangsscharte in den Bco. de Benchijigua mit dem verlassenen Weiler **El Azadoe.**

Bevor man El Azadoe erreicht, trifft man oberhalb eines einsamen Anwe-

Auf dem ebenen Felsband zwischen Bco. de Los Jargus (Abzweig R42/R43) und El Azadoe

Route 43

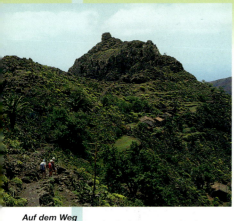

Auf dem Weg nach El Azadoe

ersten Haus von **Imada**. Hiernach geht man steil abwärts in ein Seitental, quert durch die Terrassenfelder und steigt jenseitig – parallel der Wasserrohrleitung – zu den Häusern des Ortes an. Man erreicht einen betonierten Weg, der uns kurz darauf hinauf zu Schule und Ende der Asphaltstraße (Wendestelle) mit Krämerladen und Telefonzelle führt (30 Min. von El Azadoe, 870 m NN).

Hier in **Imada** treffen und teilen sich mehrere Wanderrouten:
→**R42** von der „Olsenhütte"/Höhenstraße kommend, weiter nach El Azadoe;
→**R44** von El Rumbazo kommend und weiter hinauf über den „Camino Garajonay" zum höchsten Inselberg Alto de Garajonay;
→**R45** von der Straße oberhalb Imadas kommend, dann abwärts nach Guarimiar und weiter über Targa, Antoncojo nach Santiago.

sens auf einen von rechts kommenden Weg (→ **R42** von Imada kommend), den wir anschließend als Weiterweg in umgekehrter Richtung begehen wollen.

Aussicht vom „Pilzfelsen"
Vorerst aber möchten wir einen Weitblick genießen; daher *vor* dem ersten Anwesen in Serpentinen abwärts und links weiter zur Scharte (40 Min. ab Routenteilung, 1 1/2 Std. ab Wanderbeginn, 820 m NN). Von dem etwas oberhalb der Scharte befindlichen „Pilzfelsen" ergibt sich eine herrliche Aussicht auf den weiten Talkessel von Benchijigua bis hoch zum gewaltigen Felsen des Roque de Agando.

Wieder zurückgehen zum Weg nach Imada. In Kehren verläßt man den großen **Bco. de Los Jargus**, passiert eine Häusergruppe und folgt dem gelben Gesteinsband. Dabei hat man das nächste Ziel – Imada – bereits vor Augen. Der Weg zieht sich in gleicher Höhe hangquerend bis zum

Von der Schule – im Sinne des Weges von El Azadoe *rechts* – den Betontreppenweg mit Straßenlampen weiter, zuletzt steil zu einer Piste. Auf dieser nach rechts und weiter einem alten Weg. Er quert ein Seitentälchen, steigt in vielen Kehren aufwärts, geht um einen Felsgrat herum und steigt danach hinunter in den Ausläufer des **Bco. de Los Jargus**, in dem man oberhalb seines Steilabfalles quert. Man gelangt so wieder zur wohlbekannten *Wegeteilung* – unsere „Rundreise" ist geschlossen (3/4 Std. von Imada).

Von hier links – bergwärts – auf unserem bekannten Hinweg nun aufsteigend, bis zum Ausgangspunkt „Olsenhütte" an der Höhenstraße (1 Std. ab „Wegteilung").

Karte Seite 255 — **257**

Baranco de Guarimiar.
Großartig und alpin ist der Aufstieg von Guarimiar nach Imada (und umgekehrt), der rechts oberhalb durch die Wandfluchten des überaus fruchtbaren Barrancos verläuft (→ R44, Seite 260 und R45 Seite 266, 267)

Gehzeit:
5 Stunden

Ausgangs-punkt:
Straße unter-halb des höher gelegenen Ortes El Rumbazo. Anfahrt/Wande-rung ca. 4 km von Santiago bis zu der zum Ort führenden, links liegenden Brücke.

☞ **Tip:**
Am Straßen-kreuz „Las Paredes" besteht die Möglichkeit, den Bus zu erreichen (→ Seite 283).

**Anmerkung:
Bei umgekehrter Begehung der Teilstrecken
R 44.1 R 44.2,
R 44.3
→ Seite 263**

44 El Rumbazo/Bco. de Santiago (190 m) – Guarimiar (365 m) – Imada (870 m) – Alto de Garajonay (1486 m)

Eine der großartigsten und beeindruckendsten Bergtouren – im Auf- oder Abstieg – auf La Gomera; ein langer Aufstieg über 1300 Höhenmeter mit wechselnden Landschaftsbildern bis zum kulminierenden höchsten Inselberg.

❗ Gefahren-Hinweis: Die lange Aufstiegstour mit 1300 Hm soll-ten nur trainierte Bergwanderer angehen. Desweiteren werden in Einzelabschnitten Trittsicher-heit und wenig Schwindelanfäl-ligkeit verlangt.

44.1 🥾 *1. Aufstiegsetappe El Rumbazo/Bco.de San-tiago – Guarimiar – Imada*

Unterhalb des Ortes El Rumbazo geht man – von Santiago kommend – für die *1. Aufstiegsetappe* nach Imada (700 Hm) über die *erste* linke (süd-lichere) Brücke der beiden das Bco.-Bett überspannenden kleinen Brücken (→ hier Einmündung **R41**, abwärts vom Roque de Agando/ Höhenstraße kommend). Die Orts-straße steil hoch zum kleinen Weiler **El Rumbazo** (190 m). Vor dem großen weißen Haus (in diesem *links* eine „Tienda"/Einkaufsmöglichkeiten) rechts ab (über 7 flache Betonstufen) zu einem sichtbaren Telefonholzma-sten, vorbei an einem gomerischen Haus zum Camino-Beginn (ggf. im Ort nach dem **„Camino Imada"** fragen).

Der Wanderaufstiegsweg verläuft bco.-einwärts in nordwestlicher Richtung, wobei generell durch die linke untere Hangflanke des großen **Bco. de Guarimiar** gegangen wird.

Rechtsseitig dementsprechend ein freier schöner Blick hinauf zum Roque de Agando, hinüber zu dem hoch auf dem Felsriff thronenden Ort El Cabezo und zu der neu ge-bauten, asphaltierten, vom Tal sich durch die Hänge windende Straße, die bis zum neuen Ortsteil von Gua-rimiar führt. Der überaus fruchtbare Bco. weist hier in seinem Unterteil viele bebaute Terrassen auf, die überwiegend von den Bewohnern des neuen Ortsteiles (rechts oben vor uns) bestellt werden.

Nach 20 Min. ab Ausgangsbrücke gelangen wir – rechterhand – zu stall-genützten Gebäuden (danach folgt im Weiterwegverlauf ein sichtbarer Trockenbach-Einschnitt).

Diese Örtlichkeit (250 m NN) ist eine wichtige Abzweigstelle, da hier *links bergwärts* ein langer **Steil-aufstieg** (verbindet sich weiter oberhalb mit → **R45,** von Imada kommend) **zum Ort Targa führt** (450 Hm, 1 $^1/_2$ Std.).

Unser Weg führt *geradeaus weiter*, ständig bco.-linksseitig, wobei viele schöne und üppige Palmengrup-pierungen durchschritten werden. 15 Min. später, um ein Felsriff ge-hend, blickt man unversehens in den Bco.-Mittelteil mit dem alten Ortsteil von Guarimiar, auf den wir zulaufen.

259

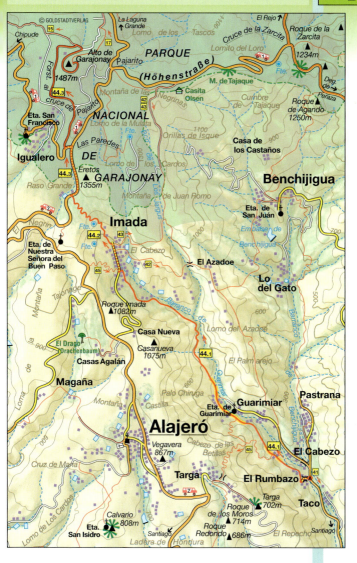

Die grandiose Schlucht zwischen Guarimiar und Imada

In Höhe zweier etwas versetzt stehender Häuser auf der gegenüberliegenden Bco.-Seite führt unser Anstieg in kurzer S-Kurve links aufwärts und steiler den steinplattengepflasterten Weg über zwei weitere Kehren empor.

Nach etwa 45 Min. ab Brücke wird linksseitig ein weiterer **Targa-Aufstiegs-Abzweig** (→ **R45** Imada – Targa, 355 m NN, rechts unter zwei auffällige Hausdächer mit Dachpfannen abgedeckt) erreicht, den wohl die damaligen Bewohner von Imada und Guarimiar als Targa-Anstieg anlegten und nutzten.

Wir gehen auch hier *geradeaus* weiter und erreichen nun den fast unbewohnten alten Ortsteil **Guarimiar** (1 Std. ab Brücke, 365 m NN). Wir passieren ein langgestrecktes Gebäude (durch die Absperrpforte muß man gehen) und durchlaufen anschließend eine Senke. Nach der Senke links – bergwärts – ein Stück hinauf.

Nach dem Ort steigt man dann stetig den schmalen Saumpfad eng an den westlichen Bco.-Hängen empor, wobei man sich immer mehr vom breiten grünen Bco.-Grund entfernt. Enger und felsiger wird die Schlucht und deren Steilwände immer senkrechter. Der immer angenehm breite Pfad schlängelt sich in atemberaubender Kühnheit – ein Schichtband nutzend – in halber Höhe empor.

Eines der wildromantischsten Tieftäler der Insel .(→ Foto Seite 267). Eine alpine Szenerie ersten Ranges!

Auf dem Pfad nach Imada. Der heikle Teil liegt hinter uns. Es geht auf nunmehr lieblichem Pfad zum Dorf, das man schon sieht obwohl es noch weit entfernt ist. Links oben der Roque Imada (1083 m)

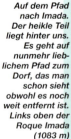

Karte Seite 259

261

Gebirgdorf *Imada* (links oben der Roque Imada, mitte oben der Alto de Garajonay)

In Kehren gehts hinauf zum Ausstieg mit schönem Rückblick in den gewundenen, fruchtbaren Bco. de Guarimiar (→ Foto Seite 257) mit seinem gleichnamigen Ort.

<mark>Wir sind damit am Anfang eines Hochtales und sehen bereits hoch oben an den Bergflanken die weißen Häuschen des noch weit oben liegenden Dörfchens Imada aus dem satten Grün leuchten.</mark>

Nach dem steileren, felsigen Schluchtabschnitt ändert sich nun zusehends der Landschaftscharakter. Für das Auge überaus angenehm und lieblich wird es grüner und fruchtbarer. Weniger steil führt der gut sichtbare Weg durch die zunehmend kultivierten Hangterrassenfelder bis unterhalb des Ortes.

Vor dem stark mit Opuntien bewachsenen Berghang von Imada biegen wir bei einer Palmengruppe links ab und steigen nun steil den holprigen alten Weg, parallel und in einem Tälchen, empor. Etwa auf Höhe der ersten Häuser von **Imada** gehen wir *scharf rechts* und queren oberhalb des Tälchens und unterhalb der Häuser auf dem Ortsweg, entlang der Dorfbeleuchtungsmasten, bis zu einem Trafoturm. Von dort gehen wir zwischen den Häusern nach oben zur schnell erreichbaren, asphaltierten Dorfstraße.

Die Dorfstraße nun *rechts abwärts* bis zum Straßenende mit Kramerladen, Schule und Telefonzelle (2 Std., 870 m NN).

Im Ort **Imada** treffen und teilen sich mehrere Wanderrouten:
→ **R42** von der „Olsenhütte"/Höhenstraße kommend und weiter über Benchijigua zum Roque de Agando/Höhenstraße;
→ **R43** ebenfalls von der „Olsenhütte" kommend und als Rundwanderung zu dieser zurück;
→ **R45** von der Straße oberhalb Imadas kommend, abwärts Richtung Guarimiar und unmittelbar vor diesem Ort aufwärts über Targa, Antoncojo nach Santiago.

44.2 2. Aufstiegsetappe über den „Camino Garajonay" von Imada zur Asphaltstraße „La Paredes"-„Alajeró"

Nach ausgiebiger Rast können wir unsere *2. Aufstiegsetappe* über den **„Camino Garajonay"** (400 Hm) angehen:

Rechts des Kramerladens ca. 100 m die bergaufführende Asphaltstraße parallel dem Bachverlauf steil empor. Wo sich die Straße kurzzeitig verbreitert (links Palme), verläßt man *links* die Straße (890 m) und beginnt mit dem Aufstieg über den breiten, auffälligen „Camino Garajonay".

Ungewohnt für diese alten Weganlagen zieht er sich überaus steil den Bergrücken hinauf. Ein Wasserhäuschen zur Rechten wird passiert, ein Wasserrohr überschritten und weiter auf dem Rücken, parallel einer Wasserrohrleitung, zu einem weiterem Häuschen gegangen (15 Min., 1000 m NN, Überschreitung eines querenden alten Wassergrabens).

Etwas nach rechts gehend, kann man den Eingang eines tief in den Berg führenden alten Stollens, auf den Kanaren „Galeria" genannt, besichtigen. Mit diesen Stollen wurde nach Wasser sondiert. Dieses Wassergewinnungsverfahren ist jedoch nicht inseltypisch. Gomeras ergiebige Wasservorräte wurden und werden mehr über Quellen oder Tiefbrunnen erschlossen.

Kaum 5 Min. später gelangen wir zu einem Rechtsabzweig (1025 m NN); *wir gehen geradeaus bergwärts weiter.* Durchwegs steil aufsteigend gelangen wir durch den felsigen Ausstieg auf eine weideähnliche Hochfläche (50 Min., 1240 m NN).

Weiter leicht ansteigend Richtung des im Hintergrund sichtbaren Felsmassivs – vorbei an Haus zur Rechten – in 10 Min. zur Asphaltstraße (insg. 1 Std., 1280 m NN).

44.3 3. Aufstiegsetappe Asphaltstraße „Las Paredes"-„Alajeró" – Alto de Garajonay

Unsere *3. Aufstiegsetappe* zum höchsten Inselberg (200 Hm) beginnt mit einem Marsch auf der Asphaltstraße knapp 1 km bis zum Straßenkreuz **„Las Paredes"** (Chipude-Alojeró/Santiago-San Sebastián). Dort links, *Richtung Chipude* gehen, und sofort in der *nächsten Kurve* der Straße nach rechts in den breiten, zum höchsten Inselberg führenden Weg einbiegen. Dieser mündet in den *„Forestal al cruze de Pajarito",* dem wir nach *links* folgen. Aussichtsreich quert man auf diesem unterhalb des Garajonay gemütlich dahin.

Etwa 1/2 Std. ab Weggang von der Straße mündet von links eine Piste ein (→ **R17** von La Laguna kommend und → **R15** von der Fortaleza kommend) und weitere 130 m danach trifft man auf den von der Höhenstraße kommenden nördlichen Auffahrtsweg zum höchsten Inselberg. Hier nach *rechts* und den Auffahrtsweg empor in wenigen Min. auf den **Alto de Garajonay,** von dem man bei guter Sicht einen weiten Rundblick genießen kann (→ Seite 137).

Anschlußwanderungen:
→ **R15** (umgekehrt) zum Tafelberg Fortaleza;
→ **R17** zum Nationalpark-Restaurante La Laguna Grande (ggf. weiter → **R3** nach El Cercado);
→ **R27/28** nach El Cedro/Hermigua (nördliche Garajonay-Auffahrtspiste hinunter zur Höhenstraße und dortigem Parkplatz Alto de Cantadero. Ab dort Wanderbeschreibung!

Karte Seite 259

Bei **umgekehrter Begehung der Teilstrecken:**

44.3 3. Teilstück

Ab dem *Alto de Garajonay* Richtung „*Las Paredes*": Die Fahrstraße vom Gipfel 5 Min. abwärts. Am dortigen Linksabzweig einschwenken, nach etwa 130 m wieder Abzweig – wieder links gehen. Nach einem längeren Wegestück wieder Abzweigung: hier rechts gehen und hinab zur Asphaltstraße.

44.2 2. Teilstück

Ab der Asphaltstraße den „*Camino Garajonay*" hinunter nach *Imada*: Von Santiago kommend links, vom Straßenkreuz „Las Paredes" 800 m straßenabwärts rechts, sieht man in einem Straßenbogen ein auffallendes, massiges, großes Felsgebilde mit roten Flecken bzw. Hausruine davor. Genau gegenüber, also jenseits der Straße, sind zwei parallele, 5 m lange Steinmäuerchen sichtbar, die den Abstiegsbeginn des „Camino Garajonay" anzeigen.

44.1 1. Teilstück

Ab *Imada* Richtung *El Rumbazo* über Guarimiar → **R45,** Seite 264, 265.

Der Teide (3718 m) auf Teneriffa ist im Winter oft mit Schnee bedeckt

Der Gipfel des <u>Alto de Garajonay</u> (1486 m) erlaubt eine herrliche Rundumsicht auf den Nationalpark und die Nachbarinseln

Gehzeit:
4½ - 5 Stunden
(1½ Std. bis
Guarimiar,
1½ Guarimiar
bis Targa,
¾ Std. Targa
bis Antoncojo,
¾ Std.
Antoncojo bis
Santiago).

45 Tajonaje/Straßenparkplatz oberhalb Imada
(1000 m) – **Imada** (875 m) – **Guarimiar** (365 m)
Targa (710 m) – **Antoncojo** (520 m) –
Santiago (5m)

Alpine Wanderung! Den „Camino Imada" hinunter nach dem Gebirgs-dörfchen Imada und weiter abwärts durch den wilden Bco. de Guarimi-ar, eines der beeindruckendsten Schluchten La Gomeras. Es folgt der kühne Steilaufstieg zur Hochfläche mit dem Ort Targa und wiederum eine lange einsame Abwärtswanderung nach dem schönen Ort Antoncojo. Es steht im Belieben, die lange etwas eintönige Wanderung bis Santiago fort-zusetzen oder von Antoncojo zum Ausgangspunkt zurückzufahren.

Gefahren-Hinweis: Diese sehr al-pine, felsige Wanderung sollten nur erfahrene, zumindest aber trittsichere und weitgehend schwindelfreie Berg-wanderer angehen.

Ausgangspunkt: Bei *Anfahrt vom Norden über Straßenkreuz „Las Pa-redes" in Richtung Santiago* bis zum rechts abgehenden, asphaltierten und beschilderten Straßenabzweig nach Almácigos. Unmittelbar danach rechts der Straße ein kleiner Park-platz (100 m darunter liegt im wilden Gelände ein rotes Autowrack).
Bei *Anfahrt von Süden, aus Santia-go,* bis zum rechts abgehenden, asphaltierten und beschilderten Straßenabzweig nach Imada. Von dort noch 700 m straßenaufwärts weiter bis zum links der Straße be-findlichen Parkplatz noch vor dem beschilderten Straßenabzweig nach Almácigos.

Ca. 50 m straßenabwärts vom Park-platz sieht man links einen länglichen niedrigen Felsgrat, unter dem – direkt von der Straße weg – unsere Wan-derung mit einem Steinmäuerchen beginnt. Wir überschreiten den Fels-grat (995 m NN) sowie eine Wasser-rohrleitung und steigen jenseits in den alten **Camino Imada** ein.

Unsere hier beginnende lange Abwärtswanderung führt uns über 630 Hm = ca. 1½ Std. hinunter über Imada bis zum Ort Guarimiar.

Beim Überschreiten eines alten of-fenen Wassergrabens sieht man auf das in einem großen grünen Berg-kessel eingebettete Bergdörfchen Imada hinunter. Anfangs linkshaltend, und immer wieder mit Kehren, senkt sich der Weg abwärts.

Rechts und nahe der steile **Roque de Imada** (1083 m), dessen von hier aus sichtbare linke Kante bereits durchklettert wurde!

Nach 20 Min. erreichen wir **Imada,** das wir – wie nachfolgend beschrie-ben – durchwandern müssen. Ab dem ersten erreichten Ortshaus geht es links den Betontreppenweg ab-wärts, bei Gabelung rechts hinunter zur asphaltierten Dorfstraße (875 m).

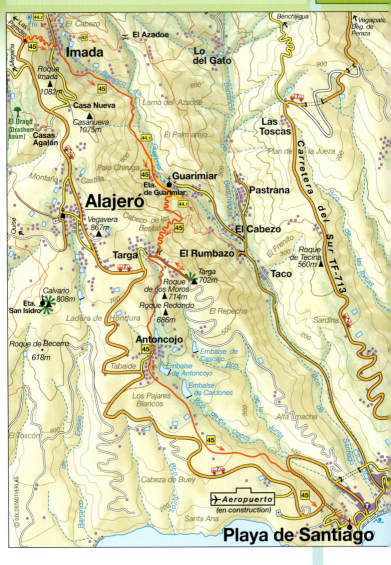

Im Hochtal unterhalb Imada auf dem Weg nach und Guarimiar

20 m dieser abwärts, dann rechts von der Straße weg hinunter zum Trafohaus.

Von hier gut einsehbar verläuft unser Weiterweg generell in das linkerhand befindliche Tälchen und an dessen rechter Flanke abwärts)

Vom Trafo queren wir auf dem Ortsweg in Richtung des Roque de Imada entlang der Beleuchtungslampen bis zum steil nach links unten ziehenden Tälchen (mit Palmen).

Wir sehen jenseits parallel des Tälchens den Weg herunterziehen, den wir absteigen müssen.

Anschließend folgen wir dann diesem holprigen Camino abwärts, das Tälchen und der dicht mit Opuntien bewachsene Berghang von Imada bleiben links liegen, passieren rechts zwei Palmen und gehen bei einer Palmengruppe rechts ab. Inmitten einer wunderschönen Gebirgslandschaft – hinter uns und bereits hoch oben Imada – durchwandern wir jetzt die vielen Hangterrassen. Sanft abwärtssteigend verläuft der Pfad generell rechts, oberhalb des Talgrundes. Der Pfad führt direkt an einer Gebäuderuine vorbei und geht danach steiler nach links abwärts.

Nach unten wird der Wegeverlauf immer deutlicher, der Bco. verengt sich und die Landschaft wird immer alpiner.

Schließlich gelangt man zu einem breiten roten Plateau (25 Min. ab Imada, 625 m NN), wo der Weg aufzuhören scheint.

Wir schauen nun letztmals zurück auf das sehr schön gelegene Bergdörfchen Imada und sehen vor und tief unter uns die Häuschen von Guarimiar, unserem nächsten Teilziel.

Mehrere Etagen tiefer sieht man auch das schmale Band unseres Wanderpfades durch die düsteren Steilwände laufen. Der Pfad ist jedoch breiter als es von hier oben scheinen mag (→ Foto Seite 267).

Links des Plateaus geht es weiter und es beginnt der steilste und alpinste Abschnitt der Wanderung. In steilen Kehren geht es hinab zum gesichteten Felsband, das etwa in Höhe von 570 m NN mitten durch die senk-

Karte Seite 265

rechten Abstürze verläuft – eine beeindruckende Wanderpassage!

Etwas tiefer, wo der Pfad im spitzen Winkel von den Wänden wegführt (viel Geröll), befindet sich rechts an den Wänden ein mit Steinplatten abgedecktes Wasserrinnsal, etwas Trinkbares „für den Notfall".

Kurz darauf kreuzt unser Pfad eine alte gemauerte Wasserleitung, folgt nun ein Stück dieser flach dahin, bevor er sich weiter schräg durch die Hänge absenkt. Schon weit unten, vor einem markanten tieferen Nb.-Bco., steigt man links parallel ab, quert in diesen, steigt dort ab, bevor man jenseits wieder aus diesem aufsteigt und damit den Ort **Guarimiar** erreicht (1 1/4 Std. ab Imada, 365 m).

Hier Wegteilung: *wir gehen rechts*, am weißen länglichen Gebäude entlang und weiter in gleicher Richtung bis zu einer größeren Palmengruppe zur Linken. Hier nicht links abwärts, sondern *in gleicher bisheriger Richtung* flach durch die Hänge weiter. Etwa 15 Min. ab Guarimiar neuerliche Wegteilung (355 m NN): von links aufwärts einmündend → **R44** von Rumbazo nach Imada, *rechts bergwärts unser Weiterweg*.

Zur genaueren Örtlichkeitsdefiniton: bevor man zur letzterwähnten Wegteilung kommt, muß unmittelbar davor ein Trockenbachbett durchgangen werden, rechts oben vor dem Trockenbachbett ein gomerisches Steinhaus; an der Wegteilung selbst links unten, unweit entfernt, ein längliches Ziegeldach sichtbar.

Wir gehen also an der Teilung nach *rechts* und beginnen einen der imponierenden gomerischen Steilaufstiege über 350 Hm zum Ort Targa.

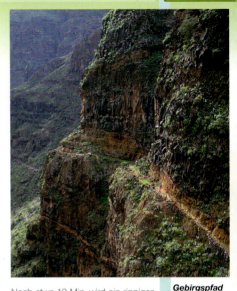

Gebirgspfad zwischen Imada und Guarimiar. Einem Dolomitenpfad ähnlich und hart am Abgrund. Aber keine Bedenken, er ist immer breit genug, um bequem gehen zu können

Nach etwa 10 Min. wird ein rippiges, schräges, rötliches Plateau erreicht, überschritten, südlich weitergegangen und nach 15 Min. ab letzter „Wegteilung" durch Querung ein von links aufwärtsziehender Weg erreicht (vom Aufstiegsweg → **R44** Rumbazo – Imada *vor* Guarimiar links abzweigender Aufstieg nach Targa).

Nun *rechts* den Treppenweg weiter aufwärts, der nach oben in immer steiler werdenden Kehren kühn durch die senkrechten Felswände führt – ein Meisterwerk damaliger Wegebaukunst! Zuletzt gemäßigter, steigt man, im Vergleich zum Vorausgegangen geradezu gemütlich, beim Abschluß durch eine schmale Scharte, zur Hochfläche aus (3-3 1/2 Std. vom Ausgangspunkt, 710 m NN). Nach weiteren 80 m *Auftreffpunkt auf eine Piste*. Damit ist **Targa** erreicht.

Route 45

Steilaufstieg von Guarimiar nach Targa. Gut 400 Hm geht es hinauf nach Targa. Nie wird die Steigung unangenehm, die Rückblicke sind eindrucksvoll

Abstecher zu Aussichtspunkt

Ist genug Zeit einkalkuliert (Zeitaufwand insgesamt $1/2$ Std.), lohnt sich der Weg zu einem großartigen Aussichtspunkt. Man geht nach dem „Auftreffpunkt auf eine Piste" dieser nach *links* weiter in Richtung des Felszackenkammes zu einem dahinterliegenden Vermessungspunkt (702 m NN). Hier umfassende Panorama-Aussicht auf den gesamten südlichen Hauptkamm der Insel bis hinunter nach Santiago. Zur Wanderungsfortsetzung zum „Auftreffpunkt auf eine Piste" zurückkehren.

Vom „Auftreffpunkt auf eine Piste" dieser *30 m nach rechts* (bzw. von der Panorama-Aussicht zurückkehrend, *30 m geradeaus*) folgen (Einzelhaus). Dort *links* von der Piste weg (vorbei an einem rundem Dreschplatz) den wenig auffälligen Weg 30 m abwärts zu einer Gabelung (geradeaus „Verhauer"!) Wir *biegen mit der Wasserrohrleitung links ab* und gehen den noch wenig auffälligen Weg über plattiges gelbes Gestein, wobei wir vorerst immer der Wasserrohrleitung folgen. Weiter den trockenmauerbegrenzten schmalen Pfad, der in einem leichten, aber großen Rechtshalbbogen auf eine „kleine Fortaleza", einem gut sichtbaren, auffällig abgeplatteten Felsberg (Roque de los Moros, 714 m NN), zuläuft. An der Palmengruppe *nicht über den Kamm*, sondern rechtshaltend in Richtung „Fortaleza". Ca. 100 m vor dieser (hier etwas schwierige Wegfindung) beschreibt der Weg einen spitzen Winkel, geht abwärts, wird steiler, zuletzt in kurzen Kehren hinab zum Bco.-Bachbett (25 Min. ab Piste in Targa, 615 m NN).

In oder neben diesen, später ständig links des Bco.-Bettes in weiteren 5 Min. zu einer größeren Palmengruppe (teilweise schwarze Stämme, links oben der massige Felsturm des Roque Redondo, 686 m). *Hier Wechsel von der linken zur rechten Bachbett-Seite* und anschließend nach rechts aus dem Bachbett aufsteigen. Nun oberhalb des Bco.-Bettes durch die Hänge queren bis man zu einer Felsmauer gelangt. Sie wird auf einem von rechts kommenden, steinplattengedeckten Wassergraben umlaufen, wobei die Sicht auf Antoncojo frei wird. Nun den Felsen entlang,

Karte Seite 265

269

zum Ort **Antoncojo** und zur Asphaltstraße (insges. 3 $^3/_4$ – 4 Std., 520 m NN).

Wer hier seine Wanderung beenden möchte, versuche sein Glück per Anhalter draußen auf der Hauptstraße Santiago-Alajeró oder rufe ein Taxi (→ Seite 287).

Weiterwanderung nach Santiago

Will man die Wanderung nach Santiago fortsetzen (landschaftlich nicht so lohnend), dann geht man *rechts* auf der asphaltierten Dorfstraße in Antoncojo *etwa 150 m* weiter bis zu dem betonierten Wasserdurchfluß unter der Straße. Hier, wo die Straße wieder anzusteigen beginnt, *links hinunter* abschwenken, um auf den breiten Dorfweg (Peitschenlampen) zu gelangen. Man geht geradewegs durch das Dorf durch und hält sich an der nächsten großen Weggabelung wieder links. Es geht leicht abwärts – immer einer Rohrleitung entlang – bis zur Staumauer des *zweiten Stausees* **(Embalse de Cardones).** Dann weiter am Bco.-Rand (gegenüber teils als Ställe genutzten, ehemaligen **Guanchenhöhlen**) zur Müllhalde und einer Autoverwertung. Ca. 10 Min. ab Müllhalde trifft man auf die Hauptstraße Santiago-Alajeró, die zwei Kurven später wieder verlassen wird. Der Weiterweg wechseln nun ab zwischen Piste und abkürzendem, alten Weg bis nach **Santiago.**

Neben der Besichtigung des aufstrebenden Fischerei- und Badeortes ist auch der Besuch der Hotel-Bungalowanlage **Tecina** (4 Sterne) lohnend.

Das schöne Dörfchen <u>Antoncojo</u> (520 m)

Gehzeit:
Hin- und Rückweg 1 Std. für den Calvario und 1 1/2 Stunden für den Drachenbaum

46 Verbindungswanderung: Besteigung des Calvarienberges (807 m) bei Alajeró und Besichtigung des Drachenbaumes von Magaña

Zwei kurze lohnende Wanderungen, die im Zusammenhang mit einer Autotour gemacht werden können. Je nach Anfahrtsrichtung beginnend von Alajeró auf den aussichtsreichen Calvario mit seiner einsamen „Ermita San Isidro" oder zuerst vom Abzweig Imada zum einzigen uralten, aber sehr schönen Drachenbaum La Gomeras.

Ausgangspunkt: Kirchplatz in Alajeró, ca. 1 km unterhalb der Durchgangsstraße gelegen, bzw. für den Beginn vom Drachenbaum den Abzweigsanfang nach Imada (von der Asphaltstraße zwischen Straßenkreuz „Las Paredes" und Alajeró). Die Wanderungsausgangspunkte liegen ca. 1,8 km voneinander entfernt.

Gefahren-Hinweis: Die Wanderung zum Drachenbaum ist kurz aber anspruchsvoll. Man sollte zum verletzungsfreien Gehen Wanderschuhe anziehen und nicht in Straßenschuhen den steilen Abstieg angehen.

46.1 Calvario:

Vom Kirchplatz in **Alajeró** die Straße abwärts, am grünen Sportplatz vorbei, bis zu einer neugebauten Reihenhaussiedlung. Hier, in der Straßenkurve, Abzweig einer Piste; sie führt abwärts, immer in Blickrichtung auf den Calvario. Ca. 5 Min. nach Verlassen der Asphaltstraße geht in einer Rechtskurve nach *links* ein Trampelpfad ab, der kurz darauf auf einen etwas breiteren Weg mündet. Diesem Weg folgt man weiter; er führt durch eine Steinrunse. Für den Weiterweg hält man sich unmittelbar nach dieser leicht rechts in Richtung auf den einsam stehenden Eukalyptusbaum, bis man den Fuß des Calvarienberges erreicht hat. Für den Aufstieg zum **Calvario**-Gipfel benutzt man den breiten, betonierten Treppenweg und gelangt so zur **„Ermita San Isidro"**, von der man einen schönen Blick auf die Fortaleza, den Garajonay und weiter westlich zur Ortschaft La Dama genießt. Rückweg wie Hinweg.

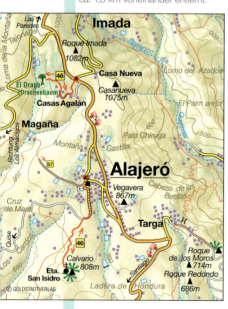

46.2 Drachenbaum:

Die Wanderung ist durch die 1998 erfolgte Zugänglichkeitsmachung d.h. durch den Bau einer überlangen breiten Zugangstreppe von der Asphaltstraße bis zum Baum, stark degradiert worden.

Der Baum selbst wurde mit einem hohen Metallschutzzaun eingezäunt – eine Folgemaßnahme für die nicht überzeugbaren und unverbesserlichen „Verewiger" ihrer Initialien.

Einstieg genau gegenüber dem Abzweig Imada. Den alten Weg abwärts und in wenigen Min. über diesen und einen rechts abzweigenden Abkürzerpfad zur Fahrpiste und auf dieser zum schon von der Asphaltstraße sichtbaren Weiler **Agalán** (hierher auch mit Auto über die Fahrpiste).

Vor- und oberhalb des Hauses mit dem Eukalyptusbaum einem rechts abzweigenden Pfad an einer Steinmauer entlang in Richtung einer Kanarischen Kiefer bis zum Fahrweg und diesem ca. 140 m bis zu einer nahe am Weg stehenden Palme folgen. Hier *links*, einen wenig auffälligen, alten Weg abwärts in Blickrichtung eines Einzelhauses jenseits des Bco. und einer Kanarischen Kiefer. Achtung: Nur *50 m in dieser Richtung*, dann sofort den gewundenen Pfad steil hinunter in genereller Richtung auf ein dunkles Felsgebilde („Schildkröte") zu. Direkt an diesem vorbei und weiter über Steilgelände unterhalb der markanten Kanarischen Kiefer zur obersten einzelnen Palme. Dann nach *links* unterhalb des Abbruches, *immer etwas südwärts absteigend, queren*.

Durch Kakteenwildnis und Palmen erster Orientierungsblick auf den Drago.

Den jetzt gut sichtbaren Pfad abwärts, an der Zisterne rechts vorbei, weiter steil über Felsen hinab, auf der Terrasse etwas linkshaltend, zuletzt direkt hinab zum schattenwerfenden **Drachenbaum.**

Rückweg wie Hinweg oder auf der neuen Betontreppe zur Straße.

Der „Drago von Mangaña" – der einzige aber sehr schöne <u>Drachenbaum</u> La Gomeras. Das Foto zeigt den Baum vor der 1998 getätigten Einzäunung)

Inseldurchquerungen Inselumrundung

Nur in Verbindung mit der GOLDSTADT-Wanderkarte, GOLDSTADTVERLAG D-75179 PFORZHEIM, zu empfehlen.

Die Routenführungen sind als Tips und Anregungen aufzufassen und enthalten keine Detail-Informationen. Speziell geführte Inseltrekkings → Seite 289 im Informationsteil

1. Insel-Durchquerungen

Von San Sebastián in das Valle Gran Rey

Mittlere Route
(3 Tage, 2 Übernachtungen/Biwak)

San Sebastián – **R37** Aufstieg bis zum Berg Tagamiche – **R33** Ab- und Aufstieg bis Degollada del Tanque (Übern./Biwak in Hütte). **R33** Aufstieg bis Roque de Agando – ab Roque die Höhenstraße ca. 2 km aufwärts bis man links oberhalb ein kleines, weißes Haus mit hoher Antenne entdeckt („Casa Olce") – Beginn **R42** mit Abstieg bis Imada – **R44** Aufstieg (anfangs steil) zum höchsten Inselberg, Alto de Garajonay – **R15** Abstieg bis Chipude (Übernachtung Pension/Biwak). **R14** Abstieg (zuletzt steil) ins Valle Gran Rey.

Südroute
(3 Tage, 2 Übernachtungen/Biwak); *in der Regel sehr warm, wenig grün und dennoch landschaftlich beeindruckend.*

San Sebastián – **R38** Auf- und Abstieg bis El Cabrito (oder *vor Cabrito* abkürzend → **R38**, **R55**, Seite 230, 231 Richtung Seima, schwer findbar!) – **R39** Aufstieg nach Seima (unbe-

wohnt) – **R55** Abstieg nach Casas de Contrera (unbewohnt) – **R40** Abstieg nach Tecina/Santiago (Übernachtung). **R45** Aufstieg nach Targa (landschaftlich großartiger, aber auch anstrengender: mit Taxi von Santiago längs **R41** bis El Rumbazo, weiter zu Fuß, Aufstieg **R33** bis nach Guarimiar, **R45** Steilaufstieg nach Targa) – ein Stück Straße bis Alajeró (evtl. Übernachtung) – **R57** meist absteigend über Magaña, Arguayoda nach La Rajita – **R57** Aufstieg nach La Dama (Übernachtung). **R47** Aufstieg nach Gerián – **R8** aufsteigend (keinesfalls **R8** von Gerián in den Bco. de Argaga absteigen, sehr schwere Route, Versteigungsgefahr!!) zur „Ermita de Nuestra Señora de Guadalupe" – **R14**, zuletzt steil absteigend, ins Valle Gran Rey.

Nordroute
(längste Durchquerung, 5-6 Tage, Übernachtungen und Biwaks); *schwierige Wegfindung für Erstbesucher, nicht immer wettersicher – Passateinfluß.*

San Sebastián – Aufstieg **R35/R36** unterhalb vorbei an den Casas de Jaragán (evtl. Besuchsabstecher zu den

„Cueva Blancas") und weiter R52 bis zu den Casas de Enchereda (Biwak). R 52 flach weiter, über den nordöstlichen Enchereda-Ausläufer, dann Steilabstieg hinunter und über El Moralito abwärts nach Hermigua (Übernachtung). Mit Taxi die Carretera del Norte von Hermigua nach Agulo. Weiter zu Fuß R31 Aufstieg bis Juega de Bolas („Centro de Visitantes"/lohnende Besichtigungen). Weiter R50, dann R25 abwärts zum Felsturm El Cano und weiter abwärts nach Vallehermoso (Übernachtung). R21 Aufstieg nach „Chorros de Epina" – R13 zuerst absteigend, dann flacher eine Strecke auf Asphaltstraße, zuletzt wieder ansteigend nach Arure (Biwak). Von Arure R2 abwärts, zuletzt Steilabstieg ins Valle Gran Rey.

Vom Valle Gran Rey nach San Sebastián
(3 Tage, 2 Übernachtungen)

Vom Valle Gran Rey Steilaufstieg R2, später flacher bis Arure. R9 (oder schöner über R10/Lorbeerwald) relativ flach nach Las Hayas (Übernachtung in der Bar „La Montaña"). R 9 im auf und ab nach El Cercado. R3 Aufstieg nach La Laguna Grande – R17 Aufstieg zum höchsten Inselberg Alto de Garajonay – R27/R28 Lorbeerwald- Abstieg nach El Cedro (Übernachtung in der „La Cabaña").

Von El Cedro 2 Möglichkeiten:
1. R30 durch den „Wasserstollen", dann den „Camino Guadalupe" abwärts zur Carretera del Norte. Dieser aufwärts über Abzweig „El Rejo" bis zum Straßentunnel Cumbre Carbonera und noch durch diesen hindurch. R34 Abstieg nach Lomo Fragoso, Taxi nach San Sebastián.

2. Schnellerer Weg, R27/R30 Steilabstieg nach Hermigua. Mit Taxi entlang der Carretera del Norte und durch den Straßentunnel Cumbre Carbonera. Jenseits des Tunnels weiter abwärts wandern über R34 nach Lomo Fragoso bzw. San Sebastián. Oder mit dem Taxi weiterfahren bis km 8/Abzweig Forestal de la Majona. R35/R36 Aufstieg zum Kamm und lange Abstiegswanderung nach San Sebastián.

Biwak im selbstgebauten Notunterstand. Mit frischem Maisstroh ausgelegt, ein Dach gegen nächtlichen Regen – was will der anspruchslose Durchquerer mehr? Das stille Biwak unter südlichem Sternenhimmel, die vielen Erlebnisse am Rande ...

2. Inselumrundung

Rechtsläufige, anstrengende Inselumrundung von mindestens 8 Gehtagen, Übernachtungen und Biwaks. Auch linksläufig begehbar, doch bei rechtsläufiger Begehung sind mehr Routenbeschreibungen in Wanderrichtung lesbar (R40, R44, R45, R8, R14, R2, R19, R20/1, R20/3, R31, R36)

1. Tag: San Sebastián – **R38** Auf- und Abstieg nach El Cabrito (oder *vor Cabrito* abkürzend → **R38, R55** Seite 230, 231, Richtung Seima, schwer findbar) – **R39** Aufstieg nach Seima (unbewohnt) – **R55** Abstieg nach Casas de Contrera (unbewohnt) – **R40** Abstieg nach Tecina/Santiago (Übernachtung).

2. Tag: Von Santiago **R45** Aufstieg nach Targa (landschaftlich großartiger, aber auch anstrengender: mit Taxi von Santiago längs **R41** bis El Rumbazo, weiter zu Fuß, Aufstieg **R33** bis nach Guarimiar, **R45** Steilaufstieg nach Targa) – **R57** meist absteigend über Magaña, Arguayoda nach La Rajita – **R57** Aufstieg nach La Dama (Übernachtung).

3. Tag: Von La Dama **R47** Aufstieg nach Gerián – **R8** aufsteigend (keinesfalls **R8** von Gerián in den Bco. de Argaga absteigen, sehr schwere Route, Versteigungsgefahr!!) zur „Ermita de la Virgen de Guadalupe" – **R14**, zuletzt steil absteigend, ins Valle Gran Rey (Übernachtung/Ruhetag).

4. Tag: Vom Valle Gran Rey **R2** Steilaufstieg nach La Merica, bequemer weiter nach Arure. **R19** erst flacher, dann steil abwärts nach Alojera (Übernachtung).

5. Tag: Von Alojera **R19** aufsteigend nach Tazo, **R49** aufwärts nach Arguamul und steil zur „Ermita Santa Clara". Nun über **R20/1** (etwas länger, dafür interessante Mondlandschaft, Aussichtspunkt) oder **R20/3** (kürzer und lieblicher) nach Vallehermoso (Übernachtung).

6. Tag: Von Vallehermoso Steilaufstieg **R25** zum Felsturm El Cano und weiter aufsteigend. Weiter **R50** nach Juego de Bolas („Centro de Visitantes"/lohnende Besichtigungen). **R31** abwärts nach Agulo und weiter – ggf. mit Taxi – auf der Carretera del Norte nach Hermigua (Übernachtung/Ruhetag).

7. Tag: Von Hermigua/Zentrum nordöstlich zum Ortsteil Llano de Campos – **R52** aufsteigend über El Moralito, dann Steilaufstieg zum nordöstlichen Ausläufer des Enchereda-Massivs. Weiter flacher **R52** über die Casas de Juel zu den Casas de Enchereda (Biwak).

8. Tag: Von Enchereda weiter **R52** bis zum Auftreffen auf **R35/R36**. Diesen östlich weiter und unterhalb des Jaragán in langer, abwärtsführender Kammwanderung zur Inselhauptstadt zurück.

275

Aufstieg am 4. Wandertag über R2 von VGR zur Hochfläche La Merica und weiter nach Arure

Klettertouren auf der Insel

Wanderer schärferer Richtung (Bergsteiger) finden auf La Gomera die ideale Kombination von Wandern, Baden – und Klettern. Letzteres jedoch in bescheidenem Maße. Die Insel bietet eine Vielzahl von „Roques" (= Felsen), von denen sich jedoch nur wenige zum Klettern eignen. Die freistehenden Felstürme sind durchwegs schwierig zu ersteigen, die Abstiege entsprechend nur durch Abseilen machbar. Somit sind diese Kletterein versierten Bergsteigern mit entsprechender Ausrüstung vorbehalten. Das vulkanische Gestein ist Basalt, Phonolit oder Trachyt (teilweise glatt, hakenfeindlich, gelegentlich brüchig oder moosig). Einige Hinweise für Interessenten:

Roque de Agando

(1250 m NN) 200 m Höhe mit Gipfelkreuz und -buch.

*Erstbesteiger: Siegfried Wallmann und Karl Bürtlmeier, Österreich 1967
Lage: Höhenstraße zwischen Abzweig „Cruce de la Zarcita" und „Degollada de Peraza" (Foto, Kartenausschnitt Seite 244).
Zustieg: Von der Höhenstraße sieht man links, östlich des Turmes, eine auffallende künstliche Treppe. Von der Straße (entsprechend linksseitig) über einen alten verwachsenen Pfad durch dichtes Gebüsch bis zum Fuß des Turmes. Über plattigen Fels zur erwähnten Treppe und diese bis zu einer künstlichen Plattform hinauf (Depot, Beginn der Kletterei).
Charakterisierung: Rauher Fels, beste Klettermöglichkeiten, längs des Normalweges gebohrte Abseilringe, Zwischenhaken weitgehend vorhanden.

Normalweg (IV, ca. 6 Seillängen, etwa 2½ Std., 45 m – Einfachseil). Rechts zu Rißverschneidung queren, diese empor (Schlüsselstelle, IV) und am Ende dieser nach links zu Stand. Über Wandstufe und nach links auf den Grat. Nun talseitige Querung (der weitere Aufstieg zum Gipfel bleibt in der Talseite), zuletzt durch Strauchzone zu Beginn einer Felsplatte. Über diese (III) empor zu Stand. Wenige Meter aufwärts queren zu Wandeinschnitt, rechts über Steilstufe aufwärts und wieder links zu kleinem Überhang und über diesen zu Stand. Wenige Meter links aufwärts zu einem verwachsenen Einschnitt mit hellem Gestein. In diesem empor und zuletzt immer linkshaltend zum Gipfel.

Weitere Aufstiege:

Talseite (IV),
im zentralen Teil, zuletzt rechtshaltend zur künstlichen Plattform, Normalweg z.G. (R. Steuer, 3.1.1987).

NO-Pfeiler (V, ca. 7 Seillängen).
Wo straßenseitig plattige Felsen am tiefsten reichen, baut sich ein Pfeiler auf, der im ersten Drittel den Durchstieg vermittelt (A. Winkler/R. Steuer, 23.12.1987).

„Guanchen-Rinne"
(V, 3 Seillängen).
die Riesenverschneidung (Nordverschneidung) – etwa vis-à-vis des Waldbranddenkmals – geradewegs z.G.; gebohrte Zwischen- und Standringe (M. Biock/R. Steuer, 16.8.1989).

---

* Mit ziemlicher Sicherheit schon durch die Altkanarier in prähistorischer Zeit bestiegen (→ Seite 291)

In einem Schreiben vom 3.3.1999 teilt die Nationalpark-Verwaltung dem Goldstadtverlag mit, daß die Besteigung des Roque de Agando aus Nationalparkschutzgründen nicht mehr erlaubt wird.

Roque El Cano
(650 m, mit Gipfelbuch). Die Erstbesteiger sind unbekannt.

Lage: östlich oberhalb Vallehermoso, Zugang → Kartenausschnitt Seite 163, Foto Seite 163, 164).

Charakterisierung: glattes Gestein (Basalt), bisher nur ein Aufstieg, längs des Normalweges gebohrte Abseilringe, alle Zwischenhaken stecken.

Normalweg (IV A1, frei V, 3 Seillängen, Rest leichte Kletterei).
Von Bergseite (weiße Farbschriften) über glatte Platte (Schlüsselstelle, IV A1, frei V) zu Absatz, ansteigender Quergang (III) nach rechts zu Rißkaminbeginn. Durch diesen (IV) zu Stand. Über große schräge Platte (II-III) zu Baum. Über leichtes, verwachsenes Gelände und anschließenden Blockgrat z.G. 45 m – Einfachseil reicht!

Weitere Klettertouren:

Roque Imada
(1083 m NN)
Lage: Beim Ort Imada (→ Foto Seite 253, 261, Kartenausschnitt S. 259)
Normalweg von S II-III, schwere Routen in den Nord- und Ostabstürzen (1. Durchsteigung VI, M. Biock/R.Steuer, Dez. 1984).

Roque del Sombrero
(672 m NN)
Lage: Zugang **R38,** Foto Seite 226, Kartenausschnitt Seite 224.
Mehrere Aufstiegsmöglichkeiten, die leichteste III. Gipfelbuch und Abseilring vorhanden.

Die heute *verbotene*
schwere Klettertour am
Roque de Agando.
1. Durchsteigung der „Guanchen-Rinne" V (Nordverschneidung), 1989

Reise

Reiseinformationen

Die Anreise

Von Mitteleuropa kann bei günstiger **Flugverbindung** die Insel La Gomera und jeder auf ihr befindliche Ort an einem Tag erreicht werden. Rund 4000 Flugkilometer – mehr als 4 Stunden – beträgt die Strecke bis zur Landung auf dem modernen Flughafen Teneriffa-Süd (TFS) „Reina Sofia" im kargen Süden Teneriffas, der größten Kanaren-Insel.

Von dort gelangt man mit dem **Taxi** oder öffentlichen Linienbus („TITSA", Fahrzeiten → Seite 279) in kurzer Zeit über die Autobahn zum etwa 18 km entfernten Fährhafen des Urlaubsortes **Los Cristianos.**

Seit 25 Jahren bedient die Fährgesellschaft „Lineas Fred. Olsen" („Ferry Gomera") mit dem Auto-Fährschiff „Benchijigua" die Verbindung Teneriffa – La Gomera. Die staatliche Gesellschaft **„Trasmediterranea"**, S.A. setzt seit 1992 ein Hidro-Foil-Tragflächenboot für eine schnelle Verbindung auf dieser Strecke ein, und seit Dezember 1993 eine zusätzliche Autofähre.

Damit ergeben sich ausreichend *10 tägliche Fährverbindungen* von **Los Cristianos**/Teneriffa nach **San Sebastián de la Gomera** und umgekehrt (Fahrpläne und nähere Erläuterungen → Seite 280, 281). 1996 erfolgte die Schiffslinien-Anbindung des **Valle Gran Rey** an San Sebastián. Diese Verbindung wurde jedoch wieder eingestellt.
(→ „Fährverbindungen").

Mit Taxi, Mietwagen oder Bus (ggf. auch per Schiff) ist es somit möglich von der Hauptstadt San Sebastián de la Gomera jeden Ort auf der Insel zu erreichen.

Wer mehr Urlaubszeit zur Verfügung hat oder auch das Auto mitbringen will, kann per mehrtägige **Schiffsüberfahrt** von Genua (Italien), Malaga oder Cadiz (Spanien) anreisen.

Ferienort und Fährhafen
<u>Los Christanos.</u>
Von hier gehen die Fähren ab
nach San Sebastián de la Gomera

Informationen

Linienbus „TITSA"

Vom Flughafen Teneriffa-Süd mit dem „TITSA"-Bus nach Los Cristianos zum Fährhafen.

Standort: Unmittelbar und nah des Flughafen-Ausganges (LLEGADOS) nach rechts zum hellgrünen Bushinweisschild.

Linie 487 Aeropuerto – Playa de las Americas.

Abfahrt:
8.10, 10.10, 12.10, 14.10, 16.10 und 18.10 Uhr täglich.

Fahrstrecke:
Aeropuerto – Autopista – Los Cristianos (Avda. del Ferry).
Der Bus hält am Fähreterminal, sodaß Sie Ihr Gepäck keine größeren Strecken transportieren müssen.

Fährverbindungen

Schiffstransfer nach La Gomera

Für die **Fährschiffe**, von denen die Autofähre „Benchijigua" mit Restaurants, Bars, Sonnendecks etc. einen besonderen Komfort bietet, erhält man die Tickets an den Schaltern am Hafen-Terminal und für den sofortigen Fahrtantritt die Bordkarte. Bitte prüfen, ob beim Ticketkauf für Hin- und Rückfahrt (Preisvorteil) die von Ihnen gewählte Fährgesellschaft auch eine zeitlich günstige Verbindung für den Rückflug anbietet.

Koffer, Rucksäcke sowie größere Gepäckstücke müssen vor Bordeinstieg in die am Kai bereitgestellten Gepäckwagen (kostenfrei) eingeladen werden. Diese Container werden zuverlässig ein- bzw. nach Überfahrt ausgecheckt und zur Wiederabholung bereitgestellt. Für die 33 Kilometer Überfahrt nach Gomera benötigt die Fähre ca. 90 Minuten.

Das **Schnellboot** (Hidro-Foil) *kann nicht bei starkem Seegang eingesetzt werden*, was wiederum insbesondere bei dem *termingebundenen Rückflug zu beachten ist*. Gutes Wetter, ruhige See ist für die schnelle Überfahrt Voraussetzung, die dennoch aufgrund der konstruktiv bedingten rauhen, „springenden" Fahrt nicht jedermanns Sache ist. Sperriges Gepäck (Mountain-Bikes o.ä.) wird nicht befördert. Mit dem Schnellboot benötigt man ca. 35 Min. für die Strecke Los Cristianos/Teneriffa – San Sebastián de la Gomera (33 km).

Benchijigua Express nennt sich eine neue Personen- und Auto-Fähre, die ab Oktober 1999 die „Lineas Fred Olsen" in Betrieb genommen hat. Für die Strecke nach Gomera benötigt sie weniger als 30 Minuten. Feste Fahrpläne sind noch nicht bekannt.

Das Fährschiff „Benchijigua" im Hafen von Los Cristianos. Viele Jahre die einzige Verbindung nach Gomera

Das Schnellboot „Barracuda" eine schnelle aber sehr unruhige Überfahrt nach Gomera

Das schnelle Schwester-Fährschiff der altehrwürdigen „Benchijigua", die „Benchijigua Express", verspricht eine schnelle bequeme Überfahrt nach la Gomera

Informationen

281

> **Alle Fahr-zeiten sind Stand 1999 ohne Gewähr!**
>
> Durch die laufenden Fahrplanänderungen können keine verbindlichen Angaben auf einen längeren Zeitraum gemacht werden.

Fährverbindungen von Teneriffa nach la Gomera:

Abfahrt in Los Cristianos	Schiffstyp	Gesellschaft	Ankunft in San Sebastián	
7.45 Uhr	Schnellboot	Trasmediterránea.	ca. 8.20 Uhr	täglich
8.00 Uhr	Auto-Fähre	Lineas Fred. Olsen	ca. 9.30 Uhr	täglich
9.00 Uhr	Auto-Fähre	Lineas Fred. Olsen	ca. 10.30 Uhr	täglich
10.00 Uhr	Schnellboot	Trasmediterránea	ca. 10.35 Uhr	täglich
12.30 Uhr	Auto-Fähre	Lineas Fred. Olsen	ca. 14.00 Uhr	täglich
15.00 Uhr	Schnellboot	Trasmediterránea	ca. 15.35 Uhr	täglich
16.00 Uhr	Auto-Fähre	Lineas Fred. Olsen	ca. 17.30 Uhr	täglich
16.50 Uhr	Auto-Fähre	Lineas Fred. Olsen	ca. 18.20 Uhr	täglich
17.30Uhr	Schnellboot	Trasmediterránea	ca. 18.05 Uhr	täglich
20.00 Uhr	Auto-Fähre	Lineas Fred. Olsen	ca. 21.30 Uhr	täglich

Fährverbindungen von la Gomera nach Teneriffa:

Abfahrt in San Sebastián	Schiffstyp	Gesellschaft	Ankunft in Los Cristianos	
7.00 Uhr	Auto-Fähre	Lineas Fred. Olsen	ca. 8.30 Uhr	täglich
8.45 Uhr	Schnellboot	Trasmediterránea	ca. 9.20 Uhr	täglich
10.45 Uhr	Auto-Fähre	Lineas Fred. Olsen	ca. 12.15 Uhr	täglich
13.45 Uhr	Schnellboot	Trasmediterránea	ca. 14.20 Uhr	täglich
14.15 Uhr	Auto-Fähre	Lineas Fred. Olsen	ca. 15.45 Uhr	täglich
16.45 Uhr	Schnellboot	Trasmediterránea.	ca. 17.20 Uhr	täglich
16.50 Uhr	Auto-Fähre	Lineas Fred. Olsen	ca. 18.20 Uhr	täglich
18.45 Uhr	Schnellboot	Trasmediterránea	ca. 19.20 Uhr	täglich
18.00 Uhr	Auto-Fähre	Lineas Fred. Olsen	ca. 19.30 Uhr	täglich

Schiffsverbindungen zu den Inseln El Hiero und La Palma

Von la Gomera (San Sebastián) zur Insel El Hierro:
Mit dem Fährschiff der „Trasmediterránea":
Abfahrt 8.30 Uhr. Ankunft ca. 12.00 Uhr. Di, Do, Sa, So.
Abfahrt 19.30 Uhr. Ankunft ca. 23.00 Uhr. Mo, Mi, Fr.
(Anschluß der Autofähre 8.00 Uhr ab Los Cristianos/Teneriffa.)

Von la Gomera (San Sebastián) zur Insel La Palma:
Mit dem Fährschiff der „Lineas Fred. Olsen" täglich:
Abfahrt 19.00 Uhr, Ankunft ca. 22.00 Uhr.
Mit dem Fährschiff der „Trasmediterránea":
Abfahrt 8.30 Uhr, Ankunft ca. 11.30 Uhr. Mo, Mi, Fr.

> *Für die* **Gepäck-Aufbewahrung** - *besteht an den jeweiligen Hafen-Terminals leider noch keine sicheren Einstellmöglichkeiten.*

Verkehrsverbindungen auf der Insel

Das asphaltierte **Straßennetz** *der Insel ist hinsichtlich der Hauptverbindungsstrecke gut ausgebaut.* Kontinuierlich werden auch kleinere und abgelegene Orte durch staubfreie Straßen angebunden oder zumindest durch breitere Fahrwege (Pisten) erschlossen. Der Gebirgsstraßenausbau erfordert die Bewältigung schwieriger technischer Probleme und ist demzufolge mit hohen Kosten verbunden.

Die Straßen sind in der Regel kurvenreich und überwinden oft beträchtliche Höhenunterschiede. Leider wurde in den letzten Jahren mit EU-Finanzhilfe ein völlig überdimensionierter Hauptstraßenausbau betrieben.

Autobusse als das preiswerteste Verkehrsmittel fahren die Hauptorte von und nach San Sebastián direkt an. Die Mitfahrt in den größtenteils modernen Bussen ermöglicht neben dem „Erlebnis unter'm Volk" das unbeschwerte Schauen in unterschiedliche Insellandschaften.

Fahrzeiten von S. Sebastián ins VGR über die Dörfer ca. 2 Std., (mit Taxi gut 1 Std), nach **Santiago** bzw. nach **Vallehermoso** (über Hermigua) jeweils ca. 1½ Std.

Busbenutzung zum Wandern

Die Verbindungen und Fahrpläne der Busse (→ Seite 283) sind in der Regel auf die Ankunfts- und Abfahrtszeiten der Fährschiffe abgestellt..

Wünschenswerte Querverbindungen gibt es nicht. Für das Wandern geeignete Abfahrtszeiten ermöglichen die Fährzubringer-Busse vom Valle Gran Rey um 8 Uhr, Santiago um 8 Uhr und Vallehermoso um 8 Uhr. Mit den abendlichen Heimfahrtszeiten nach dem Wandern sieht es hingegen besser aus.

Es ist jedoch wichtig zu wissen, daß man den Bus außerorts im Linienbereich *überall zum Mitfahren anhalten kann, so wie man auch unterwegs nach Belieben aussteigen kann.* Zeiten und Strecken erfährt man am besten in der nächsten Bar oder im nächsten Restaurant (ein Fahrplan-Aushang ist in Gomera gegenwärtig noch so gut wie unbekannt).

Fahrräder werden – leider – nicht befördert, auch bei Mitnahme von Hunden kann es gelegentlich – je nach Ermessen des Busfahrers – zu Beförderungsproblemen kommen.

Moderne Busse verbinden über die Linien 1, 2 und 3 die Hauptstadt mit den Bezirksorten

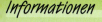

Informationen

Stand 1999
Angaben ohne Gewähr!

283

Bus-Fahrpläne
mit wichtigen touristischen Örtlichkeiten

Buslinie 1 Fahrzeiten täglich (*nicht Sonntags/Feiertage) — San Sebastián – Valle Gran Rey und retour

San Sebastián	11.00	14.15*	17.30	21.30*	7.25	9.40	16.40	21.10
Ayamosna	11.10	14.25	17.40	21.40	7.15	9.30	16.30	21.00
Casas Blancas	11.15	14.30	17.45	21.45	7.10	9.25	16.25	20.55
Degollada de Peraza	11.20	14.35	17.50	21.50	7.05	9.20	16.20	20.50
Agando/Cruce de La Zarcita	11.25	14.40	17.55	21.55	7.00	9.15	16.15	20.45
Olsen-Jagdhütte (Casita Olce)	11.28	14.43	17.58	21.58	6.58	9.13	16.13	20.43
Pajarito	11.30	14.45	18.00	22.00	6.55	9.10	16.10	20.40
Las Paredes/Igualero	11.35	14.50	18.05	22.05	6.50	9.05	16.05	20.35
Abzweig La Dama/Chipude	11.40	14.55	18.10	22.10	6.40	8.55	15.55	20.25
El Cercado	11.50	15.05	18.20	22.20	6.35	8.50	15.50	20.20
Las Hayas/Cruce de Las Hayas	11.55	15.10	18.25	22.25	6.35	8.50	15.45	20.15
Apartacaminos	12.00	15.15	18.30	22.30	6.30	8.45	15.40	20.10
Arure („Bar Conchita")	12.05	15.20	18.35	22.35	6.20	8.35	15.35	20.05
El Retamal/Valle Gran Rey	12.10	15.25	18.40	22.40	6.15	8.30	15.30	20.00
Casa de la Seda/Valle Gran Rey	12.25	15.40	18.55	22.55	6.00	8.15	15.15	19.45
La Calera/Valle Gran Rey	12.30	15.45	19.00	23.00	5.55	8.10	15.10	19.40
Vueltas/Valle Gran Rey	12.35	15.50	19.05	23.05	5.50	8.05	15.05	19.35
La Playa/Valle Gran Rey	12.40	15.55	19.10	23.10	5.45*	8.00	15.00	19.30*

Buslinie 2 Fahrzeiten täglich (*nicht Sonntags/Feiertage) — San Sebastián – Playa de Santiago und retour

San Sebastián de la Gomera – Playa de Santiago – Alajeró

11.00 (San Sebastián – Playa de Santiago – Alajeró)
14.15* (Alajeró – Playa de Santiago – Tecina)
17.30 (San Sebastián – Playa de Santiago – Alajeró)
21.30* (San Sebastián – Playa de Santiago – Alajeró)

Alajeró – Playa de Santiago – San Sebastián de la Gomera

6.00* (Imada – Alajeró – Tecina – San Sebastián)
8.00 (Tecina – Alajeró – San Sebastián)
15.30 (Alajeró – Tecina – San Sebastián)
20.00* (Alajeró – Tecina – San Sebastián)

Anmerkung:
Durch teilweise neue Streckenführung und neue Fahrzeiten vorerst keine näheren Angaben möglich!

Buslinie 3 Fahrzeiten täglich (*nicht Sonntags/Feiertage) — San Sebastián – Vallehermoso und retour

San Sebastián	11.00	14.15*	17.30	21.30*	7.45	10.15	16.45	20.45
El Molinito	11.05	14.20	17.35	21.35	7.40	10.10	16.40	20.40
Las Casetas	11.10	14.25	17.40	21.40	7.35	10.05	16.35	20.35
Aguajilva	11.15	14.30	17.45	21.45	7.30	10.00	16.30	20.30
La Carbonera/El Rejo	11.20	14.35	17.50	21.50	7.25	9.55	16.25	20.25
Curva de Parejo	11.25	14.40	17.55	21.55	7.20	9.50	16.20	20.10
El Cabo/Hermigua	11.30	14.45	18.00	22.00	7.15	9.45	16.15	20.15
La Castellana/Hermigua	11.35	14.50	18.05	22.05	7.05	9.35	16.05	20.05
Camino Lepe	11.40	14.55	18.10	22.10	7.00	9.30	16.00	20.00
Agulo	11.45	15.00	18.15	22.15	6.55	9.25	15.55	19.55
Las Rosas	11.50	15.05	18.20	22.20	6.50	9.20	15.50	19.50
Tamargada/Simancas	12.00	15.15	18.30	22.30	6.40	9.10	15.40	19.40
Tarmagada/El Pie de La Cuesta	12.05	15.20	18.35	22.35	6.35	9.05	15.35	19.35
Vallehermoso	12.15	15.30	18.45	22.45	6.30*	9.00¹⁾	15.30	19.30*

– mit ca. ± 15 Minuten Zeitdifferenz ist inseltypisch zu rechnen.   ¹) Sonntags/ Feiertage 8.00 Uhr
– Änderung der Abfahrtszeiten sind ohne vorherige Ankündung möglich.

Allgemeines von A - Z

Anschriften für Auskünfte

San Sebastián
Touristeninformation in der Calle de Medio, gegenüber Bar-Restaurante „Breñusca".

Santiago
Hotelanlage „Tecina",
Tel. 922 895100, 922 895200.
Fax 922 895050.

Valle Gran Rey
Deutschsprachige Auskünfte für Übernachtungen (u.a. auch für telefonische Zimmer-Reservierung aus der Heimat):
- Manuel Trujillo y Trujillo,
  La Puntilla, Tel. 922 805129
- Viajes Gran Rey, Borbalán,
  Tel. 922 805480
- Oficina Información, Borbalán,
  Tel. 922 805480 und 922 805461

Weitere allumfassende Information:
- Fotogeschäft KODAK („El Fotografo") La Playa,
  Tel./Fax: 922 805654

Allgemeiner Informationsaustausch, Ausflüge, Schiffsfahrten etc., vielseitiges Angebot an Karten und Büchern über La Gomera und die Kanaren. Programme und Kartenvorverkauf für das Kulturzentrum „La Galeria".

Kulturangebot:
- Kulturzentrum „La Galeria"
  La Calera, Tel. 922 805878

Angebot: Tonbildschau, Dokumentarfilme, Videofilm über die Insel (als VHS-Cassette erhältlich), Spielfilm über das Inselleben in den 50er Jahren. Gelegentlich Konzerte, Ausstellungen und Auftritte teils namhafter, hier urlaubsverbringender Künstler. Dieses Haus entwickelte sich zum Treffpunkt. Gepflegte Cocktailbar.

ICONA-Informationszentrum
Juego de Bolas
Centro de Visitantes,
Tel. 922 800993

Auf der Hochfläche nahe dem Ort Las Rosas gelegen. Inselinformationen, Ausstellungen, Filmvorführungen, geführte Nationalpark-Exkursionen (Voranmeldung).

Ausflugsschiffe

In diesem Bereich gibt es immer wieder kurzfristige Veränderungen, so daß genaue Angaben erfahrungsgemäß sehr schnell überholt und somit wenig sinnvoll sind. Erkundigungen über Ausflugsschiffe daher bei den angegebenen Stellen gemäß „Anschriften für Auskünfte" (links oben oder in den größeren Häfen einholen. Ausflugsfahrten werden von San Sebastián, Santiago und Vueltas/Valle Gran Rey aus unternommen mit den Zielen:

- Rund um die Insel
- Küstenfahrten
- Ausflugsfahrten zu den
  Los Organos
- Angel- und Delphinfahrten (im VGR organisiert solche „Capitano Claudio", Ortsteil Vueltas,
  Tel. 922 805759).

Mit dem Ausflugschiff rund um die Insel oder zu den Los Organos

Informationen

Ärztliche Versorgung

Allgemein ist in den größeren Orten eine ausreichende ärztliche Versorgung gewährleistet. Bei **Wanderunfällen** ist mangels eines organisierten Rettungswesens (ähnlich der alpinen Bergwacht) – vor allem bei schweren Unfällen – keine schnelle Bergung zu erwarten. **Hubschrauber-Rettungen**, auch aus schwierigem Gelände, sind möglich, jedoch müssen die auf Teneriffa stationierten Rettungshubschrauber über die **SOS-Flugrettung**, (→ Notruf) angefordert werden und das kann zeitaufwendig werden. *Daher kein Risiko durch Auf- oder Abstiege in unbekanntem Steilgelände eingehen* (→ Kapitel „Tourenschwierigkeiten, Seite 34, 35, 36).

Krankenhaus/ -wagen/Ärzte

(Hospital Insular) San Sebastián, El Calvario, Barria, Tel. 922 870450, 922 871051, 922 870906

Arzt im *Valle Gran Rey:* Arztpraxis („Centro de Salud") im Ambulatorium in La Orijamas/Valle Gran Rey (nahe der Apotheke „farmacia").

Sprechzeiten vormittags ab 9 Uhr; Ausgabe der Aufrufnummern ab 8 Uhr, Tel. 922 805231.

Weitere Centren de Saludes

Agulo	Telefon 922 880844
Hermigua	Telefon 922 880727
Santiago	Telefon 922 895106
Vallehermoso	Telefon 922 800055

Zahnarzt (dentista):

Praxen nur in San Sebastián
(Tel. 922 141671 und 922 870480).

Apotheken

befinden sich ebenfalls in den jeweiligen vorbenannten Bezirksorten.

Banken und Post

sind nur in Bezirksorten vorhanden; *Öffnungszeiten:*
Post: werktags von 8-13 , Sa 9-12 Uhr
Banken: werktags von 8.30-14 Uhr (darüberhinaus noch evtl. Sonderöffnungszeiten). Eine Postbank gibt es nur in San Sebastián und Hermigua.

Mietfahrzeuge

Leihwagen direkt im Terminalgebäude des Fährhafens von San Sebastián anmietbar. In den Orten San Sebastián, Santiago und im Valle Gran Rey befinden sich Leihwagenbüros. Es sind ausreichend Leihwagen vorhanden, lediglich in der Saisonzeit (Weihnachten, Ostern) kann es zu Engpässen kommen. Hier empfiehlt sich ggf. eine Vorbestellung

Fahrrad-Verleih

Playa Santiago:
Klaus Holthausen,
Tel. 922 895277

Valle Gran Rey:
Bike-Station, La Puntilla
M. Leibl/S. Grundmann,
Tel./Fax 922 805082

Polizei (Guardia Civil)

Hermigua	Telefon	922 880179
Santiago	Telefon	922 895004
San Sebastián	Telefon	922 870255
Valle Gran Rey	Telefon	922 805000
Vallehermoso	Telefon	922 800027

Notrufe

Rotes Kreuz (Cruz Roja)
Feuerwehr (Bomberos)
SOS-Flugrettung (Teneriffa)
Waldbrand-Notruf

112

Statistische Daten

Quelle: u.a. „Gomera-Handbuch"
(Conrad Stein Verlag/Kronshagen
1995)

Geographisch

Lage: Zwischen 28 Grad 13' und 28 Grad 1' nördl. Breite und zwischen 17 Grad 21' und 17 Grad 6' westlicher Länge (insgesamt liegen die Kanarischen Inseln somit etwa auf dem Breitengrad der Halbinsel Florida/USA, von Nordmexiko, Delhi/Nordindien, Nepal, Kairo/Nordägypten oder Süd-Marokko).

Oberfläche: 373 km²
Ausdehnung: Ost-West, 25 km
Nord-Süd, 22 km
Landwirtschaftliche Nutzfläche:
11,2 km² = 3%
Waldfläche insgesamt:
81,5 km² = 22%
Naturschutzgebiete:
45,3 km²,
davon Nationalpark 39,26 km²
Höchster Berg:
Alto de Garajonay 1486 m
Küstenlänge: 98 km, davon:
Steilküste 83 km, Strandlänge 15 km,
Sandstrand 0,5 km
Straßennetz: 311,5 km

Entfernungen

Ortsentfernungen auf den Fahrstraßen von **San Sebastián** über die:
Carretera del Norte

Hermigua	20 km
Agulo	25 km
Las Rosas	30 km
Vallehermoso	42 km
Epina	51 km
Arure	59 km
Valle Gran Rey	72 km

über die **Höhenstraße** (Zentralstraße)

La Laguna Grande	29 km
Las Hayas	33 km
Arure	40 km
Valle Gran Rey	52 km

über die **Carretera del Sur**

Degollada de Peraza	16 km
Playa de Santiago	34 km
Alajeró	43 km
Igualero	51 km
Chipude	57 km
El Cercado	60 km
Arure	71 km
Valle Gran Rey	83 km

Fährverbindungsstrecke
San Sebastián – Los Cristianos/
Teneriffa   33 km

Entfernungen von La Gomera

Teneriffa	25 km
La Palma	55 km
El Hierro	60 km
Gran Canaria	125 km
Fuerteventura	250 km
Lanzarote	325 km
zum afrikanischen Festland	370 km
Deutschland (Frankfurt)	3485 km

Einwohner gesamt	15900
San Sebastián	6340
Valle Gran Rey	2860
Vallehermoso	2600
Hermigua	1940
Alajeró	1100
Agulo	1020

Einwohner pro km²	43
dort lebende Ausländer ca.	670
davon Deutsche	70
arbeitende Bevölkerung	38 %
Arbeitslose	32 %

Sonstiges

Sonnenschein in Std./Jahr:
2080 im Norden, 3285 im Süden
letzte vulkanische Tätigkeit:
vor 2,8 Mio Jahren
früheste menschliche Besiedelung:
460 n.Chr.

Informationen

Tankstellen

mit bleifreiem Benzin, Super und Diesel befinden sich in den großen Orten San Sebastián, Valle Gran Rey, Hermigua, Vallehermoso, Alojero, Santiago sowie in El Apartadero bei Chipude. Sie sind montags bis samstags von 7.00-20.30 Uhr durchgehend geöffnet. An Sonn- und Feiertagen von 8.00-14.00 Uhr.

Taxis

stehen unmittelbar an der Fähre; die Fahrpreise sind in der Regel Festpreise. Auch in den größeren Bezirksorten sind Taxis ausreichend vorhanden und telefonisch abrufbereit.

Agulo	Tel. 922 880981
Alojera	Tel. 922 800331
Chipude	Tel. 922 805228
Hermigua	Tel. 922 880047
Playa Santiago (Parada)	Tel. 922 895043
San Sebastián (Parada)	Tel. 922 870524
Santiago/Tecina	Tel. 922 895043
Valle Gran Rey (Parada)	Tel. 922 805058
	Tel. 922 805029
	Tel. 922 805474
Vallehermoso (Plaza)	Tel. 922 800279

Telefongespräche

von und nach Deutschland, Österreich und der Schweiz, gute Verständigung, jedoch oft schwieriges Durchkommen.

Vorwahl von:

Deutschland–Gomera	0034/922/....
Gomera–Deutschland	07/49/....
Österreich–Gomera	0034/922/....
Gomera–Österreich	07/43/....
Schweiz–Gomera	0034/922/....
Gomera–Schweiz	07/41/....

Öffentliche Telefone in Inselorten

(teléfon público) in Privathäusern:

Antoncojo	922 895124
Arguamul	922 800198
Arguayoda	922 805380
Arure	922 805023
Ayamosna	922 870190
Benchijigua	922 895164
Deg. de Peraza	922 870390
El Cedro	922 880148
El Cercado	922 805172
Epina	922 800173
Erque	922 800224
Guarimiar	922 895072
Igualero	922 800248
Imada	922 895174
La Dama	922 800298
La Laja	922 871290
La Rajita	922 800322
Las Hayas	922 805147
Las Rosas	922 800223
Las Toscas	922 895132
Lo del Gato	922 895040
Los Aceviños	922 880172
Pastrana	922 895108
Taguluche	922 805149
Tamargada	922 800148
Targa	922 805110
Tazo	922 800122
Tejiade	922 870340

An der Playa im <u>Valle Gran Ray.</u> Nicht nur wandern ist auf Gomera angesagt, auch Tage der Ruhe gehören zum Wanderurlaub. Der Sand ist zwar schwarz aber nicht schmutzig und das Wasser glasklar

(D) = deutsch geführt
(E) = spanisch geführt

Unterkunft

Hotels, Pensionen, Appartements (Apartamentos), Appartementanlagen

In den größeren Ortschaften bieten sich dem Individualreisenden Appartements, Pensionen und verschiedentlich auch Appartementhäuser an. Pauschalreisende sind in der Regel in letzteren untergebracht. Hotels gibt es nur in 4 Orten.

Agulo

Hotel „Casa de los Perez" (D)
Tel. 922 146122, Fax: 922 146151

„Pensión Mercedes" (E)
Plaza Leoncio Bento,
Tel. 922 880995

Pensión „Victoriano Plasencia" (E)
Plaza Leoncio Bento,
Tel. 922 880223

Hermigua

„Apartementos Los Telares" (E)
Carretera General,
Tel. 922 880781

Vollwertkostpension,
„Café La Casa Creativa" (D)
Ilona Jonas,
Tel. 922 881023

„Pensión und Bar Curbelo" (E)
Lomo San Pedro 7,
Tel. 922 880229

Pensión „La Castellana" (E)
Carretera de la Playa,
Tel. 922 880008

Pensión und Bar „El Piloto" (E)
Playa de Hermigua,
Tel. 922 880214

San Sebastián

Hotel Parador Nacional (E)
Tel. 922 871100

Residencia „Garajonay" (E)
Calle Ruiz de Padron,
Tel. 922 870550

Residencia „Colombina" (E)
Calle Ruiz de Padron,
Tel. 922 871257

Pensión „Gomera" (E)
Calle del Medio,
Tel. 922 870417

Residencio „Canarias" (E)
Calle Ruiz de Padron „El Pajar",
Calle del Medio,
Tel. 922 871102

sowie diverse Apartementos

Santiago

Hotelappartement-Anlage „Tecina" (E)
Tel. 922 895100, 922 895101, 922 895200,
Fax 922 895050,
seit 1987 die größte Hotelbungalow-Anlage (4 Sterne) Gomeras mit 800 Betten. Gepflegte Anlage mit gutem Freizeitangebot, einschließlich geführter Bergwandertouren.

Apartementos „Playa" (E)
Tel. 922 895147

Pension „Casanova" (E)
Tel. 922 895002

Pension „N.S. Carmen" (E)
Av. Maritima,
Tel. 922 895028

Hotelanlage Tecina in Santiago

Informationen

Valle Gran Rey

1 Hotel, mehrere gut ausgestattete Appartementanlagen (meist über Reiseveranstalter pauschal angeboten), viele Einzelappartements in verschiedenen Preisklassen sowie auch Pensionen.

Hotel „Gran Rey" (E)
La Puntilla, Tel. 922 805859,
Fax: 922 805651

„Casa Rudolfo" (D)
W. u. L. Reinhold,
La Playa, Tel. 922 805195

„Las Jonadas" (E)
(Casa Maria),
La Playa, Tel. 922 805047

„Lola", La Playa (E)
Tel. 922 805148

Apartamentos „Jardin Tropical" (D)
Christine Müller-Connert,
La Playa, Tel. 922 805477,
Fax 922 805366

Apartamentos „Oasis" (D)
E. Pieper,
La Calera, Tel. 922 805017

Apartamentos „La Galeria" (D)
La Calera, Tel. 922 805477

Apartamentos „Ana Rosa" (D)
J. Repp, La Orijamas,
Tel./Fax 922 805623

Apartamentos „Laurisilva" (E)
Borbalán, Tel. 922 805817

Apartamentos „Baja del Secreto" (E)
Tel./Fax: 922 805709

Vallehermoso

Pension und Bar (E)
„Amaya", Plaza,
Tel. 922 800073

Pension „Milagro/Triana" (E)
Queipo de Llano,
Tel. 922 800135

Wandertouren – Führungen

durch profisionelle alpin orientierte Institutionen

DAV-Summit-Club

Am Perlacher Forst 186
D-81545 München
Tel. 089/6510720, Fax 65107272
14-tägige Touren vom Stützpunkt Hotel „Casa de los Perez" in Agulo

Alpinschule Insbruck

Hotelanlage „Tecina"
Playa de Santiago, Tel. 922 890050
Tages-und Wochenwanderungen

Gomera Trekking Tours

Sandstraße 1a, D-90443 Nürnberg
Tel. 0911/20787, Fax 20799
Mehrtägige Inseldurchquerung

Privat geführte Wandertouren

Sie werden in den Badeorten angeboten. Wie weit hierfür eine verantwortliche Qualifikation und Seriosität vorliegt, kann nicht beurteilt werden. Diesbezügliche Vorab-Erkundigungen sind angebracht.

Im Ortsteil La Puntilla/VGR die Apartamentanlage „Charco del Conde" (mit dem gleichnamigen Restaurante rechts daneben), links die namensgebende Badebucht Charco del Conde („Baby-Beach")

landschaftlich

Inselrundfahrt mit dem Auto
Beeindruckende (auch anstrengende) Tagesfahrt über kurvenreiche Paßstraßen mit Sicht auf Berge, Schluchten, Wälder, Meer und Ortschaften.

Empfohlene Fahrroute:
San Sebastián – Carretera del Norte – Hermigua – Agulo – Vallehermoso – Chorros de Epina – Straßenkreuzung „Apartacaminos" (evtl. Abstecher ins Valle Gran Rey) – Höhenstraße – La Laguna Grande – Carretera del Sur – San Sebastián.

Lohnende Aussichtspunkte

Parador de la Nacional auf der Hochfläche Lomo de la Villa in San Sebastián.

Degollada de Peraza, Carretera del Sur, Abzweig nach Santiago.

Chorros de Epina, Aussichtsrestaurant im NW der Insel.

Las Rosas, Aussichtsrestaurant im NO der Insel.

Weiterhin zahlreiche ausgebaute *Miradore* (Aussichtspunkte) längs der Straßen (→ Wanderkarte, Goldstadtverlag, 1997)

Alto de Garajonay
Höchster Inselberg (1486 m) im zentralen Inselteil mit großartigem Rundblick bei guten Sichtverhältnissen. In 20 Min. zu Fuß von der Höhenstraße über den von Norden ansteigenden Fahrweg oder von der östlich gelegenen Kreuzung „Pajarito" mit zeitlich längerem Anstieg (gemütlicher Spaziergang).

Valle Gran Rey
„Tal des Großen Königs" im Inselwesten. Cañonartiges, stark terrassiertes Barrancotal, ca. 5 km lang mit Streusiedlungen in üppiger Vegetation, viele Kanarische Dattelpalmen, drei Sandstrandbereiche, touristisch stark frequentiert, ca. 2800 Einwohner.

Abendstimmung im Valle Gran Rey

Touristisches

***Naturwunder Los Organos** – Nur versierte Kletterer können sich bis zu diesem Aussichtspunkt vorwagen. Ein schönerer und ungefährlicherer Blick bietet sich vom Ausflugs-Schiff*

Die Täler von **Hermigua** und **Vallehermoso** sowie die Lage von **Agulo** (von vielen als schönster Ort Gomeras bezeichnet) und **Tamargada** sind sehenswert.

Los Organos „die Orgelpfeifen" Ansammlung hunderter von Basaltsäulen (etwa 100 m hoch), Steilabfall der Nordküste, nur mit dem Schiff erreichbar, d.h. vom Meer einsehbar. Schiffsfahrten ggf. von San Sebastián, Santiago (Tecina) und Vueltas/Valle Gran Rey (jeweils örtliche Erkundigungen, Foto Seite 21 und oben).

Roque de Agando
(1250 m), eines der Wahrzeichen von La Gomera. An seinem Fuß kreuzten sich zur Altkanarierzeit zahlreiche Urwaldpfade (Foto S. 244, 247, 252).

Der schwierig zu besteigende 200 m hohe Turm wurde in den letzten Jahren öfters erklettert.

Die Besteigung des Roque de Agando ist heute aus Nationalparkschutzgründen nicht mehr erlaubt.

Auf seinem Gipfel wurde vom Autor und seinen Freunden am 19.12.1986 anläßlich einer Kreuz- und Gipfelbuchsetzung der vielleicht geheimnisvollste prähistorische Inselfund der Neuzeit auf den Kanaren gemacht. Es handelt sich um bis zu 4 kg schwere, merkwürdige Gefäße. Sie bestehen aus dem dort anstehenden Gestein (Phonolit) und sind roh behauen; anders als sonst auf den Kanaren üblich, wo Keramikfunde vorherrschen. War der Agando ein heiliger Berg, waren es Opferschalen für die Götter? War die Agando-Bezwingung ein Mannbarkeits-Ritus, eine Mutprobe der Guanchen? Fragen, Rätsel, die bis heute ungelöst sind, denn auch eine „TERRA X"-Sendung mit Besteigungsfilmung (Rüdiger Steuer und Prof. Braem/Wiesbaden) konnte keine Aufklärung dieser archäologischen Sensation bringen.

Bis ein Museum auf La Gomera sich dieser – ihrer – Funde annehmen wird, ruhen sie weiterhin gut versteckt auf dem Roque de Agando

*Die vom Autor und seinen Freunden auf dem **Roque de Agando** 1986 entdeckten prähistorischen Gefäße*

botanisch

Nationalpark Garajonay
Urwaldähnlicher Lorbeerwald aus dem Tertiärzeitalter mit über 100jährigen Bäumen (→ Pflanzenwelt) und angelegtem Waldlehrpfad (→ R27). Für den Autotouristen besonders schön längs der Höhenstraße, zwischen La Laguna Grande und Las Rosas oder bei einer Fahrt über El Cedro – Los Aceviños – Meriga (→ R29).

Chorros de Epina
Kurz unterhalb der Bar eine botanische Rarität – ein Laubbaum mit dunkelgrünen Blättern, der namhafte Botaniker aus aller Welt anzog. Gattung Heberdenia excelsa der Familie Mysinaceae (nach G. Kunkel, Botaniker und Kanarenspezialist). Dieser, am steilen Abhang stehende, morsche, aber noch lebende Baum, wird erreicht, indem man von der Bar ca. 30 m nach Süden geht und vor dem Wegweiser „Chorros de Epina" rechts den Hohlweg ca. 100 m steil abwärts geht.

Drachenbaum (Drago de Magaña) Einziger, wild gewachsener sehr schöner Baum auf Gomera. Er steht versteckt an einem Berghang in der Nähe des Ortes Agalán.
Für **Autotouristen** und **Besucher** – auf der Asphaltstraße vom Straßenkreuz „Pajarito" Richtung Alajeró (oder umgekehrt) kommend – wurde nahe dem Straßenabzweig Imada ein Parkplatz ausgebaut, von dem aus ein überlanger steingepflasterter Besichtigungstreppenweg hinab zum Baum führt. Letzterer wurde mit einem hohen Metallzaun geschützt. .

Die botanische Rarität bei Chorros de Epina

Der „Drago von Magaña" (Dracaena Drago)

Wanderer hingegen können den Baum über **R46** direkt erreichen.

Touristisches

293

Uralte Bäume prägen den Lorbeerwald

Lorbeerwald

Papaya-Baum, dessen Früchte – etwas zubereitet – wohlschmeckend und verdauungsfördernd sind

Wohlschmeckende Kanaren-Bananen kurz vor der Ernte

baulich

San Sebastián de la Gomera
Inselhauptstadt mit umschlagträchtigem Hafen. **Torre del Conde** (gebaut 1447), ältestes Bauwerk der Stadt sowie ganz La Gomeras, 15 m hoher Schutzturm der spanischen Inselherrscher gegen Überfälle. Weiterhin in der Straße Calle de Medio: Stadtkirche **Iglesia de la Asunción** mit Fassade des Stilwechsels von der Gotik zur Renaissance, Betkirche von Christoph Kolumbus; **Kapelle des Heiligen Sebastián**; altes Zollhaus, mit dem historisch-berühmten Ziehbrunnen; *Casa de Colon* (Quartier von Kolumbus) und an neueren Bauten das hoch über der Stadt errichtete **Parador de la Nacional** – eines der schönsten spanischen Hotels überhaupt.

oben:
San Sebastián/Torre del Conde

rechts: <u>Los Aceviños</u>
schlichte Betkirche mit einem
romanischen Kreuzgratgewölbe

Macayo,
hier wurde
ideal
Altbestand mit
Häuserneubau
verbunden

Touristisches

295

Agulo

Die Kirche San Marcos in Agulo mit arabischen Stilelementen

Tamargada

Mit Schnitzwerk verzierte Tür eines verfallenen Hauses

Agulo
Schönster Ort auf der Insel. Seine beiden Zentren **La Montañeta** und **Las Casas** dominieren auf den zwei aus den umgebenden Bananenplantagen ragenden Hügeln. **Plaza de Leoncio Bento** mit eigenwilliger Kirche, deren vier Kuppeln in maurischem Stil gebaut wurden.

Tamargada
Ein Dorf im Norden der Insel, nahe der Carretera del Norte, zwischen Las Rosas und Vallehermoso gelegen. Es soll eines der besterhaltenen, typisch altkanarischen Dörfer der Insel sowie des gesamten Archipels sein.

handwerklich und kulturell

Töpferwerkstätten im Dorf El Cercado

Jahrhundertealte, traditionelle Handformung von Tongefäßen ohne Drehscheibe in einem besonderen Verfahren (→ Foto Seite 103).

In spezieller Technik werden die Fertiggefäße poliert

Tonware im Brennofen

La Ristra

Flechtarbeiten aus Pflanzenfasern. Figuren, Untersetzer, Körbe u.a., die im Norden der Insel hergestellt werden.

Eingeflochtene Flasche in Bananenblätter

Handwerks- und Brauchtums-Museum in Juego de Bolas

Im Centro de Visitantes, dem Stützpunkt der ICONA. Erreichbar von La Laguna Grande in Richtung Las Rosas bzw. von der Carretera del Norte bei Las Rosas abzweigend in umgekehrter Richtung. Lohnende Besichtigung (→ R31, Foto S. 191).

Museum für Ethnographie Los Telares

In Hermigua, Ortsteil Las Hoyetas, lohnende Besichtigung.

Touristisches

Silbo-Pfeifsprache

In dieser Art in der Welt einmalig vorkommendes Kommunikationsmittel. Von den Ureinwohnern übernommen, war es über viele Jahrhunderte eine schnelle Verständigung der Bewohner unzugänglicher Bergregionen. Kunstvoll kann der mit den Fingern im Mund erzeugte Pfeifton in Tonhöhe, Länge und Stärke variiert werden, wodurch Hörentfernungen bis zu etwa 4 km möglich sind. Die bereits im Aussterben begriffene Pfeifsprache La Gomeras wurde von der UNO in die Liste der zu schützenden Weltkulturgüter aufgenommen. Heute wird den Kindern wieder an einigen Schulen „el Silbo" gelehrt.

Inselfeste (Fiestas)

Volksfeste sind der fröhliche Ausgleich des sonst nicht einfachen Insellebens. Es sind zumeist religiöse Feste, die zur Verehrung der Muttergottes oder des Dorf-Schutzpatrones abgehalten werden. Am Festtag wird eine Messe gelesen und eine farbenprächtige, blumengeschmückte Prozession mit begleitendem typischem Trommeltanz (Baile de tampor) vollzogen. Der festliche Tagesausklang auf dem Kirchplatz gehört dann bei weltlichen Genüssen den modernen Rhythmen. Der fröhliche Tanz – mit Touristenbeteiligung – geht oft bis spät in die Nacht.

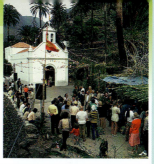

Valle Gran Rey
Heilige-Drei-Königsfest an der Eta. de los Reyes

Trommeltanz und Folklore in Chipude (15. August, größtes Inselfest)

Einige geographische Bezeichnungen auf Spanisch

montaña	Berg	sierra	Bergkette
pico	Bergspitze	cumbre	Bergkamm
lomo	Bergrücken	puerto, degollada	Bergpaß, Senke
colina, cabezo	Hügel	piedra	Stein
roque	Fels	risco	Felsgrat
valle	Tal	barranco	Schlucht
caldera	Krater, Kessel	llano	Ebene
mesa	Hochebene	cueva	Höhle
vista	Aussicht	mirador	Aussichtspunkt
casa	Haus	casilla	Häuschen
casa forestal	Forsthaus	parador	staatl. Hotel
refugio	Berghütte	choza	Schutzhütte
finca	Bauernhof	puebelo	Dorf
urbanizacion	neue Siedlung	carretera	Landstraße
calle	Straße	camino forestal	Forstweg
camino	Weg	rambla	Promenade,
sendero	Pfad		Flußbett

costa	Küste	playa	Strand
cala	Bucht	medano	Düne
arena	Sand	punta	Landzunge, Kap
faro	Leuchtturm	puerto	Hafen,
			Bergpaß

rio	Fluß	embalse	Stausee
fuente	Quelle	galeria	Wasserstollen
pozo	Brunnenl	puente	Brücke
arroyo	Bach	presa	Staumauer

niebal	Nebel	viento	Wind
tiemp	Wetter	lluvia	Regen

ciudad	Stadt	mercado	Markthalle
caserio	Weiler	plaza	Platz
parque forestal	Picknickplatz	parque	Park
parada	Haltestelle	iglesia	Kirche
ermita	Einsiedelei, Kirche	santuario	Kloster
torre	Turm	cemeterio	Friedhof

Touristisches

Karten und Literatur

Über La Gomera gibt es für die Besuchsvorbereitungen ausreichend Literatur. Zum Wandern sind Karten im Maßstab 1:50 000, 1:35 000, 1:30 000 und 1:25 000 erhältlich. Nachstehend eine Auswahl:

Übersichtskarten

Es gibt inzwischen viele mehr oder minder phantasievoll gestaltete Übersichtskarten (zumeist 1:50 000), die für den allgemeinen touristischen Inselbesuch ausreichen. Für das Wandern sind diese in dem oft schwierigen Gelände nicht verwendbar.

Wanderkarten

Wanderwege auf La Gomera, Maßstab 1:50 000, Kurztext, mehrsprachig, mit Schwierigkeitsgraden, derzeitig die individuellste Inselwanderkarte, Goldstadtverlag, Pforzheim 99.
Isla de Gomera, Maßstab 1:50 000 (Mapa Topográfico Nacional de España). Herausgeber Instituto Geografico Nacional 1979.
Mapa Militar de España, Maßstab 1:50 000, Militärkarte, 1993). Auch im Maßstab 1:25000 erhältlich
Gomera, Wander- und Autokarte Maßstab 1:35 000, Freytag & Berndt,
Parque Nacional de Garajonay, Maßstab 1:20 000, Spezialkarte vom Nationalpark, ICONA.

Reise- und Landschaftsführer

Gomera-Handbuch, offizieller Inselführer im Auftrag des Cabildo Insular, Verlag C. Stein/Kiel.
Gomera, Schritt für Schritt, Zeutscher · Burghold · Igel, Michael-Müller-Verlag.
La Gomera, El Hierro, K. Stromer, Kanarische Inseln, Regenbogen-Verlag/Zürich, Cochabamba.
La Gomera, Baden und Wandern auf der wildesten Kanaren-Insel, R.Goetz, Peter Meyer Reiseführer, Frankfurt/Main
Kanarische Inseln, das Buch La Gomera, Dr. R. Fleck, Grüne Inseln Verlag/Bruchköbel.
Gomera, ein praktisches Reisehandbuch, H. Zeutschner, Th. Burghold, S. Igel, Verlag Michael Müller, Erlangen.

Pflanzenführer

Pflanzen auf La Gomera, ein Pflanzenführer für Unterwegs, Andrea Müller, Thomas K. Müller, Goldstadtverlag, Pforzheim.

Wanderführer

Kanarische Wanderungen auf La Gomera, El Hierro und La Palma, U. u. a. Reifenberger, Verlag C. Stein/Kiel.
Gomera, die schönsten Tal- und Höhenwanderungen, Klaus und Anette Wolfsperger, Bergverlag Rother/München.
Landschaften Gomeras & Südteneriffas, N. Rochford, Sunflower Auto- und Wanderführer, Ed. Sunflower Books/London.

Bildbände

Die Kanarischen Inseln, O. Baumli/A. Rolther mit Inselbeschreibungen, Verlag Reich/Luzern.
La Gomera, Insel des Kolumbus, unverdorbenes Juwel der Kanaren, K. E. Olsen, A/S Toko, Hvitsten/Norwegen.
Gomera – Traum oder Wirklichkeit, Th. K. Müller, Galeria, La Calera, Valle Gran Rey/La Gomera.
La Gomera – Thomas K. Müller, ein Bildband mit 247 Farbfotos und Bildbeschreibungen in 5 Sprachen. Edition El Fotógrafo, La Gomera.

Die derzeit individuellste Wanderkarte von Gomera

ISBN 3-89550-452-1
Goldstadtverlag,
D-75179 Pforzheim

Stichwortverzeichnis

A

Agalán 292
Agua Jilva 202, 203, 206
Agua-Variante 88
Aguayodas 133
Agulo 21, 23, 25, 42, 191, 288, 291
Alajeró 23, 269
Alm La Matanza 70
Almácidos 264
Alojerá 111, 112, 115, **138**, 140, 287
Altkanarier 23, 35, 191
Alto de Cherelepín 68
Alto de Contadero
   137, 168, 169 , 262
Alto de Garajonay
   20, 27, 57, 78, **120**, 121, 123, 124,
   137, 253, 256, 262, 262, 263,
   270, 286
Antoncojo
   253, 256, 257, 261, 264, 268
Apartacaminos 116
Argayall 79, 93
Arguamul 21, 138, 144
Arguayoda **126**, 131, 133
Arure
   54, 55, 56, 58, 59, 63, 90, 101,
   105, 107, 108, 109, 110, 113, 143
Ausrüstung 37
Ayamosna 220, 221, **222**

B

Banda de las Rosas
   156, 158, 159, 165, 167
Bar Casa Prudencio
   183, 184, 188, 189
Bar Chores de Epina 116
Bar Concita 101
Bar El Zoco 159
Bar La Montana 84, 100, 107
Bar Los Organos 149
Bar Maria 62, 69, 73, 100
Bar Parada 60, 62
Bar Peraza 199, 237
Bar Tita 120
Barrancos **20**, 21, 30, 41
Barth, Peter 183
Basura-Abstieg 213

Basura-Aufstieg 207, 214
Bco. de Agua Jilva 202, 206
Bco. de Aqua 85
Bco. de Argaga
   72, 75, 77, 78, 79, 80, 95, 96, 97,
   118, 119
Bco. de Arure 52, 58, 59
Bco. de Avalo 211
Bco. de Benchijigua
   249, 250, 251, 253
Bco. de Cabra 57
Bco. de Chinguarime 240, 241, **242**
Bco. de Erque 126
Bco. de Guaranet 110
Bco. de Guarimiar
   250, 255, 258, 261, 264
Bco. de Ingenio 160, 165
Bco. de la Cuesta 158, 166
Bco. de la Era Nueva 144, 151, 153
Bco. de la Guancha 226, 229
Bco. de la Laja 223
Bco. de la Negra 131
Bco. de la Rajita 126, 131, 132
Bco. de la Villa
   199, 200, 208, 220, 222
Bco. de Las Hayas 84, **86**
Bco. de las Rosas 190
Bco. de Los Guanches 144, **149**, 150
Bco. de Los Jargus 253, 255, 256
Bco. de Majona 209, 212
Bco. de Monteforte 168, 184
Bco. de Santiago 249, 250, 258
Bco. del Aqua 85, 88, 89, 103
Bco. del Valle Gran Rey 55, 56
Bco. Juan de Vera
   225, 227, 229, 230, 238, 240
Bco. Monteforte 176, 178
Bco.de Madrigual 165
Benchijigua
   247, 248, 252, 253, 256, 261, 278
Bergbauern 35
Bergtagestouren 44
Bergwanderzeit 37
Bosque del Cedro
   168, 175, 176, 180, 188
Buenavista 144, 147, 148, 149
Busfahrpläne 43

Stichwortverzeichnis

C

Cabildos insulares **23**
Calvario Berg 57, 78, 122
Camino Forestal de Majona 207, 214
Camino Garajonay
  253, 256, 257, 263
Camino Guadalupe 184, 188
Camino Imada 250
Campamento Antiguo 171
Campamento del Cedro 183
Carretera de antico 203
Carretera del Centro
  135, 180, 184, 187, 188
Carretera del Norte
  41, 151, 161, 163, 174, 175, 179,
  180, 184, 186, 187, 190, 191, 193,
  199, 202, 204, 207, 208, 286
Carretera del Sur
  41, 42, 221, 222, 223, 225, 229,
  233, 234, 238, 247, 286
Casa 36
Casa de la Seda 47, 48, 49, 50, 53,
  63, 75, 82, 91, 92
Casa Forestal 135
Casa Forestal Las Tajoras 135
Casa Olce-Olsen-Jagdhütte
  251, 256, 261
Casa Prudencio 173, 176
Casas de Anden 158, 163
Casas de Chelé 75, 91
Casas de Contrera
  229, 230, 236, 238, **240**, 241, 242
Casas de Enchereda 208, 209, 211
Casas de Jaragán 207, **210**, 211, 213
Casas de San Pedro 168
Centro de Visitantes 191, 296
Cepsa Tankstelle 61, 71, 74, 77
Cercado 90
Chipude
  57, 66, 70, 71, 72, 73, 88, 90, 118,
  122, 125, 135, 262
Chipude La Dama 121
Chorros de Epina 108, 111, 114, 116,
  142, 143, 144, 151, 153, 154, 155,
  156, 157, 290, **292**
Credowald 157
Cristobal-Statue 217, 233

Cruce de la Hayas 135
Cruce de la Zarcita 180, 187, 197, 201
Cruz de Tierno 161
Cuevas Blancas 211, 212, 213
Cumbre Carbonera
  184, 186, 202, **203**, 204

D

De Jorge/Sendero forestal a Las
Hayas 105
Degollada de los Bueyes **78**, 80, 81
Degollada de Peraza
  198, 199, 201, 203, 223, 234, 237,
  238, 290
Degollada del Tanque 197, 198, 200
Direktweg über den Paß 232
Dona Efigenia 84, 87
Doppelfelsen Peter und Paul
  168, 174, 176
Dorf La Calera 68
Drachenbaum 270
Durchquerungen 4, 37

E

El Apartadero 287
El Azadoe 251, 252, 256
El Cabezo 160, 249, 250, 258
El Cano 163
El Cedro
  168, 173, 175, 176, 177, 180, 182,
  184, 188, 195, 262, 292
El Cercado 57, 61, 62, 65, 66, 69,
  70, 71, 72, 73, 88, 90, 100, 102,
  103, 107, 122, 136, 137, 262
El Drago 132
El Guro 47, 48, 49, 63, 75, 82, 91
El Hornilo 75, 90
El Palmarejo 58, 75, 90
El Rejo 180
El Retamal 65, 90
El Rumbazo 249, 250, 256, 263
El silbo 4
El Tión 161, 162, 164
Embalse de Arure (Quintana) 107
Embalse de Benchijigua 246
Embalse de Garabato 160
Embalse de la Encantadora 160, 162

Embalse de Mulagua 184
Embalse Las Cabecitas 69, 136
Enchereda 178
Enchereda Massiv 184
Endemische Flora 38
Eoque Imada 253
Epina 114, 116, 138, 154
Ermita de la Nuestra Senora
   de Guadel 78
Ermita de los Reyes 48, 49, 50
Ermita de los Santos Reyes 92
Ermita de Nuestra Senora de
   Guadel. 118, 119
Ermita de San Juan
   (Bei Benchijigua) 248
Ermita de San Juan 175, 178
Ermita de Santo 108, 110, 113
Ermita Lomo del Pino 69
Ermita N.S. de Guadalupe
   184, 216
Ermita N.S. de Lourdes
   168, **171**, 180, 183
Ermita San Antonio 90
Ermita San Isidro 57, 78, 122
Ermita Santa Clara
   144, 146, 149, 150
Erosion 20
Erque 122, 123, 126, **128**
Erquito 122, 126, 129

F

Fähranbindung 25, 32
Farbmarkierungen 32
Fayal-Brezal-Formation **26**
Fayal-Brezal-Zone 30, 165
FERRY GOMERA S.A. 42
Finca de Argaga 79, 93
Finca El Cabrito 223, 224, 225, 229,
   230, 232, 234, 240,
Flora 27, 29
Flugplatz 25
Forestal de la Meseta 154, 156
Forestal las Tajoras 124, 136
Fortaleza
   57, 60, 73, 78, 88, 101, 120, **121**,
   126, 133, 262, 270
Fortaleza Abstieg 235

Fortaleza Aufstieg 229, 235
Fortaleza Berg 136
Fortaleza-Sattel 123, 124, 126, 129

G

Galionberge
   58, 59, 108, 110, 112, 116, 142
Garajonay 54, 102
Gerián 78, 93, 98, **99**, 118, 119, 122
Golfstrom 29
Guanchen 23
Guara 118
Guaraposaft 28
Guardá 56, 84, 85, 90, 103
Guarimiar
   253, 257, 258, 261, 263, 264,
   266, 267, 268
Guóra 78

H

Hautacuperche 199
Hermigua
   20, 23, 25, 42, 45, 168, 173, 175,
   176, 178, 179, 184, 186, 189, 198,
   202, 262, 287, 288, 291
Schnellboot 280
Hirten 35
Hoay de Mena 178
Hochfläche Risco de la Merica 57
Höhenstraße
   42, 135, 136, 137, 168, 189, 197,
   198, 200, 201, 238, 244, 250, 251,
   253, 254, 256, 261, 262, 267, 286
Höhenstraße zur Carretera del Norte
   188
Hotelanlage Tecina 242, 269
Hubschrauber 36

I

Icona 37, 168, 170, 175, 225
ICONA-Zentrum Jugeo de Bolas
   190
Iglesia de la Asunción 294
Iglesia de la Asuncíon in
   San Sebastian 23
Igualero 135

Stichwortverzeichnis

303

Imada
136, 250, 251, 252, 253, 255,
256, 257, 258, 260, 262, 263,
264, 266, 267, 271
Indische Lorbeerbäume 64, 92, 186
Insel El Hierro 78, 121, 137
Insel Gran Canaria 137
Insel La Palma
115, 124, 137, 144, 154, 157
Insel Teneriffa
25, 35, 123, 137, 147, 154, 212, 263
Inselumrundung 4, **274**

J

Jaragán 207, 209, 214, 215,
Jerdune 238
Juego de Bolas 38, 191

K

Kanarische Dattelpalme **28**
Kanarische Kiefer **27**
Kiosco Bar Garajonay 158, 160
Kirchenpfad 61, 64, 71, 77, 80, 83,
91, 99, 103, 117, 119
Kolumbuskirche Nuestra
Senora de la Asuncion 218,219
Königspalme 64, 92
Konquistadoren 32
Kugellager-Effekt 111, 119
Kulumbus 23
Kunkel G. 292
Küstenlänge 286

L

La Cabana 176, 183
La Calera 46, 54, 55, 60, 61, 62, 70,
72, 74, 79, 80, 83, 84, 88, 92, 99,
103, 107, 119, 176, 183
La Callarda 218
La Dahesa 122
La Dama
78, 122, 126, 130, 131, 132, 270
La Fortaleza 234
La Galeria 48

La Laguna Grande
61, 68, 69, 73, 123, 134, 137, 166,
168, 191, 262, 292
La Laja
194, 195, 198, **199**, 208, 223, 246
La Matanza
61, 66, 71, 73, 103, 117, 118, 125
La Merica 54
La Merica Berg 60
La Montana 87,104, 155, 158
La Montaneta 184
La Orijamas 48, 63
La Palmita 190
La Puntilla 55
La Viscaina 62, 66, 67, 71, 72, 75,
76, **80**, 85, 90
Las Hayas
57, 70, 76, 78, 84, 86, **87**, 88, 90,
100, 102, 104, 105, 119, 122
Las Paredes 258, 263, 264, 270
Las Pilas 75, 77, 80
Las Rosas 38, 191, 193, 290, 292
Lechepfad 75, 77, 78, **80**, 82
Leuchtturm San Cristobál 211
Levante (Afrika Wetter) 34
Lo del Gato 247
Lomo de Balo 65, 84
Lomo Fragoso 202, 203, 205, 217
Lorbeer- und Kiefernwald 30
Lorbeerwald 4, **26**, 27, 29, 31, 38,
Los Acevinos
171, 173, 175, 176, 177, 178 189,
292
Los Cristianos 42, 278, 280
Los Descansaderos 65, 84, 85
Los Loros 166
Los Manantiales 120, 123, 136
Los Organos 21, 29, 146, 284, **291**

M

Macayo 158
Magma 20
Mannique, César 30
Markierung 36, 37
Mastenabstieg 89, 102, 107
Mastenaufstieg 85
Meriga 292

Metzler, Klaus **33**
Miel de Palma 28, 138
Miguel Valencia 183
Mirador de Erque 129
Mirador del Bailadero 194
Mirador El Santo 217
Mirador Ermita de Santo 54, 59, 108
Montana Guerguenche 75
Monteforte 177
Mulagua 198
Museum Los Telares 174

N

Nationalpark 4, 37, 39, 123, 134,
135, 137, 152, 157, 166, 171, 286
Nationalpark Garajonay 26, 37, **38**,
39, **292**
Nationalpark-Restaurant La Laguna
Grande 62, 67, 103, 134, 262,
Norstostpassat 34

O

Olsen-Häuschen 252, 253
Opuntien 35
Opuntien-Kakteen 24
Orgenpfeifen 21
Orientierung 36
Orientierungsproblem 36
Orno (=Backofen) 128, 141, 209

P

Pajarito 124, 135, 136, 168, 251
Palmenhonig 28
Paradiestal 52
Parador de la Nacional 290, 294
Parque National de Garajonay
116, 156
Passatnebel 36, 44
Passatwinde 23, 24, 30, 44
Passatwolken 19
Passatzone 37
Pastrana 247, 254
Pavón 73, 121, 122, 126, 128, 130
Peraza, Hernán d.J. 23, 198
Pinar de Argumame 136
Pista forestal a Arure/Canada 105
Pista Forestal a Los Acevinós 181

Pista forestal a
Los Acevinos y Meriga 171
Pista Forestal Llanos de Crispin 136
Pkt. 549 m NN. 227
Playa de Ingles 56
Playa de la Guancha 224
Playa de Santiago 199, 229, 230,
231, 236, 238, 250, 253, 254,
256, 258, 261, 264, 268, 269
Playa des Valle Gran Rey 78
Playa Zomoro 216
Prähistorische Gefäße 244
Presa de Los Gallos 158

Q

Quelle von Chorros de Epina 138
Quelle von Epina 143, 157

R

Reifenberger **33**, 37, 299
Restaurante Bar Conchita
59, 101, 107, 109, 113
Restaurante Bar Maria 67
Restaurante Cumbre 202, 203, 205
Restaurante El Carbonera 186
Restaurante Victoria
62, 70, 73, 100, 103
Retamal 84
Reuss, Erich **33**
Risco de la Merica **56**, 63, 78
Rolfs-Platte 157
Roque de Agando
39, 194, 195, 197, 208, 211, 244,
246, 247, 248, 250, 251, 252, 253,
254, 256, 258, 261, **276**, 277
Roque de Aluce 211, 215
Roque de Berruga 240
Roque de la Campana 211
Roque de la Zarcita 195, 201, 211
Roque de los Moros 268
Roque de Magro 222
Roque de Ojila
195, 196, 201, 208, 211, 246
Roque de San Pedro 168, 173, 176
Roque del Sombrero 222, 225, **277**
Roque El Cano 148, 151, 154, 155,
157, 158, 161, **277**

Stichwortverzeichnis

305

Roque Imada 253, 260, 261, **277**
Roque Redondo 268
Roque Zarcita 246
Roques 276
Rote Wand von Agulo 190
Rotes Schichtband
66, 75, 76, 90, 119
Rumbazo 267

S

Sahara-Luft 30
San Antonio y Pilar 222
San Sebastian
22, 23, 32, 42, 43, 121, 201, 202,
204, 205, 206, 207, 208, 210, 211,
213, 216, 217, 220, 223, 225, 230,
231, 232, 233, 236, 272, 273,
284, 287, 288, **294**
Sandstrand 286
Santiago
42, 223, 282, 284, 287, 288
Schiffs-Anbindung 42
Schiffstransfer 40
Schnellboot 42
Seima 229, 230, 234
Sendero Forestal al Ermita
171, 181
Senturio de los Reyes 92
Sklavenhandel 23
SOS-Flugrettung 36
Stangenpfad 207, 211
Stausee Garabato 164
Steilküste 286
Steinerne Hand 224
Straßennetz 286
Sukkulentenformation **20**

T

Tabarucha 57, 129, 196
Tagamiche
203, 220, 221, 222, **223**, 234, 238
Taguluche
58, 59, 108, 109, 110, 111, 112, **113**
Tamargada 291
Targa
253, 257, 258, 260, 261, 264, 268

Tazo 108, 111, 138, 140
Teide 35, 123, 211, 212, 263
Teselinde 116, 140, 142, 144, 150,
152, 153, 158
Teselinde Massiv 138
Töpferei 62, 73, 103
Torre del Conde 22
Toureneinordnung 4, **7**, 34
Tourismus 32, 38, 40, 41
Traa-Mediterranea 42
Traumstraße Gomera 244
Trittsicherheit 35
Tunel de la Cumbre 184

U

Unelco Dieselkraftwerk 225, 233
Urbevölkerung 23

V

Valle Gran Rey
20, 23, 32, **41**, 42, 44, 54, 55, 60,
61, 64, 66, 70, 73, 75, 76, 77, 83,
84, 85, 88,102, 103, 107, 109, 116,
117, 119, 122, 125, 143, 223, 225,
243, 272, 273, 280, 282, 284,
287, 289, **290**
Vallehermoso 23, 25, 42, 114, 116,
143, 148, 149, 151, 153, 154, 155,
156, 158, 160, 161, 163, 164, 165,
167, 282, 287, 289, 291
Vegaipala 238
Verhauer 36, 37
Vueltas 79
Vulkanismus 20, 21

W

Waldbrand 27
Waldbrand von 1984
244, 254
Wasserstollen „El Rejo"
173, 184, **188**, 189
Wegabkürzungen 40
Weiße Höhlen
207, 209, 210, 211, 213
Weiße Schichtbänke
207, 212, 213, 215, 216
Wild, Rudolf **32**, 37, 199

Goldstadt
Wanderführer

Spaziergänge und Wanderungen, alpine Bergtouren. Fahrpläne und kleiner Sprachführer. Übersichts- und Routenskizzen.
Fotos in schwarzweiß und Farbe.

Algarve	(460)	**Karpathos**	(463)
Elba	(453)	**Korsika**	(455)
La Gomera	(452)	**Madeira**	(457)
Ischia	(454)	**Rhodos**	(459)
Ithaka	(464)	**Samos**	(456)
		Teneriffa	(451)

Auf Schritt und Tritt durch Thüringen und Sachsen
Ob wandern oder Biken in Thüringen, Paddeln auf der Saale, Skitouren im Erzgebirge oder Trekking in der Sächsischen Schweiz: Dieser Reiseführer bewegt sich abseits ausgetretener Pfade durch die Natur- und Kulturlandschaften im Süden Thüringens und Sachsens. Erlebnisstationen und -möglichkeiten gibt es reichlich, vom Thüringer Wald übers Schiefergebirge, im Erzgebirge und in der Sächsischen Schweiz.
Wir wollen aktive Menschen, Schulklassen und Jugendgruppen oder Familien auf entdeckungsreise schicken und haben dafür Tips und Touren, günstige Übernachtungsmöglichkeiten, kulturelle Spots und Abstecher im Baukastensystem zusammengestellt.
Die einzelnen Bausteine entstanden im Rahmen eines erlebnispädagogischen Projekts der Naturfreundejugend Deutschlands.

Goldstadt
Pflanzenführer

Tropisches Lateinamerika (270)

Ein Führer durch die faszinierende Pfanzenwelt des tropischen Südamerikas. Verständlich wird die Bedeutung des Regenwaldes im Öko-System und die Folgen seiner Zerstörung erklärt und Fachbegriffe erläutert. Auffällige und bemerkenswerte Pflanzen werden beschrieben, heimisches Obst und Gemüse vorgestellt und mit über 200 Farbfotos illustriert.
16 doppelseitige Farbtafeln, 16 Grafiken, 2 Stammbäume von Pflanzen und Organismen. 11 historische Fotos, 285 farbige Pflanzenfotos, 191 Seiten.

Goldstadt Reiseführer

Goldrichtig für jedes Reiseziel

DEUTSCHLAND
Bayerischer Wald, Böhmerwald und Donauebene (309)
Brandenburg Berlin und Umgebung (323)
Fichtelgebirge (318)
Fränkische Schweiz (319)
Mecklenburg-Vorpommern (321)
Odenwald (313)
Sachsen (328)
Sachsen, Thüringen, Sachsen-Anhalt (320)
Schleswig-Holstein (306)
Thüringen (326)
Usedom (327)

EUROPA
DÄNEMARK Bornholm (86)
ESTLAND (91)
FINNLAND Lappland (29)
FRANKREICH
Languedoc-Roussillon (71)
Korsika (455) Wanderführer
Das Tal der Loire (78)
Normandie (79)
GRIECHENLAND
Karpathos (463) Wanderführer
Kreta (55)
Peloponnes mit Athen (94)
Rhodos (459) Wanderführer
Samos (456) Wanderführer
Santorin (95)
GROSSBRITANNIEN Schottland (59)
ISLAND (43)
ITALIEN
Apulien - Kalabrien (31)
Elba (453) Wanderführer
Florenz (66)
Garda- und Iseosee (12)
Ischia (454) Wanderführer
Lago Maggiore Comer See (69)
Mailand (88)
Rom (26)
Umbrien (67)
LETTLAND (92)
NIEDERLANDE (216)
NORWEGEN (39)
ÖSTERREICH
Burgenland mit Westungarn (62)
Kärnten (60)
PORTUGAL
Algarve (460) Wanderführer
Azoren (461) Wanderführer
Madeira (457) Wanderführer

RUSSLAND St. Petersburg (214)
SCHWEDEN (33)
SCHWEIZ Zentralschweiz (49)
SPANIEN
Katalonien (98)
La Gomera (452) Wanderführer
Madrid (99)
Mallorca (3)
Nordwestspanien - Der Jakobsweg (018)
Teneriffa (451) Wanderführer
TSCHECHISCHE UND SLOWAKISCHE REPUBLIK (13)

AFRIKA
Algerien (212)
Marokko (30)
Mauritius (234)
Nigeria (204)
Nigeria (englische Ausgabe) (704)
Seychellen (229)
Tunesien (21)
Zimbabwe (264)

AMERIKA
Argentinien (240)
Chile (241)
Ecuador und Galapagos-Inseln (243)
Karibik - Kleine Antillen Barbados/St. Lucia Grenada (249)
Tropisches Lateinamerika Pflanzenführer (270)
USA - Florida (256)
USA - Der Nordwesten (257)
USA - Der Osten (258)
USA - Der Südwesten (255)
USA - New York (38)
10 x USA - Die schönsten Reiserouten (260)
Venezuela (244)
Westkanada (253)

ASIEN
Birma (235)
Hong Kong (222)
Malaysia - Borneo (726)
Malediven (228)
Singapur (238)

AUSTRALIEN/NEUSEELAND
AUSTRALIEN (231)
NEUSEELAND (230)

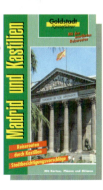

Reisenotizen

Reisenotizen

Reisenotizen

Reisenotizen

Reisenotizen